# Langenscheidts
# Großes Zauberwörterbuch

# Langenscheidts Großes Zauberwörterbuch

## Für Harry Potter-Fans

Englisch-Deutsch

von
Barbara Maria Zollner

Herausgegeben von der
Langenscheidt-Redaktion

Langenscheidt
Berlin · München · Wien · Zürich · New York

*Autorin*
Barbara Maria Zollner

*Illustrationen und Umschlaggestaltung*
Nora Nowatzyk

*Vermittlung*
Irmingard Seidel-Reisner
Agentur für Kindermedien, München

*Langenscheidt-Redaktion*
Eveline Ohneis-Borzacchiello
Wolfgang Worsch



*3. 4. 5. 05 04 03 02 01*


*Druck: Landesverlag Druckservice, Linz*
*Printed in Austria · ISBN 3-468-20371-3*

# Inhaltsverzeichnis

# Vorwort

***Langenscheidts Großes Zauberwörterbuch Englisch-Deutsch – Für Harry Potter-Fans*** ist ein Nachschlagewerk, das seinen Benutzern das Tor zum Reich der Magie, zur Sagen- und Fabelwelt öffnet. Zugleich ist es eine ideale Lesehilfe für alle deutschsprachigen Leser, die die bisher erschienenen vier Harry Potter-Romane von Joanne K. Rowling im englischen Original verschlingen möchten.

Das ***Große Zauberwörterbuch*** bietet rund 6 000 englische Wörter, Ausdrücke und Namen mit dem Zauberwortschatz der Harry Potter-Bände und den dazugehörigen deutschen Übersetzungen. Die gezielte Auswahl der Wörterbucheinträge und ihre übersichtliche Struktur ermöglichen das schnelle Nachschlagen während der Romanlektüre. Auf die Aufnahme des englischen Grundwortschatzes wurde bewusst verzichtet, weil wir davon ausgehen können, dass diese Wörter allgemein bekannt sind.

In rund 300 speziell hervorgehobenen Info-Fenstern finden die interessierten Leser Unterhaltsames und Wissenswertes rund um Magie und Zauberei. Hier bekommt man faszinierende Einblicke in die Welt der Mythen und des Aberglaubens, der Sagengestalten und der Fabelwesen aus der abendländischen Erzähltradition. Und nicht zuletzt findet man in den Info-Fenstern Interpretationen der Eigennamen und kann dadurch die Romanfiguren viel besser verstehen.

Für die richtige Aussprache ist bei jedem englischen Stichwort die Lautschrift angegeben. So kann man sich unbesorgt auch an das Nachsprechen der Zaubersprüche wagen, ohne vielleicht ungewollte Effekte zu erzielen …

Die attraktive Gestaltung des ***Großen Zauberwörterbuches*** schließlich lädt seine Benutzer zum Schmökern ein, die zahlreichen „fantastischen" Illustrationen verleihen ihm seine magische Aura.

Wir wünschen allen „Muggels", die Harry Potter im spannenden Original erleben und dabei ihre Englischkenntnisse verbessern wollen, viel Spaß beim Nachschlagen und auf der Entdeckungsreise durch die Zauberwelt!

AUTORIN und
LANGENSCHEIDT VERLAG

# Liste der Abkürzungen

| | |
|---|---|
| *Abk.* | Abkürzung |
| *Adj.* | Adjektiv |
| *Adv.* | Adverb |
| *altengl.* | altenglisch |
| *altertüml.* | altertümlich |
| *altfrz.* | altfranzösisch |
| *arab.* | arabisch |
| ASTR | Astronomie |
| *austr.* | australisch |
| *bes.* | besonders |
| BOT | Botanik |
| *brit.* | britisch |
| *dt.* | deutsch |
| *eigentl.* | eigentlich |
| *engl.* | englisch |
| *etc.* | et cetera, und so weiter |
| *fries.* | friesisch |
| *frz.* | französisch |
| *german.* | germanisch |
| *griech.* | griechisch |
| HIST | historisch |
| *ital.* | italienisch |
| *j-d* | jemand |
| *j-m* | jemandem |
| *j-n* | jemanden |
| *j-s* | jemandes |
| *Jh.* | Jahrhundert |
| *kelt.* | keltisch |
| *Konj.* | Konjunktion |
| KUL | kulinarisch |
| *lat.* | lateinisch |
| *männl.* | männlich |
| MED | Medizin |
| MILIT | militärisch |
| MUS | Musik |
| *nord.* | nordisch |
| *Part. Perf.* | Partizip Perfekt |
| *Part. Präs.* | Partizip Präsens |
| *pers.* | persisch |
| *Pl.* | Plural |
| *poet.* | poetisch |
| *portug.* | portugiesisch |
| *Präp.* | Präposition |
| *Prät.* | Präteritum |
| *röm.* | römisch |
| *roman.* | romanisch |
| *schott.* | schottisch |
| *slaw.* | slawisch |
| *s.o.* | someone |
| *sog.* | so genannt |
| *span.* | spanisch |
| SPORT | Sport |
| *s.th.* | something |
| *Subst.* | Substantiv |
| *Subst. Pl.* | Substantiv Plural |
| TECH | Technik |
| THEA | Theater |
| *US* | US-amerikanisch |
| *übertr.* | übertragen |
| *umgangsspr.* | umgangssprachlich |
| *urspr.* | ursprünglich |
| *vgl.* | vergleiche |
| *V/i* | intransitives Verb |
| *V/t* | transitives Verb |
| *Vt/i* | transitives Verb, das auch ohne Akkusativobjekt verwendet werden kann |
| *weibl.* | weiblich |
| *z.B.* | zum Beispiel |
| ZOOL | Zoologie |
| → | siehe |

# Hinweise für den Benutzer

## 1. Das Stichwort

Die Stichwörter sind alphabetisch angeordnet. Redewendungen erscheinen nach dem Wort, das mit größerer Wahrscheinlichkeit Erklärungsbedarf weckt, also findet man beispielsweise *be taken aback* unter dem Stichwort *aback*. Eigennamen sind grundsätzlich nach der alphabetischen Stellung des Nachnamens aufgenommen; bei Figuren, die in den Romanen überwiegend mit Vornamen benannt sind, findet man unter dem Vornamen einen Verweis (→) auf den Nachnamen; Figuren, die nur einen Vornamen haben, sind selbstverständlich danach ins Alphabet eingereiht. Die Stichwörter der Info-Fenster sind gleichfalls alphabetisch eingereiht.

## 2. Lautschrift

Um die Aussprache der Wörter zu erleichtern, ist bei jedem Stichwort eine Lautschrift angegeben. Hierbei wurde die **IPA**-Lautschrift verwendet, d.h. die Lautschrift, die von der International Phonetic Association als verbindlich angesehen wird. Die Auflistung der verwendeten Zeichen und hilfreiche Erklärungen dazu findet man auf den Seiten 12 und 13.

## 3. Abkürzungen

Bei jedem Stichwort steht abgekürzt die Wortart (Substantiv, Adjektiv, Verb etc.) und gegebenenfalls das Fachgebiet (Botanik, Zoologie etc.), aus dem das Wort stammt. Gleichfalls vermerkt wurde, wenn ein Ausdruck umgangssprachlich ist oder vorwiegend regional (US-amerikanisch, schottisch etc.) gebräuchlich ist. Die verwendeten Abkürzungen sind in der Liste der Abkürzungen auf Seite 9 zusammengefasst.

## 4. Info-Fenster

In den Info-Fenstern stehen Informationen rund um Magie und Zauberei, die aus verschiedenen Bereichen zusammengetragen wurden: etwa Symbolbedeutungen von Pflanzen und Tieren, überliefertes Wissen aus Naturheilkunde und Astrologie, aus Volksglauben und mittelalterlicher Literatur, Herkunft und Wesen von Gottheiten, Geistern, Dämonen, Fabeltieren und anderen mythologischen Wesen. Diese Info-Fenster helfen dabei, Zusammenhänge zu verstehen, aber sie laden auch einfach nur zum Schmökern ein.

## 5. Ein wenig Sprachgeschichte

Die englische Sprache hat sich – mehr noch als andere Sprachen – im Laufe ihrer Geschichte zahlreiche Elemente aus anderen Sprachräumen einverleibt; das wird besonders deutlich anhand von Eigennamen. Diese Fortentwicklung und Bereicherung des Wortschatzes hat historische Ursachen, etwa die Besiedelung Britanniens durch Angeln, Sachsen und Jüten, die dem germanischen Sprachraum angehören oder die Tatsache, dass über viele Jahrhunderte Latein die Sprache der Kirche und der Gelehrten war.

In der Veränderung der Sprache spiegeln sich politische Verhältnisse wider (etwa dann, wenn in Schottland oder Irland gerne Namen keltischen Ursprungs verwendet werden), und man kann auch modische Vorlieben beobachten. Die älteste und am wenigsten bekannte Sprachfamilie auf den Britischen Inseln ist die keltische: Zu ihr gehören Walisisch (oder Kymrisch), sowie schottisches und irisches Gälisch.

# Erklärung der Lautschriftzeichen

| Zeichen | Englische Beispielwörter | Wie wird das ausgesprochen? |
|---|---|---|
| ʌ | m**u**ch [mʌtʃ], b**u**tter ['bʌtə] | wie das **a** in M**a**tsch oder Qu**a**tsch |
| ɑː | f**a**ther ['fɑːðə], **a**fter ['ɑːftə], b**a**th [bɑːθ] | wie das **ah** in Ba**h**n oder **a** in Kr**a**m, also recht dunkel, niemals so hell wie in „Sahne" |
| æ | b**a**d [bæd], fl**a**t [flæt], c**a**t [kæt] | Das ist eher ein sehr helles **a** als ein deutsches „ä". Am besten spricht man es wie das kurze **a** in Qu**a**tsch oder w**a**schen |
| ə | **a** [ə], **an** [ən], butt**er** ['bʌtə] | Das ist ein schwaches **e**, wie am Ende von bitt**e** |
| e | b**e**d [bed], h**ea**d [hed] | wie **e** in w**e**tten oder **ä** in h**ä**tte |
| ɜː | f**ir**st [fɜːst], h**ur**t [hɜːt], l**ear**n [lɜːn], h**er** [hɜː] | etwa so wie das **ö** in H**ö**rner, aber das „r" darf nicht mitgesprochen werden |
| ɪ | **i**n [ɪn], cr**i**sp [krɪsp] | wie das kurze **i** in b**i**tte oder **i**st |
| iː | **see** [siː], **jea**ns [dʒiːnz] | wie das lange **i** in n**ie** |
| ɒ | sh**o**p [ʃɒp], l**o**t [lɒt] | wie das kurze **o** in S**o**cken |
| ɔː | m**or**ning ['mɔːnɪŋ], d**oor** [dɔː] | wie das lange **o** in Z**oo** |
| ʊ | g**oo**d [gʊd], p**u**t [pʊt] | wie das kurze **u** in M**u**tter |
| uː | **too** [tuː], sh**oo**t [ʃuːt] | wie **uh** in Sch**uh** |
| aɪ | r**i**de [raɪd], m**y** [maɪ] | wie **ei** in l**ei**se oder n**ei**disch |
| aʊ | n**ow** [naʊ], r**ou**nd [raʊnd] | wie **au** in Fr**au** |
| əʊ | h**o**me [həʊm], r**oa**d [rəʊd], c**o**ld [kəʊld] | Hier spricht man erst ein **ə** (wie, siehst du oben bei **ə**) und sofort darauf ein kurzes **u** |
| eə | h**air** [heə], p**ear** [peə], c**are** [keə] | wie -**är** in B**är** oder -**er** in h**er**, das „r" darf aber nicht mitgesprochen werden |
| eɪ | **eigh**t [eɪt], s**ai**l [seɪl] | klingt wie **äi** |
| ɪə | h**ere** [hɪə], b**eer** [bɪə], d**ear** [dɪə] | klingt wie -**ier** in h**ier**, das „r" wird aber nicht mitgesprochen |

| | | |
|---|---|---|
| ɔɪ | **join** [dʒɔɪn], b**oy** [bɔɪ] | Hier spricht man erst ein **o** wie am Ende von Lott**o** und gleich darauf ein kurzes **i** |
| ʊə | **tour** [tʊə], s**ure** [ʃʊə] | wie -**ur** in K**ur**, das „r" darf aber nicht mitgesprochen werden |
| j | **y**es [jes], be**y**ond [bɪ'jɒnd] | wie **j** in **j**etzt |
| v | **v**ery ['verɪ], o**v**er ['əʊvə] | wie **v** in **V**ase oder **w** in **W**asser |
| w | **w**ay [weɪ], **w**ater ['wɔːtə] | Diesen Laut muss man ganz anders als ein deutsches „w" sprechen. Er ist im Englischen ein kurzes **u** |
| ŋ | thi**ng** [θɪŋ], u**n**cle ['ʌŋkl] | wie -**ng** in Di**ng** |
| r | **r**oom [ruːm], hu**rr**y ['hʌrɪ] | Das ist kein deutsches „r", sondern man spricht es mit zurückgebogener Zunge |
| s | **s**ee [siː], gla**ss** [glɑːs] | wie in la**ss**en, Li**s**te oder hei**ß** |
| z | **z**ero ['zɪərəʊ], new**s** [njuːz] | wie in le**s**en oder **S**and |
| ʃ | **sh**op [ʃɒp], fi**sh** [fɪʃ] | wie **sch** in **Sch**olle oder Fi**sch** |
| tʃ | **ch**eap [tʃiːp], mu**ch** [mʌtʃ] | wie **tsch**- in **tsch**üs |
| ʒ | televi**si**on ['telɪvɪʒn] | wie **g** in **G**enie und Eta**ge** |
| dʒ | **j**ust [dʒʌst], bri**dge** [brɪdʒ] | wie **j** in **J**ob und **g** in **G**entleman |
| θ | **th**anks [θæŋks], **th**ought [θɔːt] | wie wenn man in „fa**ss**en" das „scharfe", stimmlose Doppel-s lispeln würde |
| ð | **th**e [ðə], **th**at [ðæt] | wie wenn man in „**S**en**s**e" die beiden „weichen", stimmhaften s-Laute lispeln würde |
| ː | | Längungszeichen: Bedeutet, dass man den vor diesem Zeichen stehenden Laut *lang* sprechen muss |
| ˈ | | Betonungszeichen: Steht vor der Stelle, wo man ein Wort am *stärksten* betonen muss |
| ˌ | | Betonungszeichen: Steht vor der Stelle, wo ein Wort die *zweitstärkste* Betonung hat |

# A

**aback** [ə'bæk] *Adv.* ***be taken aback*** erstaunt, verblüfft *oder* betroffen sein

**abandon** [ə'bændən] *V/t.* (*Suche, Plan*) aufgeben; *j-n* verlassen, im Stich lassen

**abash** [ə'bæʃ] *V/t.* beschämen, in Verlegenheit bringen

**abashed** [ə'bæʃt] *Adj.* beschämt, verlegen

**Aberdeen** [ˌæbə'diːn] *Stadt in Schottland*

**Aberforth** [ˌæbə'fɔːθ] *Name Bruder von* → ***Dumbledore, Albus***

**abide** [ə'baɪd] *Vt/i.* ***abide by*** festhalten an, treu bleiben

**abject** ['æbdʒekt] *Adj.* elend, erbärmlich; (*Armut*) tiefst, äußerst

**ablaze** [ə'bleɪz] *Adv.* in Flammen, lodernd

**abrupt** [ə'brʌpt] *Adj.* unvermittelt, plötzlich, abrupt

**absence** ['æbsəns] *Subst.* Abwesenheit

**absent** ['æbsənt] *Adj.* abwesend, weg, fort

**absent-minded** [ˌæbsənt'maɪndɪd] *Adj.* geistesabwesend

**absorbed** [əb'sɔːbd] *Adj. in Buch*: vertieft; *von Aufgabe etc.*: in Anspruch genommen

**abuse** [ə'bjuːs] *Subst.* Missbrauch

**abysmal** [ə'bɪzməl] *Adj.* miserabel, entsetzlich

**Abyssinian** [ˌæbɪ'sɪnjən] *Adj.* abessinisch

**accelerate** [ək'seləreɪt] *Vt/i.* beschleunigen

**acceleration** [əkˌselə'reɪʃn] *Subst.* Beschleunigung

**accept** [ək'sept] *V/t.* hinnehmen, annehmen, akzeptieren

**acceptance** [ək'septəns] *Subst.* Aufnahme, Annahme, Billigung

**accessible** [ək'sesɪbl] *Adj.* zugänglich, erreichbar

**accident** ['æksɪdənt] *Subst.* Unfall

**accidental** [ˌæksɪ'dentl] *Adj.* versehentlich; ***accidental death*** Tod durch Unfall

**accidentally** [ˌæksɪ'dentlɪ] *Adv.* versehentlich

**accident-prone** ['æksɪdəntprəʊn] *Adj.* unfallgefährdet, zu Unfällen neigend

**Accio!** ['æksɪəʊ] *Zauber vgl. lat.* ***accio*** ich rufe herbei, ich lasse kommen

**accommodate** [ə'kɒmədeɪt] *V/t.* unterbringen, Platz haben für
**accompany** [ə'kʌmpənɪ] *V/t.* begleiten
**accomplish** [ə'kʌmplɪʃ] *V/t.* vollbringen; (*Ziel*) verwirklichen; (*Aufgabe*) erfüllen
**according** [ə'kɔːdɪŋ] *Präp.* ***according to*** laut, gemäß, nach
**accost** [ə'kɒst] *V/t.* ansprechen, *an j-n* herantreten
**account**[1] [ə'kaʊnt] *Subst.* Konto; ***take into account*** in Rechnung ziehen, berücksichtigen

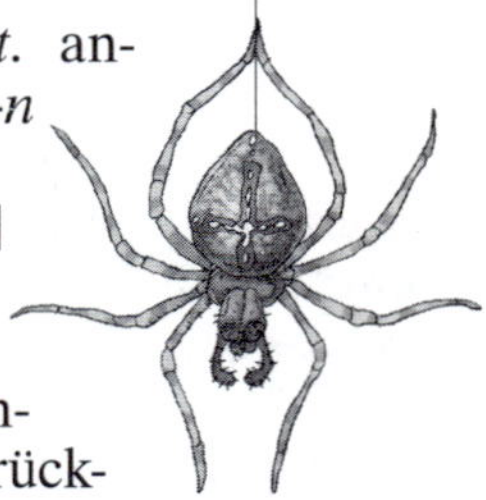

**account**[2] [ə'kaʊnt] *Vt/i.* ***account for*** erklären, begründen; Rechenschaft ablegen für
**accountant** [ə'kaʊntənt] *Subst.* Buchhalter
**accurate** ['ækjʊrət] *Adj.* genau, präzise, akkurat
**accusation** [ˌækjʊ'zeɪʃn] *Subst.* Anklage, Anschuldigung
**accuse** [ə'kjuːz] *V/t.* beschuldigen, anklagen
**ache**[1] [eɪk] *Subst.* Schmerz
**ache**[2] [eɪk] *V/i.* schmerzen, wehtun
**achieve** [ə'tʃiːv] *V/t.* erreichen, bewirken
**achievement** [ə'tʃiːvmənt] *Subst.* Leistung, Errungenschaft
**acid**[1] ['æsɪd] *Subst.* Säure
**acid**[2] ['æsɪd] *Adj.* sauer, scharf; ***acid drops*** Fruchtbonbons, saure Drops
**acid-green** ['æsɪdgriːn] *Adj.* säure--grün, ätzgrün
**acorn** ['eɪkɔːn] *Subst.* BOT Eichel
**acquisition** [ˌækwɪ'zɪʃn] *Subst.* Errungenschaft, Erwerbung
**acquit** [ə'kwɪt] *V/t.* freisprechen
**acrid** ['ækrɪd] *Adj.* scharf, ätzend
**act** [ækt] *V/i.* handeln
**adamant** ['ædəmənt] *Adj.* unerbittlich, unnachgiebig
**add** [æd] *V/t.* hinzufügen
**additional** [ə'dɪʃnəl] *Adj.* zusätzlich, weitere(r, -s)
**addle** ['ædl] *V/t.* verwirren
**address** [ə'dres] *V/t.* (*Person*) anreden; (*Brief*) richten an
**addressee** [ˌædre'siː] *Subst.* Empfänger
**adept** ['ædept] *Adj.* erfahren, geschickt
**administer** [əd'mɪnɪstə] *V/t.* vollziehen, verabreichen
**admirable** ['ædmərəbl] *Adj.* bewundernswert
**admire** [əd'maɪə] *V/t.* bewundern
**admirer** [əd'maɪərə] *Subst.* Bewunderer
**admission** [əd'mɪʃn] *Subst.* Zulassung
**admit** [əd'mɪt] *V/t.* zugeben, einräumen; zulassen
**admittedly** [əd'mɪtɪdlɪ] *Adv.* zugegebenermaßen
**ado** [ə'duː] *Subst.* Getue, Aufheben(s)
**adolescence** [ˌædə'lesns] *Subst.* Heranwachsen, Pubertät
**adopt** [ə'dɒpt] *V/t.* an Kindes Statt annehmen, adoptieren
**adoration** [ˌædə'reɪʃn] *Subst.* Anbetung
**adorn** [ə'dɔːn] *V/t.* schmücken, verzieren
**Adrian Pucey** [ˌeɪdrɪən 'pjuːsɪ] *Name* → ***Pucey, Adrian***
**advance** [əd'vɑːns] *Vt/i.* vorrücken,

vorschieben; (*Projekt*, *Pläne*) voranbringen, beschleunigen

**advanced** [əd'vɑːnst] *Adj.* fortgeschritten, anspruchsvoll

> **adventure** [əd'ventʃə] *Subst.* Abenteuer; aus *altfrz.* ***aventiure***; das Abenteuer ist eine Herausforderung, die auf einen zukommt oder sich im Zuge der Erfüllung eines Auftrags einstellt. Der frz. Begriff *aventiure* bezeichnet die Herausforderungen, die ein Ritter auf seinem Weg zur Erfüllung einer übergeordneten Aufgabe bestehen muss. Dieser Weg heißt altfrz. *queste* (engl. *quest*). Die größte und bekannteste von ihnen ist die Suche nach dem Gral (→ ***goblet***, → ***cauldron***). Der Weg führt durch die Wildnis (→ ***forest***), in der vielerlei Gefahren lauern, die zu bestehen sind: Übeltäter, die unrechtmäßig Gefangene halten, müssen überwältigt werden, Drachen oder Riesen besiegt und Rätsel gelöst. Mit der Bewältigung jeder *aventiure* bewährt der Ritter seine Fähigkeiten und kommt seinem Ziel und der Erfüllung seines „Existenzauftrags" näher.

**advertise** ['ædvətaɪz] *V/t.* bekannt machen; werben für

**advertisement** [əd'vɜːtɪsmənt] *Subst.* Werbung, Anzeige

**advice** [əd'vaɪs] *Subst.* Rat, Empfehlung

**advisable** [əd'vaɪzəbl] *Adj.* ratsam

**aeroplane** ['eərəpleɪn] *Subst.* Flugzeug

**affair** [ə'feə] *Subst.* Angelegenheit

**affect** [ə'fekt] *V/t.* betreffen, (ein)wirken auf; *übertr.* berühren

**affection** [ə'fekʃən] *Subst.* Zuneigung

**affectionate** [ə'fekʃənɪt] *Adj.* liebevoll, herzlich

**affinity** [ə'fɪnɪtɪ] *Subst.* Neigung, Affinität

**affliction** [ə'flɪkʃən] *Subst.* Schmerz, Übel; Kummer

**afford** [ə'fɔːd] *V/t.* sich leisten; (*Geld*) aufbringen

**affronted** [ə'frʌntəd] *Adj.* beleidigt, gekränkt

**after-effect** ['ɑːftərɪˌfekt] *Subst.* Nachwirkung

**aftermath** ['ɑːftəmæθ] *Subst.* Nachwirkungen, Folgen

**aftershave** ['ɑːftəʃeɪv] *Subst.* Rasierwasser

**afterthought** ['ɑːftəθɔːt] *Subst.* nachträglicher Einfall

**age**[1] [eɪdʒ] *Subst.* Alter; ***of age*** volljährig

**age**[2] [eɪdʒ] *V/i.* altern

> **Ageing Potion** ['eɪdʒɪŋ ˌpəʊʃn] *Zauber vgl.* ***age*** Alter, altern; ***potion*** Trank, Gebräu; *etwa*: Alterungstrunk

**aggravate** ['ægrəveɪt] *V/t.* (*Situation*) erschweren, verschlimmern; (*Person*) aufregen, ärgern

**aggressive** [ə'gresɪv] *Adj.* aggressiv, angriffslustig

**aghast** [ə'gɑːst] *Adv.* entsetzt, entgeistert

**agitate** ['ædʒɪteɪt] *V/t.* aufwühlen, beunruhigen

**agitation** [ˌædʒɪ'teɪʃn] *Subst.* Aufregung, Außer-sich-sein

**agleam** [ə'gliːm] *Adj.* leuchtend, glänzend

**agonising** ['ægənaɪzɪŋ] *Adj.* quälend, qualvoll, marternd; schmerzerfüllt
**agony** ['ægənɪ] *Subst.* Schmerz, Qual, Pein
**agree** [ə'griː] *Vt/i.* übereinstimmen, übereinkommen; zustimmen
**agreement** [ə'griːmənt] *Subst.* Übereinkunft, Abkommen
**agriculture** ['ægrɪˌkʌltʃə] *Subst.* Landwirtschaft

**Agrippa** [ə'grɪpə] Cornelius Agrippa (1486-1535), deutscher Okkultist und Humanist der Renaissance, Doktor der Theologie, Kenner der Kabbala (jüdische Zahlenmystik → ***arithmancy***) und Alchemie (→ ***alchemy***), trug in seiner Schrift *De occulta philosophia* (Über die geheime Philosophie) umfangreiches Wissen über Sterne, Stoffe, Temperamente, Zahlen und ihre Bedeutungen zusammen und setzte sie zueinander in Bezug. Wegen dieses Buches wurde er von der Kirche verfemt.

**aid** [eɪd] *Subst.* Hilfe, Hilfsmittel
**ail** [eɪl] *Vt/i.* schmerzen; leiden
**ailment** ['eɪlmənt] *Subst.* Unpässlichkeit, Leiden
**air** [eə] *Subst.* Luft; Atmosphäre
**airborne** ['eəbɔːn] *Adj.* ***be airborne*** sich in der Luft befinden, fliegen
**air-rifle** ['eəˌraɪfl] *Subst.* Luftgewehr
**airily** ['eərɪlɪ] *Adv.* leichthin
**airy** ['eərɪ] *Adj.* luftig; lebhaft; leichtfertig
**ajar** [ə'dʒɑː] *Adv.* halb offen, angelehnt
**alarm clock** [ə'lɑːm klɒk] *Subst.* Wecker
**Albania** [æl'beɪnjə] Albanien

**alchemy** ['ælkəmɪ] *Subst. arab.* Alchemie; spätantike und mittelalterliche Universalwissenschaft von chemischen Stoffen mit analytischen und naturphilosophischen Aspekten; die Alchemisten strebten nach Veredelung von Stoffen, die mit geistiger Läuterung gleichgesetzt wurde. Wissen aus allen möglichen Gebieten – auch Astronomie (→ ***astronomy***) oder Medizin – floss in die Alchemie ein. Ihr Ziel in Spätmittelalter und Renaissance war die Herstellung von Gold mithilfe des sog. „Steins der Weisen" (*Philosopher's Stone*), dem später auch die Fähigkeit zugeschrieben wurde, zu verjüngen oder Unsterblichkeit zu verleihen (→ ***Paracelsus***).

**alert**[1] [ə'lɜːt] *Adj.* aufgeweckt, hellwach
**alert**[2] [ə'lɜːt] *V/t.* alarmieren
**alga** ['ælgə], *Pl.* ***algae*** ['ældʒiː] *Subst.* Alge
**Alicia Spinnet** [əˌlɪʃə 'spɪnɪt] *Name* → ***Spinnet, Alicia***
**alien** ['eɪljən] *Subst.* Außerirdischer
**alight** [ə'laɪt] *Adj.* ***be alight*** brennen, in Flammen stehen
**allege** [ə'ledʒ] *V/t.* erklären, behaupten, vorbringen
**allegiance** [ə'liːdʒəns] *Subst.* Loyalität, Treue
**alleviate** [ə'liːvɪeɪt] *V/t.* (*Schmerzen, Not*) lindern, mildern
**allies** ['ælaɪz] *Subst. Pl.* Verbündete
**allow** [ə'laʊ] *V/t.* erlauben, gestatten
**allowance** [ə'laʊəns] *Subst.* finanzielle Unterstützung; ***make allowances for s.o.*** mit j-m Nachsicht haben

**all-time low** [ˌɔːltaɪm'ləʊ] *Subst.* absoluter Tiefpunkt
**ally** [ə'laɪ] *V/i.* sich verbünden
**almighty** [ɔːl'maɪtɪ] *Adj.* allmächtig; gewaltig
**almond-shaped** ['ɑːməndʃeɪpt] *Adj.* mandelförmig

**Alohomora!** [ˌæləhə'mɔːrə] *Zauber; vgl.* BOT ***aloe*** Heilpflanze, ein Liliengewächs, das in warmen Zonen gedeiht. Ihr bitterer Saft wird seit Jahrhunderten zu Heilzwecken gebraucht; noch zu Beginn des 20. Jh.s waren Aloetinktur oder Aloepastillen sehr gebräuchliche Arzneien. *Vgl. auch lat.* ***mora*** Aufschub, Weile, Verzögerung – Zauber zum Öffnen verschlossener Türen.

**alternate** [ɔːl'tɜːnɪt] *Adj.* abwechselnd, wechselseitig; ***on alternate days*** jeden zweiten Tag
**amazement** [ə'meɪzmənt] *Subst.* Verwunderung
**amber** ['æmbə] *Adj.* bernsteinfarben, goldgelb
**ambition** [æm'bɪʃn] *Subst.* Ambition, Ehrgeiz
**ambitious** [æm'bɪʃəs] *Adj.* ehrgeizig
**amble** ['æmbl] *V/i.* schlendern
**ambush** ['æmbʊʃ] *V/t.* aus dem Hinterhalt überfallen
**amicable** ['æmɪkəbl] *Adj.* liebenswürdig
**amid** [ə'mɪd] *Präp.* inmitten
**amigo** [ə'miːgəʊ] *Subst.* *portug.* Freund
**amiss** [ə'mɪs] *Adv.* verkehrt, verfehlt; ***it wouldn't go amiss*** es würde nicht schaden

**amount** [ə'maʊnt] *Subst.* Menge, Betrag, Maß
**amulet** ['æmjʊlət] *Subst.* Amulett (*magischer Gegenstand, der am Körper getragen wird und Schutz vor Unheil gewähren soll*)
**analysis** [ə'nælɪsɪs] *Subst.* Analyse, Untersuchung
**ancestor** ['ænsəstə] *Subst.* Vorfahr, Ahne
**anchor** ['æŋkə] *Subst.* Anker
**ancient** ['eɪnʃənt] *Adj.* alt, uralt, antik
**angel** ['eɪndʒəl] *Subst.* Engel
**Angelina Johnson** [ˌændʒə'liːnə 'dʒɒnsn] *Name* → ***Johnson, Angelina***
**anger** ['æŋgə] *Subst.* Wut, Zorn
**angle** ['æŋgl] *Subst.* (Blick)Winkel, Ansatzpunkt
**Anglesea** ['æŋglsɪ] *Grafschaft in Wales*

**Animagus** [ˌænɪ'mædʒəs], *Pl.* ***Animagi*** [ˌænɪ'mædʒɪ] *Neubildung; vgl.* ***animal*** Tier; *lat.* ***magus*** Magier. Bezeichnung für Zauberer, die sich in ein Tier verwandeln können. Diese Verwandlung galt von je als besondere Gabe der Schamanen bei Naturvölkern in aller Welt; sie geht zurück auf alte Jagdrituale, in denen der Geist des zu jagenden oder erlegten Tiers um Verzeihung gebeten wird. Die Fähigkeiten des Tiers – in Europa z.B. Bär, Büffel oder Wildschwein – gehen auf den Schamanen oder den Jäger über.
Aus Schottland sind viele Zeugnisse eines Hirsch-Kults überliefert, und die Vorstellung von einem Gestaltwechsel zwischen Mensch und Tier ist in zahlreichen

Kulturen verbreitet. Die Fähigkeit, sich nach Belieben in ein Tier zu verwandeln, wurde später Zauberern und Hexen zugeschrieben (→ ***transfiguration***, → ***witchcraft***).

**animal**[1] ['ænɪməl] *Subst.* Tier. Häufig werden gerade solchen Tieren magische Fähigkeiten zugeschrieben, vor denen viele Menschen Abscheu oder Furcht empfinden. Dazu zählen Kröten, Schlangen, Krähen, Spinnen; Nachttiere wie Eulen, Ratten, Katzen und Fledermäuse gelten gleichfalls als Begleiter von Hexen und Zauberern. Gemeinsam ist ihnen allen, dass sie über verborgene Fähigkeiten verfügen, die mit übersinnlichen Kräften assoziiert werden: z.B. Eulen und Katzen können im Dunkeln sehen; Raben sind außerordentlich gelehrige Vögel, sie stehlen glitzernde Gegenstände, werden aber mit Aas und Verwesung in Verbindung gebracht. Das Gleiche gilt für Ratten, die hochintelligent sind, aber als Unratfresser in Verruf. Fledermäuse leben in Rudeln an verborgenen Plätzen, in Mauernischen und alten Burgen und scheinen deshalb von Tod und Verfall zu künden.

**animal**[2] ['ænɪməl] *Adj.* animalisch, tierisch, Tier…

**animosity** [ˌænɪ'mɒsɪtɪ] *Subst.* Feindseligkeit

**ankle** ['æŋkl] *Subst.* Knöchel, Fußgelenk

**announce** [ə'naʊns] *V/t.* bekannt geben

**announcement** [ə'naʊnsmənt] *Subst.* Bekanntmachung, Ankündigung

**annoy** [ə'nɔɪ] *V/t.* ärgern, verärgern, ärgerlich machen

**annoyance** [ə'nɔɪəns] *Subst.* Ärger, Verärgerung

**annoying** [ə'nɔɪɪŋ] *Adj.* ärgerlich

**annual** ['ænjʊəl] *Adj.* jährlich

**ant** [ænt] *Subst.* ZOOL Ameise

**antenna** [æn'tenə], *Pl.* ***antennae*** [æn'teniː] *Subst.* ZOOL Fühler

**anthem** ['ænθəm] *Subst.* Hymne

**anti-burglar buzzer** ['æntɪˌbɜːglə 'bʌzə] *Subst.* Alarmanlage

**Anti-Cheating Spell** [ˌæntɪ'tʃiːtɪŋ ˌspel] *Zauber vgl. griech.* ***anti*** *Vorsilbe mit der Bedeutung* „gegen"; ***cheat*** mogeln; (*in Prüfung*) spicken, abschreiben; ***spell*** Zauber, Zauberspruch

**anticipate** [æn'tɪsɪpeɪt] *V/t.* vorausempfinden, vorhersehen; erwarten

**anticipation** [ænˌtɪsɪ'peɪʃn] *Subst.* Vorfreude, Erwartung

**antics** ['æntɪks] *Subst. Pl.* Possen, Mätzchen

**antidote** ['æntɪdəʊt] *Subst.* Gegenmittel, Gegengift

**antlers** ['æntləz] *Subst. Pl.* Geweih

**anxious** ['æŋkʃəs] *Adj.* besorgt

**anyfink** ['enɪfɪŋk] *umgangsspr. für* ***anything***

**Aparecium!** [ˌæpə'riːʃɪəm] *Zauber vgl. lat.* ***apparere*** zum Vorschein kommen, sichtbar werden, erscheinen

**apiece** [ə'piːs] *Adv.* pro Kopf, für jeden
**apologetic** [əˌpɒlə'dʒetɪk] *Adj.* entschuldigend
**apology** [ə'pɒlədʒɪ] *Subst.* Entschuldigung
**apoplectic** [ˌæpə'plektɪk] *Adj.* einem Schlaganfall nahe, apoplektisch
**apothecary** [ə'pɒθɪkərɪ] *Subst.* Apotheker
**appal** [ə'pɔːl] *V/t.* entsetzen, erschrecken
**Apparate** [ˌæpə'reɪt] *Neubildung vgl.* ***apparition*** (unerwartetes) Erscheinen, Erscheinung; Geist, Gespenst; *von* ***apparere*** *lat.* zum Vorschein kommen, sichtbar werden, erscheinen
**apparent** [ə'pærənt] *Adj.* anscheinend, offensichtlich
**apparition** [ˌæpə'rɪʃn] *Subst.* Erscheinen, Erscheinung; Geist, Gespenst
**appeal** [ə'piːl] *Subst.* Berufung (*Einspruch der in einem Gerichtsverfahren unterlegenen Partei*)
**appointment** [ə'pɔɪntmənt] *Subst.* Ernennung; Treffen, Verabredung; *von Personal*: Einstellung
**appraisal** [ə'preɪzl] *Subst.* Einschätzung, Bewertung
**appreciate** [ə'priːʃɪeɪt] *V/t.* würdigen, einschätzen, (an)erkennen
**appreciative** [ə'priːʃɪətɪv] *Adj.* zustimmend, beifällig
**apprehension** [ˌæprɪ'henʃn] *Subst.* Besorgnis, Befürchtung
**apprehensive** [ˌæprɪ'hensɪv] *Adj.* besorgt, ängstlich
**approach** [ə'prəʊtʃ] *Vt/i.* sich nähern, herankommen; herantreten an
**approval** [ə'pruːvl] *Subst.* Zustimmung, Beifall
**approve** [ə'pruːv] *V/i.* ***approve of*** gutheißen, billigen, zustimmen
**approving** [ə'pruːvɪŋ] *Adj.* zustimmend
**apron** ['eɪprən] *Subst.* Schürze
**apt** [æpt] *Adj.* geneigt; ***be apt to do s.th.*** dazu neigen etwas zu tun
**aqualung** ['ækwəlʌŋ] *Subst.* Atemgerät, Tauchgerät
**aquamarine** [ˌækwəmə'riːn] *Subst.* Aquamarin (*lichtblauer Edelstein*)
**aquiver** [ə'kwɪvə] *Adv.* erbebend, zitternd

> **Aragog** ['ærəgɒg] *Name*; *vgl.* Arachne, kunstfertige Weberin der antiken Mythologie, die einst die Göttin Athene (lat. Minerva, → ***McGonagall***) zum Wettstreit herausforderte. Athene wob die Ruhmestaten der olympischen Götter in ihren Teppich, Arachne aber deren Schandtaten. Darüber wurde die eifersüchtige Göttin so zornig, dass sie die Menschenfrau in eine Spinne verwandelte. *Vgl.* ferner die biblischen Namen *Gog* und *Magog*, die im Alten Testament für einen dem Volk Israel feindlichen Stammesfürsten und sein Land stehen und als Namen von Riesen in britische Gründungslegenden eingegangen sind. – Riesenspinne, von Hagrid aufgezogen, lebt mit seiner Frau Masog und seinen Nachkommen im *Forbidden Forest* (→ ***forest***).

**arc** [ɑːk] *Subst.* Kreisbogen
**arch** [ɑːtʃ] *Vt/i.* (sich) wölben
**arch-enemy** [ˌɑːtʃ'enəmɪ] *Subst.* Erzfeind
**archway** ['ɑːtʃweɪ] *Subst.* Torbogen

**argue** ['ɑːgjuː] *V/i.* widersprechen; streiten, zanken
**argument** ['ɑːgjʊmənt] *Subst.* Streit, Auseinandersetzung
**Argyllshire** [ɑː'gaɪlʃə] *schottische Grafschaft*
**arise** [ə'raɪz] *V/i.* entstehen, sich erheben

**arithmancy** [ə'rɪθmənsɪ] *Subst.* Zahlendeutung, Zahlenmagie; *vgl. griech.* ***arith-*** Zahl, ***-mancy*** -mantik, -weissagung.
Ihr zugrunde liegt die uralte Erkenntnis, dass die Erscheinungen der Welt in Zahlenverhältnissen ausgedrückt werden können. Verschiedene Kulturen haben unterschiedliche Systeme entwickelt, nach denen den Zahlen verschiedene Qualitäten zugeordnet werden. Auch die Buchstaben des Alphabets können auf unterschiedliche Weise zu Zahlen in Bezug gesetzt werden. Große Bedeutung haben die jüdische Zahlenmystik der Kabbala, die auch in die Alchemie (→ ***alchemy***) einfloss, und die Nummerologie; diese versucht, aus Rechenoperationen mit der Quersumme der Zahlenwerte eines Namens und Geburtsdatums eine Art mathematisches Horoskop zu erstellen.
Die Silbe *-mancy* oder deutsch *-mantik*, die „Zukunftsdeutung“ meint, ist abgeleitet von der griech. Wahrsagerin Manto, einer Tochter des blinden Sehers Teresias.

**armadillo** [ˌɑːmə'dɪləʊ] *Subst.* ZOOL Gürteltier, Apothekerassel
**armchair** ['ɑːmtʃeə] *Subst.* Lehnsessel; ***winged armchair*** Ohrensessel
**armed** [ɑːmd] *Adj.* bewaffnet; gewappnet
**Armenian** [ɑː'miːnjən] *Adj.* armenisch, aus Armenien stammend
**armour** ['ɑːmə] *Subst.* Panzer; ***suit of armour*** Ritterrüstung
**arouse** [ə'raʊz] *V/t.* wecken, erregen
**arrant** ['ærənt] *Adj.* völlig, komplett; Erz…; ***arrant villain*** Erzschurke
**array** [ə'reɪ] *Subst.* Ansammlung, Aufreihung
**arrest** [ə'rest] *V/t.* festnehmen, verhaften; (*Aufmerksamkeit*) erregen
**arrow** ['ærəʊ] *Subst.* Pfeil
**artefact** ['ɑːtɪfækt] *Subst.* Erzeugnis
**Arthur Weasley** [ˌɑːθə 'wiːzlɪ] *Name* → ***Weasley***
**artichoke** ['ɑːtɪtʃəʊk] *Subst.* Artischocke
**ascent** [ə'sent] *Subst.* Aufstieg, Anstieg
**ascertain** [ˌæsə'teɪn] *V/t.* feststellen, ermitteln
**ash** [æʃ] *Subst.* BOT Esche; Eschenholz
**ashamed** [ə'ʃeɪmd] *Adj.* beschämt
**ashen-faced** [ˌæʃn'feɪst] *Adj.* mit aschfahlem Gesicht
**askew** [ə'skjuː] *Adj.* schräg, schief, verrutscht

**asphodel** ['æsfədel] *Subst.* BOT Asphodill, Affodill; gehört zur Gattung lilienartiger Pflanzen. Sie ist im Mittelmeerraum verbreitet; ihre Wurzeln werden in der Naturheilkunde z. B. als Abführmittel verwendet.

**aspiring** [ə'spaɪərɪŋ] *Adj.* angehend, aufstrebend

**assassination** [əˌsæsɪ'neɪʃn] *Subst.* Mordanschlag, Meuchelmord
**assemble** [ə'sembl] *V/t.* versammeln
**assembly** [ə'semblɪ] *Subst.* Versammlung, Gesellschaft
**assent** [ə'sent] *Subst.* Zustimmung
**associate** [ə'səʊʃɪeɪt] *V/i.* ***associate with*** in Verbindung stehen, verkehren mit
**assortment** [ə'sɔːtmənt] *Subst.* Sortiment, Auswahl
**assume** [ə'sjuːm] *V/t.* annehmen
**assurance** [ə'ʃʊərəns] *Subst.* Zusicherung, Versicherung
**assure** [ə'ʃʊə] *V/t.* zusichern, versichern
**astonish** [ə'stɒnɪʃ] *V/t.* erstaunen
**astonishing** [ə'stɒnɪʃɪŋ] *Adj.* erstaunlich, überraschend, verwunderlich
**astound** [ə'staʊnd] *V/t.* völlig verblüffen, in Erstaunen setzen
**astray** [ə'streɪ] *Adv.* vom rechten Weg abgekommen; ***lead astray*** in die Irre führen

**astronomy** [ə'strɒnəmɪ] *Subst.* Astronomie, Sternenkunde. Bis in die frühe Neuzeit waren Astronomie und Astrologie (die Kunst der Sternendeutung) nicht voneinander unterschieden. Alte Kulturen wie die ägyptische und babylonische verehrten die Sonne als göttlich und legten die Grundlagen der Astronomie. Auch die rätselhaften Erbauer der prähistorischen Steinkreise auf den Britischen Inseln und in der Bretagne waren sternkundig; die Anlage dieser Denkmäler korrespondiert mit bestimmten Himmelskonstellationen. Bis ins 16. Jh. glaubte man, dass die Planeten in Sphären um die Erde kreisten. Veranschaulicht wurden die Planetenbahnen durch ein Gerät, das man Astrolabium nennt: ein Sphärenmodell mit der Erde im Zentrum und darum beweglichen Planeten.
Die Astrologie geht davon aus, dass die Planeten unseres Sonnensystems das Leben der Menschen beeinflussen; hier gilt die Planeten-Konstellation zum Zeitpunkt der Geburt. Grundlage ist die Einteilung in zwölf Tierkreiszeichen, die Sternbildern entsprechen.

**astronomy**

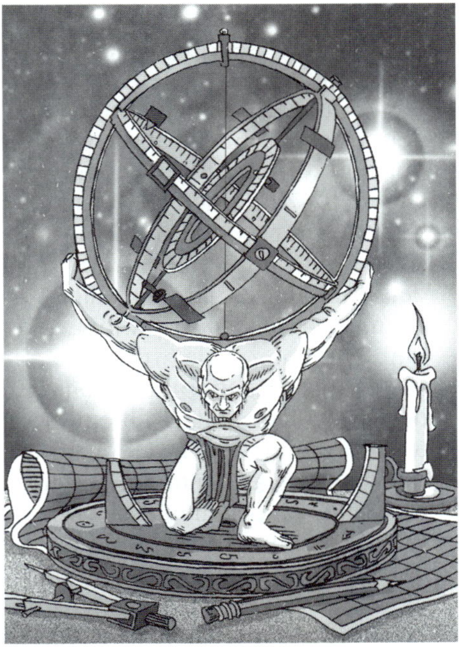

**attach** [ə'tætʃ] *V/t.* anbringen, befestigen; ***be attached to*** hängen an
**attachment** [ə'tætʃmənt] *Subst.* Zusatzvorrichtung, Anhängsel

**attack** [ə'tæk] *Subst.* Angriff
**attain** [ə'teɪn] *V/t.* (*Ziel, Rang*) erreichen; (*Kenntnisse*) erwerben
**attempt¹** [ə'tempt] *Subst.* Versuch
**attempt²** [ə'tempt] *V/t.* versuchen, den Versuch unternehmen
**attend** [ə'tend] *V/t.* (*Veranstaltung*) besuchen; bedienen; aufwarten; ***it will be attended to*** dafür wird gesorgt werden, man wird sich darum kümmern
**attention** [ə'tenʃən] *Subst.* Aufmerksamkeit
**attentive** [ə'tentɪv] *Adj.* aufmerksam
**attic** ['ætɪk] *Subst.* Dachboden, Speicher
**attract** [ə'trækt] *V/t.* anziehen, auf sich ziehen
**auburn** ['ɔːbən] *Adj.* kastanienbraun, kupferbraun
**audible** ['ɔːdɪbl] *Adj.* vernehmlich, hörbar
**aura** ['ɔːrə] *Subst.* Aura, Ausstrahlung

> **Auror** ['ɔːrə] *Neubildung*; *vgl. lat.* ***aura*** Hauch; charakteristische Ausstrahlung einer Person, die von psychisch oder medial begabten Menschen wahrgenommen wird als ein die Person umgebender Lichtkranz oder als wolkige Silhouette; die lateinische Wortendung *-or* bezeichnet j-n als Handelnden – *Dark wizard catcher* wie Alastor → ***Moody***.

**autograph** ['ɔːtəgrɑːf] *Subst.* Autogramm

> **Avada Kedavra!** [ə'vɑːdə kɪ'dɑːvrə] *Zauber*; erinnert an *abracadabra*. Abrakadabra ist ein antikes Buchstabenamulett in Dreiecksform, dessen Herkunft unsicher ist (die früheste erhaltene Schriftüberlieferung stammt aus dem 3. Jh. n. Chr.); ihm wurde eine Schutzfunktion zugeschrieben.
> Im Laufe der Zeit wurde es ein häufig gebrauchtes Wort für jede Art von Zauber. *Vgl. auch* ***cadaver*** (von *lat.* ***cadere*** fallen) für Tierleiche oder abwertend für menschliche Leiche, Kadaver.

**avenge** [ə'vendʒ] *V/t.* rächen
**average** ['ævərɪdʒ] *Subst.* Durchschnitt
**avert** [ə'vɜːt] *V/t.* abwenden
**Avery** ['eɪvərɪ] *Name aus dem Frz.* (*einer der heimlichen Anhänger Lord Voldemorts*)
**avid** ['ævɪd] *Adj.* begierig; ***stare avidly at s.o.*** j-n aufdringlich anstarren

> **Avis!** ['eɪvɪs] *Zauber vgl. lat.* ***avis*** Vogel

**avoid** [ə'vɔɪd] *V/t.* meiden, vermeiden
**award** [ə'wɔːd] *V/t.* auszeichnen, zuerkennen
**aware** [ə'weə] *Adj.* ***be aware of s.th.*** sich einer Sache bewusst sein
**awe** [ɔː] *Subst.* Ehrfurcht, Scheu; ***in awe*** voller Ehrfurcht
**awed** [ɔːd] *Adj.* von Scheu oder Ehrfurcht ergriffen
**awestruck** ['ɔːstrʌk] *Adj.* von Ehrfurcht ergriffen
**awkward** ['ɔːkwəd] *Adj.* verlegen, betreten; unangenehm, peinlich (berührt)

**axe-man** ['æksmæn] *Subst.* Henker mit dem Beil, Scharfrichter

**axle grease** ['ækslgri:s] *Subst.* Achsenfett, Wagenschmiere

**Azkaban** ['æzkəbən] *Name*; *vgl. auch* ***askance*** von der Seite, schief, scheel; misstrauisch; *arab.* ***kabal*** Ränke, Kabale; *vgl. auch* Alcatraz: berüchtigte Gefängnisinsel in der Bucht von San Francisco – das schreckliche Hexen- und Zaubergefängnis, gleichfalls als *fortress* charakterisiert und auf einer Insel im Meer gelegen.

Die an diesem schrecklichen Ort Gefangenen werden von den Furcht erregenden Dementoren (→ ***Dementor***) bewacht.

# B

**babble** ['bæbl] *Subst.* Gebrabbel, Gemurmel, Stimmengewirr

**babbling** ['bæblɪŋ] *Subst.* Plappern, Geschwätz

**backflip** ['bækflɪp] *Subst.* SPORT Flickflack

**back-to-front** [ˌbæktə'frʌnt] *Adv.* verkehrt herum

**backtrack** ['bæktræk] *V/i.* sich zurückziehen; *übertr.* einen Rückzieher machen

**bacon** ['beɪkən] *Subst.* Speck

**bade** [bæd, beɪd] *Prät.* → ***bid***

**badge** [bædʒ] *Subst.* Abzeichen, Plakette

**badger**¹ ['bædʒə] *Subst.* ZOOL Dachs

**badger**² ['bædʒə] *V/t.* plagen, belästigen

> **Bagman, Ludo** ['bægmæn, ˌluːdəʊ] *Name*; *vgl.* ***bag*** Tasche, Beutel, *brit.* ***bagman*** Handelsvertreter, Handelsreisender; **Ludo** (von *lat.* ***ludus*** das Spiel) heißt im Englischen das beliebte Würfelspiel „Mensch, ärgere dich nicht" – Leiter des *Department of Magical Games and Sports*.

**bagpipes** ['bægpaɪps] *Subst. Pl.* MUS Dudelsack

> **Bagshot, Bathilda** ['bægʃɒt, bəˌtɪldə] *Name*; *vgl.* ***bag*** Tasche, Beutel, ***shot*** Schuss, Geschoss; *US umgangsspr.* ***shot-bag*** Geldbörse; ***Bagshot*** Stadt in Südengland; **Bathilda**: wohl Stabreim-Abwandlung von *Mathilda* weibl. Vorname german. Ursprungs („machtvoller Kampf") – Autorin des Schulbuchs *A History of Magic*.

**bait** [beɪt] *V/t.* mit einem Köder versehen; mit Hunden hetzen; *übertr.* quälen

**baiting** ['beɪtɪŋ] *Subst.* Quälerei, Hetze

**balaclava** [ˌbælə'klɑːvə] *Subst.* wollener Kopfschützer

**balance** ['bæləns] *Subst.* Gleichgewicht, Balance

**bald** [bɔːld] *Adj.* kahl, glatzköpfig

**balderdash** ['bɔːldədæʃ] *Subst.* Gewäsch, Geschwätz

**balding** ['bɔːldɪŋ] *Adj.* mit schütterem Haarwuchs, mit beginnender Glatze

**baleful** ['beɪlfəl] *Adj.* (*Person*) bösartig; (*Blick*) hasserfüllt; unheilvoll

**ball¹** [bɔːl] *Subst.* Ball, Kugel, Knäuel

**ball²** [bɔːl] *V/t.* **ball up** *umgangsspr.* durcheinander bringen

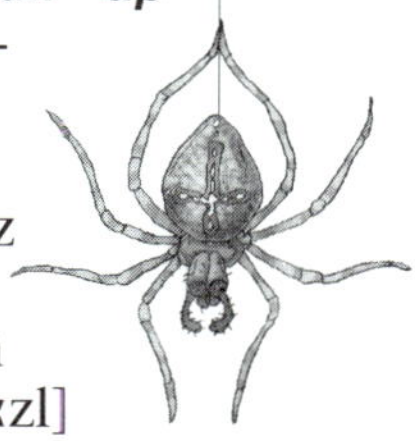

**ballet** ['bæleɪ] *Subst.* Ballett, Spitzentanz

**balloon** [bə'luːn] *Subst.* (Luft)Ballon

**bamboozle** [bæm'buːzl] *V/t.* beschwindeln, übers Ohr hauen, foppen

**bandy-legged** ['bændɪlegd] *Adj.* O-beinig

**Bane** [beɪn] *Name vgl.* **bane** Verderben, Ruin (*ein wilder Zentaur, der im Forbidden Forest lebt*); → **centaur**

**bang¹** [bæŋ] *Subst.* Knall

**bang²** [bæŋ] *V/i.* knallen

**bangle** ['bæŋgl] *Subst.* Armreif

**banish** ['bænɪʃ] *V/t.* verbannen, ausweisen

**Banishing Charm** ['bænɪʃɪŋ ˌtʃɑːm] *Zauber vgl.* **banish** verbannen; **charm** Bann, Beschwörung

**banister** ['bænɪstə] *Subst.* Treppengeländer, Treppensäule

**bank** [bæŋk] *Subst.* (*Geldinstitut*) Bank; *von Fluss, See*: Ufer

**banner** ['bænə] *Subst.* Banner, Fahne

**banquet** ['bæŋkwɪt] *Subst.* Bankett, Festmahl

**banshee** [bæn'ʃiː] *Subst.* Banshee, irische Todesfee; dem Englischen angeglichene Version von gälisch *Bean Sidhe* („übernatürliche Frau“). Sie ist blutleer und knochenlos, hat leere Augenhöhlen oder aber blutrote Augen, weißes Haar und eine eingesunkene Nase; ihr grauenvolles Heulen kündigt den Tod an. Wenn es gelingt, sie zu fangen, – so wird berichtet – muss sie sagen, wen der Tod treffen wird. Zuweilen tritt sie in den fleckigen Laken eines Sterbebetts auf, in Schottland auch als Wäscherin an Flüssen und Seen. Dann heißt sie *Bean Nighe*, und wäscht das Blut von den Totenlaken derer, die demnächst sterben müssen. Sie hat nur ein Auge, einen herausragenden Zahn und Schwimmhäute an den Füßen. Alte irische und schottische Familien hatten ihre eigene Banshee.

**bar¹** [bɑː] *Subst.* Riegel; (Gitter)Stab; Balken, Barren

**bar²** [bɑː] *V/t.* versperren

**barely** ['beəlɪ] *Adv.* kaum

**bargain** ['bɑːgɪn] *Subst.* günstiger Kauf, gutes Geschäft

**barge** [bɑːdʒ] *V/i.* hineinplatzen

**bark** [bɑːk] *V/i.* bellen; brüllen

**barking** ['bɑːkɪŋ] *Adj.* verrückt

**barmy** ['bɑːmɪ] *Adj. brit. umgangsspr.* verdreht, plemplem

**barn owl** ['bɑːn aʊl] *Subst.* ZOOL Schleiereule

**barrel** ['bærəl] *Subst.* Fass

**baseless** ['beɪsləs] *Adj.* grundlos

**bash** [bæʃ] *V/t.* schlagen, zertrümmern

**Bashir, Ali** [bə'ʃɪə, ˌɑːlɪ] *Name vgl.* **Beschir** *rotgrundiger turkmenischer Teppich mit Blüten- oder Bandmuster*; **Ali** *orientalischer Männername*

basilisk

**basilisk** ['bæsɪlɪsk] oder **cockatrice** ['kɒkətraɪs] *Subst.* Basilisk; *griech.* ***basileus***: König (der Schlangen), schreckliches Fabelwesen aus Hahn und Schlange, an dessen Existenz bis in die Neuzeit geglaubt wurde. Manche Darstellungen zeigen den Basilisken gekrönt. Entsprechend der mittelalterlichen Auffassung, dass im Basilisken teuflische Kräfte wirken, vereint er in Darstellungen dieser Zeit die Gestalt des Satans beim Sündenfall (Schlange) mit dem gleichfalls als Teufelstier geltenden Hahn.
Der Basilisk schlüpft aus dem Ei einer Schlange oder dem eines siebenjährigen Hahns (!), nachdem es von einer Kröte ausgebrütet wurde. Sein Brodem gilt als giftig. Mit seinem Feueratem oder seinem tödlichen Blick (→ *auch* ***gorgon***) verdirbt er Brunnen und Ernten. Er hält Spinnen fern. Nur der Hahnenschrei oder sein eigener Anblick in einem Spiegel können den Basilisken töten.

**bask** [bɑːsk] *V/i.* sich aalen, sich sonnen

**basket** ['bɑːskɪt] *Subst.* Korb

**bat**[1] [bæt] *Subst.* ZOOL Fledermaus; ***batlike ears*** Fledermausohren.
In ihrer Mischgestalt von Säugetier und Vogel hat die Fledermaus etwas von einem Fabelwesen an sich; nicht verwunderlich, dass sie von jeher zwiespältige Gefühle in den Menschen weckte. In anderen Sprachen wird sie sinngemäß auch als „fliegende Ratte", „fliegende Katze" oder „fliegende Kröte" bezeichnet – alles Tiere, die dem magischen Bereich zugeordnet werden (→ ***animal***). Einerseits gilt die Fledermaus, die nachts auf Jagd geht und ihre Beute im Flug fängt, als besonders scharfsichtig; andererseits wurde sie für blind gehalten (es gibt die engl. Redewendung *blind as a bat*). Dem Mittelalter galt die Fledermaus als Inkarnation des Satan, der oft mit Fledermausflügeln abgebildet wurde, als Todesbotin oder Verkörperung rastloser Toter.

**bat**[2] [bæt] *Subst.* (Holz)Schläger (*wie er etwa für Baseball gebraucht wird*)

bat

**batch** [bætʃ] *Subst.* Schub, Partie
**bathe** [beɪð] *V/t.* baden, tränken mit
**baton** ['bætɒn] *Subst.* Taktstock
**battered** ['bætəd] *Adj.* angeschlagen, lädiert
**battering** ['bætərɪŋ] *Subst.* Schläge, Prügel
**battle** ['bætl] *V/i.* kämpfen, einen Kampf führen
**battlement** ['bætlmənt] *Subst.* Brustwehr, Zinne
**batty** ['bætɪ] *Adj. umgangsspr.* plemplem, verrückt
**bauble** ['bɔːbl] *Subst.* Spielzeug, Dekoration
**bawl** [bɔːl] *V/i.* ***bawl at s.o.*** j-n anbrüllen, anplärren
**B.C.** [ˌbiː'siː] *Abk.* ***Before Christ*** vor Christi Geburt
**beacon** ['biːkən] *Subst.* Leuchtfeuer, Fanal, Signal
**bead** [biːd] *Subst.* Perle
**beady** ['biːdɪ] *Adj.* rund, (*Augen*) glänzend
**beak** [biːk] *Subst.* Schnabel
**beaked** [biːkt] *Adj.* geschnäbelt, schnabelförmig
**beaker** ['biːkə] *Subst.* Tülle, Ausguss; Schnabel
**beaky** ['biːkɪ] *Adj.* schnabelartig; ***beaky nose*** Geiernase; → ***hippogriff***
**beam**¹ [biːm] *Subst.* Strahl, Schein
**beam**² [biːm] *V/i.* strahlen
**bean** [biːn] *Subst.* Bohne; ***spill the beans on s.o.*** j-n auffliegen lassen, j-s (unangenehme) Geheimnisse publik machen
**bear** [beə] *V/t.* tragen
**bearable** ['beərəbl] *Adj.* erträglich
**beast** [biːst] *Subst.* (wildes) Tier

> **Beauxbatons** ['bəʊbəˌtɒnz] *Name*; *vgl. frz.* **beau** schön, *frz.* **batôn** Stecken, Stab; sicherlich Anspielung auf den Zauberstab, obwohl der frz. *baguette magique* heißt – *Beauxbatons Academy of Magic*, Zauberschule, irgendwo in Frankreich gelegen, die neben → ***Hogwarts*** und → ***Durmstrang*** am *Triwizard Tournament* beteiligt ist.

**beaver** ['biːvə] *Subst.* Biber
**beaverskin** ['biːvəskɪn] *Subst.* Biberpelz
**beckon** ['bekən] *Vt/i.* nicken, mit einer Kopfbewegung weisen, (vorwärts) winken
**bed-cover** ['bedˌkʌvə] *Subst.* Bettdecke
**bedlam** ['bedləm] *Subst.* Tollhaus
**bedpan** ['bedpæn] *Subst.* Bettpfanne
**bedraggle** [bɪ'drægl] *V/t.* durchnässen, durchtränken

**bedraggled** [bɪ'drægld] *Adj.* tropfnass, getränkt
**bedroom slippers** [ˌbedrʊm 'slɪpəz] *Subst. Pl.* Hauspantoffeln
**bee** [biː] *Subst.* Biene; ***have a bee in one's bonnet*** *übertr.* eine fixe Idee haben
**beechtree** ['biːtʃtriː] *Subst.* BOT Buche
**beechwood** ['biːtʃwʊd] *Subst.* Buchenholz
**beef** [biːf] *Subst.* Rindfleisch
**beefy** ['biːfɪ] *Adj.* fleischig
**beetle** ['biːtl] *Subst.* ZOOL Käfer
**beetroot** ['biːtruːt] *Subst. brit.* rote Bete, rote Rübe
**beforehand** [bɪ'fɔːhænd] *Adv.* vorher
**befoul** [bɪ'faʊl] *V/t.* besudeln
**befriend** [bɪ'frend] *V/t.* sich *j-s* annehmen, *j-m* behilflich sein
**befuddle** [bɪ'fʌdl] *V/t. übertr.* benebeln, berauschen; konfus machen, durcheinander bringen
**behalf** [bɪ'hɑːf] *Adv.* ***on his/her behalf*** seinetwegen/ihretwegen
**behave** [bɪ'heɪv] *V/i.* sich benehmen, sich betragen
**behead** [bɪ'hed] *V/t.* köpfen
**belch**[1] [beltʃ] *Subst.* Rülpsen, Aufstoßen
**belch**[2] [beltʃ] *V/i.* rülpsen; Rauch ausstoßen
**bell** [bel] *Subst.* Glocke, Klingel
**Bell, Katie** ['bel, ˌkeɪtɪ] *Name vgl.* ***bell*** Glocke, Klingel; ***Katie*** *Koseform von Kate bzw. Katherine (Mitschülerin Harrys und Chaser im Gryffindor-Quidditch-Team)*

**belladonna** [ˌbelə'dɒnə] *Subst.* BOT Tollkirsche; Nachtschattengewächs mit schwarz-glänzenden, alkaloidhaltigen, hochgiftigen Beeren. Ins Auge geträufelt, erweitert deren Essenz die Pupillen und wurde deshalb lange als (gefährliches) Schönheitsmittel verwendet; *bella donna* bedeutet ital. „schöne Frau".
Die Alkaloide, die die Tollkirsche enthält, können Halluzinationen hervorrufen; deshalb zählt sie zu den traditionellen Ingredienzien von Hexentränken, wird aber auch zu medizinischen Zwecken genutzt.

**bell-covered** ['belkʌvəd] *Adj.* mit Glöckchen bedeckt, verziert
**bellow** ['beləʊ] *V/t.* brüllen
**bell-pull** ['belpʊl] *Subst.* Klingelzug
**belly** ['belɪ] *Subst.* Bauch; Wölbung, Höhle
**belly flop** ['belɪ flɒp] *Subst.* Bauchlandung
**belt**[1] [belt] *Subst.* Gürtel
**belt**[2] [belt] *Vt/i.* gürten; *übertr.* rasen, dranbleiben
**bemoan** [bɪ'məʊn] *V/t.* beklagen, bejammern
**bemused** [bɪ'mjuːzd] *Adj.* verwirrt, ratlos
**bench** [bentʃ] *Subst.* (Sitz)Bank; ***garden-bench*** Gartenbank
**bend** [bend] *V/t.* (hin)biegen; ***on bended knees*** auf Knien
**benefit** ['benɪfɪt] *Subst.* Vorteil, Nutzen
**bent** [bent] *Adj.* gebogen, geknickt
**benign** [bɪ'naɪn] *Adj.* gütig, wohlwollend, mild
**bequeath** [bɪ'kwiːð] *V/t.* vermachen, vererben
**berate** [bɪ'reɪt] *V/t.* heftig ausschelten, auszanken

**berserk** [bɜː'sɜːk] *Adj.* rasend, wütend; ***go berserk*** wild werden, Amok laufen; aus *altnord.* ***berserkr*** Hemd aus Bärenfell.
Die nord. Sage berichtet von einer Schar wilder Krieger aus der Gefolgschaft Odins, die in Bärenfelle gehüllt durch die Lande zogen und in ekstatischer Kampfbegeisterung alles töteten, was ihnen in den Weg kam.

**berth** [bɜːθ] *Subst.* ***give s.o. a wide berth*** *übertr.* einen großen Bogen um j-n machen

**Bertie Bott's Every-Flavour Beans** [ˌbɜːtɪ 'bɒts ˌevrɪfleɪvə 'biːnz] *Name*; *vgl.* ***bottle*** Flasche oder ***bottom*** Grund, Bodenfläche eines Gefäßes; *umgangsspr.* Po, Hintern; ***bott*** Fliegenlarve; **Bertie**: Verkleinerung von *Bert*; *vgl.* ***every*** jede(r); ***flavour*** Geschmack; ***bean*** Bohne.

**best man** [ˌbest 'mæn] *Subst.* Trauzeuge (*des Ehemanns*)
**bestow** [bɪ'stəʊ] *V/t.* schenken, gewähren
**bet**¹ [bet] *Subst.* Wette
**bet**² [bet] *Vt/i.* wetten
**betray** [bɪ'treɪ] *V/t.* verraten, hintergehen, ausliefern
**beware** [bɪ'weə] *Vt/i.* sich hüten, sich vorsehen
**bewildered** [bɪ'wɪldəd] *Adj.* irritiert, verwirrt, bestürzt
**bewilderment** [bɪ'wɪldəmənt] *Subst.* Bestürzung, Verwirrung
**bewitch** [bɪ'wɪtʃ] *V/t.* verhexen, verzaubern
**bewitchment** [bɪ'wɪtʃmənt] *Subst.* Verzauberung
**beyond** [bɪ'jɒnd] *Präp.* jenseits von

**bezoar** ['biːzɔː] *Subst. arab.* Bezoarstein, Magenstein (als Gegengift verwendet); organische Ablagerungen an Fremdkörpern wie verschluckten Haaren oder Pflanzenteilen im Magen Pflanzen fressender Tiere, z.B. bei Lama, Gemse und der sog. Bezoarziege (*Capra aegagrus*). Auch die Magen- und Nierensteine des Rhinozerus galten in der orientalischen und mittelalterlichen Medizin als Bezoar; ihnen wurde entgiftende und magische Wirkung zugeschrieben.

**biased** ['baɪəst] *Adj.* voreingenommen, befangen, parteiisch
**bicker** ['bɪkə] *V/i.* sticheln, zanken
**bickering** ['bɪkərɪŋ] *Subst.* Gezänk
**bicorn** ['baɪkɔːn] *Neubildung vgl. lat.* ***bis*** zwei; *lat.* ***cornus*** Horn (*analog zu* ***unicorn*** Einhorn)
**bid** [bɪd] *V/t.* ***bid s.o. welcome*** j-n willkommen heißen; ***bid s.o. farewell*** j-m Lebewohl sagen
**bidding** ['bɪdɪŋ] *Subst.* Gebot; ***do one's bidding*** j-s Gebote ausführen
**bide** [baɪd] *V/t.* ***bide one's time*** Zeit aussitzen, den rechten Augenblick abwarten
**biggish** ['bɪgɪʃ] *Adj.* größer, eher größer
**bighead** ['bɪghed] *Subst.* eingebildeter Esel, aufgeblasener Schnösel
**bigotry** ['bɪgətrɪ] *Subst.* Engstirnigkeit, Bigotterie
**bile** [baɪl] *Subst.* Galle, Gallenflüssigkeit

**Bilius** ['bɪljəs] *Name*; *vgl.* ***bilious*** verstimmt, reizbar; mit der Galle verbunden – Onkel von Ron Weasley, starb 24 Stunden, nachdem er einen → ***Grim*** gesehen hatte.

**billow** ['bɪləʊ] *V/i.* (*Wellen*) wogen; (*Rauch*) quellen; (*Textilien*) sich bauschen

**Bill Weasley** [ˌbɪl 'wiːzlɪ] *Name* → ***Weasley***

**bin** [bɪn] *Subst. brit.* Mülltonne; großer Behälter

**Binns, Prof.** ['bɪnz, prəˌfesə] *Name vgl. brit.* ***bin*** Mülltonne, großer Behälter, *umgangsspr. für* ***loony bin*** Irrenhaus (*Geist, unterrichtet Geschichte der Magie in Hogwarts*)

**binoculars** [bɪ'nɒkjʊləz] *Subst. Pl.* Teleskop; Fernglas, Feldstecher; Opernglas

**birch twig** ['bɜːtʃ twɪg] *Subst.* Birkenreisig

**bird** [bɜːd] *Subst.* Vogel; ***birds of a feather*** aus demselben Stoff gemacht, vom gleichen Schlag

**birdbath** ['bɜːdbɑːθ] *Subst.* Vogelbad

**bird of prey** ['bɜːd əv ˌpreɪ] *Subst.* ZOOL Raubvogel

**bishop** ['bɪʃəp] *Subst.* Bischof; *beim Schachspiel*: Läufer

**bitch** [bɪtʃ] *Subst.* Hündin

**bite** [baɪt] *Subst.* Biss; *von Nahrung*: Bissen, Happen; *von Gewürz*: Würze; *übertr.* Schuss, Spur

**bizarre** [bɪ'zɑː] *Adj.* bizarr, absonderlich

**Black, Sirius** ['blæk, ˌsɪrɪəs] *Name*; entspricht „Schwarz"; **Sirius**: auf Deutsch im Volksmund „Hundsstern" genannt, der hellste Stern am nächtlichen Himmel, Hauptstern im Sternbild „Großer Hund" – Schulfreund von James und Lily Potter und Harrys Pate; des Verrats an den Potters und des vielfachen Mordes beschuldigt, wurde er zwölf Jahre lang in Azkaban gefangen gehalten, bevor ihm die Flucht gelang.

**blackboard** ['blækbɔːd] *Subst.* (Schiefer)Tafel

**blackcurrant** [ˌblæk'kʌrənt] *Subst.* schwarze Johannisbeere

**Black Forest** [ˌblæk 'fɒrɪst] Schwarzwald

**blackmail** ['blækmeɪl] *V/t.* erpressen, mit Drohungen nötigen

**Blackpool** ['blækpuːl] *Seebad an der Irischen See* (*mit einer spektakulären Landungsbrücke mit Vergnügungsbetrieben und Restaurants*)

**bladder** ['blædə] *Subst.* MED Blase

**blame** [bleɪm] *V/t.* tadeln; die Schuld geben, verantwortlich machen

**blanch** [blɑːntʃ] *V/i.* erbleichen, blass werden

**blancmange** [blə'mɒnʃ] *Subst. frz.* Mandelpudding

**bland** [blænd] *Adj.* sanft, milde, gütig

**blank** [blæŋk] *Adj.* erstaunt, verständnislos; leer

**blare** [bleə] *Vt/i.* brüllen, grölen

**blast¹** [blɑːst] *Subst.* Stoß, Knall, Druckwelle, Explosion

**blast²** [blɑːst] *V/t.* sprengen, in die Luft jagen

**blasted** ['blɑːstɪd] *Adj. umgangsspr.* verflucht, verteufelt

> **Blast-Ended Skrewt** ['blɑːstendɪd 'skruːt] *Neubildung; vgl.* ***blast*** Knall, Explosion; ***end*** Ende; ***screw*** schrauben, kneifen; ***screw-shell*** ZOOL Turmschnecke; ***newt*** ZOOL Wassermolch – eine magische Kreatur besonderer Züchtung, deren Betreuung und Erforschung Hagrid zum nervenaufreibenden „Projekt" des *Care of Magical Creatures*-Unterrichts in Harrys viertem Schuljahr erklärt.

**blatant** ['bleɪtənt] *Adj.* lärmend; himmelschreiend

**blaze**[1] [bleɪz] *Subst.* Gleißen, Strahlen; ***what in blazes ...*** *umgangsspr.* was zum Teufel ...

**blaze**[2] [bleɪz] *V/i.* leuchten, lodern, flammen

**bleak** [bliːk] *Adj.* finster, freudlos, trübe; kahl, öde

**bleary** ['blɪərɪ] *Adj.* trüb

**bleary-eyed** ['blɪərɪˌaɪd] *Adj.* verschlafen

**bless** [bles] *V/t.* segnen, bewahren

**blighter** ['blaɪtə] *Subst. brit.* Knilch, Ekel; Luder

**blimey!** ['blaɪmɪ] *Ausruf umgangsspr. für* ***God blind me!*** (*bei Erstaunen oder Betroffenheit*) *etwa*: der Schlag soll mich treffen!

**blinded** ['blaɪndɪd] *Adj.* verblendet

**blink** [blɪŋk] *V/i.* blinzeln, die Augen zusammenkneifen

**blissful** ['blɪsfəl] *Adj.* glückselig

**blister**[1] ['blɪstə] *Subst.* MED Blase, Pustel

**blister**[2] ['blɪstə] *V/i.* Blasen werfen

**blizzard** ['blɪzəd] *Subst.* Schneegestöber, Schneesturm

**blob** [blɒb] *Subst.* Klecks

**block** [blɒk] *V/t.* blockieren

**bloke** [bləʊk] *Subst. brit. umgangsspr.* Typ, Kerl

**blood-curdling** ['blʌdˌkɜːdlɪŋ] *Adj.* Grauen erregend

**bloodshed** ['blʌdʃed] *Subst.* Blutvergießen

**bloodshot** ['blʌdʃɒt] *Adj.* blutunterlaufen

**blood-stained** ['blʌdsteɪnd] *Adj.* blutbefleckt

**blooming** ['bluːmɪŋ] *Adj.* blühend; *übertr.* strahlend, glänzend

**blot** [blɒt] *V/i.* klecksen, kleckern

**blotchy** ['blɒtʃɪ] *Adj.* fleckig

**blowfly** ['bləʊflaɪ] *Subst.* ZOOL Schmeißfliege

**blubber**[1] ['blʌbə] *Subst.* Walfischspeck; Wabbelspeck

**blubber**[2] ['blʌbə] *V/i.* heulen, weinen

**bludgeon**[1] ['blʌdʒən] *Subst.* Knüppel, Keule

**bludgeon**[2] ['blʌdʒən] *V/t.* knüppeln

**Bludger** ['blʌdʒə] *Neubildung vgl.* ***bludgeon*** Knüppel, Keule (*selbstständig agierende schwarze Bälle im Quidditch-Spiel*); → ***Quidditch***

**bluebell** ['bluːbel] *Subst.* BOT Sternhyazinthe; *schott.* Glockenblume

**blunder** ['blʌndə] *V/i.* stolpern, (unbedacht) vorwärtstappen; sich blamieren, verpfuschen, einen Fehler machen, in die Falle tappen

**blunt** [blʌnt] *Adj.* stumpf, ungeschärft, ungeschliffen

**blur**[1] [blɜː] *Subst.* verwischter Schatten, undeutlicher Streifen

**blur**[2] [blɜː] *Vt/i.* verwischen, verschwimmen

**blurry** ['blɜːrɪ] *Adj.* verschwommen, unscharf

**blurt** [blɜːt] *V/t.* herausplatzen

**bluster** [blʌstə] *Vt/i.* poltern; prahlen

> **boa constrictor** ['bəʊə kənˌstrɪktə] *Subst.* ZOOL Boa constrictor; eine Python, Würgeschlange, in Südamerika beheimatet, wird bis zu vier Metern lang. Sie ist ungiftig, umschlingt ihre Beutetiere mit ihrem muskulösen Körper, erdrückt sie und verschlingt sie als Ganzes.

**boar** [bɔː] *Subst.* ZOOL Eber, Keiler

**board** [bɔːd] *Subst.* Tafel

**board-duster** ['bɔːdˌdʌstə] *Subst.* Tafellappen

**board up** [bɔːd 'ʌp] *V/t.* versiegeln, abdecken, verrammeln

**boarhound** ['bɔːhaʊnd] *Subst.* Saurüde (*Jagdhund*)

**boast** [bəʊst] *Vt/i.* sich brüsten, prahlen

**boastful** ['bəʊstfəl] *Adj.* prahlerisch, angeberisch

**boat** [bəʊt] *Subst.* Boot, Schiff; KUL Saucenschüssel

**boater** ['bəʊtə] *Subst.* „Kreissäge" (*flacher, fester Strohhut*)

**bob** [bɒb] *V/i.* baumeln, tänzeln

**bobbing** ['bɒbɪŋ] *Adj.* tänzelnd, wippend

**bobble hat** ['bɒbl hæt] *Subst.* Pudelmütze

> **Bobotuber** ['bɒbəʊˌtjuːbə] *Neubildung*; *vgl.* MED ***bubo*** Drüsenschwellung, Beule, MED ***tuber*** Knoten, Schwellung – magische Pflanze, deren Sekret üble Blasen verursacht, aber auch zur Behandlung von Akne eingesetzt werden kann; *Herbology*-Lehrstoff im 4. Schuljahr.

**Bode** [bəʊd] *Name vgl.* ***bode*** prophezeien, Vorbedeutung haben (*ein Unspeakable: unbeschreiblicher Zauberer aus dem Department of Mysteries im Ministery of Magic*)

**Bodrod the Bearded** [ˌbɒdrɒd ðə 'bɪədɪd] *german. oder nord. klingender Name*; ***bearded*** bärtig (*einer der zahllosen Goblin-Rebellen, die im History of Magic-Unterricht gelernt werden müssen*)

> **Body-Bind** ['bɒdɪbaɪnd] *Zauber vgl.* ***body*** Körper; ***bind*** zusammenbinden, aneinander binden

**bog** [bɒg] *Subst.* Sumpf(loch), Moor, Morast

> **bogey**[1] ['bəʊgɪ], *Pl.* ***bogies***, auch ***bogles***, ***bugs***; Gruppe von missgünstigen, Schrecken erregenden und manchmal sogar gefährlichen Geistern, die Vergnügen daran finden, Menschen zu plagen; sie sind manchmal in Scharen, meist aber allein unterwegs. In der Rangordnung der dunklen Wesen stehen sie niedrig. Der *boggart* repräsentiert eine in der Regel harmlose Variante von *bogies*; wie die meisten von ihnen kann er seine Gestalt wechseln. Gefährlichere Spielarten sind *duergar*, *bogy* oder *bogy-beast*; schon die Namen reichen aus, um Kindern Angst einzujagen. *Bogies* sind weitläufig mit *goblins* verwandt und fast

überall in Schottland zu Hause – in den *Lowlands* und *Highlands*, auf den Inseln sowie in den *Midlands* im Nordosten Englands (→ **goblin**, → **pixie**).

**bogey**[2] ['bəʊgɪ] *Subst. Pl. auch* **bogies** Nasenpopel
**boggart** ['bɒgət] *Subst.* Boggart (*eine Sorte Kobold, die ihre Gestalt wechseln kann, gehört zur Familie der bogies*); → **bogey**[1]
**bogie** ['bəʊgɪ] *Subst. auch* **bogy, bogey** Kobold, Popanz, Schreckgespenst; *US* Teufel, Gespenst
**boil**[1] [bɔɪl] *Subst.* MED Geschwür, Eiterbeule
**boil**[2] [bɔɪl] **boil yer heads** *eigentl.* **boil your head** *umgangsspr.* denke gefälligst nach
**boisterous** ['bɔɪstərəs] *Adj.* ungestüm, rau; lärmend, ungezügelt
**bold** [bəʊld] *Adj.* verwegen, kühn
**bollard** ['bɒləd] *Subst.* Poller (*ein Markierungsklotz*)
**bolt**[1] [bəʊlt] *Subst.* Schraube, Bolzen; Riegel
**bolt**[2] [bəʊlt] *Vt/i.* Reißaus nehmen, durchgehen, einen Satz machen; (*Tür*) verriegeln; **bolt down** (*Essen*) hinunterschlingen,
**bolt of lightning** [ˌbəʊlt əv 'laɪtnɪŋ] *Subst.* Blitz, Blitzschlag
**bolt upright** [ˌbəʊlt 'ʌpraɪt] *Adv.* kerzengerade
**bombard** [bɒm'bɑːd] *V/t.* bombardieren
**bombshell** ['bɒmʃel] *Subst.* Bombe
**bond** [bɒnd] *Subst.* Band
**bone** [bəʊn] *Subst.* Knochen; **big bones** schwere Knochen; **gotta bone ter pick with yeh** *umgangsspr.* *für* **I have got a bone to pick with you** ich habe ein Hühnchen mit dir zu rupfen
**bone-marrow** ['bəʊnˌmærəʊ] *Subst.* Knochenmark
**bonfire** ['bɒnfaɪə] *Subst.* Freudenfeuer
**Bonfire Night** ['bɒnfaɪə ˌnaɪt] 5. November (*offizieller brit. Feiertag mit Feuerwerk und symbolischer Verbrennung von Strohpuppen zum Gedächtnis an einen vereitelten Brandanschlag auf das Parlament, auch Guy Fawkes Tag*); → **Fawkes**
**bong-sewer** ['bɒŋˌsuːə] *falsch ausgesprochenes frz.* **bonsoir** guten Abend
**bonnet** ['bɒnɪt] *Subst. brit.* Motorhaube; *schott.* Mütze; **have a bee in one's bonnet** *übertr.* eine fixe Idee haben
**bonus** ['bəʊnəs] *Subst.* Pluspunkt, Vergünstigung
**bony** ['bəʊnɪ] *Adj.* knochig
**book**[1] [bʊk] *Subst.* Buch; **take a leaf out of s.o.'s book** sich von j-m ein Scheibchen abschneiden

**book**

**book[2]** [bʊk] *V/t.* buchen, engagieren
**bookshelf** ['bʊkʃelf], *Pl.* ***bookshelves*** ['bʊkʃelvz] Bücherregal
**boom** [buːm] *V/i.* dröhnen, brummen, donnern
**boomerang** ['buːməræŋ] *Subst.* Bumerang
**boomslang** ['buːmslæŋ] *Subst.* ZOOL südafrikanische Baumschlange
**booster** ['buːstə] *Subst.* Kompressor, Zusatztriebwerk
**boot** [buːt] *Subst.* Stiefel; *brit.* Kofferraum
**border** ['bɔːdə] *V/i.* ***border on*** grenzen an
**bore[1]** [bɔː] *Prät.* → ***bear***
**bore[2]** [bɔː] *V/t.* (durch)bohren
**bored** [bɔːd] *Adj.* gelangweilt

**Borgin and Burkes** [ˌbɔːgɪn ənd 'bɜːks] *Name*; ***borgin*** könnte an *Borgia* erinnern, eine sagenumwitterte Familie der ital. Renaissance, die durch Ränke und Giftmord in die (Literatur)geschichte einging; *vgl.* ***burke*** unterdrücken, vertuschen; ***Burke*** erinnert an einen Iren, der wegen Leichenbeschaffung für medizinische Zwecke im 19. Jh. erhängt wurde – von Mr. Borgin geführtes Geschäft für An- und Verkauf von schwarzmagischen Gegenständen in der *Knockturn Alley*.

**Boris the Bewildered** [ˌbɒrɪs ðə bɪ'wɪldəd] *Name vgl.* ***Boris*** *russ. Männername*; ***bewildered*** irritiert, verwirrt, bestürzt (*Statue vor dem Badezimmer der Prefects*)
**borne** [bɔːn] *Part. Perf.* → ***bear***
**boss around** [ˌbɒs ə'raʊnd] *V/t.* herumkommandieren
**bossy** ['bɒsɪ] *Adj.* herrisch, kommandierend
**botched** [bɒtʃt] *Adj.* verpfuscht
**bother** ['bɒðə] *Vt/i.* belästigen, stören; (sich) Mühe machen, Sorge bereiten; ***bother about*** sich sorgen um
**bottle-brush** ['bɒtlbrʌʃ] *Subst.* Flaschenbürste
**bottom** ['bɒtəm] *Subst.* Grund, *von Gefäß*: Boden; Hinterteil, Hosenboden
**bottom stair** [ˌbɒtəm 'steə] *Subst.* unterste Stufe
**bouillabaisse** [ˌbuːjə'bes] *Subst.* KUL *frz.* Bouillabaisse (*deftige Suppe aus verschiedenerlei Fisch und Meerestieren*; *Spezialität aus Marseille*)
**boulder** ['bəʊldə] *Subst.* Felsbrocken, Felsblock
**bounce** [baʊns] *V/i.* abprallen, auf und ab hüpfen, springen, (hoch-)schnellen
**bound[1]** [baʊnd] *Subst.* Sprung, Satz
**bound[2]** [baʊnd] *Subst.* Grenze; ***out of bounds*** MILIT Zutritt verboten; außer Rand und Band
**bound[3]** [baʊnd] *Part. Perf.* → ***bind*** binden; ***be bound to*** etwas müssen
**boundary** ['baʊndərɪ] *Subst.* (Grundstücks)Grenze, Grenzlinie
**bout** [baʊt] *Subst.* (Krankheits)Anfall
**bow-legged** ['bəʊˌlegd] *Adj.* krummbeinig, O-beinig
**bowler hat** ['bəʊlə hæt] *Subst.* Melone (*kleiner Hut mit rundem Kopfteil und schmaler, nach oben gewölbter Krempe*; *früher das „Markenzeichen“ der Londoner Geschäftsleute*)

**bowl over** [ˌbəʊl 'əʊvə] *V/t.* umwerfen
**bow-tie** [ˌbəʊ'taɪ] *Subst.* Fliege (*zur Schleife gebundene Krawatte*)
**Boxing Day** ['bɒksɪŋ deɪ] *Subst.* zweiter Weihnachtsfeiertag (*an dem traditionell Händler und Lieferanten kleine Geschenke bekamen*)
**brace** [breɪs] *Subst.* Zahnspange
**bracing** ['breɪsɪŋ] *Adj.* aufmunternd, (be)stärkend
**bracket** ['brækɪt] *Subst.* Halterung
**braggart** ['brægət] *Subst.* Prahler, Aufschneider
**braid** [breɪd] *V/t.* flechten
**brain** [breɪn] *Subst.* Gehirn, Verstand
**brainwashed** ['breɪnwɒʃt] *Adj.* einer Gehirnwäsche unterzogen
**brainwave** ['breɪnweɪv] *Subst.* Geistesblitz
**brainy** ['breɪnɪ] *Adj.* gescheit, *umgangsspr.* helle
**brake**[1] [breɪk] *Subst.* Bremse
**brake**[2] [breɪk] *altertüml. Prät.* → ***break***
**bramble** ['bræmbl] *Subst.* BOT Dornenstrauch; Brombeerstrauch
**branch** [brɑːntʃ] *Subst.* (dicker) Ast; *übertr.* Wissensgebiet, Zweig
**brand** [brænd] *Subst.* Brandmal; Zeichen, Marke
**brandish** ['brændɪʃ] *V/t.* fuchteln mit, wedeln, (drohend) schwingen
**brass** [brɑːs] *Subst.* Messing
**brass scales** [ˌbrɑːs 'skeɪlz] *Subst. Pl.* (Apotheker)Waage mit zwei Messingschalen
**brat** [bræt] *Subst.* Gör, Balg
**brave**[1] [breɪv] *Adj.* mutig, tapfer
**brave**[2] [breɪv] *V/t.* tapfer bestehen, meistern
**brawl** [brɔːl] *V/i.* sich schlagen, prügeln
**break**[1] [breɪk] *Subst.* Pause, Rast; ***give s.o. a break*** j-m eine Chance geben; j-n in Ruhe lassen
**break**[2] [breɪk] *Vt/i.* (entzwei)brechen
**breaking-point** ['breɪkɪŋˌpɔɪnt] *Subst.* *von Material*: Bruch-, Zerreißgrenze; ***tension is at breaking-point*** die Spannung hat ihren Höhepunkt erreicht
**breakneck** ['breɪknek] *Adj.* halsbrecherisch
**breakout** ['breɪkaʊt] *Subst.* Ausbruch
**breath** [breθ] *Subst.* Atem, Atemzug
**breathe** [briːð] *V/i.* atmen, Luft holen
**breed**[1] [briːd] *Subst.* Züchtung, Rasse
**breed**[2] [briːd] *V/t.* aufziehen, züchten
**breeze** [briːz] *Subst.* Brise, Luftzug
**breezy** ['briːzɪ] *Adj.* windig, frisch; flott, lebhaft
**brew**[1] [bruː] *Subst.* *hier*: Tee
**brew**[2] [bruː] *V/t.* (*Tee, Kaffee*) kochen, brauen
**brick** [brɪk] *Subst.* Ziegel
**brief** [briːf] *Adj.* kurz
**briefcase** ['briːfkeɪs] *Subst.* Aktentasche
**brim** [brɪm] *Subst.* Rand
**brim over** [brɪm 'əʊvə] *V/i.* überfließen
**brisk** [brɪsk] *Adj.* lebhaft, flott, forsch
**bristle**[1] ['brɪsl] *Subst.* Borste
**bristle**[2] ['brɪsl] *V/i.* (*Haare*) sich sträuben; *übertr.* hochfahren, zornig werden
**brittle** ['brɪtl] *Adj.* spröde, brüchig
**brood** [bruːd] *V/i.* brüten
**brooding** ['bruːdɪŋ] *Adj.* brütend, grüblerisch
**broom** [bruːm] *Subst.* Besen; → ***broomstick***

**broom**

**Broomcare** ['bruːmkeə] *Neubildung vgl.* ***broom*** Besen; ***care*** Pflege

**broomshed** ['bruːmʃed] *Subst. vgl.* ***broom*** Besen; ***shed*** Schuppen, Stall

**broomstick** ['bruːmˌstɪk] *Subst.* Besenstiel; das traditionelle Fortbewegungsmittel europäischer Hexen. Im Aberglauben sind allerlei Vorsichtsmaßnahmen hinsichtlich des Gebrauchs von Besen bekannt, etwa, dass es den Menschen Unglück bringt, einen Besen auf die Borsten zu stellen oder den Tisch damit zu fegen. Ein Besen in der Zimmerecke verscheucht Besucher, und ein schräg in die offene Tür gelehnter Besen hält unerwünschte Eindringlinge fern. Allerdings dürfte die Vorstellung vom Ritt auf einem Besenstiel weniger mit dem Haushaltsgerät zu tun haben, an das sich soviel Aberglauben knüpft, als mit dem Zauberstab; Hexen und Zauberer sollen auch auf Schaufeln und Kisten geflogen sein oder Haustiere wie Ziegen, Böcke, Schweine und Katzen geritten haben. In Zentralasien und Indien bewegten sich Magier und Hexen auf Stöcken durch die Lüfte (→ ***wand***).

**Brown, Lavender** ['braʊn, ˌlævɪndə] *Name*; entspricht „Braun"; ***lavender*** Lavendel, Mädchenname nach der gleichnamigen Duft- und Heilpflanze mit violetten Blüten. Als Parfüm haftet dem Lavendelgeruch etwas Betuliches, Altjüngferliches an – Gryffindor-Mitschülerin aus Harrys Jahrgang mit besonderer Neigung zu *Divination*.

**brownie** ['braʊnɪ] englischer Kobold; eine freundliche Variante der *bogies*; *brownies* sind sehr kleine Wesen von menschlicher Gestalt mit braunen Gesichtern, schäbig (häufig braun) gekleidet. Wenn man ihnen etwas Milch oder Sahne hinstellt, machen sie nachts die liegen gebliebene Hausarbeit fertig. Wenn man sie jedoch beleidigt oder ärgert, zetteln sie ein unbeschreibliches Chaos an. Brownies ähneln freundlichen → ***gnomes*** oder *hobgoblins* (→ ***goblin***); wie diese sind sie oft durch Zwang oder erwiesene Wohltaten an den Haushalt, dem sie angehören, gebunden (→ ***elf***, → ***pixie***).

**bruise** [bruːz] *Subst.* Bluterguss, Quetschung

**bruised** [bruːzd] *Adj.* angeschlagen, mit blauen Flecken

**brush** [brʌʃ] *Subst.* Bürste; Handfeger, Handbesen

**brusque** [bruːsk] *Adj.* brüsk, barsch, schroff

**brute** [bruːt] *Subst.* Scheusal, Untier

**Brutus** [bruːtəs] → ***St. Brutus***

**Bryce, Frank** [braɪs, fræŋk] *Name wahrscheinl. kelt. Ursprungs;* ***Frank*** *männl. Vorname german. Ursprungs („der Franke") (Gärtner im Anwesen der Familie Riddle in Little Hangleton)*

**bubble** ['bʌbl] *Subst.* (Seifen)Blasen, Luftblasen

**buck** [bʌk] *V/i.* (*Reittier*) bocken, buckeln

> **Buckbeak** ['bʌkbiːk] *Name; vgl.* ***buck*** (Hirsch)Bock, Stutzer (stolzer oder eingebildeter Mann); ***beak*** Schnabel – ein Hippogriff (→ ***hippogriff***), der Harry auf seinem Rücken fliegen lässt; Praxisbeispiel aus dem *Care of Magical Creatures*-Unterricht im 3. Schuljahr.

**bucket** ['bʌkɪt] *Subst.* Eimer

**buckle** ['bʌkl] *V/t.* zuschnallen

**budding** ['bʌdɪŋ] *Adj.* knospend, sprießend

**budge** [bʌdʒ] *V/i.* sich vom Fleck *oder* von der Stelle rühren

**budgerigar** ['bʌdʒərɪgɑː] *Subst.* ZOOL Wellensittich

**budgie** ['bʌdʒɪ] *Subst. Kurzform für* ZOOL ***budgerigar*** Wellensittich

**buffalo** ['bʌfələʊ] *Subst.* Büffel, Stier

**buffet** ['bʌfɪt] *V/t.* einen Schlag *oder* Faustschlag versetzen

**buff up** [bʌf 'ʌp] *V/t.* auf Hochglanz polieren

**bug** [bʌg] *Subst.* ZOOL Wanze, Insekt; *übertr.* Floh im Ohr; *umgangsspr.* Abhörmikrofon, Wanze

**bugbear** ['bʌgbeə] *Subst.* Schreckgespenst

**bugged** [bʌgd] *Adj.* (*Raum, Gebäude*) verwanzt; (*Gespräch*) angezapft, abgehört

**bulb** [bʌlb] *Subst.* BOT Knolle, Zwiebel

**bulbous** ['bʌlbəs] *Adj.* knollenförmig

**Bulgaria** [bʌl'geərɪə] Bulgarien

**bulge** [bʌldʒ] *V/i.* schwellen; hervortreten, hervorquellen

**bulging** ['bʌldʒɪŋ] *Adj.* vorquellend, prall; ***bulging eyes*** Glubschaugen

**bulk** [bʌlk] *Subst.* Masse, Umfang

**bulky** ['bʌlkɪ] *Adj.* umfangreich, sperrig

**bull** [bʊl] *Subst.* ZOOL Bulle, Stier

**bullclip** ['bʊlklɪp] *Subst.* Aktenklammer

**bullfrog** ['bʊlfrɒg] *Subst.* Ochsenfrosch

**bully** ['bʊlɪ] *V/t.* schikanieren, einschüchtern, tyrannisieren

**Bulstrode, Millicent** ['bʊlstrəʊd, ˌmɪlɪsnt] *Name vgl.* ***bull*** Bulle, ***strode*** *Prät. von* ***stride*** mit großen Schritten gehen; ***Millicent*** *weibl. Vorname (Slytherin-Schülerin aus Harrys Jahrgang)*

**bummer** ['bʌmə] *Subst. umgangsspr.* Reinfall, Pleite

**bump**[1] [bʌmp] *Subst.* Delle, Beule

**bump**[2] [bʌmp] *Vt/i.* stoßen; rumpeln

**bun**[1] [bʌn] *Subst.* KUL Brötchen

**bun**[2] [bʌn] *Subst.* Haarknoten

**bunch** [bʌntʃ] *Subst.* (*Blumen*) Strauß; (*Bananen*) Büschel

**bung** [bʌŋ] *V/t.* (*Fass*) (ver)stopfen
**bungle** [bʌŋgl] *Vt/i.* verpfuschen; stümperhaft handeln
**bungler** ['bʌŋglə] *Subst.* Stümper, Nichtskönner, Pfuscher
**bunk bed** [bʌŋk 'bed] *Subst.* Stockbett, Etagenbett
**bunny hop** ['bʌnɪ hɒp] *V/i.* hoppeln, hüpfen wie ein Kaninchen; *vgl.* ***bunny*** Kaninchen
**buoy** [bɔɪ] *Subst.* Boje, Seezeichen
**buoyant** ['bɔɪənt] *Adj.* schwungvoll, lebhaft, heiter
**burden** ['bɜːdn] *Subst.* Bürde, Last
**burly** ['bɜːlɪ] *Adj.* stämmig
**burn** [bɜːn] *Subst.* Verbrennung, Brandwunde
**burnished** ['bɜːnɪʃt] *Adj.* poliert, blank
**burp**[1] [bɜːp] *Subst.* Rülpser, Aufstoßen
**burp**[2] [bɜːp] *V/i.* rülpsen
**burrow** ['bʌrəʊ] *Subst.* (Fuchs-, Dachs)Bau, Höhle
**burst**[1] [bɜːst] *Subst.* Ausbruch
**burst**[2] [bɜːst] *V/i.* platzen
**bury** ['berɪ] *V/t.* begraben, vergraben; ***bury the hatchet*** das Kriegsbeil begraben
**bustle** ['bʌsl] *V/i.* hasten, eilen
**butt** [bʌt] *V/i.* ***butt in*** sich einmischen, dazwischenreden; hereinplatzen
**Butterbeer** ['bʌtəbɪə] *Subst.* *vgl.* ***butter*** Butter; ***beer*** Bier

**butter dish** ['bʌtə dɪʃ] *Subst.* Butterdose
**butterfly** ['bʌtəflaɪ] *Subst.* Schmetterling
**button** ['bʌtn] *Subst.* Knopf
**buttonhole** ['bʌtnhəʊl] *Subst.* Knopfloch
**buzz**[1] [bʌz] *Subst.* Gebrumm, Summen
**buzz**[2] [bʌz] *V/i.* brummen, summen
**by-product** ['baɪˌprɒdʌkt] *Subst.* Nebenprodukt, Begleiterscheinung
**bystander** ['baɪˌstændə] *Subst.* Zuschauer, Unbeteiligter

# C

**cabbage** ['kæbɪdʒ] *Subst.* Kohl, Kraut; Kohlkopf

**cabinet** ['kæbɪnɪt] *Subst.* Schränkchen, Vitrine

**cackle**[1] ['kækl] *Subst.* Gackern; *übertr.* meckerndes Lachen

**cackle**[2] ['kækl] *V/i.* gackern; *übertr.* meckernd lachen

**cactus** ['kæktəs] *Subst.* BOT Kaktus, Kaktee

**cadge** [kædʒ] *Vt/i.* schnorren, betteln

> **Cadogan, Sir** [kə'dʌgən, sə] *Name*; *vgl.* William Cagodan, erster Earl (Graf) von Cadogan, zeichnete sich in den spanischen Erbfolgekriegen Anfang des 18. Jh.s als Vertrauter des Herzogs von Marlborough aus und wurde 1711 zum General ernannt, verlor später seinen politischen Einfluss. – Motiv eines Gemäldes in Hogwarts und – ähnlich wie Don Quichotte – eine Parodie des mittelalterlichen Ritterideals: Sir Cadogans Welt besteht aus ritterlichen Herausforderungen, denen er sich mit mehr Enthusiasmus als brauchbaren Ergebnissen stellt.

**cage** [keɪdʒ] *Subst.* Käfig

**cajoling** [kə'dʒəʊlɪŋ] *Adj.* schmeichelnd, bettelnd

**cake** [keɪk] *Subst.* Kuchen; ***(a) piece of cake*** ein Kinderspiel, kinderleicht

**calculation** [ˌkælkjʊ'leɪʃn] *Subst.* Berechnung

**callus** ['kæləs] *Subst.* MED Schwiele

**calm** [kɑːm] *Adj.* ruhig

**campaign** [kæm'peɪn] *V/i.* ***campaign for*** zu Felde ziehen gegen, kämpfen für

**camp-bed** [ˌkæmp'bed] *Subst.* Feldbett

**campsite** ['kæmpsaɪt] *Subst.* Campingplatz, Zeltplatz

**canary** [kə'neərɪ] *Subst.* Kanarienvogel

**cancel** ['kænsl] *V/t.* absagen, ausfallen lassen

**candelabra** [ˌkændɪ'lɑːbrə] *Subst.* Kronleuchter, Kandelaber

**candle** ['kændl] *Subst.* Kerze

**cane** [keɪn] *Subst.* (Rohr)Stock

**cannon** ['kænən] *Subst.* MILIT Kanone

**Cannons** ['kænənz] *Name* → ***Chudley Cannons***

**canopy** ['kænəpɪ] *Subst.* Baldachin, (Bett-, Thron)Himmel
**canter** ['kæntə] *V/i.* (langsam) galoppieren
**canvas** ['kænvəs] *Subst.* Leinwand
**cap** [kæp] *V/t.* überbieten; ***to cap it all*** um dem Ganzen die Krone aufzusetzen
**capable** ['keɪpəbl] *Adj.* fähig, kompetent; ***be capable of doing s.th*** fähig, imstande sein, etwas zu tun
**caption** ['kæpʃən] *Subst.* Bildunterschrift
**capture**[1] ['kæptʃə] *Subst.* Gefangennahme
**capture**[2] ['kæptʃə] *V/t.* fangen, ergreifen, gefangen nehmen
**caput draconis** [ˌkæpət drə'kəʊnɪs] *Subst. lat.* Drachenhaupt, Drachenkopf
**caravan** ['kærəvæn] *Subst.* Wohnwagen, Wohnanhänger
**cardigan** ['kɑːdɪgən] *Subst.* Wolljacke, Strickjacke
**career** [kə'rɪə] *Subst.* Laufbahn, Karriere
**careless** ['keələs] *Adj.* sorglos, unbeschwert; nachlässig
**caress** [kə'res] *V/t.* liebkosen
**caretaker** ['keəˌteɪkə] *Subst.* Hausmeister
**carol** ['kærəl] *Subst.* Weihnachtslied
**car park** ['kɑː pɑːk] *Subst.* Parkplatz; ***multi-storey car park*** Parkhaus
**carpet** ['kɑːpɪt] *Subst.* Teppich
**carpeted** ['kɑːpɪtɪd] *Adj.* mit Teppich ausgelegt
**carriage** ['kærɪdʒ] *Subst.* Waggon; Kutsche
**carriage clock** ['kærɪdʒ klɒk] *Subst.* Reiseuhr
**cart** [kɑːt] *Subst.* Karren, Lore, Wägelchen
**carthorse** ['kɑːthɔːs] *Subst.* Kutschpferd
**cartwheel** ['kɑːtwiːl] *V/i.* Rad schlagen
**carve** [kɑːv] *V/t.* schnitzen; (*Weg*) bahnen, brechen
**case** [keɪs] *Subst.* Fall
**casket** ['kɑːskɪt] *Subst.* Schmuckkästchen, (Wahl)Urne
**casserole** ['kæsərəʊl] *Subst.* KUL Schmortopf
**cast** [kɑːst] *Vt/i.* werfen; ***cast about*** suchen, sich umsehen nach
**castle** ['kɑːsl] *Subst.* Schloss; *beim Schachspiel*: Turm
**castor** ['kɑːstə] *Subst.* (Gleit)Rolle
**casually** ['kæʒʊəlɪ] *Adv.* beiläufig; lässig
**casualty** ['kæʒʊəltɪ] *Subst.* MILIT Opfer; *bei Unfall*: Verletzte(r)

**cat**

**cat** [kæt] *Subst.* ZOOL Katze. Als Mäusefängerin war sie von alters her ein gern gesehener Gast in menschlichen Ansiedlungen; das unabhängige Wesen, das auch gezähmte Katzen zeigen, faszinierte Philosophen und Dichter in vielen Kulturen, vom alten China über Persien nach Ägypten. Dort galt die Katze als Begleiterin und Verkörperung der Mondgöttin Bastet, Tempelkatzen wurden gehalten und zeremoniell bestattet (→ ***mummy***). Als Dämmerungsjäger haben Katzen Licht reflektierende Augen, hochsensible Tasthaare und eine besonders stark entwickelte Wahrnehmung; sie spüren Erdbeben, Unwetter und Feuersbrünste früher als Menschen. Deshalb galten sie schon im Mittelalter als magische Tiere, Hexenbegleiterinnen und Unheilsbringerinnen.

**catcalls** ['kætkɔːlz] *Subst. Pl.* THEA Pfiffe, Akklamation, Buhrufe

**catch** [kætʃ] *Subst.* Fang, Beute; Türklinke, Schließhaken

**caterpillar** ['kætəˌpɪlə] *Subst.* ZOOL Raupe

**cat-flap** ['kætflæp] *Subst.* Katzenklappe, Katzenschlupf

**cauldron** ['kɔːldrən] *Subst.* (großer) Kessel. Der Kessel, in dem in alter Zeit gekocht und jede Art von Trank zubereitet wurde, ist das symbolische Gegenstück zum Zauberstab; wie dieser den männlichen Aspekt des Magischen repräsentiert, steht der Kessel für den weiblichen Aspekt. Er birgt Nahrung, steht für Überfluss, für Verwandlung und für Wiedergeburt. Der Kessel Dagdas im irischen Mythos wurde als unerschöpflich gedacht, im walisischen Sagenkreis *Mabinogion* lässt der Kessel Brans die gefallenen Krieger auferstehen, wenn sie bei Sonnenuntergang hineingeworfen wurden, aus dem Kessel der Göttin Ceridwen steigen Inspiration und Wissen um Zukünftiges auf. Die Herrin über Herdfeuer und Kessel ist in alten Kulturen die Herrscherin eines Stammes.

**cauldron**

**cauldron cake** ['kɔːldrən keɪk] *Subst.* Kesselkuchen

**cauliflower** ['kɒlɪˌflaʊə] *Subst.* Blumenkohl

**cause** [kɔːz] *Subst.* Ursache, Grund

**caution** ['kɔːʃn] *Subst.* Vorsicht; Warnung

**cautiously** ['kɔːʃəslɪ] *Adv.* vorsichtig, behutsam

**cave** [keɪv] *Subst.* Höhle; unterirdischer oder im Fels verborgener Hohlraum mit einem oder mehreren, meist gut verborgenen Zugängen. Als symbolischer Ort ist die Höhle ambivalent: sie steht für die Geborgenheit im Mutterschoß, aber auch für das Grab; oft sind Schätze darin verborgen. In zahlreichen Mythen ist die Höhle der Bereich des Übergangs von Leben zu Tod, von der menschlichen Welt in die Unterwelt (so betritt Äneas in Vergils Epos durch eine Höhle die Welt der Toten) oder in die Anderswelt der Kelten.

**cave in** [keɪv 'ɪn] *V/i.* einstürzen

**cavernous** ['kævənəs] *Adj.* gähnend, klaffend; sich wölbend, gewölbt

**cavort** [kə'vɔːt] *V/i.* Kapriolen schlagen, herumspringen, herumtollen

**cease** [siːs] *V/i.* enden; ablassen, aufhören

**ceaseless** ['siːsləs] *Adj.* unablässig, unaufhörlich

**Cedric Diggory** ['siːdrɪk 'dɪgərɪ] *Name* → ***Diggory***

**celebrate** ['selɪbreɪt] *Vt/i.* feiern

**celebrity** [sɪ'lebrɪtɪ] *Subst.* Berühmtheit

**celery** ['selərɪ] *Subst.* KUL (Stangen-) Sellerie

**celestial** [sɪ'lestɪəl] *Adj.* himmlisch

**cement** [sɪ'ment] *V/t.* zementieren

**centaur** ['sentɔː] *Subst.* Zentaur; von *griech.* ***kéntauroi***: Fabelwesen der griech. Antike; Pferd mit dem Oberkörper eines Mannes, gehört urspr. zur mediterranen Landschaft und ist in den lichten Wäldern oder weiten, hügeligen Fluren Thessaliens oder der Fantasielandschaft Arkadien zu Hause. Der Zentaur ist ein sehr maskulines Geschöpf und gehört in eine ähnliche Sphäre wie der Gott Pan (dessen Unterkörper der eines Ziegenbocks ist). Zentauren galten als gewalttätig, als Trinker und derbe Liebhaber; der Zentaur Cheiron andererseits ist ein Beispiel der Weisheit, Meister der Jagd, des Leierspiels und der Heilkunst, die er den Gott Asklepios lehrte.

centaur

**ceremony** ['serɪmənɪ] *Subst.* Zeremonie, Feierlichkeit; ***presentation ceremony*** feierliche Übergabe
**chain¹** [tʃeɪn] *Subst.* Kette
**chain²** [tʃeɪn] *V/t.* (an)ketten; ***chained*** in Ketten
**chalk** [tʃɔːk] *Subst.* (Tafel)Kreide
**challenge** ['tʃælɪndʒ] *Subst.* Herausforderung, Aufgabe
**chamber music** ['tʃeɪmbə ˌmjuːzɪk] *Subst.* Kammermusik
**chamberpot** ['tʃeɪmbəpɒt] *Subst.* Nachttopf

> **chameleon** [kə'miːljən] *Subst.* ZOOL Chamäleon; Kleinechse mit besonders ausgeprägter Mimikry: Sie passt ihre Hautfarbe völlig dem Untergrund an, auf dem sie sitzt; *übertr.* besonders wandlungs- und anpassungsfähiges Wesen. Wie die Schlange oder Eidechse gilt das Chamäleon in afrikanischen Mythen als Überbringerin göttlicher Botschaften; Aristoteles und der Hl. Hieronymus hingegen sahen es als falsch, wankelmütig und heuchlerisch an.

**Chang, Cho** [tʃæŋ, tʃəʊ] *chinesischer Name*; ***Cho*** *asiatischer Frauenname (von Harry angeschwärmte, ein Jahr ältere Mitschülerin und Seeker im Ravenclaw-Quidditch-Team)*
**change** [tʃeɪndʒ] *Subst.* Veränderung, Abwechslung; ***for a change*** zur Abwechslung
**changing room** ['tʃeɪndʒɪŋ ruːm] *Subst.* Umkleideraum, Garderobe
**chant** [tʃɑːnt] *Vt/i.* intonieren; Sprechchöre anstimmen
**chap** [tʃæp] *Subst.* *umgangsspr.* Bursche, Junge
**chappie** ['tʃæpɪ] *Subst.* *Koseform von* ***chap*** Kerlchen
**charcoal** ['tʃɑːkəʊl] *Subst.* Holzkohle
**charge¹** [tʃɑːdʒ] *Subst.* *juristisch*: Anklage; MILIT Angriff; Verantwortung; ***be in charge*** verantwortlich sein
**charge²** [tʃɑːdʒ] *V/t.* *juristisch*: anklagen; (an)stürmen, angreifen, losgehen auf
**charged** [tʃɑːdʒd] *Adj.* aufgeladen
**Charlie Weasley** [ˌtʃɑːlɪ 'wiːzlɪ] *Name* → ***Weasley***
**charm¹** [tʃɑːm] *Subst.* Charme; *magisch*: Bann, Beschwörung; Zauberformel
**charm²** [tʃɑːm] *V/t.* bezaubern; (*mit Magie*) bannen

> **charm** abgeleitet von *lat.* **carmen** Lied, Gesang; *Subst.* Bann, Beschwörung, Zauberspruch; *V/t.* bannen, verzaubern, bezaubern; **enchant** *V/t.* verzaubern, betören; **enchantment** *Subst.* Zauber(-spruch), Verzauberung (auch als Zustand), Betörung. Ähnlich wie Mesmerismus (→ ***mesmerise***) bewirkt *enchantment*, dass der Bezauberte die Wirklichkeit entweder gar nicht mehr wahrnehmen kann oder nur noch sieht, was er sich wünscht. *Vgl. auch* ***bewitch*** BEhexen (im Unterschied zu VERhexen), bezaubern; **entrance** *V/t.* in Entzücken versetzen, betören überwältigen; in Trance versetzen, in Bann schlagen.

**charmer** ['tʃɑːmə] *Subst.* (Schlangen-)Beschwörer
**charred** [tʃɑːd] *Adj.* verkohlt

**chart** [tʃɑːt] *Subst.* Karte, Schaubild, Liste

**chase** [tʃeɪs] *V/t.* jagen, verfolgen

**chaser** ['tʃeɪsə] *Subst.* Jäger(in), Verfolger(in)

**chatter¹** ['tʃætə] *Subst.* Geschnatter, Geplapper

**chatter²** ['tʃætə] *V/i.* schnattern, schwatzen, plappern; klappern

**cheat** [tʃiːt] *Vt/i. beim Spiel:* betrügen, schwindeln, mogeln

**checked** [tʃekt] *Adj.* kariert

**checkmate** ['tʃekmeɪt] *V/t.* schachmatt setzen

**cheek** [tʃiːk] *Subst.* Wange, Backe; Frechheit

**cheekbone** ['tʃiːkbəʊn] *Subst.* Wangenknochen, Backenknochen

**cheeky** ['tʃiːkɪ] *Adj.* frech

**cheer¹** [tʃɪə] *Subst.* Aufmunterung

**cheer²** [tʃɪə] *Vt/i.* jubeln; anfeuern; ***cheer up*** aufmuntern, aufheitern

**cheering** ['tʃɪərɪŋ] *Adj.* aufheiternd, ermunternd, aufmunternd

**cheery** ['tʃɪərɪ] *Adj.* heiter, fröhlich, vergnügt

**cherry** ['tʃerɪ] *Subst.* Kirsche

**chess** [tʃes] *Subst.* Schachspiel

**chest** [tʃest] *Subst.* Brust, Brustkorb; Kasten, Truhe

**chestnut¹** ['tʃesnʌt] *Subst.* BOT Kastanie

**chestnut²** ['tʃesnʌt] *Adj.* kastanienbraun

**chest of drawers** [ˌtʃest əv 'drɔːz] *Subst.* Kommode

**Chf.** *Abk.* ***chief*** Chef…, Haupt…

**chicken out** ['tʃɪkən ˌaʊt] *V/i. übertr.* kalte Füße kriegen, kneifen

**chieftainess** ['tʃiːftənɪs] *Subst.* Anführerin

**chill** [tʃɪl] *Subst.* Kälte, Kühle; Kältegefühl

**chilling** ['tʃɪlɪŋ] *Adj.* kühl, frostig; (*Geschichte*) haarsträubend

**chime** [tʃaɪm] *V/i.* (*Glocken*) schlagen

**chimney** ['tʃɪmnɪ] *Subst.* Schornstein, Kamin

**chin** [tʃɪn] *Subst.* Kinn

**china** ['tʃaɪnə] *Subst.* Porzellan

**china figure** [ˌtʃaɪnə 'fɪgə] *Subst.* Porzellanfigur

**chink** [tʃɪŋk] *Subst.* Klirren, Klimpern

**chintz** [tʃɪnts] *Subst.* Chintz

**chip** [tʃɪp] *Vt/i.* splittern; (*Scherben*) ausschlagen; (*Möbel*) beschädigen

**chipmunk** ['tʃɪpmʌŋk] *Subst. nordamerikanisches Streifenhörnchen*

**chipolata** [ˌtʃɪpə'lɑːtə] *Subst. brit.* KUL Cocktailwürstchen

**chippings** ['tʃɪpɪŋz] *Subst.* Scherben, Splitter; abgeschlagene Ecken/Kanten

**chirrup** ['tʃɪrəp] *V/i.* mit der Zunge schnalzen

**chisel** ['tʃɪzl] *Subst.* Meißel, Beitel

**chivy** ['tʃɪvɪ] *V/t.* hetzen, jagen

**Chocolate Frogs** ['tʃɒklɪt frɒgz] *Neubildung Schokolade in Froschform, deren Packungen Sammelbilder beiliegen*

**chocolate liqueur** ['tʃɒklɪt lɪˌkjʊə] *Subst.* Schnapspraline

**choke** [tʃəʊk] *V/t.* würgen; ersticken; mit erstickter Stimme sagen

**choking** ['tʃəʊkɪŋ] *Adj.* (*Rauch*) beißend; (*Seufzer, Schluchzen*) erstickt, unterdrückt

**chomp** [tʃɒmp] *V/t.* kauen, mampfen

**choo** [tʃuː] *umgangsspr. für* ***what are you*** *oder* ***what did you***

**chortle¹** ['tʃɔːtl] *Subst.* Gluckser
**chortle²** ['tʃɔːtl] *V/i.* glucksen, gluckern, tief lachen
**chorus¹** ['kɔːrəs] Chor
**chorus²** ['kɔːrəs] *Vt/i.* im Chor sagen
**christen** ['krɪsn] *V/t.* taufen

> **Christmas pudding** [ˌkrɪsməs 'pʊdɪŋ] *brit.* KUL typisches Weihnachtsgericht: alkoholgetränkte, u.a. mit Zimt gewürzte Mehlspeise aus Dörrobst wie Sultaninen, Korinthen und Rosinen, im Wasserbad erhitzt und flambiert serviert; oft werden kleine Gegenstände wie Silbermünzen, Ringe usw. eingebacken, die eine (scherzhafte) Orakel-Funktion erfüllen: Wer sie auf seinem Teller findet, kann für das neue Jahr entsprechend Geldsegen, Eheschließung usw. erwarten.

**chuck** [tʃʌk] *V/t.* werfen, schmeißen; ***chuck out*** raus-, wegschmeißen
**chuckle** ['tʃʌkl] *V/i.* glucksen, in sich hineinlachen
**Chudley Cannons** [ˌtʃʌdlɪ 'kænənz] *alter Familien- und Ortsname*; *vgl.* ***cannon*** Kanone (*Ron Weasleys und Harrys Lieblings-Quidditch-Team mit orangefarbenen Trikots*)
**chuffed** [tʃʌft] *Adj. umgangsspr.* geschmeichelt
**chunk** [tʃʌŋk] *Subst. von Fleisch*: Fetzen, Stück; *von Stein*: Brocken
**churn** [tʃɜːn] *V/t.* durchrütteln, durchschütteln, aufwühlen
**chute** [ʃuːt] *Subst.* Rutschbahn
**cinch** [sɪntʃ] *Subst.* klarer Fall, todsichere Sache; ***it's a cinch*** das ist ein Klacks
**cinders** ['sɪndəz] *Subst. Pl.* Asche

> **Circe** ['sɜːsɪ] *Name*; Zauberin der griech. Antike. Dem griechischen Dichter Homer zufolge lebte sie auf einer paradiesischen Insel und verstand sich besonders auf Transfiguration: Sie verwandelte die Gefährten des irrfahrenden Odysseus in Schweine; ihn selbst betörte sie (zumindest zeitweise) mit ihrer Schönheit; daher: bezirzen für bezaubern

**circle¹** ['sɜːkl] *Subst.* Kreis; ***inner circle*** innerer Kreis, Vertraute, harter Kern
**circle²** ['sɜːkl] *Vt/i.* kreisen, umkreisen
**circular** ['sɜːkʊlə] *Adj.* rund, kreisförmig
**circumstances** ['sɜːkəmstænsɪz] *Subst. Pl.* Umstände
**circus tent** ['sɜːkəs ˌtent] *Subst.* Zirkuszelt
**civil** ['sɪvl] *Adj.* bürgerlich, staatlich; ***keep a civil tongue*** höflich bleiben
**clad** [klæd] *Adj.* gekleidet
**claim** [kleɪm] *Subst.* Anspruch
**clairvoyant** [kleə'vɔɪənt] *Adj.* hellseherisch
**clamber** ['klæmbə] *V/i.* klettern, steigen, kraxeln
**clammy** ['klæmɪ] *Adj.* feuchtkalt, klamm
**clamour** ['klæmə] *V/i.* lärmen, toben
**clamp** [klæmp] *V/t.* festklammern, klammern, klemmen
**clank** [klæŋk] *Vt/i.* klirren (mit)
**clap** [klæp] *V/i.* (Beifall) klatschen, applaudieren
**clasp** [klɑːsp] *V/t.* umklammern, fest greifen
**classified** ['klæsɪfaɪd] *Adj.* (in Klassen *oder* Gruppen) eingeteilt, klassifiziert; *US* geheim

**clatter** ['klætə] *V/i.* trampeln; klappern
**clattering** ['klætərɪŋ] *Subst.* Geklapper; Gepolter
**clause** [klɔːz] *Subst.* Absatz, Paragraph
**clawed** [klɔːd] *Adj.* klauenartig; mit Klauen; ***clawed feet*** Klauenfüße
**Cleansweep** ['kliːnswiːp] *Name vgl.* ***clean*** sauber; ***sweep*** fegen (*älteres Besenmodell*)
**clearing** ['klɪərɪŋ] *Subst.* Lichtung

**Clearwater, Penelope** ['klɪəwɔːtə, pɪˌneləpɪ] *Name*; *vgl.* ***clear*** klar, rein; ***water*** Wasser; **Penelope**: nach der Ehefrau des Odysseus, die – wie der griech. Dichter Homer berichtet – jahrelang treu wartet, bis der Held von seinen Irrfahrten zurückkehrt – Freundin von Percy Weasley, Ravenclaw-*Prefect* und später *Head Girl.*

**clench** [klentʃ] *V/t.* (*Zähne*) zusammenbeißen; (*Faust*) ballen, zusammenpressen
**climate** ['klaɪmɪt] *Subst.* Klima
**cling** [klɪŋ] *V/i.* kleben, haften, halten
**clink** [klɪŋk] *V/i.* klirren, klingen

**Cliodna** [klaɪ'ɒdna] *Name*; eine → ***banshee*** aus der irischen Provinz Munster, der Familie MacCarthy zugeordnet; nach anderen Überlieferungen eine Fee in der gleichen Region – Druidin, abgebildet auf einem der Sammelbilder, die den *Chocolate Frogs* beiliegen.

**clipped** [klɪpt] *Adj.* knapp, abgehackt
**clipper** ['klɪpə] *Subst.* (Haar)Schneider, Zwicker
**cloak** [kləʊk] *Subst.* Umhang, Mantel
**clog** [klɒg] *V/t.* verstopfen, belasten
**close** [kləʊs] *Adj.* knapp; ***that was close shave*** *umgangsspr.* das war knapp *oder* haarscharf
**clothes brush** ['kləʊðz brʌʃ] *Subst.* Kleiderbürste
**clotted** ['klɒtɪd] *Adj.* geronnen
**clout** [klaʊt] *V/t.* hauen, schlagen
**clove** [kləʊv] *Subst.* Gewürznelke; ***clove of garlic*** Knoblauchzehe
**club** [klʌb] *Subst.* Schläger, Schlagholz; Keule, Knüppel, Prügel
**cluck** [klʌk] *V/i.* schnalzen
**clue** [kluː] *Subst.* Anhaltspunkt, Hinweis, Fingerzeig; ***not have a clue*** keinen Schimmer haben
**clump** [klʌmp] *Subst.* ***a clump of trees*** eine Baumgruppe
**clumsy** ['klʌmzɪ] *Adj.* unbeholfen, ungeschickt
**clunk** [klʌŋk] *Subst.* *lautmalerisch* Klonk (*dumpfer metallischer Klang*)
**cluster**[1] ['klʌstə] *Subst.* Büschel, Häufchen
**cluster**[2] ['klʌstə] *V/i.* herumstehen, Grüppchen bilden; sich drängen
**clutch**[1] [klʌtʃ] *Subst.* Klaue; Griff
**clutch**[2] [klʌtʃ] *Subst. von Vögeln*: Gelege, Brut
**clutch**[3] [klʌtʃ] *V/t.* umklammern, festklammern
**clutter** ['klʌtə] *Subst.* Durcheinander, Wirrwarr
**coat-hanger** ['kəʊtˌhæŋə] *Subst.* Kleiderbügel
**coat of arms** [ˌkəʊt əv 'ɑːmz] *Subst.* Wappen
**cob** [kɒb] *V/t.* schlagen
**cobble** ['kɒbl] *Subst. altertüml.* Kopfstein, Pflasterstein
**cobbled** ['kɒbld] *Adj.* mit Kopfsteinen gepflastert

**cock-and-bull story** [ˌkɒkənd'bʊl ˌstɔːrɪ] *Subst.* Ammenmärchen, Geschichte vom Wilden Mann

**cockatrice** ['kɒkətraɪs] *Subst.* Basilisk; → ***basilisk***

**cock-crow** ['kɒkkrəʊ] *Subst.* Hahnenschrei

**cockroach** ['kɒkrəʊtʃ] *Subst.* Küchenschabe, Kakerlak

**cockroach cluster** ['kɒkrəʊtʃ ˌklʌstə] *Neubildung vgl.* ***cockroach*** Küchenschabe, Kakerlak; ***cluster*** (Knusper)Häufchen

**cocky** ['kɒkɪ] *Adj.* frech, übermütig; großspurig

**cocoa** ['kəʊkəʊ] *Subst.* Kakao

**coconut** ['kəʊkənʌt] *Subst.* Kokosnuss

**code** [kəʊd] *Subst.* Kodex, Vereinbarung, Richtlinie

**Code of Conduct** [ˌkəʊd əv 'kɒndʌkt] *Subst.* Verhaltenskodex

**codger** ['kɒdʒə] *Subst. umgangsspr.* komischer alter Kauz

**Codswallop!** ['kɒdzˌwɒləp] *umgangsspr.* ausgesprochener Blödsinn!, Quatsch!; Herkunft unbekannt; vielleicht von ***cod*** Scrotum, ***ballock*** Hoden; oder ***cod*** Dorsch, Kabeljau; ***swallow up*** verschlingen; *vgl. auch altschott.* ***cod*** für ***pillow*** Kopfkissen, ***wallop*** hauen, schlagen. Man hat die Redewendung auch mit einem gewissen Cod, Bierbrauer oder Sodahersteller in London, in Verbindung gebracht.

**cog** [kɒg] *Subst.* (Zahn)Rad, Rädchen

**coil¹** [kɔɪl] *Subst.* Schlinge, Windung, Krümmung

**coil²** [kɔɪl] *V/i.* sich winden, schlängeln; sich kringeln, kräuseln

**coincidence** [kəʊ'ɪnsɪdəns] *Subst.* Zufall, zufälliges Zusammentreffen

**cold** [kəʊld] *Subst.* Kälte; MED Erkältung

**collapse** [kə'læps] *V/i.* zusammenklappen, zusammenbrechen

**collapsible** [kə'læpsɪbl] *Adj.* zusammenfaltbar, zusammenlegbar

**collar** ['kɒlə] *Subst.* Halsband, Kragen

**collect** [kə'lekt] *V/t.* sammeln; einsammeln, abholen; ***collecting tin*** Sammelbüchse

**collide** [kə'laɪd] *V/i.* zusammenstoßen

**collude** [kə'luːd] *V/i.* zusammenspielen, zusammenwirken; gemeinsame Sache machen

**collywobbles** ['kɒlɪˌwɒblz] *Subst. Pl. brit.* Bauchgrimmen, Magendrücken

**Colonel Fubster** [ˌkɜːnl 'fʌbstə] *Name vgl. brit.* ***fubsy*** rundlich, pummelig; ***colonel*** Oberst (*militärischer Rang*)

**colour-code** ['kʌləkəʊd] *V/t.* farbig markieren

**column** ['kɒləm] *Subst.* Säule; Spalte (*in einer Tabelle*)

**combat** ['kɒmbæt] *V/t.* bekämpfen

**combative** ['kɒmbətɪv] *Adj.* kampfbereit; kämpferisch

**Comet 206** ['kɒmɪt ˌtuː 'hʌndrəd ənd 'sɪks] *Name vgl.* ***comet*** Komet (*Stern mit einem Schweif - Besenmodell*)

**comeuppance** [ˌkʌm'ʌpəns] *Subst. auch* ***comuppance*** verdiente Strafe, Vergeltung

**comfort** ['kʌmfət] *V/t.* trösten

**comical** ['kɒmɪkl] *Adj.* komisch

**commend** [kə'mend] *V/t.* loben; empfehlen

**comment** ['kɒment] *V/t.* kommentieren

**commiserate** [kə'mɪzəreɪt] *Vt/i.* bemitleiden, bedauern; Mitleid empfinden

**commit** [kə'mɪt] *V/t.* übergeben; ***commit a crime*** ein Verbrechen begehen

**committee** [kə'mɪtɪ] *Subst.* Komitee, Ausschuss

**common** ['kɒmən] *Adj.* (all)gemein, üblich, verbreitet; gewöhnlich (*auch abwertend*)

**commoner** ['kɒmənə] *Subst.* Bürgerliche(r), Nicht-Adelige(r), Durchschnittsbürger

**commotion** [kə'məʊʃn] *Subst.* Aufruhr, Tumult

**community** [kə'mjuːnɪtɪ] *Subst.* Gemeinschaft, Gemeinde

**company car** ['kʌmpənɪ ˌkɑː] *Subst.* Firmenwagen

**compare** [kəm'peə] *V/t.* vergleichen

**comparison** [kəm'pærɪsn] *Subst.* Vergleich

**compartment** [kəm'pɑːtmənt] *Subst.* (Zug)Abteil

**compatible** [kəm'pætɪbl] *Adj.* vereinbar, kompatibel; ***be compatible with*** zusammenpassen, passen zu

**compensation** [ˌkɒmpən'seɪʃn] *Subst.* Entschädigung, Ersatz

**compete** [kəm'piːt] *V/i.* wetteifern, in Wettbewerb treten, konkurrieren

**competition** [ˌkɒmpɪ'tɪʃn] *Subst.* Wettbewerb, Konkurrenz

**competitor** [kəm'petɪtə] *Subst.* Bewerber, Mitbewerber, Konkurrent

**complacent** [kəm'pleɪsnt] *Adj.* selbstgefällig

**complaint** [kəm'pleɪnt] *Subst.* Beschwerde

**complete** [kəm'pliːt] *V/t.* fertig stellen, vollenden

**complicated** ['kɒmplɪkeɪtɪd] *Adj.* kompliziert, schwierig

**comply** [kəm'plaɪ] *V/i.* einwilligen; ***comply with*** (*Regel*) befolgen; (*einer Bitte*) nachkommen

**composed** [kəm'pəʊzd] *Adj.* gelassen, ruhig entschlossen

**composition** [ˌkɒmpə'zɪʃn] *Subst.* Aufsatz

**compost** ['kɒmpɒst] *Subst.* Kompost

**comprehension** [ˌkɒmprɪ'henʃn] *Subst.* Verstehen, Begreifen; Verständnis

**comprehensive** [ˌkɒmprɪ'hensɪv] *Subst. Kurzform für* ***comprehensive school*** *brit.* Gesamtschule

**comprise** [kəm'praɪz] *V/t.* einschließen, umfassen

**compromise** ['kɒmprəmaɪz] *Subst.* Kompromiss, Einigung

**compulsive** [kəm'pʌlsɪv] *Adj.* zwanghaft, gezwungen

**computerised** [kəm'pjuːtəraɪzd] *Adj.* computergesteuert

**comrade-in-arms** [ˌkɒmrɪdɪn'ɑːmz] *Subst.* Waffengefährte, Waffenbruder

**comuppance** [ˌkʌm'ʌpəns] → ***comeuppance***

**conceal** [kən'siːl] *V/t.* verbergen, verhehlen, verhüllen

**concealment** [kən'siːlmənt] *Subst.* Verstellung, Verbergen, Verhüllung

**conceive** [kən'siːv] *V/t.* ausdenken, ersinnen, planen

**concentrate** ['kɒnsəntreɪt] *Vt/i.* (sich) konzentrieren

**concern**[1] [kən'sɜːn] *Subst.* Besorgnis

**concern**[2] [kən'sɜːn] *V/t.* betreffen, angehen, von Wichtigkeit *oder* Interesse sein; beunruhigen

**concoct** [kən'kɒkt] *V/t.* (zusammen)brauen; *übertr.* aushecken

**concoction** [kən'kɒkʃən] *Subst.* Gebräu, Mischung, Sud
**condemned** [kən'demd] *Subst.* Verurteilte(r)
**condensation** [ˌkɒnden'seɪʃn] *Subst.* Kondensation, Kondenswasser
**condition** [kən'dɪʃn] *Subst.* Bedingung, Zustand; ***working conditions*** Arbeitsbedingungen
**conductor** [kən'dʌktə] *Subst.* (Bus- *oder* Straßenbahn)Schaffner
**Confed.** *Abk.* ***confederation*** Vereinigung, Zusammenschluss
**confess** [kən'fes] *V/t.* gestehen, eingestehen, bekennen
**confession** [kən'feʃn] *Subst.* Geständnis, Bekenntnis
**confide in** [kən'faɪd ɪn] *V/i.* sich anvertrauen
**confident** ['kɒnfɪdənt] *Adj.* zuversichtlich
**confines** [kən'faɪnz] *Subst. Pl.* Grenzen
**confirm** [kən'fɜːm] *V/t.* bestätigen
**confiscate** ['kɒnfɪskeɪt] *V/t.* beschlagnahmen, konfiszieren

**Confundus Charm** [kən'fʌndəs ˌtʃɑːm] *Zauber vgl.* ***confound*** vermengen, verwechseln; ***confounded*** verwünscht, verflixt, verflucht; ***charm*** Bann, Beschwörung

**confuse** [kən'fjuːz] *V/t.* verwirren, durcheinander bringen
**confusion** [kən'fjuːʒn] *Subst.* Verwirrung, Durcheinander
**congratulations** [kənˌgrætʃʊ'leɪʃnz] *Subst. Pl.* Glückwunsch, Gratulation
**congregate** ['kɒŋgrɪgeɪt] *V/i.* sich versammeln

**Conjunctivitus Curse** [kənˌdʒʌŋktɪ'vaɪtəs ˌkɜːs] *Zauber vgl.* ***conjunctivitis*** Bindehautentzündung; ***curse*** Fluch, Verwünschung

**conjure** ['kʌndʒə] *V/t.* (*Geister*) beschwören; ***conjure up*** (*Essen*) zusammenzaubern; (*Erinnerungen*) heraufbeschwören
**conk** [kɒŋk] *Subst. brit. umgangsspr.* Nase, „Zinken“
**conker-like** ['kɒŋkəlaɪk] *Adj.* kastaniengroß
**connect** [kə'nekt] *V/t.* verbinden, in Verbindung bringen
**connection** [kə'nekʃn] *Subst.* Verbindung, Beziehung; Zusammenhang
**Connolly** ['kɒnəlɪ] *irischer Familienname aus dem Gälischen (Spieler der irischen Quidditch-Nationalmannschaft beim World Cup)*
**conquer** ['kɒŋkə] *V/t.* besiegen, bezwingen, unterwerfen
**consent** [kən'sent] *V/i.* zustimmen, sich bereit erklären
**consider** [kən'sɪdə] *V/t.* überlegen, nachdenklich betrachten
**considerable** [kən'sɪdrəbl] *Adj.* beträchtlich, beachtlich
**consideration** [kənˌsɪdə'reɪʃn] *Subst.* Rücksichtnahme, Bedacht; Erwägung
**consignment** [kən'saɪnmənt] *Subst.* Ladung, Lieferung
**consoling** [kən'səʊlɪŋ] *Adj.* tröstend, tröstlich
**consort** [kən'sɔːt] *V/i.* ***consort with*** verkehren mit, sich gesellen zu
**conspicious** [kən'spɪkjʊəs] *Adj.* auffällig, deutlich

**constant** ['kɒnstənt] *Adj.* beständig, fortgesetzt
**constitute** ['kɒnstɪtjuːt] *V/t.* bilden, errichten; konstituieren
**constrained** [kən'streɪnd] *Adj.* gezwungen, verlegen, gehemmt
**constricted** [kən'strɪktɪd] *Adj.* gepresst, eingeschnürt
**consultation** [ˌkɒnsəl'teɪʃn] *Subst.* Befragung, Beratung
**consume** [kən'sjuːm] *V/t.* zu sich nehmen, verbrauchen
**consuming** [kən'sjuːmɪŋ] *Adj.* überwältigend, verzehrend
**contagious** [kən'teɪdʒəs] *Adj.* ansteckend, übertragbar
**contain** [kən'teɪn] *V/t.* enthalten
**contaminate** [kən'tæmɪneɪt] *V/t.* verschmutzen, verderben
**contemptuous** [kən'temptʃʊəs] *Adj.* verachtungsvoll, verächtlich
**contend** [kən'tend] *V/i.* kämpfen, ringen mit; wetteifern
**contender** [kən'tendə] *Subst.* Bewerber
**contented** [kən'tentɪd] *Adj.* zufriedengestellt, befriedigt
**contents** ['kɒntents] *Subst. Pl.* Inhalt
**contestant** [kən'testənt] *Subst.* Teilnehmer (*in einem Wettbewerb*)
**continually** [kən'tɪnjʊəlɪ] *Adv.* fortgesetzt, fortwährend
**contort** [kən'tɔːt] *Vt/i.* verrenken, verzerren; (*Gesicht*) sich verzerren
**contorted** [kən'tɔːtɪd] *Adj.* verzerrt
**contract** [kən'trækt] *Vt/i.* (sich) zusammenziehen
**contraption** [kən'træpʃən] *Subst.* neumodischer Apparat, merkwürdiges Ding
**contrary** ['kɒntrərɪ] *Subst.* Gegenteil
**contrast**[1] ['kɒntrɑːst] *Subst.* Gegensatz
**contrast**[2] [kən'trɑːst] *V/i.* sich abheben, abstechen
**control** [kən'trəʊl] *Subst.* Kontrolle, Aufsicht
**controversial** [ˌkɒntrə'vɜːʃl] *Adj.* umstritten, kontrovers
**convenient** [kən'viːnjənt] *Adj.* angenehm, bequem, praktisch, günstig
**convention** [kən'venʃən] *Subst.* Abkommen; Konvention, Brauch; Konferenz, Tagung

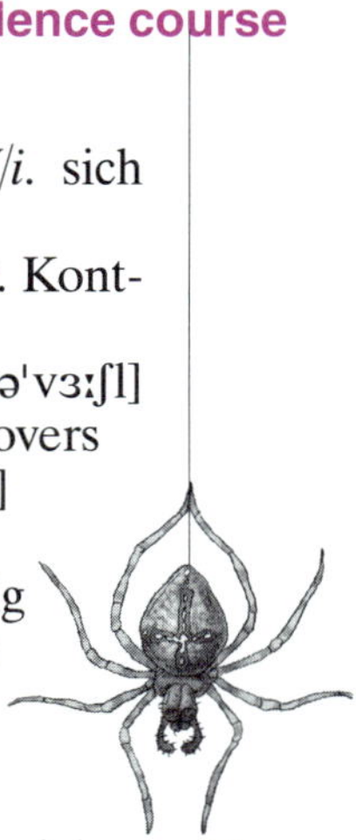

**converse** [kən'vɜːs] *V/i.* sich verständigen, sich unterhalten
**convey** [kən'veɪ] *V/t.* vermitteln, rüberbringen
**convict**[1] ['kɒnvɪkt] *Subst.* Sträfling, Verurteilter
**convict**[2] [kən'vɪkt] *V/t.* überführen; verurteilen
**convulsive** [kən'vʌlsɪv] *Adj.* krampfhaft
**coo** [kuː] *Vt/i.* gurren, säuseln
**coop up** [kuːp'ʌp] *V/t.* einsperren, einpferchen
**cope** [kəʊp] *V/i.* ***cope with*** fertig werden mit, umgehen können mit, es aufnehmen können mit
**copper kettle** [ˌkɒpə 'ketl] *Subst.* Kupferkessel
**cord** [kɔːd] *Subst.* Schnur, Band, Strang
**cordially** ['kɔːdɪəlɪ] *Adv.* herzlich
**core** [kɔː] *Subst.* Kern
**cork** [kɔːk] *Subst.* Korken
**corking** ['kɔːkɪŋ] *Adj.* großartig, klasse
**corner** ['kɔːnə] *V/t.* in die Enge treiben, in die Ecke drängen
**Cornish** ['kɔːnɪʃ] *Adj.* aus Cornwall stammend
**corpse** [kɔːps] *Subst.* Leichnam
**correspondence course** [kɒrɪ'spɒnd-

əns ˌkɔːs] *Subst.* Fernlehrgang, Fernkurs

**correspondent** [ˌkɒrɪ'spɒndənt] *Subst.* Korrespondent(in) (*bei einer Zeitung*); Briefpartner(in)

**corridor** ['kɒrɪdɔː] *Subst.* Gang, Korridor

**corruption** [kə'rʌpʃn] *Subst.* Bestechung, Korruption, Schiebung

**cost** [kɒst] *Subst.* Preis, Aufwand; ***at all costs*** um jeden Preis

**cosy** ['kəʊzɪ] *Adj.* behaglich, gemütlich

**cottage** ['kɒtɪdʒ] *Subst.* Häuschen, kleines Landhaus

**cotton on** [ˌkɒtn 'ɒn] *V/i. umgangsspr.* kapieren, schnallen

**council** ['kaʊnsl] *Subst.* Beirat, Ratsversammlung

**counter-curse** ['kaʊntəkɜːs] *Subst.* Gegenfluch, Abwehr eines Fluchs

**countless** ['kaʊntləs] *Adj.* zahllos

**courage** ['kʌrɪdʒ] *Subst.* Mut, Tapferkeit, Courage

**courageous** [kə'reɪdʒəs] *Adj.* mutig, tapfer, couragiert

**course** [kɔːs] *Subst.* KUL Gang

**courteous** ['kɜːtɪəs] *Adj.* höflich, formvollendet

**courtesy** ['kɜːtɪsɪ] *Subst.* Höflichkeit, Gefälligkeit

**cover**[1] ['kʌvə] *Subst.* Deckel; *von Buch*: Einband; *von Sofa, Sessel*: Schonbezug; (Schutz)Hülle

**cover**[2] ['kʌvə] *V/t.* bedecken; ***cover up*** vertuschen

**cow** [kaʊ] *Subst.* Kuh

**coward** ['kaʊəd] *Subst.* Feigling

**cowardice** ['kaʊədɪs] *Subst.* Feigheit

**cowardly** ['kaʊədlɪ] *Adj.* feige

**cower** ['kaʊə] *V/i.* sich ducken, kauern

**crab** [kræb] *Subst.* ZOOL Krabbe

**Crabbe, Vincent** ['kræb, ˌvɪnsənt] alter Name (*german., fries.*) für eine mürrische, kratzbürstige, nörglerische Person; *vgl.* ***crabby*** übellaunig; **Vincent**: männl. Vorname, aus *altfrz.* ***vincens*** der Eroberer oder Bezwinger – Slytherin-Schüler aus Harrys Jahrgang, fungiert zusammen mit *Gregory Goyle* als Leibwächter von *Draco Malfoy*; sein Vater ist einer der *Death Eater.*

**crack**[1] [kræk] *Subst.* Spalt, Riss

**crack**[2] [kræk] *Vt/i.* krachen, knallen; brechen, bersten; ***get cracking*** *umgangsspr.* loslegen, voranmachen; ***crack on*** *umgangsspr.* weitermachen; ***crack up*** *umgangsspr.* zusammenbrechen; durchdrehen

**cracker** ['krækə] *Subst.* Knallbonbon; Feuerwerkskörper

**crackle** ['krækl] *V/i.* knattern, prasseln

**crackpot** ['krækpɒt] *Subst.* Spinner, Irrer

**cradle** ['kreɪdl] *V/t.* wiegen, schaukeln

**cram** [kræm] *V/t.* stopfen

**crammed** [kræmd] *Adj.* gedrängt, vollgestopft, zusammengepfercht

**cranberry** ['krænbərɪ] *Subst.* BOT Preiselbeere

**crane** [kreɪn] *V/i.* den Hals verrenken, (neugierig) spähen

**cranny** ['krænɪ] *Subst.* Ritze, Spalte

**crate** [kreɪt] *Subst.* Kiste, Kasten; Lattenverschlag, (große) Holzkiste; ***by the crate*** kistenweise

**crave** [kreɪv] *V/t.* erflehen, erbitten

**creak**[1] [kriːk] *Subst.* Knarren, Quietschen

**creak**[2] [kriːk] *V/i.* quietschen, knarren

**crease** [kriːs] *Vt/i.* knittern, Falten machen *oder* bekommen
**creature** ['kriːtʃə] *Subst.* Geschöpf, Wesen
**creep** [kriːp] *V/i.* kriechen, robben
**creeps** [kriːps] *Subst. Pl.* Gänsehaut, Schauer
**creepy** ['kriːpɪ] *Adj.* unheimlich, gruselig, spukig

**Creevey** ['kriːvɪ] *Name*; *vgl.* ***creeper*** Kriech- oder Kletterpflanze, lässt an „Klette" denken – **Creevey, Colin**: Jungenname, abgeleitet von *Nicholas* oder (in Schottland) dem gälischen Namen *Cailean* des Hl. Columba, der im frühen Mittelalter den christlichen Glauben nach Britannien brachte – ein Jahr jüngerer Gryffindor-Mitschüler und Bewunderer Harrys; **Creevey, Dennis**: Jungenname – Colins jüngerer Bruder.

**crept** [krept] *Prät.* → ***creep***
**crescendo** [krɪ'ʃendəʊ] *Subst.* MUS Crescendo, anschwellende Lautstärke
**crescent** ['kresənt] *Subst.* Halbmond; *halbmondförmige Straße in Wohngebieten*

**crest** [krest] *Subst.* Gipfel, Scheitelpunkt; Wappen; Abzeichen von (adeligen) Familien, gesellschaftlichen oder religiösen Institutionen, besteht in der Regel aus überlieferten Bildelementen mit symbolischer Bedeutung; die Gestalt der Wappen bildet Formen alter Schutzschilde nach.

**crestfallen** ['krest,fɔːlən] *Adj.* niedergeschlagen, zerschmettert

**Cribbages Wizarding Crackers** [,krɪbɪdʒɪz 'wɪzədɪŋ ,krækəz] *Name vgl.* ***cribbage*** *ein Kartenspiel*; ***wizarding*** Zauber…; ***cracker*** Knallbonbon
**crikey** ['kraɪkɪ] *Ausruf umgangsspr.* Mann!, Mensch!
**crime** [kraɪm] *Subst.* Verbrechen
**crimson** ['krɪmzən] *Adj.* karminrot, karmesinrot, leuchtend rot
**cringing** ['krɪndʒɪŋ] *Adj.* kriecherisch
**crinoline** ['krɪnəlɪn] *Subst.* Krinoline, Reifrock
**crisp**[1] [krɪsp] *Subst. brit.* Kartoffelchip
**crisp**[2] [krɪsp] *Adj.* lebhaft, knapp, klar
**criss-cross** ['krɪs,krɒs] *V/i.* kreuz und quer verlaufen
**critical** ['krɪtɪkl] *Adj.* kritisch; bedrohlich
**croak** [krəʊk] *V/i.* krächzen, quaken; *altertüml.* unken
**Croaker** ['krəʊkə] *Name vgl.* ***croak*** krächzen; *altertüml.* unken (*Unglück prophezeien*) (*ein Unspeakable*: *geheimnisvoller Zauberer aus dem Department of Mysteries im Ministery of Magic*)

**Crockford, Doris** ['krɒkfəd, ,dɒrɪs] *Name*; *vgl.* ***crock*** Klepper, alter Gaul; Klappergestell; ***ford*** Furt, überquerbare seichte Stelle in einem Fluss; **Doris** weibl. Vorname, aus griech. „dorische Frau" – ältere Hexe, die Harry bei seinem ersten Besuch im *Leaky Cauldron* kennenlernt.

**crocodile** ['krɒkədaɪl] *Subst.* ZOOL Krokodil; ***crocodile fashion*** in Zweierreihen

**crocodile-skin** ['krɒkədaɪl skɪn] *Subst.* Krokodilleder
**crone** [krəʊn] *Subst.* altes Weib
**crony** ['krəʊnɪ] *Subst.* Kumpan, Kumpel, alter Freund
**crooked** ['krʊkɪd] *Adj.* krumm, höckrig; gekrümmt, gebogen
**Crookshanks** ['krʊkʃæŋks] *Name vgl.* ***crook*** krumm, gebeugt; ***shank*** Unterschenkel, Schienbein, Bein (*Hermiones kluger Kater*)
**crop** [krɒp] *Vt/i.* (*Ernte*) tragen; ernten; (*Haare*) kurz schneiden; ***crop up*** auftauchen, zu Tage treten
**cross¹** [krɒs] *Subst.* Kreuz; ZOOL Kreuzung
**cross²** [krɒs] *Adj.* ärgerlich, böse
**crossbow** ['krɒsbəʊ] *Subst.* Armbrust
**crossword** ['krɒsˌwɜːd] *Subst.* Kreuzworträtsel
**crotcheted** ['krɒtʃɪtɪd] *Adj.* verdreht, verschroben
**crouch** [kraʊtʃ] *V/i.* kauern, sich vorbeugen, sich ducken

**Crouch, Bartemius** ['kraʊtʃ, bɑːˌtiːmɪəs] *Name*; *vgl.* ***crouch*** sich bücken, ducken, kauern; (unterwürfig) kriechen; **Bartemius** *vgl. auch* ***Barthelmius***, männl. Vorname, vielleicht von *Bartholomew*: Bartolomäus, hebr. „Sohn eines Ackerreichen" – leitet das *Department for International Magical Co-Operation*; sein Sohn gleichen Namens wurde in einem umstrittenen Prozess als *Death Eater* verurteilt und nach Azkaban geschickt.

**crow** [krəʊ] *V/i.* krähen

**Cruciatus Curse** [kruːʃɪ'eɪtəs kɜːs] *Zauber* "Crucio", *vgl.* ***crucio*** *lat.* ich foltere, martere, quäle; ***curse*** Fluch, Verwünschung

**cruel** ['kruːəl] *Adj.* grausam
**crumble** ['krʌmbl] *V/i.* bröckeln
**crumpet** ['krʌmpɪt] *Subst.* KUL Teekuchen (*auf dem Blech gebackene Sauerteigfladen*; *kleiner, dicker Pfannkuchen*)
**crumpled** ['krʌmpəld] *Adj.* zerknittert; verbogen; geknickt
**crunch** [krʌntʃ] *Vt/i.* knirschen, zerkauen, zermalmen
**crush** [krʌʃ] *V/t.* zerstoßen, im Mörser zerkleinern
**crutch** [krʌtʃ] *Subst.* Krücke; *übertr.* Gehilfe
**crystal ball** [ˌkrɪstl 'bɔːl] *Subst.* Kristallkugel; → ***divination***
**crystalline** ['krɪstəlaɪn] *Adj.* kristallen
**cub** [kʌb] *Subst.* ZOOL Junges, Welpe

**crystal ball**

**cubicle** ['kjuːbɪkl] *Subst.* Kabine, Zelle
**cuddly** ['kʌdlɪ] *Adj.* anschmiegsam, knuddelig, knuffig
**cue** [kjuː] *Subst.* Stichwort
**cuff¹** [kʌf] *Subst.* Manschette, Ärmelsaum
**cuff²** [kʌf] *V/t.* knuffen, ohrfeigen
**culminate** ['kʌlmɪneɪt] *V/i.* gipfeln
**culprit** ['kʌlprɪt] *Subst.* Schuldiger, Übeltäter
**cunning¹** ['kʌnɪŋ] *Subst.* Verschlagenheit, Gerissenheit, Hinterlist
**cunning²** ['kʌnɪŋ] *Adj.* verschlagen, durchtrieben
**cup¹** [kʌp] *Subst.* Tasse
**cup²** [kʌp] *V/t.* hohl machen; ***cupped hand*** hohle Hand
**cupboard** ['kʌbəd] *Subst.* Schrank

> **cupid** ['kjuːpɪd] *Subst.* Cupido, Amor; von *lat.* ***cupido*** das Begehren; dargestellt als dickes Kleinkind mit Pfeil und Bogen: Wer vom Pfeil getroffen wird, entflammt in Liebe bzw. Verlangen. Häufig auch als Amor (*lat.* ***amor*** die Liebe) bezeichnet bzw. in der Kunstgeschichte als Amorette oder Putto, besonders beliebt in der Kunst des Barock und Rokoko, in Kirchen häufig als kleine Engel interpretiert.

**cur** [kɜː] *Subst.* Köter
**curb** [kɜːb] *V/t.* zügeln, drosseln, einschränken
**cured** [kjʊəd] *Adj.* gepökelt, eingesalzen
**curiosity** [ˌkjʊərɪ'ɒsɪtɪ] *Subst.* Neugierde
**curious** ['kjʊərɪəs] *Adj.* neugierig; merkwürdig, kurios
**curl** [kɜːl] *V/t.* in Locken legen
**curl up** [kɜːl 'ʌp] *V/i.* sich einrollen
**curse¹** [kɜːs] *Subst.* Fluch, Verwünschung
**curse²** [kɜːs] *V/t.* verfluchen, verwünschen

> **curse** vielleicht von *lat.* ***corrumpere*** zerstören, verderben, oder *altfrz.* ***curuz*** Zorn, Wut; *Subst.* Fluch, Verwünschung; *V/t.* verfluchen, verwünschen; **counter-curse** Gegenfluch; **swear** aus dem German. abgeleitet: schwören, Eid ablegen; ins Negative abgesunken: *Subst.* blasphemischer Schwur, Fluch; *V/i* fluchen; **hex** *Subst. US* Fluch, *V/t.* verhexen; **jinx** *Subst.* Unheilbringer, *V/t.* verhexen.

**curtain** ['kɜːtn] *Subst.* Vorhang, Gardine
**curtsey** ['kɜːtsɪ] *V/i.* knicksen, einen Knicks machen
**curve** [kɜːv] *V/t.* krümmen
**curvy** ['kɜːvɪ] *Adj.* kurvenreich
**cushion** ['kʊʃn] *Subst.* (Zier)Kissen, Sofakissen, Polster
**custard** ['kʌstəd] *Subst.* KUL *etwa:* Vanillesoße
**custard tart** ['kʌstəd tɑːt] *Subst. etwa:* Puddingtörtchen
**customs** ['kʌstəmz] *Subst.* Zoll(behörde)
**cut¹** [kʌt] *Subst.* Schnitt; ***a cut above*** eine Stufe höher als
**cut²** [kʌt] *V/t.* schneiden; ***cut off*** abschneiden
**cute** [kjuːt] *Adj. US* hübsch, niedlich
**cutlery** ['kʌtlərɪ] *Subst.* Besteck

**dab**[1] [dæb] *Subst.* Tupfer
**dab**[2] [dæb] *V/t.* antippen; tupfen
**dagger** ['dægə] *Subst.* Dolch; ***look daggers at s.o.*** j-n mit Blicken durchbohren
**damage** ['dæmɪdʒ] *V/t.* beschädigen, schaden
**damn**[1] [dæm] *V/t.* verdammen
**damn**[2] [dæm] *Subst. umgangsspr.* ***I don't give a damn*** das interessiert mich einen Dreck
**damned** [dæmd] *Adj.* verdammt
**damp** [dæmp] *Adj.* feucht; ***damp-spotted*** schimmelfleckig, mit Feuchtigkeitsflecken
**dampen** ['dæmpən] *V/t.* dämpfen
**dangle** ['dæŋgl] *V/i.* baumeln
**dapple** ['dæpl] *V/t.* tüpfeln, sprenkeln
**dapple-grey** [ˌdæpl'greɪ] *Adj.* Apfelschimmel…
**dare**[1] [deə] *Subst.* Mutprobe
**dare**[2] [deə] *Vt/i.* wagen; ***I dare say*** *oder* ***daresay*** ich vermute, ich könnte mir denken, es kann gut sein
**daresay** [ˌdeə'seɪ] → ***dare***[2]
**daring** ['deərɪŋ] *Subst.* (Wage)Mut, Kühnheit

**Dark Arts** [ˌdɑːk 'ɑːts] *Subst. Pl.* Schwarze Kunst, Schwarze Magie; die Beschwörung der finsteren Mächte und Kunst der bösen Zauberer; im Gegensatz zu weißer – heilsamer – Magie; **Dark Forces:** die finsteren Mächte, Kraft des Bösen, teuflische Kräfte; **Dark Wizard:** Schwarzmagier, böser Zauberer. In der frühen Neuzeit wähnte man Hexen und Zauberer mit dem Teufel oder der Hölle im Bunde; demnach hatten sie ihr Wissen und ihre besonderen Kräfte erlangt, indem sie ihre Seele dem Teufel verkauft haben. Schwarzmagier oder böse Zauberer bedienen sich ihrer Kunst, um Macht für sich selbst zu erringen, und setzen sie zum Schaden anderer ein, während weiße Magie zum Heil und Segen der menschlichen Gemeinschaft benutzt wird. – Diese Unterscheidung macht implizit auch Albus → ***Dumbledore***, wenn er Harry am Ende des 2. Schuljahres erklärt: „It is our choices, that show what we truly are, far more than our abilities."

**Dark Forces** [ˌdɑːk 'fɔːsɪz] *Subst. Pl.* die dunklen/finsteren Mächte

> **Dark Mark** [ˌdɑːk 'mɑːk] *Neubildung vgl.* ***dark*** dunkel, finster; ***mark*** Zeichen, Markierung, Merkmal (*Symbol und Erkennungszeichen der Anhänger Lord Voldemorts: ein Totenschädel*)

**dark wizard** [ˌdɑːk 'wɪzəd] *Name* Schwarzmagier, böser Zauberer; → ***Dark Arts***

**darn** [dɑːn] *V/t.* stopfen, flicken

**dart¹** [dɑːt] *Subst.* (Wurf)Pfeil

**dart²** [dɑːt] *V/i.* ***dart off*** davonschießen, davonstürzen, davonjagen

**dash** [dæʃ] *Vt/i.* (los)stürzen, hetzen; schleudern, schmettern

**dashboard** ['dæʃbɔːd] *Subst.* Armaturenbrett

**dashing** ['dæʃɪŋ] *Adj.* schneidig, schmissig, schwungvoll

**daub** [dɔːb] *Vt/i.* schmieren; klecksen

**Davies, Roger** ['deɪvɪs, ˌrɒdʒə] *alter Familienname, „Sohn Davids"*; ***Roger*** *männl. Vorname (älterer Mitschüler Harrys und Captain des Ravenclaw-Quidditch-Teams)*

**dawn¹** [dɔːn] *Subst.* Morgengrauen, Dämmerung

**dawn²** [dɔːn] *V/i.* dämmern

**dazed** ['deɪzd] *Adj.* benommen, betäubt, betört, benebelt

**dazzle** ['dæzl] *V/t.* blenden, verwirren

**dazzling** ['dæzlɪŋ] *Adj.* blendend, gleißend

**deaden** ['dedn] *V/t.* (*Schall*) dämpfen; (*Gefühl*) (ab)töten, ersticken

**dead end** [ˌded 'end] *Subst.* Sackgasse

**dead faint** [ˌded 'feɪnt] *Subst.* tiefe Ohnmacht

**deaf** [def] *Adj.* taub

**deafening** ['defənɪŋ] *Adj.* (ohren)betäubend

**deal¹** [diːl] *Subst.* Übereinkunft; Geschäft

**deal²** [diːl] *V/i.* ***deal with*** umgehen mit, sich auseinandersetzen mit

**deathday** ['deθˌdeɪ] *Subst.* Todestag

> **Death Eater** ['deθ ˌiːtə] *Neubildung vgl.* ***death*** Tod; ***eat*** essen; *etwa: „Todfresser"; solche, die sich von Tod ernähren oder die danach trachten, den Tod zu überwinden (so nennen sich die Anhänger Lord Voldemorts)*

**death toll** ['deθ təʊl] *Subst.* Sterblichkeitsquote, Todesrate

**debate** [dɪ'beɪt] *Vt/i.* debattieren, diskutieren

**debris** ['debrɪː] *Subst.* Trümmer, Schutt

**decapitated** [dɪ'kæpɪteɪtɪd] *Adj.* enthauptet

**decapitation** [dɪˌkæpɪ'teɪʃn] *Subst.* Enthauptung, Köpfen

**decay** [dɪ'keɪ] *V/i.* verwesen, verrotten

**decency** ['diːsənsɪ] *Subst.* Anstand, Feingefühl

**decent** ['diːsənt] *Adj.* anständig, wohlerzogen, den guten Sitten entsprechend

**decipher** [dɪ'saɪfə] *V/t.* entziffern, dechiffrieren, lesen

**decision** [dɪ'sɪʒən] *Subst.* Entscheidung

**decline** [dɪ'klaɪn] *Vt/i.* ablehnen; versagen, verweigern

**decree** [dɪ'kriː] *Subst.* Dekret, Richtlinie

**decrepit** [dɪ'krepɪt] *Adj.* hinfällig, altersschwach

**deduction** [dɪ'dʌkʃən] *Subst.* Schlussfolgerung, logische Ableitung
**deep-seated** [ˌdiːp'siːtɪd] *Adj.* tief sitzend
**defeat** [dɪ'fiːt] *Subst.* Niederlage
**defence** [dɪ'fens] *Subst.* Verteidigung, Abwehr
**defenceless** [dɪ'fensləs] *Adj.* wehrlos
**defiant** [dɪ'faɪənt] *Adj.* herausfordernd, trotzig
**deflate** [ˌdiː'fleɪt] *Vt/i.* Luft auslassen, entleeren; *auch* abschwellen, abnehmen
**deflect** [dɪ'flekt] *V/t.* ablenken
**deflection** [dɪ'flekʃən] *Subst.* Ablenkung, Abweichung
**deft** ['deft] *Adj.* geschickt
**deformed** [dɪ'fɔːmd] *Adj.* deformiert, unförmig, außer Form geraten
**de-gnome** [ˌdiː'nəʊm] *Neubildung vgl. lat.* ***de...*** *Vorsilbe* ent...; ***gnome*** Zwerg, Gnom; → ***gnome***
**dejected** [dɪ'dʒektɪd] *Adj.* niedergeschlagen, deprimiert

> **Delacour** ['deləkʊə] *Name*; *frz.* ***de la cour*** „vom Hofe", gebräuchlich als Beiname vornehmer Damen in höfischen Romanen des Mittelalters; **Delacour, Fleur**: „die Blume", alter frz. Mädchenname – Champion der Zauberakademie Beauxbatons beim *Triwizard Tournament*, von Ron Weasley aus der Ferne angeschwärmt; **Delacour, Gabrielle**: frz. Mädchenname, – die kleine Schwester Fleurs, die im *Triwizard Tournament* eine Rolle spielt.

**delay**[1] [dɪ'leɪ] *Subst.* Verzögerung, Verspätung
**delay**[2] [dɪ'leɪ] *V/t.* verzögern, aufschieben
**delegation** [ˌdelɪ'geɪʃn] *Subst.* Abordnung, Delegation, Gesandtschaft

> **Deletrius!** [dɪ'liːtrɪəs] *Zauber vgl.* ***delete*** auslöschen

**deliberate** [dɪ'lɪbərɪt] *Adj.* absichtlich, vorsätzlich, mit Bedacht; wohlbedacht, besonnen
**delicate** ['delɪkət] *Adj.* empfindlich, sensibel, zerbrechlich
**delicious** [dɪ'lɪʃəs] *Adj.* köstlich
**delight** [dɪ'laɪt] *Subst.* Freude, Entzücken, Vergnügen
**delighted** [dɪ'laɪtɪd] *Adj.* erfreut
**delinquent** [dɪ'lɪŋkwənt] *Subst.* Straffälliger, Krimineller
**deliver** [dɪ'lɪvə] *V/t.* ausliefern, zustellen, (*Zeitung*) (nach)senden
**delivery** [dɪ'lɪvərɪ] *Subst.* (Aus)Lieferung, Zustellung
**delude** [dɪ'ljuːd] *V/t.* täuschen, in die Irre führen, betrügen
**delusion** [dɪ'ljuːʒn] *Subst.* Verblendung, Wahn, Trug
**demand** [dɪ'mɑːnd] *V/t.* fordern, verlangen, fordernd fragen
**demanding** [dɪ'mɑːndɪŋ] *Adj.* fordernd, (*Kräfte oder Aufmerksamkeit*) beanspruchend, anspruchsvoll

> **Dementor** [dɪ'mentə] *Neubildung*; *vgl. lat.* ***demens*** von Sinnen, geistig abwesend, ***de...*** von ... weg, ***mens*** Geist, Verstand; *vgl.* ***dement*** verrückt machen; ***...or***: lat. Wortendung, die j-n als Handelnden bezeichnet; *mentor* nennt man eine meist ältere, erfahrene Person, die j-m mit gutem Rat und positivem Einfluss zur Seite steht – Wächter

von Azkaban, die durch ihre bloße Anwesenheit alle positiven Energien und Gedanken aufsaugen und nur schlimme Erinnerungen zurücklassen; der „Kuss" eines Dementors raubt dem Opfer Geist und Seele und lässt nur eine leere Hülle zurück: Er gilt als schlimmste Strafe, schlimmer als der Tod.

**demolish** [dɪ'mɒlɪʃ] *V/t.* demolieren; vernichten; *umgangsspr.* aufessen, verdrücken

**demur** [dɪ'mɜː] *V/i.* Bedenken/Einwände äußern, zu bedenken geben

**denizen** ['denɪzən] *Subst.* Bewohner, Einwohner

**Densaugeo!** [den'sɔːgɪəʊ] *Zauber vgl. lat.* **dens** Zahn; *lat.* **augeo** ich lasse wachsen

**dent** [dent] *Subst.* Beule, Delle

**dentist** ['dentɪst] *Subst.* Zahnarzt

**deny** [dɪ'naɪ] *V/t.* leugnen, abstreiten; abschlagen, ablehnen

**depart** [dɪ'pɑːt] *V/i.* abfahren, abreisen; losgehen

**department** [dɪ'pɑːtmənt] *Subst.* Abteilung

**departure** [dɪ'pɑːtʃə] *Subst.* Abfahrt

**depict** [dɪ'pɪkt] *V/t.* abbilden

**deposit** [dɪ'pɒzɪt] *V/t.* abstellen, ablegen

**depressed** [dɪ'prest] *Adj.* deprimiert, niedergeschlagen

**deprive** [dɪ'praɪv] *V/t.* ***deprive of s.th.*** *j-n* um etwas bringen, einer Sache berauben

**depth** [depθ] *Subst.* Tiefe

**Deputy Headmistress** ['depjʊtɪ ˌhed'mɪstrəs] Stellvertretende Rektorin, Vizedirektorin

**deranged** [dɪ'reɪndʒd] *Adj.* (geistes-) gestört, durchgedreht, verwirrt; zerrüttet

**derelict** ['derɪlɪkt] *Adj.* aufgegeben, herrenlos; baufällig

**derisive** [dɪ'raɪsɪv] *Adj.* höhnisch, spöttisch

**Dervish and Banges** [ˌdɜːvɪʃ ənd 'bændʒɪz] *Name*; *vgl. pers., türk.* ***dervish*** Derwisch, Angehöriger eines islamischen Bettelordens, der durch Askese, aber auch Musik und Tanz mystische Versenkung erreicht; besonders bekannt sind die tanzenden Derwische (*mewlewis*), die sich mit ausgebreiteten Armen um sich selbst drehen bis zur Trance; ***bang*** Knall(effekt) – Laden für magische Gerätschaften und Zaubererbedarf in Hogsmeade.

**descend** [dɪ'send] *V/i.* herabkommen, herabsteigen, absteigen

**descendant** [dɪ'sendənt] *Subst.* Nachkomme

**descent** [dɪ'sent] *Subst.* Abstammung

**desert** [dɪ'zɜːt] *V/t.* verlassen, im Stich lassen

**deserve** [dɪ'zɜːv] *V/t.* verdienen; ***well--deserved*** wohlverdient

**desire** [dɪ'zaɪə] *Subst.* Verlangen, inniger Wunsch, Begehren

**desist** [dɪ'zɪst] *V/i.* ablassen, aufhören

**desk** [desk] *Subst.* Schreibtisch, Schülerpult

**despair** [dɪ'speə] *Subst.* Verzweiflung

**despairing** [dɪ'speərɪŋ] *Adj.* der Verzweiflung nahe; verzweifelt

**desperate** ['despərɪt] *Adj.* verzweifelt

**despicable** [dɪ'spɪkəbl] *Adj.* jämmerlich; verächtlich, verachtenswert
**despise** [dɪ'spaɪz] *V/t.* verabscheuen, verachten, geringschätzen
**destine** ['destɪn] *V/t.* bestimmen, vorsehen
**destroy** [dɪ'strɔɪ] *V/t.* zerstören, vernichten
**detach** [dɪ'tætʃ] *Vt/i.* abtrennen, loslösen; sich lösen
**detect** [dɪ'tekt] *V/t.* entdecken; aufdecken
**detector** [dɪ'tektə] *Subst.* Entdecker, Aufdecker; ***treasure detector*** Schatzsucher
**detention** [dɪ'tenʃən] *Subst.* Arrest, Nachsitzen
**determination** [dɪˌtɜːmɪ'neɪʃn] *Subst.* Entschlossenheit, Zielstrebigkeit
**detest** [dɪ'test] *V/t.* verabscheuen, hassen
**detour** ['diːtʊə] *Subst.* Abstecher, Umweg
**devastated** ['devəsteɪtɪd] *Adj.* am Boden zerstört
**devastation** ['devəsteɪʃn] *Subst.* Verwüstung, Zerstörung
**develop** [dɪ'veləp] *V/t.* entwickeln
**device** [dɪ'vaɪs] *Subst.* Plan, Einfall, Erfindung; Vorrichtung, Gerät; ***left to one's own devices*** sich selbst überlassen
**devil** ['devl] *Subst.* Teufel; ***talk of the devil (and he's sure to appear)*** wenn man vom Teufel spricht …
**devilish** ['devlɪʃ] *Adj.* teuflisch
**Devil's Snare** [ˌdevlz 'sneə] *Subst. wörtlich* Teufelsfalle (*vielleicht eine Fleisch fressende Pflanze*)
**devious** ['diːvjəs] *Adj.* abwegig, irrig; *übertr.* verschlagen, zweifelhaft
**devise** [dɪ'vaɪz] *V/t.* ersinnen, sich ausdenken
**devoid** [dɪ'vɔɪd] *Adv.* ***devoid of*** ohne, frei von
**Devon** ['devn] Devonshire (*Grafschaft im Südwesten Englands*)
**devote** [dɪ'vəʊt] *V/t.* widmen
**devoted** [dɪ'vəʊtɪd] *Adj.* ergeben, hingebungsvoll
**devotion** [dɪ'vəʊʃn] *Subst.* Ergebenheit
**devour** [dɪ'vaʊə] *V/t.* verschlingen, fressen
**dewy** ['djuːɪ] *Adj. poet.* umflort, taubenetzt

> **Diagon Alley** ['daɪəgən ˌælɪ] *Name vgl.* ***diagonal*** schräg, über Kreuz; ***alley*** Gasse (*Haupteinkaufsstraße im magischen, nur für Zauberer und Hexen sichtbaren und zugänglichen Teil Londons*)

**diagram** ['daɪəgræm] *Subst.* Diagramm, grafische Darstellung
**dial** ['daɪəl] *Subst.* Rädchen, Drehscheibe, Skala
**diamond-hard** ['daɪəməndhɑːd] *Adj.* hart wie ein Diamant, kristallhart
**diamond-patterned** ['daɪəmənd-ˌpætənd] *Adj.* wie ein Diamant gemustert
**diary** ['daɪərɪ] *Subst.* Tagebuch
**diatribe** ['daɪətraɪb] *Subst.* Hetze, gehässige Attacke
**dicky** ['dɪkɪ] *Adj. umgangsspr.* kränklich, schwächlich; ***not a dicky bird*** kein Wort
**dictionary** ['dɪkʃənrɪ] *Subst.* Wörterbuch

> **Diffindo!** [dɪ'fɪndəʊ] *Zauber vgl. lat.* ***diffindo*** ich (zer)spalte

**dig** [dɪg] *V/t.* bohren, graben

**Diggle, Dedalus** ['dɪgl, ˌdedələs] *Name*; *vgl.* ***dig*** (aus)graben; **Dedalus** Daedalus, mythische Figur der griech. Antike, Erbauer des Labyrinths auf Kreta (→ ***maze***); gezwungen, von dort zu fliehen, verwirklichte er den Menschheitstraum vom Fliegen, indem er Flügel aus Wachs und Federn schuf. Sein Sohn Ikarus kam der Sonne zu nah, so dass das Wachs schmolz; er stürzte in den Tod. Seitdem ist Daedalus (und mehr noch Ikarus) ein Bild des Traumtänzers, der auf tragische Weise von der Realität eingeholt wird.

**Diggory** ['dɪgərɪ] *Name*; brit. Nachname nach dem Helden des mittelalterlichen Romans *Sir Degarre*; **Diggory, Amos**: männl. Vorname, durch einen jüdischen Propheten des 8. Jh.s bekannt und beliebt unter Puritanern – Zauberer im *Department for the Regulation and Control of Magical Creatures*, Vater von **Diggory, Cedric**: männl. Vorname, populär durch Cedric of Rotherwood („proud, fierce, jealous and irritable“) in Sir Walter Scotts Roman *Ivanhoe* – älterer Mitschüler von Harry, *Captain* und *Seeker* des Hufflepuff-Quidditch-Teams, Konkurrent Harrys als Champion von Hogwarts beim *Triwizard Tournament* und in der Aufmerksamkeit Chos.

**dignified** ['dɪgnɪfaɪd] *Adj.* würdig, würdevoll

**dignity** ['dɪgnɪtɪ] *Subst.* Würde, würdevolle Haltung

**dilapidated** [dɪ'læpɪdeɪtɪd] *Adj.* schäbig, verwahrlost

**dilate** [daɪ'leɪt] *Vt/i.* ausdehnen; sich weiten

**dilemma** [dɪ'lemə] *Subst.* Zwiespalt, Dilemma, Notlage

**dilute** [daɪ'luːt] *V/t.* abschwächen; verdünnen, verwässern

**dim** [dɪm] *Adj.* undeutlich, trübe; gedämpft, dämmerig; (*Person*) beschränkt, einfältig

**Dimitrov** [dɪ'miːtrɒf] *slaw. Nachname* (*Spieler der bulgarischen Quidditch-Nationalmannschaft beim World Cup*)

**dimpled** ['dɪmpəld] *Adj.* mit Grübchen

**din** [dɪn] *Subst.* Lärm, Aufruhr

**dincha?** ['dɪntʃə] *umgangsspr.* ***“didn't you?”***

**diner** ['daɪnə] *Subst.* Speisende(r)

**dingbat** ['dɪŋbæt] *Subst. US umgangsspr.* Trottel

**dingy** ['dɪndʒɪ] *Adj.* schäbig, schmuddelig

**dinner jacket** ['dɪnə ˌdʒækɪt] *Subst.* Smokingjacke

**dinnit?** ['dɪnɪt] *umgangsspr.* ***“didn't it?”***

**dip** [dɪp] *Subst.* Eintauchen, Untertauchen

**Dippet, Prof. Armando** ['dɪpət, prə'fesə ɑːˌmændəʊ] *Name*; *vgl.* ***dip*** eintauchen, tunken, (Scheinwerfer) ausblenden; *vgl.* ***Dip.Ed.*** Abk. für *Diploma in Education*; **Armando**: span. Männername – vor vielen Jahren Vorgänger von Albus Dumbledore als Rektor in Hogwarts.

**direction** [dɪ'rekʃn] *Subst.* Richtung
**Disapparate** [dɪs'æpəreɪt] *Neubildung* verschwinden, sich in Luft auflösen
**disappear** [ˌdɪsə'pɪə] *V/i.* verschwinden
**disappearance** [ˌdɪsə'pɪərəns] *Subst.* Verschwinden
**disappoint** [ˌdɪsə'pɔɪnt] *V/t.* enttäuschen
**disapproval** [ˌdɪsə'pruːvl] *Subst.* Missbilligung, Missfallen
**disarm** [dɪs'ɑːm] *V/t.* entwaffnen
**disarray** [ˌdɪsə'reɪ] *Subst.* Unordnung, Verwirrung
**disastrous** [dɪ'zɑːstrəs] *Adj.* verheerend, katastrophal

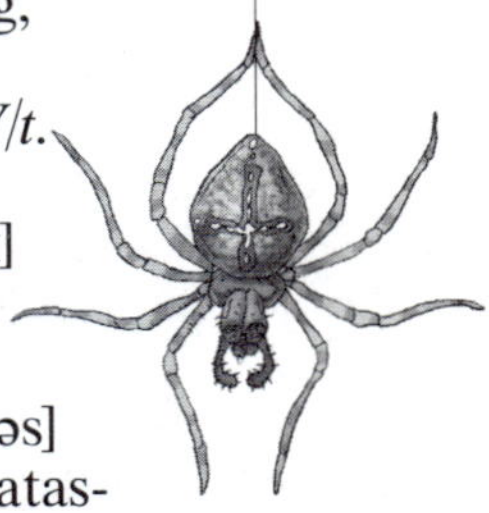

**disband** [dɪs'bænd] *V/i.* sich auflösen, sich zerstreuen
**disbelief** [ˌdɪsbɪ'liːf] *Subst.* Unglaube, Zweifel
**disbelieving** [ˌdɪsbɪ'liːvɪŋ] *Adj.* ungläubig
**discard** [dɪs'kɑːd] *V/t.* ablegen, ausrangieren
**discern** [dɪ'sɜːn] *V/t.* wahrnehmen, erkennen, feststellen
**disclose** [dɪs'kləʊz] *V/t.* enthüllen, offenbaren
**discomfit** [dɪs'kʌmfɪt] *V/t.* aus der Fassung bringen, verwirren
**discomposed** [ˌdɪskəm'pəʊzd] *Adj.* außer Fassung
**disconcert** [ˌdɪskən'sɜːt] *V/t.* aus der Fassung bringen, beunruhigen
**discontinue** [ˌdɪskən'tɪnjuː] *V/t.* unterbrechen, abbrechen, nicht fortsetzen
**discord** ['dɪskɔːd] *Subst.* Missklang, Zwietracht
**discordant** [dɪs'kɔːdənt] *Adj.* unharmonisch, misstönend
**discover** [dɪs'kʌvə] *V/t.* entdecken, herausfinden, ausfindig machen
**discovery** [dɪs'kʌvərɪ] *Subst.* Entdeckung
**discreet** [dɪ'skriːt] *Adj.* umsichtig, taktvoll, verschwiegen
**disdainful** [dɪs'deɪnfəl] *Adj.* verachtungsvoll, geringschätzig
**disembark** [ˌdɪsɪm'bɑːk] *V/i.* von Bord gehen, an Land gehen
**disembodied** [ˌdɪsɪm'bɒdɪd] *Adj.* körperlos
**disembowelment** [ˌdɪsɪm'baʊəlmənt] *Subst.* (*Herausnehmen der Eingeweide*) Ausweiden; Bauchaufschlitzen
**disentangle** [ˌdɪsɪn'tæŋgl] *V/t.* losmachen, entwirren; befreien
**disfigure** [dɪs'fɪgə] *V/t.* entstellen
**disgrace** [dɪs'greɪs] *Subst.* Schande, Ungnade; Schandfleck
**disgraced** [dɪs'greɪst] *Adj.* entehrt, in Schande *oder* Ungnade gefallen
**disgraceful** [dɪs'greɪsfəl] *Adj.* schändlich, schmachvoll
**disgruntle** [dɪs'grʌntl] *V/t.* verärgern, verstimmen
**disgruntled** [dɪs'grʌntld] *Adj.* verärgert, verstimmt, missgelaunt
**disguise¹** [dɪs'gaɪz] *Subst.* Verkleidung
**disguise²** [dɪs'gaɪz] *V/t.* verkleiden; (*Schrift*, *Stimme*) verstellen
**disgust** [dɪs'gʌst] *Subst.* Abscheu, Widerwille
**disgusted** [dɪs'gʌstɪd] *Adj.* angewidert, angeekelt
**disgusting** [dɪs'gʌstɪŋ] *Adj.* abstoßend, widerlich
**dish** [dɪʃ] *Subst.* (*Mahlzeit*) Gericht;

flache Schüssel, Servierplatte; ***dishes*** Geschirr

**dish out** [dɪʃ 'aʊt] *V/t.* (*Essen*) austeilen

**dishevelled** [dɪ'ʃevəld] *Adj.* aufgelöst, zerzaust, unordentlich

**dislike** [dɪs'laɪk] *Subst.* Abneigung

**dislodge** [dɪs'lɒdʒ] *V/t.* herausnehmen, entfernen; vertreiben, verdrängen

**disloyalty** [dɪs'lɔɪəltɪ] *Subst.* Illoyalität, Untreue, Treulosigkeit

**dismal** ['dɪzməl] *Adj.* schaurig, düster, bedrückend

**dismantle** [dɪs'mæntl] *V/t.* auseinander nehmen

**dismiss** [dɪs'mɪs] *V/t.* entlassen

**dismissive** [dɪs'mɪsɪv] *Adj.* (*Haltung*) abweisend; (*Bemerkung*) wegwerfend

**disobedience** [ˌdɪsə'biːdjəns] *Subst.* Ungehorsam

**disobey** [ˌdɪsə'beɪ] *Vt/i.* nicht gehorchen, ungehorsam sein

**disobliging** [ˌdɪsə'blaɪdʒɪŋ] *Adj.* ungefällig, unfreundlich

**disorientated** [dɪs'ɔːrɪənteɪtɪd] *Adj.* desorientiert, ohne Überblick, nicht im Bilde

**dispatch** [dɪ'spætʃ] *V/t.* (ent)senden, schicken

**disperse** [dɪ'spɜːs] *Vt/i.* verstreuen; (sich) zerstreuen

**dispirited** [dɪ'spɪrɪtɪd] *Adj.* niedergeschlagen, mutlos, deprimiert

**display¹** [dɪ'spleɪ] *Subst.* (Waren)Angebot, (Waren)Auswahl; Vorführung

**display²** [dɪ'spleɪ] *V/t.* zeigen, offenbaren, zur Schau stellen

**displeasure** [dɪs'pleʒə] *Subst.* Missvergnügen, Unwillen

**disposal** [dɪ'spəʊzl] *Subst.* Entsorgung, Beseitigung; Verfügung, Erledigung

**dispose of** [dɪ'spəʊz əv] *V/i.* sich entledigen; vernichten

**disqualify** [dɪs'kwɒlɪfaɪ] *V/t.* ausschließen, disqualifizieren

**disregard** [ˌdɪsrɪ'gɑːd] *Subst.* Missachtung, Respektlosigkeit

**disrupt** [dɪs'rʌpt] *V/t.* unterbrechen, stören

**disruption** [dɪs'rʌpʃən] *Subst.* Bruch, Zerrüttung, Zerstörung

**Dissendium!** [dɪ'sendɪəm] *Zauber vgl.* ***dissension*** Meinungsverschiedenheit; Zwietracht, Uneinigkeit

**dissent** [dɪ'sent] *Subst.* Dissens, Meinungsverschiedenheit

**dissolve** [dɪ'zɒlv] *V/i.* sich auflösen

**distant** ['dɪstənt] *Adj.* entfernt

**distinct** [dɪ'stɪŋkt] *Adj.* eindeutig, deutlich, unterscheidbar

**distinguish** [dɪ'stɪŋgwɪʃ] *V/t.* unterscheiden, auszeichnen

**distort** [dɪ'stɔːt] *V/t.* entstellen, verdrehen

**distract** [dɪ'strækt] *V/t.* ablenken, zerstreuen; verwirren

**distracted** [dɪ'stræktɪd] *Adj.* verwirrt; besorgt, beunruhigt

**distress** [dɪ'stres] *Subst.* Qual, Pein; Kummer, Elend

**disturbance** [dɪ'stɜːbəns] *Subst.* Störung, Unruhe

**disturbed** [dɪ'stɜːbd] *Adj.* gestört

**ditch** [dɪtʃ] Graben; ***die in the last ditch*** bis zum letzten Atemzug kämpfen

**dittany** ['dɪtənɪ] *Subst.* BOT Diptam, Brennender Busch; in Mittel- und

Südeuropa bis Asien verbreitetes Rautengewächs; violettblütige Staude mit zitronenartigem Duft, reich an ätherischen Ölen, die bei Hitze entzündet werden können; möglicherweise der Brennende Busch in der Wüste, aus dem Gott zu Moses im Alten Testament sprach.

**dive**[1] [daɪv] *Subst.* Sprung; Sturzflug, Hechtsprung

**dive**[2] [daɪv] *V/i.* einen Sturzflug *oder* Hechtsprung machen; (unter)tauchen

**diver** ['daɪvə] *Subst.* Taucher; Turmspringer

**diverse** [daɪ'vɜːs] *Adj.* verschiedenartig; vielfältig, mannigfaltig

**diversion** [daɪ'vɜːʃn] *Subst.* Ablenkung, Zerstreuung; Ablenkungsmanöver

**diversionary** [daɪ'vɜːʃənrɪ] *Adj.* Ablenkungs…

**divide** [dɪ'vaɪd] *V/t.* teilen

**divination** [ˌdɪvɪ'neɪʃn] *Subst.* Weissagung, Wahrsagung. Zu allen Zeiten versuchten die Menschen, aus verschiedenen Zeichen Aufschlüsse über die Zukunft zu erhalten. Dazu gehört z.B. die Deutung von Träumen. Mechanische Mittel, beispielsweise die Betrachtung eines Pendels oder einer Kristallkugel, dienen dazu, einen Zustand der Trance herbeiführen, in dem dieses verborgene Wissen erreicht werden kann. Die Druiden beobachteten den Zug der Wolken und das Aufsteigen des Rauchs von einem Feuer; auch die besondere Gestalt von Bäumen, die ihnen als heilig galten, konnte Aufschlüsse über die Zukunft geben. Eine drastische Methode, die gleichfalls den Druiden zugeschrieben wird, war die Beobachtung des Blutflusses eines frisch geopferten Menschen.
Im alten Rom beobachteten die *Auguren* („Vogelseher“) den Vogelflug (*Auspizien*); hoch im Kurs standen auch die *haruspices*, etruskische Wahrsager, die die Linien des Blitzes beobachteten und in den Eingeweiden von Opfertieren lasen. Noch heute populär sind Wahrsagung aus Kaffeesatz oder Teeblättern, Astrologie (→ ***astronomy***) und das Lesen von Handlinien (z. B. Lebenslinie, Schicksalslinie), die Chiromantik (engl. *palmistry*).

**diving board** ['daɪvɪŋ bɔːd] *Subst.* Sprungbrett

**divulge** [daɪ'vʌldʒ] *V/t.* ausplaudern, bekannt machen

**dizzy** ['dɪzɪ] *Adj.* schwindelig

**Dobby** ['dɒbɪ] *Name*; *vgl. US* ***dobbin*** Arbeits- oder Zugpferd; *Dobby* ist auch eine freundliche Bezeichnung eines *hobgoblin* in Yorkshire oder Lancashire, der gerne Streiche spielt; sowie in anderer Schreibweise (*dobie*) eine Sonderform von → ***brownie*** – Hauself der Familie Malfoy, der Harry vor Unheil zu warnen versucht.

**docile** ['dəʊsaɪl] *Adj.* fügsam, gefügig; gelehrig

**doddery** ['dɒdərɪ] *Adj.* tatterig, vertrottelt
**dodge** [dɒdʒ] *Vt/i.* ausweichen; sich drücken; meiden, aus dem Weg gehen
**dodgy** ['dɒdʒɪ] *Adj. brit.* (*Situation*) vertrackt, verzwickt; zweifelhaft; (*Person*) verschlagen, hinterlistig
**dog** [dɒg] *Subst.* Hund; ***go to the dogs*** vor die Hunde gehen
**dogged** ['dɒgɪd] *Adj.* hartnäckig
**dole** [dəʊl] *V/t.* sparsam austeilen, verteilen
**dollop** ['dɒləp] *Subst.* Klumpen, Batzen, Brocken; Happen
**Dolohov, Antonin** ['dɒləhəv, ˌæntənɪn] *slaw. Nachname*; ***Antonin*** *slaw. Form von Anton(ius) (einer der Anhänger Lord Voldemorts, die nach dessen Sturz gefangen wurden)*
**dolphin** ['dɒlfɪn] *Subst.* ZOOL Delphin, Tümmler
**domain** [də'meɪn] *Subst.* Gutshof, Grundbesitz, Ländereien

**domed** [dəʊmd] *Adj.* gewölbt
**dome-shaped** ['dəʊmʃeɪpt] *Adj.* kuppelförmig
**don** [dɒn] *V/t. altertüml.* (*Kleidung*) anziehen; (*Hut*) aufsetzen
**donate** [dəʊ'neɪt] *V/t.* spenden, opfern
**donation** [dəʊ'neɪʃn] *Subst.* Spende, Schenkung
**donkey** ['dɒŋkɪ] *Subst.* Esel
**doom-laden** ['duːmˌleɪdn] *Adj.* schicksalsschwer
**doomsday** ['duːmzdeɪ] *Subst.* Jüngster Tag; Weltuntergang
**doorknob** ['dɔːnɒb] *Subst.* Türknopf
**doorpost** ['dɔːpəʊst] *Subst.* Türpfosten
**dormitory** ['dɔːmɪtrɪ] *Subst.* Schlafsaal
**dormouse** ['dɔːmaus], *Pl.* ***doormice*** ['dɔːmaɪs] *Subst.* ZOOL Haselmaus
**dose** [dəʊs] *Subst.* Dosis, Portion
**double**[1] ['dʌbl] *Adj.* doppelt
**double**[2] ['dʌbl] *Vt/i.* doppeln; sich verdoppeln
**double back** [ˌdʌbl 'bæk] *V/i.* kehrtmachen, zurückgehen
**double-cross** [ˌdʌbl'krɒs] *V/t.* hintergehen, betrügen, ein doppeltes Spiel spielen mit
**double-dealing** [ˌdʌbl'diːlɪŋ] *Subst.* doppeltes Spiel
**doublet** ['dʌblɪt] *Subst.* Wams, ärmellose Weste
**double-take** [ˌdʌbl'teɪk] *Subst.* ***he did a double-take*** er musste zweimal hinsehen
**doughy** ['dəʊɪ] *Adj.* teigig
**downfall** ['daʊnfɔːl] *Subst.* Sturz, Niedergang
**downhill** [ˌdaʊn'hɪl] *Adv.* bergab
**downright** ['daʊnraɪt] *Adj.* direkt, ausgesprochen
**downtrodden** ['daʊnˌtrɒdn] *Adj.* zertreten; *übertr.* unterdrückt
**doze**[1] [dəʊz] *Subst.* Dösen, Nickerchen
**doze**[2] [dəʊz] *V/i.* einnicken, wegdämmern
**draco** ['drɑːkəʊ] *lat.* ***draco dormiens numquam titilandus*** „Einen schlafenden Drachen soll man niemals kitzeln" (*Motto des Wappens von Hogwarts*); → ***crest***
**Draco Malfoy** [ˌdrɑːkəʊ 'mælfɔɪ] *Name* → ***Malfoy***
**draft**[1] [drɑːft] *Subst. aus Pflanzen, Kräutern*: Auszug, Extrakt

**draft²** [drɑːft] *V/t.* zeichnen, skizzieren
**drag¹** [dræg] *Subst.* Drall, Schlagseite
**drag²** [dræg] *V/t.* schleppen, schleifen; ziehen, zerren; ***drag in*** hineinziehen

**dragon** ['drægən] *Subst.* Drache. Fabeltier der abendländischen, orientalischen wie auch der chinesischen und anderer außereuropäischer Kulturen. Drachen sind riesige Echsen. In Europa gibt es einen feinen Unterschied zwischen „Drachen" und „Wurm", bekannt auch als Lindwurm. Drachen haben in der Regel ein stacheliges Rückgrat, einen dornenbewehrten Schwanz und fledermausähnliche Flügel aus Haut; sie speien Feuer aus ihrem Rachen, und aus ihren Nüstern steigt glühender Dampf auf. Würmer hingegen repräsentieren den skandinavischen Typ: riesige Seeschlangen, die zuweilen eine Schuppenhaut, meist aber weder Extremitäten noch Flügel haben; statt Feuer zu speien verbreiten sie einen giftigen, auch stinkenden Brodem. Vorchristlichen und außereuropäischen Kulturen galten Drachen oft als heilige oder königliche Geschöpfe – in China standen sie für die kaiserliche Würde und für Glück, und auch in der kelt. Überlieferung ist der Drache nicht immer negativ bewertet. In der christlichen Ikonographie erscheint der Drache, ähnlich wie die Schlange, als Verkörperung des Teufels. Drachen in Mythen und Märchen lieben junge Mädchen, bewachen Schätze und sind schwer zu töten. Als kriegerisches Feldzeichen diente der Drache der Abwehr von Feinden; so ist er noch heute im Wappen von Wales zu finden.

**dragon**

**dragonfly** ['drægənflaɪ] *Subst.* ZOOL Libelle
**dragon hide** ['drægən ˌhaɪd] *Subst.* Drachenhaut, Drachenleder
**drain¹** [dreɪn] *Subst.* Abfluss; ***throw***

***money down the drain*** Geld zum Fenster hinauswerfen

**drain[2]** [dreɪn] *Vt/i.* versickern, abfließen; entwässern, trockenlegen; auszehren

**drained** [dreɪnd] *Part. Perf.* ausgezehrt, ausgedörrt

**draining board** ['dreɪnɪŋ bɔːd] *Subst.* Abtropfgestell

**dramatic** [drə'mætɪk] *Adj.* dramatisch, spannend

**dratted** ['drætɪd] *Adj. umgangsspr.* verflixt, verflucht

**draught** [drɑːft] *Subst.* MED (Arznei-)Trank; *von Pflanzen, Kräutern*: Auszug; (Luft)Zug

**draughty** ['drɑːftɪ] *Adv.* zugig

**draw[1]** [drɔː] *Subst. Lotterie etc.*: Ziehung

**draw[2]** [drɔː] *V/t.* ziehen; ***draw out*** hinauszögern, in die Länge ziehen; ***draw level*** einholen, aufholen

**drawback** ['drɔːbæk] *Subst.* Nachteil, Hindernis

**drawer** [drɔː] *Subst.* Schublade

**drawers** [drɔːz] *Subst. Pl.* Schlüpfer, Unterhose

**drawing-room** ['drɔːɪŋruːm] *Subst.* Salon, Gesellschaftszimmer

**drawl** [drɔːl] *Subst.* Geleiere, Gemaule, mauliger Tonfall

**drawling** ['drɔːlɪŋ] *Adj.* leiernd, maulig

**drawstring** ['drɔːstrɪŋ] *Subst.* Vorhangschnur

**drawstring bag** ['drɔːstrɪŋ bæg] *Subst.* Stoffbeutel mit Zugverschluss

**dread[1]** [dred] *Adj. kurz für* ***dreaded*** gefürchtet, furchtbar

**dread[2]** [dred] *V/t.* sehr fürchten, vor etwas große Angst haben

**dreadful** ['dredfəl] *Adj.* furchtbar, schrecklich

**dreg** [dreg] *Subst.* Bodensatz; Kaffeesatz, Teeblätter

**drench** [drentʃ] *V/t.* tränken, durchweichen

**dresser** ['dresə] *Subst. US* Anrichte, Küchenschrank; ***dresser drawer*** Küchenschublade

**dressing gown** ['dresɪŋ gaʊn] *Subst.* Morgenrock

**dress robes** ['dres rəʊbz] *Subst. Pl.* Abendgarderobe

**dribble** ['drɪbl] *V/i.* tröpfeln, sabbern, kleckern

**drift** [drɪft] *V/i.* (ab)treiben, davontreiben

**drill** [drɪl] *Subst.* Bohrer

**drinks can** ['drɪŋks kæn] *Subst.* Getränkedose

**drone** [drəʊn] *V/i.* leiern

**Drooble's Best Blowing Gum** [ˌdruːblz ˌbest 'bləʊɪŋ gʌm] *Neubildung; vielleicht Wortspiel mit* ***bubble*** (Luft-)Blase; ***best*** der Beste (*wie alles, wofür geworben wird*); ***blow*** (auf)blasen; ***gum*** Gummi, Kaugummi

**drool** [druːl] *V/i.* sabbern

**droop** [druːp] *Vt/i.* (schlaff) herabhängen; hängen lassen

**drop[1]** [drɒp] *Subst.* Tropfen; Fall, Abfall, Absinken; Einbruch

**drop[2]** [drɒp] *V/t.* fallen lassen, verlieren

**drought** [draʊt] *Subst.* Dürre, Trockenzeit

**drown** [draʊn] *Vt/i.* ertrinken; ersäufen, ertränken; *übertr.* übertönen

**drowsy** ['draʊzɪ] *Adj.* schläfrig

**druid** ['druːɪd] *Subst.* Druide, **druidess** ['druːɪdɪs] *Subst.* Druidin. Druiden beiderlei Geschlechts waren die Priester der heidnischen keltischen Bevölkerung Britanniens und Frankreichs; ihre Weisheit entstammte tiefer Kenntnis der Natur; sie verweigerten sich der schriftlichen Überlieferung ihres Wissens und Kults und feierten ihre religiösen Rituale nicht in von Menschen errichteten Bauten, sondern im Freien. Auch Menschenopfer sollen zum Kult der Druiden gehört haben. Mit ihnen werden prähistorische Kultstätten wie Stonehenge in Verbindung gebracht. Druiden wirkten bis in die ersten Jahrhunderte unserer Zeitrechnung. Hoch gewachsene, alte Bäume galten ihnen als heilig – vor allem die Eiche, die überall in Europa (vom antiken Griechenland bis in die nordischen Kulturen Skandinaviens) besonders verehrt wurde. Die Druiden schnitten der Überlieferung zufolge Misteln, die auf Eichen wachsen, mit goldenen Sicheln und bereiteten daraus kultische, wahrscheinlich heilkräftige Tränke.

**drum-roll** ['drʌmrəʊl] *Subst.* Trommelwirbel

**drumstick** ['drʌmˌstɪk] *Subst.* Trommelschlegel; KUL Hühnerschlegel

**dry rot** [ˌdraɪ 'rɒt] *Subst.* Trockenfäule

**dub** [dʌb] *V/t.* nennen, einen Namen geben

**dubious** ['djuːbɪəs] *Adj.* zweifelnd, unschlüssig; zweifelhaft, fragwürdig

**duck** [dʌk] *V/i.* sich bücken, sich ducken, (rasch) untertauchen

**duck-footed** ['dʌkˌfʊtɪd] *Adj.* watschelfüßig, entenfüßig

**dud** [dʌd] *Subst. umgangsspr.* Blindgänger, Niete

**Dudley Dursley** [ˌdʌdlɪ 'dɜːslɪ] *Name* → ***Dursley***

**due** [djuː] *Adj.* gebührend, angemessen; erforderlich; ***be due to s.o.*** j-m gebühren *oder* zukommen

**duel** ['djuːəl] *Subst.* Duell (*ritueller Zweikampf nach genauen Regeln*)

**duffer** ['dʌfə] *Subst. brit. umgangsspr.* Blödmann, Trottel, Flasche

**dug** [dʌg] *Prät.* → ***dig***

**dull** [dʌl] *Adj.* trüb(selig), dumpf

**dull-witted** ['dʌlˌwɪtɪd] *Adj.* beschränkt, stumpfsinnig

**dumbfound** [dʌm'faʊnd] *V/t.* verblüffen

**Dumbledore, Albus** ['dʌmbldɔː, ˌælbəs] *Name*; *vgl. umgangsspr.* ***dumbledore*** Hummel (*bumblebee*), aber auch Maikäfer und andere „Brummer"; *lat.* ***albus*** weiß, weckt die Assoziation an „weiße" Magie – Rektor von Hogwarts, Vertrauensperson und Leitfigur aller guten Zauberer, Gegner Lord Voldemorts; in kritischen Situationen wird hinter der Güte und Großzügigkeit seiner Erscheinung eine außerordentliche persönliche Autorität spürbar.

**dumbstruck** ['dʌmstrʌk] *Adj.* verblüfft, sprachlos; vom Donner gerührt, vor Staunen stumm

**dump** [dʌmp] *V/t.* fallen lassen; hinwerfen, aufhäufen, stapeln

**dumpy** ['dʌmpɪ] *Adj.* pummelig

**dunderhead** ['dʌndəhed] *Subst.* Dummkopf

**dung** [dʌŋ] *Subst.* Kot, Losung; Mist, Scheiße

**dung beetle** ['dʌŋ ˌbiːtl] *Subst.* Mistkäfer

dungeon

**dungbomb** [ˈdʌŋbɒm] *Subst.* Stinkbombe

**dungbrain** [ˈdʌŋbreɪn] *Subst. umgangsspr.* Blödmann

**dungeon** [ˈdʌndʒən] *Subst.* Verlies

**Durmstrang** [ˈdɜːmstræŋ] *Name*; *vgl.* **strange** unbekannt, fremdartig, möglicherweise auch Anagramm (Vertauschung von Buchstaben oder Wortteilen), das auf Nazi-Terminologie verweist (Sturm und Drang sind alte deutsche Wörter, die im Vokabular der Nationalsozialisten eine böse Rolle spielten) – *Durmstrang Institute of Magic*, eine Zauberschule, in der auch Schwarze Magie unterrichtet wird; diese Schule ist an einem geheimen, kalten und gebirgigen

Ort in Osteuropa gelegen, wahrscheinlich in Bulgarien, und beteiligt sich am *Triwizard Tournament.*

**Dursley** ['dɜːslɪ] *Name; vgl. altertüml.* ***dure*** hart, streng; *vgl. auch schott.* ***dure*** fortdauern, beständig oder gleich bleiben, verharren; **Dursley, Dudley**: brit. männl. Vorname, abgeleitet vom Namen einer Adelsfamilie. Der Name weckt auch die Assoziation ***dud***: „Blindgänger", Niete – Harrys Muggle-Cousin, wohlgenährter Liebling seiner Eltern, der dazu beiträgt, Harry das Leben im *Privet Drive* zu vergällen; **Dursley, Petunia**: weibl. Vorname, nach der gleichnamigen, bunt blühenden Topfblume, die gerne auf Reihenhausbalkonen gepflanzt wird; die Petunie gehört in die weitläufige Familie der Nachtschattengewächse, aus der viele Hexenpflanzen wie Tollkirsche und Bilsenkraut stammen – Harrys Tante mit großem Abscheu vor Zauberei und Unordnung; vermutlich, da sie sich gegenüber ihrer Schwester, Harrys Mutter, zurückgesetzt fühlte; **Dursley, Vernon**: männl. Vorname, nach dem gleich lautenden Familiennamen – Harrys jähzorniger Muggle-Onkel.

**dusk** [dʌsk] *Subst.* Sonnenuntergang, Abenddämmerung

**dustbin** ['dʌstbɪn] *Subst. brit.* Mülltonne

**duster** ['dʌstə] *Subst.* Staubwedel

**dustpan** ['dʌstpæn] *Subst.* Müllschaufel, Kehrblech

**dusty** ['dʌstɪ] *Adj.* staubig

**duty** ['djuːtɪ] *Subst.* Pflicht, Verpflichtung; Dienst, Aufgabe

**dwarf** [dwɔːf] *Pl.* ***dwarves*** [dwɔːvz] *Subst.* Zwerg

**dwell** [dwel] *V/i.* sich aufhalten, wohnen, leben

**dwelling** ['dwelɪŋ] *Subst.* Ansiedlung

**dwell on** ['dwel ɒn] *V/i. übertr.* verweilen bei, länger nachdenken über

**dwindle** ['dwɪndl] *V/i.* schrumpfen, schwinden, abnehmen

**dye** [daɪ] *V/t.* färben

# E

**eager** ['iːgə] *Adj.* eifrig; erwartungsvoll, gespannt
**eagle** ['iːgl] *Subst.* ZOOL Adler
**eagle owl** ['iːgl aʊl] *Subst.* ZOOL Uhu
**eardrum** ['ɪədrʌm] *Subst.* Trommelfell
**earmuffs** ['ɪəmʌfs] *Subst. Pl.* Ohrenschützer, Ohrenklappen
**earnest** ['ɜːnɪst] *Adj.* ernst, ernsthaft; ***in earnest*** im Ernst
**earshot** ['ɪəʃɒt] *Subst.* ***within/out of earshot*** in/außer Hörweite
**earwax** ['ɪəwæks] *Subst.* Ohrenschmalz
**earwiggy flower** ['ɪəˌwɪgɪ 'flaʊə] *Neubildung vgl.* ZOOL ***earwig*** Ohrwurm, Ohrenhöhler; ***to earwig*** heimlich lauschen; ***flower*** Blume, Blüte
**Easter** ['iːstə] *Subst.* Ostern
**eavesdropper** ['iːvzˌdrɒpə] *Subst.* Lauscher, Horcher
**eavesdropping** ['iːvzˌdrɒpɪŋ] *Subst.* Lauschen, Spionieren
**ebb away** [ˌeb ə'weɪ] *V/i.* abebben, verfliegen
**ebony** ['ebənɪ] *Subst.* Ebenholz
**eccentric** [ɪk'sentrɪk] *Adj.* eigenwillig, überspannt, wunderlich
**ecklectic** [ɪ'klektɪk] *Neubildung vgl.* ***electric*** elektrisch; ***eclectic*** eklektisch (*aus verschiedenen Quellen ausgewählt, zusammengestückelt*)
**éclair** [ɪ'kleə] *Subst.* Éclair (*cremegefülltes Schnittchen aus lockerem Teig, „Liebesknochen"*)
**ecstasy** ['ekstəsɪ] *Subst.* Ekstase, Begeisterungstaumel
**Edam** ['iːdəm] *Subst. großer, runder holländischer Käse*
**edge¹** [edʒ] *Subst.* Rand; *von Messer*: Schneide, Schärfe
**edge²** [edʒ] *V/i.* (sich) schieben, drücken, drängen; ***edge away*** sich davonstehlen
**edgy** ['edʒɪ] *Adj.* bissig, gereizt
**education** [ˌedjʊ'keɪʃn] *Subst.* Erziehung, Bildung, Schulbildung
**eel** [iːl] *Subst.* ZOOL Aal
**eerie** ['ɪərɪ] *Adj.* unheimlich, gruselig

**Eeylops Owl Emporium** ['aɪlɒps ˌaʊl em'pɔːrɪəm] *Name*; *vgl.* ***eye*** Auge, *vgl. auch* der Esel Eeyore aus *Winnie the Pooh*, einem berühmten Kinderbuch; *vgl.* ***Cyclops*** Zyklop, einäugiger Riese; ***emporium*** Handelsplatz, Warenhaus, Laden – Eulengeschäft in *Diagon Alley*, wo

Hagrid Harrys erstes Geburtstagsgeschenk kauft: die Schneeeule Hedwig.

**effect** [ɪ'fekt] *Subst.* Wirkung
**effort** ['efət] *Subst.* Anstrengung, Bemühen, Einsatz
**egg** [eg] *Subst.* Ei
**eggcup** ['egkʌp] *Subst.* Eierbecher
**eggnog** ['egnɒg] *Subst.* KUL Eierflip (*alkohol. Cocktail*)
**egg on** [ˌeg 'ɒn] *V/t.* aufstacheln, aufreizen
**Egypt** ['iːdʒɪpt] Ägypten
**elaborate** [ɪ'læbəreɪt] *V/t.* ausführen, ausarbeiten
**elated** [ɪ'leɪtɪd] *Adj.* in gehobener Stimmung; stolz
**elbow** ['elbəʊ] *Subst.* Ellbogen
**elbow grease** ['elbəʊ griːs] *Subst. umgangsspr.* „Muskelschmalz"
**elder** ['eldə] *Adj.* älter
**elderflower** ['eldəˌflaʊə] *Subst.* BOT Hollunderblüte
**elderly** ['eldəlɪ] *Adj.* ältlich
**electric blue** [ɪˌlektrɪk 'bluː] *Adj.* stahlblau
**elephantine** [ˌelɪ'fæntaɪn] *Adj.* elefantenartig, riesig

**elf** [elf], *Pl.* ***elves*** [elvz] *Subst.* Elf, Elfe; männliche und weibliche Elementargeister in verschiedenen Kulturen, *vgl.* nord. Elbe oder Albe. Unter Elementargeistern versteht man Wesen, die einer bestimmten Sphäre der Natur zugeordnet sind: Wasser, Luft, Feuer oder Erde wurden in der Antike und noch bei → ***Paracelsus*** als Elemente verstanden. „Geister" bedeutet in diesem Zusammenhang lediglich, dass es sich um Naturwesen handelt, die nicht menschlich sind, jedoch durchaus eine körperliche Erscheinung haben. Allerdings gelten nicht alle Gesetze der Physik für sie: Sie können sich verwandeln oder in einem Atemzug spurlos verschwinden. Im gleichermaßen nordisch wie vor allem stark keltisch geprägten Großbritannien gibt es eine fast unüberschaubare Zahl solcher Wesen. Ein *house-elf* wie Dobby und Winky ähnelt am meisten dem →***brownie*** oder → ***hobgoblin***.

**Elfric the Eager** [ˌelfrɪk ðɪ 'iːgə] *Name*; *vgl.* ***elf*** Elf; die german. Namensendung *-ric* entspricht der dt. Endung „-rich" reich bzw. Herrscher; ***eager*** eifrig – Zauberer, der anscheinend einen Aufstand angezettelt hat: Prüfungsstoff in Harrys erstem Schuljahr in *History of Magic*.

**elixir** [ɪ'lɪksə] *Subst.* Elixier; aus *arab.* ***Al-iksir***. Lebenssaft, mithilfe des Steins der Weisen (→ ***alchemy***) gewonnene Tinktur, die ewiges Leben schenkt, zumindest aber verjüngt und die Lebenskraft verlängert; sie kann auch zur künstlichen Herstellung oder Verflüssigung von Gold benutzt werden. Es gibt verschiedene Beschreibungen, woraus dieses Elixier bestehen könnte, aber kein genaues Rezept, das sein Geheimnis lüftet. Vermutlich ist Blut ein wichtiger Bestandteil. In erweiterter Bedeutung wird das Wort Elixier auch im Sinne von Zauber- oder Heiltrank gebraucht.

**elongate** ['iːlɒŋgeɪt] *V/t.* verlängern
**elope** [ɪ'ləʊp] *V/i.* (von zu Hause) durchbrennen
**elude** [ɪ'luːd] *V/t.* ausweichen, entgehen
**emanate** ['eməneɪt] *V/i.* aufsteigen, hervorquellen
**embarrass** [ɪm'bærəs] *V/t.* in Verlegenheit bringen, bloßstellen
**embarrassed** [ɪm'bærəst] *Adj.* betreten, verlegen
**embarrassing** [ɪm'bærəsɪŋ] *Adj.* peinlich, beschämend
**embarrassment** [ɪm'bærəsmənt] *Subst.* Verlegenheit; Peinlichkeit
**embed** [ɪm'bed] *V/t.* einbetten, einbacken
**ember** ['embə] *Subst.* glühendes Stück Kohle *oder* Holzscheit; ***embers*** Glut, glühende Asche
**emblazon** [ɪm'bleɪzn] *V/t.* mit einem Wappenbild zieren, ausschmücken
**embolden** [ɪm'bəʊldən] *V/t.* ermutigen, Mut einflößen
**embroidered** [ɪm'brɔɪdəd] *Adj.* ausgeschmückt, verziert
**emerald** ['emrəld] *Subst.* Smaragd
**emerge** [ɪ'mɜːdʒ] *V/t.* auftauchen
**emergency** [ɪ'mɜːdʒənsɪ] *Subst.* Notfall
**Emeric the Evil** [ˌemərɪk ðɪ 'iːvl] *Name*; ***Emeric*** *männl Vorname, „Emmerich“*; ***evil*** übel, böse (*Anführer von goblin-rebellions, findet Erwähnung im History of Magic-Unterricht bei Prof. Binns*)

**emit** [ɪ'mɪt] *V/t.* von sich geben, ausstoßen
**emphasis** ['emfəsɪs] *Subst.* Betonung, Schwerpunkt
**employee** [ɪm'plɔɪiː] *Subst.* Angestellter
**empty** ['emptɪ] *V/t.* (aus)leeren
**enable** [ɪ'neɪbl] *V/t.* befähigen; ermächtigen
**enamelled** [ɪ'næmld] *Adj.* emailliert, glasiert
**enchant** [ɪn'tʃɑːnt] *V/t.* verzaubern
**enchanted** [ɪn'tʃɑːntɪd] *Adj.* verzaubert, Zauber…
**enchanting** [ɪn'tʃɑːntɪŋ] *Adj.* bezaubernd
**enchantment** [ɪn'tʃɑːntmənt] *Subst.* Zauber, Zauberspruch, Verzauberung
**encircle** [ɪn'sɜːkl] *V/t.* umgeben; einkreisen, einen Kreis schließen um
**enclosure** [ɪn'kləʊʒə] *Subst.* Einfriedung, Umzäunung
**encouraging** [ɪn'kʌrɪdʒɪŋ] *Adj.* ermutigend
**end** [end] *Subst.* Ende; ***on end*** (*Haare*) aufgestellt, gesträubt, zu Berge
**endanger** [ɪn'deɪndʒə] *V/t.* gefährden
**endurance** [ɪn'djʊərəns] *Subst.* Aushalten, Ausdauer, Durchhaltevermögen
**endure** [ɪn'djʊə] *V/t.* ertragen, erdulden

**Enervate!** ['enəveɪt] *Zauber vgl.* ***enervate*** schwächen, entnerven, ermüden

**enlist** [ɪn'lɪst] *V/t.* (*Person*) anwerben; (*Dienste*) in Anspruch nehmen
**engagement** [ɪn'geɪdʒmənt] *Subst.* Verabredung, Verpflichtung; Verlobung

**engorgement** [ɪn'gɔːdʒmənt] *Subst.* Übersättigung; Verstopfung; Schwellung

**Engorgio!** [ɪn'gɔːdʒɪəʊ] *Zauber vgl.* ***engorge*** anschwellen

**engrave** [ɪn'greɪv] *V/t.* einritzen, gravieren, einprägen
**engulf** [ɪn'gʌlf] *V/t.* verschlingen
**enjoy** [ɪn'dʒɔɪ] *V/t.* genießen
**enjoyable** [ɪn'dʒɔɪəbl] *Adj.* vergnüglich, erfreulich
**enmity** ['enmɪtɪ] *Subst.* Feindschaft
**enormous** [ɪ'nɔːməs] *Adj.* enorm
**enquiring** [ɪn'kwaɪərɪŋ] *Adj. auch* ***inquiring*** fragend
**enrage** [ɪn'reɪdʒ] *V/t.* erzürnen, wütend machen
**enraptured** [ɪn'ræptʃəd] *Adj.* hingerissen, entzückt
**en route** [ˌɒn 'ruːt] *Adv. frz.* auf der Strecke, unterwegs
**enslave** [ɪn'sleɪv] *V/t.* versklaven
**enslavement** [ɪn'sleɪvmənt] *Subst.* Sklaverei
**ensnare** [ɪn'sneə] *V/t.* umgarnen, bestricken
**en-suite jacuzzi** [ɒn'swiːt dʒə'kuːzɪ] *Subst. in Hotelzimmer etc.*: eingebauter, eigener Whirlpool
**ensure** [ɪn'ʃʊə] *V/t.* sicherstellen
**entangle** [ɪn'tæŋgl] *V/t.* (*Haare*) verwirren, verfilzen; (*Person*) verheddern, sich verstricken
**enter** ['entə] *Vt/i.* betreten, hineingehen; eintreten
**enthusiasm** [ɪn'θjuːzɪæzm] *Subst.* Enthusiasmus, Begeisterung
**enticing** [ɪn'taɪsɪŋ] *Adj.* lockend, verführerisch
**entirely** [ɪn'taɪəlɪ] *Adv.* ganz, gänzlich
**entirety** [ɪn'taɪərtɪ] *Subst.* Gänze, Gesamtheit
**entomb** [ɪn'tuːm] *V/t.* beisetzen, begraben; *übertr.* (*in Kerker*) einmauern
**entrails** ['entreɪlz] *Subst. Pl.* Eingeweide
**entrance**[1] ['entrəns] *Subst.* Eingang; THEA Auftritt
**entrance**[2] [ɪn'trɑːns] *V/t.* in Entzücken versetzen, betören, überwältigen
**entrance hall** [ˌentrəns 'hɔːl] *Subst.* Eingangshalle
**entrancing** [ɪn'trɑːnsɪŋ] *Adj.* bezaubernd, überwältigend, verzückend
**entrant** ['entrənt] *Subst.* Bewerber, Teilnehmer
**entwine** [ɪn'twaɪn] *V/t.* umschlingen, umwinden
**enumerate** [ɪ'njuːməreɪt] *V/t.* aufzählen, herzählen
**envoy** ['envɔɪ] *Subst.* Abgesandter
**envy** ['envɪ] *V/t.* beneiden
**equipped** [ɪ'kwɪpt] *Adj.* ausgerüstet, ausgestattet
**eradication** [ɪˌrædɪ'keɪʃn] *Subst.* Ausrottung
**eraser** [ɪ'reɪzə] *Subst.* Radiergummi

**Erised, the Mirror of** [ɪ'raɪzd, ðə ˌmɪrə əv] *Name*; *vgl.* ***erised*** spiegelverkehrt für ***desire*** Begehren – magischer Spiegel, den Harry im ersten Schuljahr auf einem nächtlichen Streifzug findet. Gespiegelt wird auch die Inschrift in seinem Rahmen verständlich und gibt Auskunft über sein Wesen: *Erised stra ehru oyt ube cafru oyt on wohsi*: „I show not your face but your heart's desire.“ → ***mirror***

**Errol** ['erəl] *männl. Vorname (altersschwache Familieneule der Weasleys)*

**erupt** [ɪ'rʌpt] *V/i.* herausschießen, ausbrechen

**escalator** ['eskəleɪtə] *Subst.* Rolltreppe

**escape** [ɪ'skeɪp] *Vt/i.* fliehen, entkommen

**escort** [ɪ'skɔːt] *V/t.* begleiten, geleiten

**essential** [ɪ'senʃəl] *Adj.* wesentlich, grundlegend

**establish** [ɪ'stæblɪʃ] *V/t.* einrichten, etablieren

**estimate** ['estɪmeɪt] *V/t.* schätzen, einschätzen, hochschätzen

**etch** [etʃ] *V/t.* gravieren, (in Kupfer) stechen, ätzen

**eternity** [ɪ'tɜːnɪtɪ] *Subst.* Ewigkeit

**Eton** ['iːtn] *größte britische Privatschule, gegründet im 15. Jh., hat auch heute noch Rang und Ruf einer Eliteschule*

**evaporate** [ɪ'væpəreɪt] *V/i.* sich in Luft auflösen, verdampfen

**evasive** [ɪ'veɪsɪv] *Adj.* ausweichend

**even** ['iːvən] *Adj.* ruhig, ausgeglichen

**event** [ɪ'vent] *Subst.* Ereignis, Vorkommnis; Aufsehen erregende Veranstaltung; ***sporting event*** Sportereignis

**everlasting** [ˌevə'lɑːstɪŋ] *Adj.* immerwährend

**evidence** ['evɪdəns] *Subst.* Beweis; ***give evidence*** Zeugnis ablegen, als Zeuge aussagen

**evident** ['evɪdənt] *Adj.* offensichtlich

**evil-looking** [ˌiːvl'lʊkɪŋ] *Adj.* bösartig aussehend

**evil-tempered** [ˌiːvl'tempəd] *Adj.* übellaunig

**exacerbate** [ɪg'zæsəbeɪt] *V/t.* reizen, verbittern, verschlimmern

**examine** [ɪg'zæmɪn] *V/t.* prüfen, prüfend betrachten

**exasperate** [ɪg'zɑːspəreɪt] *V/t.* wütend machen, aufbringen; zur Verzweiflung bringen

**exasperated** [ɪg'zɑːspəreɪtɪd] *Adj.* wütend, aufgebracht; der Verzweiflung nahe

**exasperation** [ɪgˌzɑːspə'reɪʃn] *Subst.* Erbitterung; Ärger

**exceeding** [ɪk'siːdɪŋ] *Adj.* außerordentlich

**exceptional** [ɪk'sepʃnəl] *Adj.* außergewöhnlich

**exceptionally** [ɪk'sepʃnəlɪ] *Adv.* ausnahmsweise; außergewöhnlich

**excess** [ɪk'ses] *Subst.* Übermaß, Überfluss, Überschuss

**excited** [ɪk'saɪtɪd] *Adj.* aufgeregt

**excitement** [ɪk'saɪtmənt] *Subst.* Aufregung

**exciting** [ɪk'saɪtɪŋ] *Adj.* aufregend

**excruciating** [ɪk'skruːʃjeɪtɪŋ] *Adj.* qualvoll, schauderhaft, unerträglich

**excuse** [ɪk'skjuːz] *Subst.* Entschuldigung, Ausrede; *übertr.* dürftiger Ersatz

**execute** ['eksɪkjuːt] *V/t.* hinrichten, exekutieren

**executioner** [ˌeksɪ'kjuːʃnə] *Subst.* Henker

**exempt** [ɪg'zempt] *V/t.* befreien, ausnehmen

**exhaustion** [ɪg'zɔːstʃən] *Subst.* Erschöpfung

**exist** [ɪg'zɪst] *V/i.* existieren, auf der Welt sein

**expand** [ɪk'spænd] *V/t.* ausbreiten; ausdehnen

**expanse** [ɪk'spæns] *Subst.* Ausbreitung; weite Fläche

**expectant** [ɪk'spektənt] *Adj.* erwartungsvoll

> **Expecto patronum!** [ɪkˌspektəʊ pə'trəʊnəm] *Zauber vgl. lat.* ***expecto*** ich erwarte; ***patronum*** den Paten, den Schutzherrn

**expel** [ɪk'spel] *V/t.* ausschließen, ausstoßen; (*aus einer Schule*) hinauswerfen; (*aus einem Land*) vertreiben, verbannen

> **Expelliarmus!** [ɪkˌspelɪ'ɑːməs] *Zauber vgl. lat.* ***expello*** ich vertreibe, verstoße, verbanne; *lat.* ***arma*** Bewaffnung

**expensive** [ɪk'spensɪv] *Adj.* teuer, kostspielig

**experience** [ɪk'spɪərɪəns] *Subst.* Erfahrung; ***hands-on experience*** praktische Erfahrung, Erfahrung aus erster Hand

**experiment** [ɪk'sperɪmənt] *Subst.* Versuch, Experiment

**expertise** [ˌekspɜː'tiːz] *Subst.* Gutachten, Expertise; Fachkenntnis

**explanation** [ˌeksplə'neɪʃn] *Subst* Erklärung

**explicit** [ɪk'splɪsɪt] *Adj.* deutlich, ausdrücklich

**explode** [ɪk'spləʊd] *V/i.* explodieren

**exploits** ['eksplɔɪts] *Subst. Pl.* Großtat, Heldentat, großartige Leistung

**explore** [ɪk'splɔː] *V/t.* erforschen

**expressly** [ɪk'spreslɪ] *Adv.* ausdrücklich

**expulsion** [ɪk'spʌlʃən] *Subst.* Ausschluss, Verbannung

**extend** [ɪk'stend] *V/t.* ausweiten; verlängern; (*Dienst, Hilfe*) erweisen

**extinguish** [ɪk'stɪŋgwɪʃ] *V/t.* auslöschen, (*Flammen*) ersticken

**extract** [ɪk'strækt] *V/t.* herausziehen, herausholen

**extraordinary** [ɪk'strɔːdnərɪ] *Adj.* außerordentlich, außergewöhnlich

**extravagant** [ɪk'strævəgənt] *Adj.* üppig, verschwenderisch

**extricate** ['ekstrɪkeɪt] *V/t.* herauswinden, sich befreien

**exuberant** [ɪg'zjuːbərənt] *Adj.* übermütig, überschwänglich, ausgelassen

**exultant** [ɪg'zʌltənt] *Adj.* triumphierend

**eye socket** ['aɪ ˌsɒkɪt] *Subst.* Augenhöhle

# F

**fade** [feɪd] *V/i.* verblassen; verschwinden

**faded** ['feɪdɪd] *Adj.* verblichen, ausgeblichen, verschossen

**fail** [feɪl] *Vt/i.* versagen, durchfallen; durchfallen lassen

**fail-safe** ['feɪlseɪf] *Adj.* (*Gerät*) störungssicher, pannensicher; (*Methode*) abgesichert

**faint**[1] [feɪnt] *Adj.* schwach

**faint**[2] [feɪnt] *V/i.* in Ohnmacht fallen, bewusstlos werden

**faintly** ['feɪntlɪ] *Adv.* leicht, schwach

**fair** [feə] *Adj.* (*Wettbewerb*) fair; (*Person*) hübsch; blond; (*Betrag*) ordentlich

**fairy** ['feərɪ], *Pl.* **fairies** *Subst.* Fee, Elfe. Feen sind Naturgeister der kelt. Überlieferung, gelegentlich mit Verbindungen in die Jenseits- oder Anderswelt. *Fairies* weisen Verwandtschaft zu Elfen auf. In der britischen Geisterwelt sind *fairies* kleine, jedoch keineswegs immer freundliche Dämonen. Manchmal erscheinen sie in Scharen, sind alberne, verspielte Geschöpfe mit Neigung zum Schabernack. In Mondnächten tanzen sie auf Wiesen oder Waldlichtungen. Solche Feen tragen angeblich bevorzugt grüne oder aber rote Kleidung. Es gibt kleine, geflügelte Feen – Luftgeister – und auch solche, die einen Menschenkopf und Fledermausflügel haben. Nur wenige Menschen können sie klar erkennen, außer die Feen lassen sich mit Absicht sehen. Es wird aber auch behauptet, dass sie neugeborenen Kindern bestimmte Eigenschaften und Begabungen mitgeben und sich auch sonst gerne in Angelegenheiten der Menschen einmischen (→ ***Morgana***).

**fake**[1] [feɪk] *Adj.* falsch, vorgetäuscht, künstlich

**fake**[2] [feɪk] *V/t.* vortäuschen, fingieren, fälschen

**falcon** ['fɔːlkən] *Subst.* ZOOL Falke

**false** [fɔːls] *Adj.* falsch, irrig

**falter** ['fɔːltə] *V/i.* zögern, stocken

**famous** ['feɪməs] *Adj.* berühmt

**fan**[1] [fæn] *Subst.* Fächer

**fan²** [fæn] *Vt/i.* fächeln, wehen; sich (fächerförmig) ausbreiten

**fancy¹** ['fænsɪ] *Adj.* (*Kleidung*) ausgefallen; (*Mahlzeit*) aufwändig

**fancy²** ['fænsɪ] *V/t.* ***fancy s.o.*** für j-n schwärmen; ***fancy s.th.*** scharf auf etwas sein

**fang** [fæŋ] *Subst.* ZOOL *von Schlangen*: Giftzahn; *von Raubtieren*: Fang, Reißzahn; *von Ebern*: Hauer; Vampirzahn

**Fang** [fæŋ] *Name vgl.* ***fang*** Fang, Reißzahn (*Hagrids boarhound, ein vom Anblick Furcht erregender, aber freundlicher schwarzer Jagdhund*)

**fanged** [fæŋd] *Adj.* mit Reißzähnen ausgestattet

**faraway** ['fɑːrəweɪ] *Adj.* weit weg; abwesend, verträumt

**far-fetched** [ˌfɑː 'fetʃt] *Adj.* weit hergeholt

**fascinating** ['fæsɪneɪtɪŋ] *Adj.* faszinierend, spannend

**fasten** ['fɑːsn] *Vt/i.* schließen, befestigen; sich schließen lassen

**fastening** ['fɑːsnɪŋ] *Subst.* Verschluss

**fast forward** [ˌfɑːst 'fɔːwəd] *Subst.* schneller Vorlauf (*beim Kassetten- oder Videorecorder*)

**fat¹** [fæt] *Subst.* Fett; ***the fat's in the fire*** *umgangsspr.* der Teufel ist los, die Kacke ist am Dampfen

**fat²** [fæt] *Adj.* fett, dick

**fatal** ['feɪtl] *Adj.* tödlich, Verderben bringend

**fate** [feɪt] *Subst.* Schicksal

**fateful** ['feɪtfəl] *Adj.* schicksalhaft, schicksalsträchtig, verhängnisvoll

> **Fates** [feɪts] *lat.* die römischen Parzen *Nona*, *Decuma*, *Morta*. Sie sind Schicksalsgöttinnen und entsprechen den griechischen Moiren: *Klotho* ist die Spinnerin des Lebensfadens, *Lachesis* die Zuteilerin des Lebensloses und *Atropos* die Unabwendbare, die den Lebensfaden durchtrennt. Sie werden häufig mit Schriftrolle, Spindel und Waage dargestellt. Auch in der nordischen Mythologie sind sie zu finden, urspr. als Geburtsgöttinnen. Es gibt drei Nornen: *Urd*, zuständig für das Gewordene, *Verdandi*, zuständig für das Seiende, und *Skuld*, zuständig für das Werdende.

**fathom¹** ['fæðəm] *Subst.* Klafter; Lot, Senkblei; *brit.* Faden (*nautisches Längenmaß; 1 Faden enspricht 1,828 m*)

**fathom²** ['fæðəm] *V/t.* ergründen, eindringen in, ausloten

**fathoms-deep** [ˌfæðəmz'diːp] *Adj.* klaftertief

**fault** [fɔːlt] *Subst.* Fehler, Schuld

**faulty** ['fɔːltɪ] *Adj.* defekt, fehlerhaft

**favour** ['feɪvə] *Subst.* Gefallen, Gefälligkeit

**favourite** ['feɪvərɪt] *Adj.* Lieblings…

> **Fawkes** [fɔːks] *Name*; der Name Fawkes erinnert an den historischen Attentäter *Guy Fawkes*, der 1605 einen Brandanschlag auf das englische Parlament plante, jedoch mit größeren Vorräten brennbaren Materials erwischt wurde. Der 5. November, Jahrestag der Aufdeckung dieses Attentatversuchs, heißt *Guy Fawkes Day*, auch *Bonfire Night* und ist ein offizieller brit. Feiertag und bei Kindern sehr beliebt. Überall

in England werden Feuerwerke gezündet und Strohpuppen als „Guy Fawkes“ verbrannt – Albus Dumbledores treues Haustier, ein Phönix (→ ***phoenix***), der sich selbst verbrennt und verjüngt aus der Asche ersteht.

**fawn** [fɔːn] *V/i.* ***fawn over s.o.*** um j-n herumscharwenzeln, sich bei j-m einschmeicheln
**feast**[1] [fiːst] *Subst.* Festessen, Festmahl
**feast**[2] [fiːst] *V/i.* ***feast on*** sich gütlich tun an
**feat** [fiːt] *Subst.* Großtat, Heldentat
**feather duster** [ˌfeðə 'dʌstə] *Subst.* Staubwedel (*aus Federn*)
**feathery** ['feðərɪ] *Adj.* gefiedert, flaumig
**feature** ['fiːtʃə] *Subst.* Merkmal, Charakteristikum; Attraktion
**feeble** ['fiːbl] *Adj.* kläglich, schwächlich, schwach
**feet** [fiːt] *Pl.* → ***foot***
**feigned** [feɪnd] *Adj.* vorgetäuscht
**feint** [feɪnt] *Subst.* Finte, Täuschungsmanöver, Scheinangriff
**fellow** ['feləʊ] *Subst.* Gefährte, Genosse, Kamerad
**fen** [fen] *Subst.* Fenn, Marschland; ***the fens*** die Niederungen East-Anglias
**fence** [fens] *Subst.* Zaun
**fend** [fend] *Vt/i.* ***fend off*** abwehren; abschirmen; ***fend for*** sorgen für
**ferocious** [fə'rəʊʃəs] *Adj.* wild, grausam, grimmig
**ferocity** [fə'rɒsɪtɪ] *Subst.* Grausamkeit, Wildheit
**ferret**[1] ['ferɪt] *Subst.* ZOOL Iltis, Frettchen; *übertr.* Spion, Spitzel
**ferret**[2] ['ferɪt] *V/t.* ***ferret out*** aufstöbern, aufspüren; herausfinden
**fertiliser, fertilizer** ['fɜːtɪlaɪzə] *Subst.* Dünger

**Ferula!** ['fɜːjʊlə] *Zauber vgl.* BOT ***ferula*** Ruten- oder Steckenkraut (*gedeiht in mediterranen Felsregionen; das Wurzelsekret kann für medizinische Zwecke eingesetzt werden*)

**fervent** ['fɜːvənt] *Adj.* glühend, inbrünstig, leidenschaftlich
**festive** ['festɪv] *Adj.* festlich
**festoon** [fe'stuːn] *Subst.* Girlande
**fetch** [fetʃ] *V/t.* holen, bringen
**feverish** ['fiːvərɪʃ] *Adj.* fiebrig, fieberhaft
**fez** [fez] *Subst.* Fez (*orientalische Kopfbedeckung*)
**fiasco** [fɪ'æskəʊ] *Subst.* Fiasko, Reinfall
**fibre** ['faɪbə] *Subst.* Faser; Struktur; ***moral fibre*** Charakterstärke
**fickle** ['fɪkl] *Adj.* unbeständig, launisch
**fiddle** ['fɪdl] *V/i.* ***fiddle*** (***with***) herumspielen (mit)

**Fidelius Charm** [fɪ'deɪlɪəs ˌtʃɑːm] *Zauber vgl. lat.* ***fides*** Treue, Vertrauen; ***charm*** Bann, Beschwörung

**fidget** ['fɪdʒɪt] *V/i.* zappeln, umherrutschen, unruhig werden; nervös fuchteln
**field day** ['fiːld deɪ] *Subst.* MILIT Feldübung; ***have a field day*** *übertr.* seinen großen Tag haben
**fiend** [fiːnd] *Subst.* Teufel; Dämon
**fierce** [fɪəs] *Adj.* wild, grimmig, beißend

**Figg, Arabella** ['fɪg, ˌærə'belə] *Name*; *vgl.* ***fig*** Feige; Kleinigkeit, Pfifferling. Der Feigenbaum im Paradies war manchen Überlieferungen zufolge anstelle des Apfelbaums der wahre Baum der Erkenntnis; im Islam repräsentiert er den Himmel. Die Feige enthält den Stoff Serotonin, ein Nervenhormon, das visionäre Erfahrungen bewirken kann; **Arabella**: weibl. Vorname – eine Hexe, die zur *old crowd* von Albus Dumbledores Vertrauten gehört und als verlässliche Partnerin im Kampf gegen Lord Voldemort angesehen wird.

**Figg, Mrs** ['fɪg, ˌmɪsɪz] *Name vgl.* ***fig*** Feige; Kleinigkeit, Pfifferling (*alte Dame, bei der Harry an Dudleys Geburtstagen einquartiert wird und die Fotos all ihrer Katzen betrachten muss*)

**fight** [faɪt] *Vt/i.* kämpfen (gegen *oder* mit); ***fight tooth and nail*** mit Zähnen und Klauen kämpfen

**Filch, Argus** ['fɪltʃ, ˌɑːgəs] *Name*; *vgl.* ***filch*** filzen, mopsen, mausen; **Argus** (eigentl. *Argos*): monströse Gestalt des griech. Mythos. Sein ganzer Körper ist mit Augen bedeckt, die abwechselnd geöffnet sind; die Göttin Hera setzt Argos als Wächter ein, um einen der vielen Seitensprünge ihres Gatten Zeus zu unterbinden; deshalb steht der Ausdruck „mit Argusaugen" sprichwörtlich für unablässige Wachsamkeit.

**file**[1] [faɪl] *Subst.* Akte, Aktenordner

**file**[2] [faɪl] *V/i.* sich einreihen, sich hintereinander begeben

**Filibuster** ['fɪlɪbʌstə] *Name vgl.* HIST Freibeuter; *US Politik*: Verschleppungstaktik, Obstruktionspolitik (*Markenname für magische Feuerwerkskörper*; *die Weasley-Zwillinge haben stets einen Vorrat an Dr. Filibuster's Fabulous Wet-Start No--Heat Firework*)

**filing cabinet** ['faɪlɪŋ ˌkæbɪnɪt] *Subst.* Aktenschrank

**filter** ['fɪltə] *Vt/i.* filtern, ausdünnen; durchdringen

**filth** [fɪlθ] *Subst.* Dreck, Schmutz

**filthy** ['fɪlθɪ] *Adj.* dreckig, schmutzig; ekelhaft, abscheulich

**fin** [fɪn] *Subst.* Flosse

**final** ['faɪnl] *Adj.* letzte(r, -s), abschließend

**finality** [faɪ'nælɪtɪ] *Subst.* Endgültigkeit

**finally** ['faɪnəlɪ] *Adv.* schließlich, endlich

**Finch-Fletchley, Justin** [ˌfɪntʃ'fletʃlɪ, ˌdʒʌstɪn] *Name*; *vgl.* ZOOL ***finch*** Fink; ***fletcher*** alter Familienname, der „Bogenmacher" oder „Pfeilemacher" bedeutet; ***fledge*** fiedern, mit Federn versehen; **Justin**: männl. Vorname: „der Gerechte" – Hufflepuff-Schüler aus Harrys Jahrgang.

**fine**[1] [faɪn] *Subst.* Geldstrafe, Bußgeld

**fine**[2] [faɪn] *V/t.* mit einem Bußgeld belegen

**fine-tune** [ˌfaɪn'tjuːn] *V/t.* fein abstimmen, ausfeilen

**fing** [fɪŋ] *umgangsspr. für* ***thing*** Ding

**Finite incantatem!** [fɪ'niːtə ˌɪnkən'tɑːtəm] *Zauber vgl. lat.* ***finite*** beendet!; *lat.* ***incantare*** beschwören, (religiös) anrufen

**Finnigan, Seamus** ['fɪnɪgən, ˌʃeɪməs] irischer Familienname; Finn ist auch der Held irischer und schott. Epen: ein wahrscheinlich historischer irischer Krieger namens Finn Mac Cumaill aus dem 3. Jh. n. Chr. inspirierte einen umfangreichen Kreis von Sagen; **Seamus**: eigentl. Séamus, irisch-gälische Form von James – gleichaltriger Gryffindor-Klassenkamerad von Harry.

**fire** ['faɪə] *Subst.* Feuer; ***under fire*** unter Beschuss

**firebolt** ['faɪəbəʊlt] *Name vgl.* ***bolt of fire*** Feuerblitz, Feuerschweif (*Rennbesen der Spitzenklasse, sorgt als anonymes Weihnachtsgeschenk im dritten Schuljahr für Aufregung*)

**firecracker** ['faɪəˌkrækə] *Subst.* Knallfrosch, kleiner Feuerwerkskörper

**Firenze** [fɪ'rentse] *Name*; *vgl.* ital. Name für die Stadt Florenz, eines der Zentren der Renaissancekultur, die Figuren der antiken Mythologie (wie die Zentauren) kunstvoll dargestellt hat – Zentaur, der im verbotenen Wald lebt und sich, anders als seine Artgenossen, angesichts der drohenden Wiederkehr Lord Voldemorts zum aktiven Eingreifen verpflichtet fühlt. Der Name könnte in diesem Zusammenhang auf einen tiefgreifenden Zwist unter den Zentauren (→ ***centaur***) hindeuten, wie er im 13. Jh. die alten florentinischen Adelsgeschlechter entzweite (aufgrund dieses Machtkampfs musste der Dichter Dante Alighieri ins Exil; seine *Göttliche Komödie* enthält Anspielungen auf den Konflikt).

**fireside** ['faɪəsaɪd] *Subst.* offener Kamin

**firmly** ['fɜːmlɪ] *Adv.* fest

**first-name** ['fɜːstneɪm] *Adj.* ***be on first-name terms*** sich mit dem Vornamen anreden

**first-rate** [ˌfɜːst'reɪt] *Adj.* erstklassig

**fir tree** ['fɜː triː] *Subst.* BOT Fichte

**fishery** ['fɪʃərɪ] *Subst.* Fischerei

**fishing rod** ['fɪʃɪŋ rɒd] *Subst.* Angelrute

**fish tank** ['fɪʃ tæŋk] *Subst.* Aquarium

**fishy** ['fɪʃɪ] *Adj.* fischig; *übertr.* anrüchig, faul

**fissure** ['fɪʃə] *Subst.* Spalte, Riss

**fist** [fɪst] *Subst.* Faust

**fit**[1] [fɪt] *Subst.* MED Anfall, Krampf

**fit**[2] [fɪt] *Adj.* angemessen, richtig, passend

**fix** [fɪks] *Subst.* Klemme

**fizz** [fɪz] *V/i.* zischen, prickeln, sprudeln

**fizzy drink** ['fɪzɪ drɪŋk] *Subst.* Brauselimonade

**flabbergast** ['flæbəgɑːst] *V/t umgangsspr.* verblüffen, umhauen

**flag** [flæg] *V/t.* ***flag down*** (*Fahrzeug*) anhalten, (*Taxi*) herbeiwinken

**flagged** [flægd] *Adj.* mit Steinplatten *oder* Fliesen ausgelegt

**flagon** ['flægən] *Subst.* bauchige (Wein)Flasche; Deckelkrug

**flail** [fleɪl] *V/t.* dreschen, um sich schlagen

**flake** [fleɪk] *V/i. auch* ***flake off*** abblättern, abbröckeln

**Flame-Freezing Charm** ['fleɪm,-friːzɪŋ 'tʃɑːm] *Zauber vgl.* ***flame*** Flamme, Glut; ***freeze*** einfrieren, gefrieren; ***charm*** Bann, Beschwörung

**Flamel** ['flæml] *Name*; *vgl.* ***flame*** Flamme, Glut; Glanz, Leuchten; **Nicolas**: männl. Vorname griech. Ursprungs – *Flamel, Nicolas*: historische Figur; französischer Urkundenhändler, Kalligraph und Alchemist des 14. Jh.s; – Eigentümer des einzig bekannten Steins der Weisen und Forschungspartner von Albus Dumbledore; **Flamel, Perenelle**: *vgl.* ***perennial*** beständig, immerwährend, BOT winterharte Pflanze – Ehefrau von Nicolas Flamel, 658 Jahre alt.

**flaming** ['fleɪmɪŋ] *Adj.* flammend, brennend

**flanked** [flæŋkt] *Adj.* flankiert, eingerahmt, begleitet

**flannel** ['flænl] *Subst.* Flanell

**flap¹** [flæp] *Subst.* Flattern, Flügelschlag; *übertr.* Aufregung

**flap²** [flæp] *V/i.* schlabbern, flattern

**flare** ['fleə] *V/i.* (*Kerze*) flackern; (*Feuer*) lodern; (*Nüstern, Nasenflügel*) sich weiten, blähen; ***flare up*** aufbrausen, in Wut ausbrechen

**flash** [flæʃ] *Subst.* Blitz, (Feuer)Garbe

**flashy** ['flæʃɪ] *Adj.* glänzend, schillernd; auffällig, knallig

**flask** [flɑːsk] *Subst.* Flasche

**flat** [flæt] *Adj.* flach; *übertr.* lustlos, lau, matt

**flat-footed** [,flæt'fʊtɪd] *Adj.* plattfüßig

**flatten** ['flætn] *V/t.* platt machen

**flatter** ['flætə] *Vt/i.* schmeicheln

**flay** [fleɪ] *V/t.* häuten, die Haut abziehen von

**flea-bitten** ['fliː,bɪtn] *Adj.* von Flöhen gebissen; *übertr.* verlaust, lausig

**fledged** [fledʒd] *Adj.* gefiedert, flügge; ***fully fledged*** *übertr.* ausgewachsen

**flee** [fliː] *V/i.* fliehen, flüchten

**fleet** [fliːt] *Subst.* Flotte

**fleeting** ['fliːtɪŋ] *Adj.* (*Blick*) flüchtig

**Fleetwood's High-Finish Handle Polish** *Name*; *vgl.* ***fleet*** schnell; ***wood*** Holz; ***high-finish*** Hochglanz; ***handle*** Griff; ***polish*** Politur – Bestandteil des Besenpflegesets, das Harry von Hermione zum Geburtstag bekommt.

**flesh-eating** ['fleʃ,iːtɪŋ] *Adj.* Fleisch fressend

**Fletcher, Mundungus** ['fletʃə, mʌn-,dʌŋgəs] alter Familienname, der „Bogenmacher" oder „Pfeilemacher" bedeutet; ***mundungus*** schlecht riechender Tabak, (altmod.) „Knaster" – alter Zauberer, der gelegentlich Ärger verursacht, so macht er nach den Verwüstungen des Quidditch World Cups falsche Schadenersatzforderungen geltend; gleichwohl zählt er anscheinend zur *old crowd* von Albus Dumbledores Vertrauten und wird als verlässlicher Partner im Kampf gegen Lord Voldemort angesehen.

**flex** [flɛks] *V/t.* beugen, dehnen, lockern

**flibbertigibbet** [ˌflɪbətɪ'dʒɪbɪt] *Subst.* Klatschbase, Schwätzerin

**flick** [flɪk] *V/t.* leicht schlagen, klopfen

**flicker** ['flɪkə] *V/i.* (*Flamme, Licht*) flackern, flimmern, schillern; (*Augenlid*) flattern, zucken

**flimsy** ['flɪmsɪ] *Adj.* dürftig, fadenscheinig

**flinch** [flɪntʃ] *V/i.* zurückzucken, zurückschaudern

**fling** [flɪŋ] *V/t.* schleudern, werfen

**Flint, Marcus** ['flɪnt, ˌmɑːkəs] *Name vgl.* Stein, Kiesel, Wurfgeschoss aus Stein; ***Marcus*** *lat. männl. Vorname (älterer Mitschüler Harrys, Chaser und Captain des Slytherin-Quidditch-Teams)*

**flip over** [flɪp 'əʊvə] *V/t.* umkippen, umkehren

**flipper** ['flɪpə] *Subst.* (Schwimm-) Flosse

**flit** [flɪt] *V/i.* huschen

**Flitwick, Prof.** ['flɪtwɪk, prəˌfesə] *Name vgl.* ***flit*** flitzen, huschen, sausen; ***wick*** Docht (*sehr kleiner Zauberer, der in Hogwarts das Fach Charms unterrichtet*)

**float** [fləʊt] *V/i.* dahintreiben; schweben

**floaty** ['fləʊtɪ] *Adj.* fließend

**Flobberworm** ['flɒbəwɜːm] *Neubildung vgl.* ***flabby*** schlapp, kraftlos, gehaltlos; ***flobber*** *altertüml.* Dreck, schmutzige Erde; ***worm*** Wurm (*langweiliger Unterrichtsgegenstand im Care of Magical Creatures-Unterricht in Harrys drittem Schuljahr*)

**flock** [flɒk] *Subst.* Schwarm, Schar; Herde

**flogging** ['flɒgɪŋ] *Subst.* Auspeitschen, Züchtigung, Prügelstrafe

**flood** [flʌd] *V/t.* überschwemmen

**Floo powder** ['fluː ˌpaʊdə] *Neubildung klingt wie* ***flue*** Rauchfang, Kamin; Luftkanal; ***powder*** Pulver, Puder

**floorboard** ['flɔːbɔːd] *Subst.* Dielenbrett

**flop** [flɒp] *V/i.* fallen, sich fallen lassen, (hin)plumpsen

**flourish**[1] ['flʌrɪʃ] *Subst.* Schnörkel, Verzierung

**flourish**[2] ['flʌrɪʃ] *V/i.* gedeihen

**Flourish & Blotts** [ˌflʌrɪʃ ənd 'blɒts] *Name vgl.* ***flourish*** Schnörkel, Verzierung; ***blot*** Klecks (*Buchhandlung und Schreibwarenladen in der Diagon Alley*)

**flout** [flaʊt] *V/t.* verhöhnen; (*Befehl*) missachten, sich hinwegsetzen über

**flowered** ['flaʊəd] *Adj.* geblümt, mit Blumenmuster

**flowerpot** ['flaʊəpɒt] *Subst.* Blumentopf

**flowery** ['flaʊərɪ] *Adj.* geblümt, mit Blumenmuster

**flu** [fluː] *Subst. kurz für* ***influenza*** Grippe

**fluent** ['fluːənt] *Adj.* flüssig

**fluff** [flʌf] *Subst.* Fusseln, Staubflocken

**fluffy** ['flʌfɪ] *Adj.* flaumig, kuschelig

**Fluffy** ['flʌfɪ] *Name*; „Puschelchen", *vgl.* ***fluffy*** flaumig, kuschelig – Hagrids Name für den dreiköpfigen Hund, der den Zugang zum Stein der Weisen bewacht. Bei ihm handelt es sich wohl um einem „Verwandten" des griechischen Unterwelt-Wächters, des dreiköpfigen und -schwänzigen Kerberos (Cerberus), der in der griech. und röm.

Mythologie den Ausgang des Totenreichs bewacht. Auch er ließ sich einmal mit Musik (→ ***flute***, → ***Grim***) besänftigen, als Orpheus um seine verstorbene Frau Eurydike klagte.

**fluid**[1] ['fluːɪd] *Subst.* Flüssigkeit
**fluid**[2] ['fluːɪd] *Adj.* flüssig, fließend
**flurry** ['flʌrɪ] *Subst.* Windstoß; Schauer
**flush** [flʌʃ] *V/i.* rot werden, erröten
**fluster** ['flʌstə] *V/t.* verwirren, nervös machen

**Cerberus**

**flustered** ['flʌstəd] *Adj.* durcheinander, nervös

**flute** [flu:t] *Subst.* MUS Flöte; im Orchester speziell die Querflöte. In Mozarts Oper *Die Zauberflöte* hilft eine magische Flöte dem Helden Tamino in der Not; das Motiv erinnert an den antiken Orpheus-Mythos: der Hirte Orpheus konnte mit seiner Harfe und seinem Gesang Berge versetzen, wilde Tiere zähmen und sogar die Wächter zum Totenreich zu Mitleid rühren.

**flutter**[1] ['flʌtə] *Subst.* Flattern; Aufregung, Tumult; Wette; ***fancy a flutter?*** Wollen wir wetten?

**flutter**[2] ['flʌtə] *Vt/i.* flattern; klimpern

**flutterby** ['flʌtəbaɪ] *Subst. vgl.* ***flutter*** flattern, wehen, flackern (*Wortspiel mit* ***butterfly*** Schmetterling)

**fluxweed** ['flʌkswi:d] *Subst.* BOT ***Sisymbrium Sophia*** (*früher als Heilmittel für Ausfluss und Ruhr gebraucht*)

**flyaway** ['flaɪəweɪ] *Adj.* fliegend

**foal** [fəʊl] *Subst.* Fohlen

**foaming** ['fəʊmɪŋ] *Adj.* schäumend

**focus**[1] ['fəʊkəs] *Subst.* Blickwinkel

**focus**[2] ['fəʊkəs] *V/t.* (*Aufmerksamkeit*) richten auf, konzentrieren

**foe** [fəʊ] *Subst.* Feind, Gegner, Widersacher

**fogged** [fɒgd] *Adj.* benebelt, umnebelt

**foggy** ['fɒgɪ] *Adj.* nebelig, dunstig

**foghorn** ['fɒghɔ:n] *Subst.* Nebelhorn

**fold**[1] [fəʊld] *Subst.* Falte

**fold**[2] [fəʊld] *Subst.* Schafspferch; *übertr. kirchlich*: Gemeinde

**follower** ['fɒləʊə] *Subst.* Anhänger, Gefolgsmann

**fond** [fɒnd] *Adj.* zärtlich, liebevoll; ***be fond of*** lieben, gern haben

**fool**[1] [fu:l] *Subst.* Narr

**fool**[2] [fu:l] *V/t.* zum Narren halten

**foolhardy** ['fu:lhɑ:dɪ] *Adj.* tollkühn, verwegen

**Fool's Day** ['fu:lz deɪ] ***April Fools Day*** der 1. April (*an dem man Lehrer, Mitschüler und Kollegen mit scherzhaften Aufträgen auf die Schippe nehmen darf*)

**foot** [fʊt] Fuß (*brit. Längenmaß*, ***1 foot*** *entspricht 30,48 cm*)

**footfalls** ['fʊtfɔ:lz] *Subst. Pl.* Fußgetrappel, Schritte

**footstool** ['fʊtstu:l] *Subst.* (Fuß)Schemel, Fußbank

**forbade** [fə'bæd] *Prät.* → ***forbid***

**forbid** [fə'bɪd] *V/t.* verbieten, untersagen

**forbidding** [fə'bɪdɪŋ] *Adj.* abschreckend, abstoßend; bedrohlich

**force** [fɔ:s] *V/t.* zwingen

**forceful** ['fɔ:sfəl] *Adj.* energisch, eindringlich, kraftvoll

**forcible** ['fɔ:sɪbl] *Adj.* gewaltsam, erzwungen; zwingend, eindringlich

**Ford Anglia** [fɔ:d 'æŋglɪə] *Name*; ***Ford***: amerikanischer Automobilkonzern; ***Anglia***: lateinischer Name Englands; *Ford Anglia* ist ein berühmter Kleinwagen, der von Anfang der Dreißiger- bis Ende der Sechzigerjahre gebaut wurde – von Mr. Weasley am Rande der Legalität magisch „getunetes" Auto, das sowohl fliegen kann als auch als Familienwagen funktioniert; lediglich der *Invisibility Booster* hat einen Wackelkontakt.

**forearm** ['fɔ:rɑ:m] *Subst.* Unterarm

**foreboding** [fɔː'bəʊdɪŋ] *Subst.* (ungute) Vorahnung
**forefinger** ['fɔːˌfɪŋgə] *Subst.* Zeigefinger
**forehead** ['fɒrɪd] *Subst.* Stirn
**foreign** ['fɒrɪn] *Adj.* fremd, auswärtig, ausländisch

**forest** ['fɒrɪst] *Subst.* Wald. Der verbotene Wald oder Zauberwald gehört zu den wichtigen mythischen Landschaften und ist fester Bestandteil in Märchen verschiedener Kulturen. Dort hat der Mensch keine Macht und Kontrolle, sondern geheimnisvolle Wesen, Fabeltiere und übernatürliche Erscheinungen leben dort nach ihren eigenen Gesetzen. Begegnungen im Zauberwald sind immer Herausforderungen, die bestanden werden müssen. Diese Abenteuer können als bildhafte Darstellung psychologischer Reifungsprozesse gelesen werden (→ ***adventure***).

**forewarned** [fɔː'wɔːnd] *Adj.* vorgewarnt
**forfeit** ['fɔːfɪt] *V/t.* verwirken, verscherzen; einbüßen
**forge** [fɔːdʒ] *V/t.* fälschen
**forgery** ['fɔːdʒərɪ] *Subst.* Fälschung
**forgetful** [fə'getfəl] *Adj.* vergesslich
**forgetfulness** [fə'getfəlnɪs] *Subst.* Vergesslichkeit
**forget-me-not** [fə'getmɪnɒt] *Subst.* BOT Vergissmeinnicht
**fork** [fɔːk] *Subst.* Gabel; Gabelung; ***fork of lightning*** Blitz
**forked** [fɔːkt] *Adj.* gegabelt, gespalten
**forlorn** [fə'lɔːn] *Adj.* verlassen, unglücklich, verzweifelt
**formal** ['fɔːml] *Adj.* offiziell, feierlich
**formidable** ['fɔːmɪdəbl] *Adj.* beeindruckend, Achtung gebietend; Furcht einflößend
**formulate** ['fɔːmjʊleɪt] *V/t.* darlegen, formulieren
**forsaken** [fə'seɪkən] *Adj.* verlassen, einsam

**Fortescue, Florean** ['fɔːtɪskjuː, ˌflɔːrɪən] *Name*; *altfrz.* ***fort escu*** „starker Schild"; **Florean**: roman. männl. Form von *Florence* (von *lat.* ***florens*** blühend) – der Zauberei- und Hexengeschichte kundige Besitzer des *Ice-Cream Parlour* in der *Diagon Alley*, in dem Harry vor Beginn des dritten Schuljahrs seine Hausaufgaben macht.

**fortnight** ['fɔːtnaɪt] *Subst.* ***in a fortnight*** in vierzehn Tagen, in zwei Wochen
**fortress** ['fɔːtrɪs] *Subst.* Festung, Zwingburg
**fortuna major** [fɔː'tʃuːnə ˌmeɪdʒə] *lat.* größeres Glück
**fortunate** ['fɔːtʃənət] *Adj.* glücklich, günstig
**fortune** ['fɔːtʃən] *Subst.* Glück, Schicksal; Vermögen
**fortune-telling** ['fɔːtʃənˌtelɪŋ] *Subst.* Wahrsagerei; ***fortune*** Glück, Schicksal
**foul** [faʊl] *Adj.* widerlich, abscheulich; verdorben, stinkend; ***run foul of s.o.*** mit j-m zusammenstoßen, es sich mit j-m verderben
**fountain** ['faʊntɪn] *Subst.* Springbrunnen
**four-poster** [ˌfɔː'pəʊstə] *Subst.* Himmelbett

**fowl** [faʊl] *Subst.* Haushuhn, Geflügel

**fraction** ['frækʃən] *Subst.* Bruchteil

**fracture** ['fræktʃə] *Vt/i.* brechen, zerbrechen

**fragment** ['frægmənt] *Subst.* Stück

**frail** [freɪl] *Adj.* gebrechlich, fragil; zart, zerbrechlich, hinfällig

**frame¹** [freɪm] *Subst.* Rahmen

**frame²** [freɪm] *V/t.* drankriegen, festnageln hinhängen, anschwärzen

**frantically** ['fræntɪklɪ] *Adv.* verzweifelt, fiebrig; inbrünstig, rasend, außer sich

**fraternise** ['frætənaɪz] *V/i.* MILIT sich (mit dem Feind) verbrüdern

**fraud** [frɔːd] *Subst.* Schwindler(in), Hochstapler(in)

**fray¹** [freɪ] *Subst.* Schlägerei, Streit

**fray²** [freɪ] *Vt/i.* (aus)fransen

**frayed** [freɪd] *Adj.* durchgescheuert, ausgefranst

**freak** [friːk] *Adj.* ausgeflippt, irre, durchgeknallt

**freckle** ['frekl] *Subst.* Sommersprosse

**freckled** ['frekld], **freckly** ['freklɪ] *Adj.* sommersprossig

**Fred Weasley** [ˌfred 'wiːzlɪ] *Name* → ***Weasley***

**free rein** [ˌfriː 'reɪn] *Subst.* freie Hand, Machtvollkommenheit

**freeze** [friːz] *V/t.* einfrieren; zum Stillstand bringen

**freezer** ['friːzə] *Subst.* Gefrierschrank

**frenzy** ['frenzɪ] *Subst.* Aufregung, Verzückung, Ekstase

**fret** [fret] *V/i.* sich aufreiben, sich ärgern, sich aufregen; sich kränken

**fretful** ['fretfəl] *Adj.* ärgerlich, mürrisch

**friar** ['fraɪə] *Subst.* Klosterbruder

**fridge** [frɪdʒ] *Subst.* *Kurzform für* ***refrigerator*** Kühlschrank

**Fridwulfa** [frɪd'wʊlfə] *Name vgl. german.* ***frid*** Friede; ***wulf*** Wolf; *Frauenname german. Herkunft (eine der letzten englischen Riesinnen und Hagrids verschollene Mutter)*

**fright** [fraɪt] *Subst.* Schrecken, Entsetzen

**frighten** ['fraɪtn] *V/t.* erschrecken, verängstigen

**frightened** ['fraɪtnd] *Adj.* erschrocken, erschreckt; ***frightened beyond one's wits*** vor Angst kopflos *oder* verrückt

**frilly** ['frɪlɪ] *Adj.* mit Rüschen besetzt; aufgetakelt

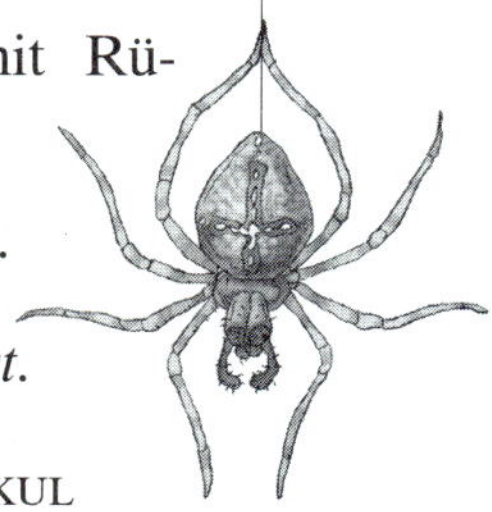

**fringe** [frɪndʒ] *Subst.* Haarfransen, Pony

**frisbee** ['frɪzbɪ] *Subst.* Frisbee

**fritter** ['frɪtə] *Subst.* KUL in Teig gebackenes Obst

**frivolous** ['frɪvələs] *Adj.* frivol, leichtfertig, oberflächlich

**frog spawn** ['frɒg spɔːn] *Subst.* ZOOL Froschlaich

**frost** [frɒst] *Subst.* Raureif, Eispelz

**froth** [frɒθ] *V/i.* schäumen

**frown** [fraʊn] *V/i.* die Stirn runzeln

**fruitbat** ['fruːtbæt] *Subst.* ZOOL *kleine tropische Fledermaus*

**fruit-bowl** ['fruːtbəʊl] *Subst.* Obstschale

**frustration** [frʌ'streɪʃn] *Subst.* Frustration, Entmutigung

**fudge** [fʌdʒ] *Subst.* KUL Fondant; Zuckerzeug

**Fudge, Cornelius** ['fʌdʒ, kɔːˌniːljəs] *Name vgl.* KUL Fondant, *übertr.*

Zuckerzeug; ***Cornelius*** *männl. Vorname, lat. „der Milde“ (Minister of Magic)*

**fulfil, fulfill** [fʊl'fɪl] *V/t.* erfüllen, vollbringen

**fumble** ['fʌmbl] *V/i.* fummeln, sich zu schaffen machen

**fume**[1] [fjuːm] *Subst.* Rauch, Dunst, Dampf

**fume**[2] [fjuːm] *V/i.* rauchen; *übertr.* schäumen

**fundamental** [ˌfʌndə'mentl] *Adj.* grundsätzlich

**fungus** ['fʌŋgəs], *Pl.* ***fungi*** ['fʌndʒaɪ] *Subst.* BOT (Sporen)Pilz

**fur** [fɜː] *Subst.* Pelz, Fell

**furball** ['fɜːbɔːl] *Subst.* Fellknäuel

**furl** [fɜːl] *V/t.* aufrollen, einrollen

**furnace** ['fɜːnɪs] *Subst.* Hochofen

**furniture** ['fɜːnɪtʃə] *Subst.* Möbel, Mobiliar

**Furnunculus!** [fɜː'nʌŋkjələs] *Zauber vgl.* ***furuncle*** Furunkel, eitrige Hautentzündung

**furore** [fjʊ'rɔːrɪ] *Subst.* Aufruhr, Furore

**furrow** ['fʌrəʊ] *V/t.* furchen, runzeln, kräuseln

**furry** ['fɜːrɪ] *Adj.* pelzig, bepelzt

**furtive** ['fɜːtɪv] *Adj.* verstohlen, heimlich, heimlichtuerisch

**fury** ['fjʊərɪ] *Subst.* Zorn, Wut, Raserei

**fuss**[1] [fʌs] *Subst.* Wirbel, Aufregung, „Theater“

**fuss**[2] [fʌs] *V/i.* sich aufregen, ein Theater veranstalten

**fussy** ['fʌsɪ] *Adj.* kleinlich, pingelig

**fuzzy** ['fʌzɪ] *Adj.* undeutlich, verschwommen

# G

**gabble** ['gæbl] *V/i.* plappern, schwatzen
**gad** [gæd] *V/i.* umherziehen
**gag** [gæg] *V/t.* knebeln; *übertr.* kauen, würgen
**gaggle** ['gægl] *Subst.* Schar (*von Gänsen*)
**gain** [geɪn] *V/t.* gewinnen, erzielen
**galaxy** ['gæləksɪ] *Subst.* Galaxie, Milchstraße
**gale** [geɪl] *Subst.* Sturm; ***gales of laughter*** Lachsalven
**gallant** ['gælənt] *Adj.* ritterlich, tapfer
**Galleon** ['gæljən] *Neubildung urspr.* Galleone (*span. Kriegsschiff*); *übertr.* „großer Fang“ (*Goldmünze; wertvollste Einheit der Zaubererwährung →* ***Gringotts***)
**gallopin' Gorgons!** [ˌgæləpɪŋ 'gɔːgəns] *Ausruf* „bei den galoppierenden Gorgonen!“; → ***gorgon***
**galoshes** [gə'lɒʃɪz] *Subst. Pl.* Gummi-Überschuhe, Galoschen, Anglerstiefel
**gamble** ['gæmbl] *V/i.* (um Geld) spielen, Geld verspielen
**Gambol and Japes** [ˌgæmbl ənd 'dʒeɪps] *Name vgl.* ***gamble*** (Glücks-)Spiel; ***jape*** spotten, spaßen, scherzen (*Scherzartikelladen für Zauberer in der Diagon Alley*)
**gamekeeper** ['geɪmkiːpə] *Subst.* Wildhüter
**gang** [gæŋ] *Subst.* Bande
**gangling** ['gæŋglɪŋ] *Adj.* schlaksig
**gaol** [dʒeɪl] *Subst.* Gefängnis, Zuchthaus
**gap** [gæp] *Subst.* Lücke, Ritze, Spalte
**gape** [geɪp] *V/i.* den Mund aufreißen, staunen, starren
**gaping** [geɪpɪŋ] *Adj.* klaffend
**garden hose** ['gɑːdn həʊz] *Subst.* Gartenschlauch, Wasserschlauch

> **gargoyle** ['gɑːgɔɪl] *Subst.* Wasserspeier, *übertr.* Fratze; bizarre Fratzen entlang der Dachfirste gotischer Kirchen. Sie sind wohl Reflexe heidnischer Geister, christlich als Teufel gedeutet.

**garland** ['gɑːlənd] *Subst.* Girlande, Blumen- *oder* Laubgewinde
**garlic** ['gɑːlɪk] *Subst.* BOT Knoblauch (*traditionelles Abwehrmittel gegen Vampire*)
**garment** ['gɑːmənt] *Subst.* Kleidungsstück, Textilie
**gash** [gæʃ] *Subst.* (tiefe) Schnitt-

wunde, (klaffende) Wunde
**gasp**[1] [gɑːsp] *Subst.* tiefer Atemzug, Keuchen, Japser
**gasp**[2] [gɑːsp] *V/i.* japsen, tief Luft holen, keuchen
**gate** [geɪt] *Subst.* Tor
**gateau** ['gætəʊ] *Subst. frz.* KUL Torte
**gateway** ['geɪtweɪ] *Subst.* Torweg, Durchgang
**gather** ['gæðə] *V/t.* versammeln, sammeln; begreifen
**gaunt** [gɔːnt] *Adj.* ausgezehrt, hager
**gauzy** ['gɔːzɪ] *Adj.* hauchdünn; aus Gaze
**gawd** [gɔːd] *Subst. umgangsspr.* ***god*** Gott
**gawp** [gɔːp] *V/i.* glotzen, gaffen
**gaze**[1] [geɪz] *Subst.* bohrender Blick
**gaze**[2] [geɪz] *V/i.* starren, durchdringend blicken
**genial** ['dʒiːnjəl] *Adj.* freundlich, herzlich
**gentle** ['dʒentl] *Adj.* sanft, behutsam
**genuine** ['dʒenʊɪn] *Adj.* echt, aufrichtig, unverfälscht
**George Weasley** [ˌdʒɔːdʒ 'wiːzlɪ] *Name* → ***Weasley***
**germ** [dʒɜːm] *Subst.* Keim, Bazillus
**geroff!, gerroff** [gə'rɒf] *Ausruf eigentl.* ***get off!*** *umgangsspr.* Lass das!, Hau ab!
**gesture** ['dʒestʃə] *Subst.* Geste

**ghost**

**ghost** [gəʊst] *Subst.* Geist, Gespenst; Geist im Sinne von Gespenst oder Erscheinung eines Toten. Neben *ghost* gibt es das englische Wort *spectre*, das aus dem Französischen kommt. Geister umfassen alle nicht-menschlichen, nicht-tierischen, doch „lebendigen" Wesen, ob Elementargeister (→ ***elf***, → ***fairy***, → ***gnome***, → ***goblin***) oder Totengeister. Letztere werden auch als „weiße Geister" bezeichnet, sie erscheinen oft als helle, fließende Substanz von ungefähr menschlicher Größe oder aber in – stofflich nicht greifbaren – „Wiedergaben" ihrer toten Körper.
Menschlich aussehende Geister soll man daran erkennen können, dass sie keinen Schatten werfen oder der Schatten in Richtung des Lichts fällt. Ihre Gestalten sind hell, meist transparent.
Es gibt auch gänzlich unsichtbare Totengeister. Manche halten wie Dämonen die Körper lebender Menschen „besessen" und nähren sich von deren Seele oder Lebenskraft. Geister kommunizieren auf unterschiedlichste Weise mit den Lebenden.
Manche büßen als Geister für Missetaten, die sie zu Lebzeiten begangen haben; die meisten spuken, weil sie einen gewaltsamen Tod „vor der Zeit" erlitten haben und suchen nicht selten die Schuldigen heim. Es soll auch möglich sein, durch Mitleid Geister von ihrem Zwischendasein zu erlösen, sodass sie Ruhe finden.

**ghostly** [ˈgəʊstlɪ] *Adv.* geisterhaft, gespenstisch

**ghoul** [guːl] *Subst.* Ghoul, Ghul, übler Geist. Afrikanischer oder orientalischer Geist, eine Art Dschinn (wie jener aus Aladins Wunderlampe) von niedrigem Rang. Ghoule suchen gerne Friedhöfe oder frische Gräber heim. Sie ernähren sich von menschlichen Leichen; ihr Heulen ist Furcht einflößend.
In Afrika sind sie dunkel und stark behaart, gelten als klug und bösartig. Orientalischen Überlieferungen zufolge haben Ghoule ein normales menschliches Aussehen, sogar schöne Ghoulfrauen soll es geben, die Wanderer in die Wüste locken; dann heißen sie *Qutrub*. Ghoule können aber auch körperlose Dämonen sein.
In der westlichen Kultur gilt der Ghoul als Wesen, das von vampirischem Auf- und Aussaugen menschlicher Energien lebt; er treibt an Orten tragischer Schicksalsschläge sein Unwesen, traumatisiert die Menschen, stürzt sie in Verzweiflung und flößt ihnen Selbstmordgedanken ein.
Als Ghoule werden zuweilen auch Wiedergänger bezeichnet: Das sind Tote, die aufgrund einer schweren Schuld oder weil ihr Leben durch Mord, Selbstmord oder Unfall „vor ihrer Zeit" gewaltsam endete, keine Ruhe finden und „umgehen" müssen (→ ***ghost***).

giant

**giant¹** ['dʒaɪənt] *Subst.* Riese. Riesen gehören zu den ältesten Wesen der Erde und haben an ihrer Gestaltung wesentlich mitgewirkt. Dabei überragt ihre physische Stärke häufig ihre intellektuellen Fähigkeiten; so kam es, dass geschichtlich jüngere Wesen ihnen die Macht entrissen. In der griech. Mythologie entmachtete Zeus seinen Titanen-Vater *Kronos*, in der nordischen Mythologie töteten die Asen den Urriesen *Yimir* und errichteten aus ihm die Welt; auch im Alten Testament gibt es Textstellen, die auf Riesen – Söhne Gottes – hindeuten. Bekannt ist der biblische *Goliath*, der von dem späteren König David als Junge mit einer Steinschleuder besiegt wurde. Auf den britischen Inseln soll vor einigen Jahrtausenden eine Gruppe tanzender Riesen versteinert worden sein: der *Giants' Dance*, heute Stonehenge genannt. Später wurde die Errichtung dieses Steinkreises den Druiden als Kulturleistung zugeschrieben. Riesen tragen gerne Stiefel; Finn Mc Cool kommt damit in einem Schritt von Irland nach Schottland.

**giant²** ['dʒaɪənt] *Adj.* riesenhaft, riesig, Riesen…

**giantess** ['dʒaɪəntes] *Subst.* Riesin

**gibber** ['dʒɪbə] *V/i.* schnattern, stammeln

**gigantic** [dʒaɪ'gæntɪk] *Adj.* gigantisch, gewaltig, von riesenhaften Ausmaßen

**giggle** ['gɪgl] *V/i.* kichern

**gill** [gɪl] *Subst.* Kieme

**gillywater** ['gɪlɪˌwɔːtə] *Subst. Fantasiename für ein Getränk*

**gillyweed** ['gɪlɪwiːd] *Neubildung vgl.* ZOOL ***gill*** Kieme; ***weed*** BOT Unkraut, Wasserpflanze; *umgangsspr.* (*Tabak*) Kraut, (*Haschisch*) Gras

**gilt** [gɪlt] *Adj.* vergoldet

**ginger** ['dʒɪndʒə] *Adj.* ingwerfarben

**gingerbread** ['dʒɪndʒəbred] *Subst.* Pfefferkuchen, Lebkuchen

**gingerly** ['dʒɪndʒəlɪ] *Adv.* sachte, behutsam, vorsichtig

**Ginny Weasley** [ˌdʒɪnɪ 'wiːzlɪ] *Name* → ***Weasley***

**gist** [dʒɪst] *Subst.* ***the gist*** das Wesentliche, der Kern der Sache

**git** [gɪt] *Subst. umgangsspr.* Schwachkopf, Scheißkerl

**giveaway** ['gɪvəweɪ] *Subst.* ***it would be too much of a giveaway*** es würde alles verraten

**glacier** ['glæsɪə] *Subst.* Gletscher

> **Gladrags Wizardwear** ['glædrægz 'wɪzədweə] *Name*; *vgl.* ***gladrags*** (schöne) Klamotten; Fetzen; ***wizard*** Zauberer; ***wear*** (Kleidung) tragen – Laden für Zaubererbekleidung in Hogsmeade.

**glance** [glɑːns] *V/i.* blicken, einen Blick werfen

**glare** [gleə] *V/i.* ***glare at s.o.*** j-n anfunkeln, j-n (böse) anstarren

**glasses** ['glɑːsɪz] *Subst. Pl.* Brille

**glass jar** [ˌglɑːs 'dʒɑː] *Subst.* Glasgefäß

**glassy** ['glɑːsɪ] *Adj. übertr.* gläsern, glasig

**gleam** [gliːm] *V/i.* glänzen

**gleaming** ['gliːmɪŋ] *Adj.* schimmernd

**glee** [gliː] *Subst.* Freude

**gleeful** ['gliːfəl] *Adj.* freudig, begeistert

**glen** [glen] *Subst. schott.* Gebirgsschlucht, Klamm

**glide** [glaɪd] *V/i.* gleiten, segeln; schlüpfen

**glimpse** [glɪmps] *Subst.* flüchtiger Blick; flüchtiger Eindruck

**glint** [glɪnt] *V/i.* glitzern, blinken, funkeln

**glistening** ['glɪsənɪŋ] *Adj.* glänzend, glitzernd

**glitter** ['glɪtə] *V/i.* funkeln, glänzen

**gloat**[1] [gləʊt] *Subst.* Häme, Schadenfreude

**gloat**[2] [gləʊt] *V/i.* sich hämisch freuen, Schadenfreude kundtun

**gloating** ['gləʊtɪŋ] *Adj.* selbstgefällig; hämisch, schadenfroh

**gloom** [gluːm] *Subst.* Dunkelheit, Düsternis; Trübsinn, Schwermut

**gloomy** ['gluːmɪ] *Adj.* düster, niedergeschlagen, trübe, trübsinnig

**glorious** ['glɔːrɪəs] *Adj.* glanzvoll, großartig

**glory**[1] ['glɔːrɪ] *Subst.* Ruhm, Glanz

**glory**[2] ['glɔːrɪ] *V/i.* triumphieren, frohlocken, sich sonnen

**gloss over** [ˌglɒs 'əʊvə] *V/t.* glätten, beschönigen, vertuschen

**glove compartment** ['glʌv kəmˌpɑːtmənt] *Subst.* Handschuhfach

**glove puppet** ['glʌv ˌpʌpɪt] *Subst.* Handpuppe

**glow** [gləʊ] *V/i.* glühen, strahlen

**glower** ['glaʊə] *V/i.* finster blicken; ***glower at s.o.*** j-n anfunkeln

**glue**[1] [gluː] *Subst.* Klebstoff, Leim

**glue**[2] [gluː] *V/t.* kleben, leimen

**gluey** ['gluːɪ] *Adj.* klebrig

**glum** [glʌm] *Adj.* verdrießlich, finster, mürrisch

**glumly** ['glʌmlɪ] *Adv.* niedergeschlagen, bedrückt

**glutinous** ['gluːtɪnəs] *Adj.* klebrig, leimartig

**gnarled** [nɑːld] *Adj.* knotig, knorrig

**gnash** [næʃ] *V/t.* ***gnash one's teeth*** mit den Zähnen knirschen

**gnaw** [nɔː] *V/t.* (zer)nagen, zermalmen

> **gnome** [nəʊm] *Subst.* Zwerg, Gnom; auch Gartenzwerg. Bezeichnung für einen kleinwüchsigen oder verwachsenen Menschen. Zwerge, als Elementargeister der Erde zugehörig, errichten großartige Bauten aus kostbaren Materialien wie Alabaster oder

Marmor und gelten als hart arbeitendes Volk. Dies verband sich mit der deutschen Vorstellung von den Heinzelmännchen, die leise und heimlich des Nachts die unerledigte Arbeit besorgen (→ ***brownie*** oder *hobgoblin*, *vgl.* → ***goblin***). Im Englischen bezeichnet *gnome* auch den klassischen Gartenzwerg. Ein *dwarf* ist ein Zwerg als Gegenstück zum Riesen. Bedingt durch ihre vorwiegend unterirdische Lebensweise kennen sie verborgene Schätze und sind oft als deren Hüter bestellt; nicht immer sind sie bereit, sich nach Erfüllung ihres Wachauftrags von diesen Schätzen wieder zu trennen. Gerne locken sie vorwitzige Abenteurer ins Verderben. Ihre Vorliebe für Schätze und Glitzerzeug lockt sie immer wieder in die Nähe menschlicher Behausungen, wo sie zuweilen stehlen und Dinge vergraben. Deshalb haben sie den Ruf, geizig und goldgierig zu sein. Es gibt – allerdings seltener – auch hilfreiche Zwerge.

**goalpost** ['gəʊlpəʊst] *Subst.* Tor; Zielpfosten

**goatee** [gəʊ'tiː] *Subst.* Ziegenbart

**Gobbledegook** ['gɒbldɪguːk] *Subst. umgangsspr.* Fachchinesisch, Kauderwelsch (*Sprache der Goblins*); → ***goblin***

**goblet** ['gɒblɪt] *Subst.* Kelch, Pokal. Rituelles Trinkgefäß, oft besonders kunstvoll oder aus kostbaren Materialien wie Gold oder Edelsteinen gefertigt, um besondere, symbolisch bedeutsame Tränke (→ ***potion***) aufzunehmen – etwa Wein, aber auch andere berauschende Getränke, zuweilen wirkliches Blut. Es gibt Zeugnisse, dass in prähistorischen Kulturen aus den Schädeln getöteter Gegner getrunken wurde, und noch im Mittelhochdeutschen bedeutet das Wort *kopf* auch Trinkgefäß. Im heiligen Gral, einer der einflussreichsten Mythen des Mittelalters, sind Vorstellungen vom Abendmahlskelch, vom keltischen Kessel (→ ***cauldron***) und dem orientalischen Stein der Weisen (→ ***alchemy***) zusammengeflossen. In allen Kulturen spielt der feierliche Trunk eine Rolle, um Gemeinsamkeit zu erzeugen, Bündnisse zu festigen oder Gottheiten zu ehren. Die Trankszene ist jedoch auch häufig Augenblick eines Verrats; öfter als von giftigen Speisen ist von vergifteten Tränken die Rede.

**goblin** ['gɒblɪn] *Subst.* Kobold, und *hobgoblin*. Eigentl. sind Goblins nichts anderes als *gnomes*; einer Überlieferung zufolge heißt ihr König *Gob*, daher die Bezeichnung. Einer anderen Überlieferung zufolge seien *goblins* die bösartigen Cousins der fleißigen, gutmütigen *gnomes*. Freundliche *goblins* werden auch als *hobgoblins*, *hobthrusts* oder als → ***brownies*** bezeichnet: Wenn man sie gut behandelt, helfen sie den Menschen bei der Hausarbeit;

manche von ihnen sind – durch Zwang und Zauber, oder aber aus Verbundenheit – geradezu abhängig von den Menschen des Haushalts, dem sie angehören. In Auseinandersetzungen mit den tückischen *goblins* hingegen muss man stets das letzte Wort behalten; sie gelten als hinterlistig und humorlos. In Cornwall heißen *goblins* beispielsweise *buccas* oder *nickers*. Wenn sie lächeln, stockt einem das Blut in den Adern, ihr Lachen lässt die Milch sauer werden und Obst von den Bäumen fallen. Ihre Boshaftigkeit leben sie auch aus, indem sie Dinge verstecken, Getränke verschütten und Wegweiser umdrehen.

**goblin**

**goblin-like** ['gɒblɪnlaɪk] *Adj.* koboldartig

**gob out** [ˌgɒb 'aʊt] *V/t.* ausspucken

**Gobstones** ['gɒbstəʊnz] *Name vgl.* ***gob*** Schleim, Auswurf; ***stone*** Stein; *also etwa* Schleimklumpen

**godfather** ['gɒdˌfɑːðə] *Subst.* (Tauf-) Pate

**Godric's Hollow** [ˌgɒdrɪks 'hɒləʊ] *Name* Godrics Höhle; → ***Gryffindor***

**goggle** ['gɒgl] *V/i.* starren, glotzen; ***goggle at s.o.*** j-n anstarren, anglotzen

**gold-embossed** ['gəʊldɪmˌbɒst] *Adj.* gold-geprägt

**Golden Snitch** [ˌgəʊldən 'snɪtʃ] *vgl.* ***snitch*** klauen, stibitzen (*selbstständig agierender, kleiner goldener Ball im Quidditch-Spiel, der gefangen werden muss*); → ***Quidditch***

**gold prospector** ['gəʊld prəˌspektə] *Subst.* Goldsucher, Goldschürfer

**goner** ['gɒnə] *Subst.* Todeskanditat; ***he's a goner*** *übertr.* er ist erledigt

**goodness** ['gʊdnɪs] *Subst.* Güte, Tugend; ***my goodness!*** meine Güte!

**goosebumps** ['guːsbʌmps] *Subst. Pl auch* ***goosepimples*** Gänsehaut

**gore** [gɔː] *V/t.* aufspießen, durchbohren

**gorgeous** ['gɔːdʒəs] *Adj.* prachtvoll, großartig

**gorgon** ['gɔːgən] Gorgonen sind schlangenhäuptige Schreckgestalten der griech. Antike: *Euryale* (die weit Umherstreifende), *Stheino* (die Stärke) und *Medusa* (Wagemut), die berühmteste der drei Schwestern. Sie waren wohl nicht immer hässlich. Die Sage erzählt, Athene habe Medusa in ein Monster verwandelt, als sie sie mit Poseidon in ihrem Tempel ertappte. Die Gorgonen haben Klauen, ihr Haar besteht aus wimmelnden, giftigen Schlangen und ihr brennender Blick versteinert oder tötet jeden Menschen, der sie anblickt. Perseus gelang es, die Medusa zu töten, weil er beim Kampf nicht sie, sondern ihr Spiegelbild im glänzenden Schild seiner Schutzgöttin Athene betrachtete (→ ***basilisk***).

**gormless** ['gɔːmləs] *Adj. umgangsspr.* doof

**Goshawk, Miranda** ['gɒshɔːk, mɪˌrændə] *Name vgl.* ***goshawk*** Hühnerhabicht; ***Miranda*** *weibl. Vorname „die Bezaubernde", bei Shakespeare die Heldin von The Tempest (Autorin der Schulbuchreihe The Standard Book of Spells)*

**gossip**[1] ['gɒsɪp] *Subst.* Klatsch, Tratsch

**gossip**[2] ['gɒsɪp] *V/i.* klatschen, tratschen

**gotta** ['gɒtə] *umgangsspr.* ***have got to*** *oder* ***have a***; ***I gotta go*** ich muss gehen; ***gotta light?*** hast du Feuer?

**gouge** [gaʊdʒ] *Subst.* Aushöhlung, Wölbung

**governor** ['gʌvənə] *Subst.* Gouverneur; Mitglied des Schulbeirats

**Goyle, Gregory** ['gɔɪl, ˌgregərɪ] *Name vgl.* ***gargoyle*** Wasserspeier (*bizarre Fratzen an Kirchen*); ***Gregory*** *männl. Vorname, „der Wachsame" (Slytherin-Schüler aus Harrys Jahrgang, fungiert als Leibwächter von Draco Malfoy)*

**grace** [greɪs] *Subst.* Gnade, Güte, Gunst

**graceful** ['greɪsfəl] *Adj.* anmutig, graziös

**Gracious** ['greɪʃəs] *Ausruf kurz für* ***God Gracious*** Gütiger Gott!

**gran** [græn] *Subst. Kurzform von* ***grandmother****, auch* ***granny*** Oma

**Granger, Hermione** ['greɪndʒə, hɜːˌmaɪənɪ] Familienname wie „Bauer", *vgl.* ***grange*** kleiner Landsitz, Farm; **Hermione**: sehr literarischer, weibl. Vorname aus der antiken Mythologie (Tochter der Helena und des Menelaos), eine der Hauptfiguren in Shakespeares *A Winter's Tale* und Miltons *Paradise Lost* – Gryffindor-Mitschülerin und Freundin Harrys, *model student.*

**grant** [grɑːnt] *V/t.* gewähren, geben; ***take s.th for granted*** etwas für selbstverständlich halten

**grape** [greɪp] *Subst.* Traube

**grapple** ['græpl] *V/i.* kämpfen, sich herumschlagen

**grasp** [grɑːsp] *Subst.* Griff

**grass on** ['grɑːs ɒn] *V/t. umgangsspr.* verpetzen, anschwärzen, verpfeifen

**grate**[1] [greɪt] *Subst.* Feuerrost; Feuerstelle, Kamin

**grate**[2] [greɪt] *V/t.* KUL reiben, raffeln

**grateful** ['greɪtfəl] *Adj.* dankbar

**gratified** ['grætɪfaɪd] *Adj.* erfreut

**gratitude** ['grætɪtjuːd] *Subst.* Dankbarkeit

**grave**[1] [greɪv] *Subst.* Grab

**grave**[2] [greɪv] *Adj.* (*Gesichtsausdruck, Situation*) ernst; (*Problem*) schwerwiegend

**gravel** ['grævl] *Subst.* Kies

**gravelly** ['grævlɪ] *Adj.* heiser, rau; schottrig

**graveyard** ['greɪvjɑːd] *Subst.* Friedhof

**gravy** ['greɪvɪ] *Subst.* KUL Braten- *oder* Fleischsauce

**graze¹** [greɪz] *Vt/i.* streifen, (leicht) berühren

**graze²** [greɪz] *Vt/i* (*Vieh*) weiden, grasen

**greasy** ['griːsɪ] *Adj.* ölig, schmierig, fettig

**greatness** ['greɪtnɪs] *Subst.* Größe, Großartigkeit, Bedeutung

**Great Scott!** [ˌgreɪt 'skɒt] *Ausruf etwa*: großer Gott!

**greed** [griːd] *Subst.* Gier, Habsucht, Raffgier

**greedy** ['griːdɪ] *Adj.* gefräßig, gierig

**greenhouse** ['griːnhaʊs] *Subst.* Treibhaus, Gewächshaus

**Gregorovitch** [grɪ'gɔːrəvɪtʃ] *slaw. Familienname* (*Hersteller von Zauberstäben*)

**Gregory the Smarmy** [ˌgregərɪ ðə 'smɑːmɪ] *männl. Vorname „der Wachsame"*; ***the smarmy*** der Schmierige, der Schleimer (*Zauberer, dessen Statue in einem der Korridore in Hogwarts steht*)

**grief** [griːf] *Subst.* Kummer

**grievous** ['griːvəs] *Adv.* schlimm, schmerzlich

**griffon** ['grɪfn] *Subst.* eigentl. ZOOL ***griffon vulture*** Weißkopfgeier. Der Vogel Greif ist ein uraltes Fabeltier mit Adlerkopf und -schwingen und dem Körper eines Löwen. Schon Herodot im 5. Jh. v. Chr. berichtet von ihm, in Sonnenreligionen wie der ägyptischen war der Greif der Sonnengottheit zugeordnet. Als heraldisches Tier repräsentiert der Greif die positiven Eigenschaften von Adler und Löwe: Mut, königliche Macht, Wachsamkeit, Schnelligkeit und Schutz für seine Untergebenen; auf vielen Wappen ist er in stilisierter Gestalt zu finden. Der Sage nach trägt er sein Nest auf dem Rücken.

**Grim** [grɪm] *Name*; Geisterhund. Ein ehrwürdiger Name unter *goblins*, aber auch Beiname *Odins*, des höchsten Gottes in der nordischen Mythologie (altnord. *grimr*); später Übername des Teufels. Der Name *Grim* ist mit einem Vorboten des Todes assoziiert.
Bekannt sind im britischen Kulturkreis die Erscheinungen des *Church Grim*, der Gestalt eines großen schwarzen Hundes, im Norden als *Fossegrim* bezeichnet, im Süden als *Kirkegrim*. In der englischen Grafschaft Somerset wird auch von einem *Guardian Black Dog* berichtet, einer unheimlichen Kreatur, deren Erscheinung ebenfalls den nahen Tod ankündigt oder sogar verursacht. Wahrscheinlich ist der mythische Gespensterhund mit dem Höllenhund verwandt, den verschiedene Kulturen kennen: das bekannteste dieser Hundewesen ist der griech.-röm. *Cerberus*.

**grimace** [grɪ'meɪs] *V/i.* grimassieren, ein Gesicht ziehen

**grimy** ['graɪmɪ] *Adj.* schmutzig, rußig

**grin** [grɪn] *V/i.* grinsen

**grind** [graɪnd] *V/t.* schleifen, mahlen; ***grind one's teeth*** mit den Zähnen knirschen

**Grindelwald** ['grɪndlvɑːld] *Name; vgl.* ***Grendel*** mordlustiger, halbmenschlicher Sumpfdämon im Epos von *Beowulf*, dem ältesten überlieferten englischen Text; die Silbe *-wald* ist ableitbar aus german. ***wald*** oder ***walt***: Herrschaft, Macht; *vgl. auch* **Grindelwald**: weltbekannter schweizerischer Wintersport- und Kurort – Schwarzmagier, von Albus Dumbledore besiegt.

**grindylow** ['graɪndɪləʊ] *Subst.* Wasserdämon aus Yorkshire; er lauert in den tiefen Stellen stehender Gewässer und zieht Kinder, die sich zu nah ans Wasser wagen, hinab in die Tiefe. Er zählt zu den *nursery bogies* (→ ***bogie***), Geistern, mit denen man Kindern erschreckt, um sie zu vorsichtigem Verhalten zu bewegen.

**Gringotts** ['grɪŋgɒts] *Name; vgl.* ***goblin*** Kobold und ***ingot*** (Gold-) Barren - Bankinstitut der Zauberer in der *Diagon Alley*, geführt von Goblins (→ ***goblin***). Zu ihnen gehört ***Griphook***, der Hagrid und Harry zu den unterirdischen Schließfächern bringt.
Drei Zahlungsmittel gibt es in der Zaubererwährung: **Galleon**: urspr. Galleone (span. Kriegsschiff; damit wurden auch Schatzkisten transportiert); *übertr.* „großer Fang" – Goldmünze; wertvollste Einheit, **Sickle**: urspr.: Sichel – Silbermünze, mittlere Einheit und

**Knut**: *vgl.* ***knut*** *umgangsspr.* Geck, Dandy – Münze aus Messing, kleinste Einheit der Zaubererwährung.

**Griphook** ['grɪphʊk] *Name vgl.* ***grip*** Griff; ***hook*** Haken (*Goblin, der bei Gringotts arbeitet*)
**grisly** ['grɪzlɪ] *Adj.* grässlich
**grit** [grɪt] *V/t.* (*Straße*) streuen; (*Zähne*) zusammenbeißen
**grizzled** ['grɪzld] *Adj.* grau(haarig), ergraut
**groan** [grəʊn] *V/i.* (auf)stöhnen, ächzen, knarren; stöhnen
**groom** [gruːm] *V/t.* (*Pferd*) striegeln; (*Haare etc.*) pflegen; ***well groomed*** gepflegt
**groove** [gruːv] *Subst.* Rille, Furche
**grope** [grəʊp] *V/i.* ***grope for*** tasten nach
**grotesque** [grəʊ'tesk] *Adj.* grotesk, verzerrt, fratzenhaft
**grotto** ['grɒtəʊ] *Subst.* Grotte, Höhle
**grovel** ['grɒvl] *V/i.* kriechen
**growl**[1] [graʊl] *Subst.* Knurren, Gebrumm, Grollen
**growl**[2] [graʊl] *V/i.* knurren, brummen; grollen
**grown-up** [ˌgrəʊn'ʌp] *Adj.* erwachsen
**Grubbly-Plank** [ˌgrʌblɪ'plæŋk] *Name vgl.* ***grub*** stöbern, jäten; ***plank*** Holzdiele, Planke (*Unterrichtsvertretung für das Fach Care of Magical Creatures in Harrys 4. Schuljahr*)
**grubby** ['grʌbɪ] *Adj.* schmuddelig
**grudge** [grʌdʒ] *Subst.* Groll, Missgunst
**grudging** ['grʌdʒɪŋ] *Adj.* widerwillig
**gruesome** ['gruːsəm] *Adj.* grausig, schauerlich
**gruffly** ['grʌflɪ] *Adv.* barsch, schroff
**grumpy** ['grʌmpɪ] *Adj.* verdrießlich, mürrisch

**Grunnings** ['grʌnɪŋz] *Name*; *vgl.* Anklang an *Mrs. Grundy*: Figur aus dem Theaterstück „Speed the plough" von Thomas Morton (1798/1800), sprichwörtlich geworden für „die Leute", die (engstirnige) öffentliche Meinung – die Bohrerfirma, für die Harrys Onkel Vernon Dursley arbeitet.

**Grunnion, Alberic** ['grʌnjən, ˌælbərɪk] *keltisch klingender Nachname*; ***Alberic*** *vgl.* ***Alberich***: *Zwergenfürst aus der german. Mythologie (Zauberer, verewigt auf einem der Sammelbilder, die den Chocolate Frogs beiliegen)*

**grunt** [grʌnt] *Subst.* Grunzer, Brummen

**grunting** ['grʌntɪŋ] *Adj.* grunzend

**Gryffindor** ['grɪfɪndɔː] *Name*; *vgl.* ***griffon*** Greif, Fabeltier mit Löwenkörper, Adlerkopf u. -schwingen; verbreitet als Wappentier in verschiedenen Gestalten; *frz.* ***d'or*** aus Gold, also goldener Greif – eines der vier Häuser von Hogwarts, für dessen Schüler Tapferkeit, Einsatz für andere und Mut zum Risiko besonders wichtig sind; **Gryffindor, Godric**: männl. Vorname german. Ursprungs – einer der Begründer von Hogwarts und Stifter des nach ihm benannten Hauses.

**guarantee** [ˌgærən'tiː] *V/t.* sichern, sicherstellen, garantieren

**guard** [gɑːd] *Subst.* Wächter, Wache; ***on one's guard*** auf der Hut, wachsam

**guard dog** ['gɑːd dɒg] *Subst.* Wachhund

**guardian** ['gɑːdjən] *Subst.* Hüter, Wächter; Vormund

**guesswork** ['geswɜːk] *Subst.* Ratespiel, Raterei

**guffaw**[1] [gə'fɔː] *Subst.* schallendes, dröhnendes Gelächter, Wiehern

**guffaw**[2] [gə'fɔː] *V/i.* dröhnend lachen, wiehern

**guidance** ['gaɪdəns] *Subst.* Anleitung, Führung

**guideline** ['gaɪdlaɪn] *Subst.* Richtlinie

**guilt** [gɪlt] *Subst.* Schuld

**guilty** ['gɪltɪ] *Adj.* schuldig, schuldbewusst

**guinea-fowl** ['gɪnɪfaʊl] *Subst.* ZOOL Perlhuhn

**guinea-pig** ['gɪnɪpɪg] *Subst.* ZOOL Meerschweinchen

**gullible** ['gʌlɪbl] *Adj.* leichtgläubig, naiv

**gulp** [gʌlp] *Vt/i.* hastig trinken *oder* essen; würgen, krampfhaft schlucken; ***gulp down*** (*Getränk*) hinunterschütten, (*Speise*) hinunterschlingen

**gulpin' gargoyles!** [ˌgʌlpɪn 'gɑːgɔɪlz] *Ausruf vgl.* ***gulp*** würgen, *hier auch* gurgeln; ***gargoyle*** Wasserspeier; → ***gargoyle***

**gummy** ['gʌmɪ] *Adj.* klebrig

**gun** [gʌn] *Subst.* Gewehr, Faustfeuerwaffe

**gunfire** ['gʌnfaɪə] *Subst.* Geschützfeuer

**gunshot** ['gʌnʃɒt] *Subst.* Schuss

**gurgling** ['gɜːglɪŋ] *Adj.* gurgelnd, gluckernd

**gush** [gʌʃ] *V/i.* strömen, hervorquellen

**guts** [gʌts] *Subst. Pl. umgangsspr.* Mumm, Schneid

**gutter** ['gʌtə] *Subst.* Rinnstein, Gosse

**gymnastics** [dʒɪm'næstɪks] *Subst. Pl.* Turnübungen

# H

**habit** ['hæbɪt] *Subst.* Gewohnheit, Gepflogenheit

**hackles** ['hækəlz] *Subst.* Nackenhaare

**haddock** ['hædək] *Subst.* ZOOL Schellfisch

**hag** [hæg] *Subst.* (alte) Hexe (in Person einer alten hässlichen Frau); entspricht am ehesten dem Bild der bösen Hexe aus den deutschen Volksmärchen mit Hakennase, Krücke und krächzender Stimme; eine Furcht einflößende Figur. Manche *hags* sind riesenhafte Erscheinungen, letzte Erinnerungen an primitive Naturgöttinnen. Auch außereuropäische Kulturen kennen solche Hexen, die oftmals Wissen über Vergangenheit und Zukunft in sich vereinen und deshalb mächtig und auch gefürchtet sind.

**haggard** ['hægəd] *Adj.* abgehärmt, abgezehrt, hager

**haggis** ['hægɪs] *Subst.* KUL *schott. Nationalgericht* (*aus gehacktem Fleisch - meist Innereien vom Schaf - Zwiebeln und geröstetem Hafermehl*)

**haggle** ['hægl] *V/i.* feilschen

**Hagrid, Rubeus** ['hægrɪd, rʊˌbiːəs] *Name*; *vgl.* ***hag*** böse(r) oder Schrecken erregende(r) alte(r) Hexe(r); *lat. poet.* ***rubeus*** rötlich, vom Brombeerstrauch – trinkfreudiger Wildhüter und *Care of Magical Creatures*-Lehrer in Hogwarts mit besonderem Talent für den Umgang mit monströsen Tieren, Harrys Beschützer und erster Freund.

**hail** [heɪl] *V/t.* freudig begrüßen; *übertr.* (*Ereignis*) begrüßen, begeistert aufnehmen; (*Taxi*) herbeirufen

**hailstorm** ['heɪlstɔːm] *Subst.* Hagelschauer, Hagelsturm

**hair** [heə] *Subst.* Haar; ***let one's hair down*** locker miteinander umgehen; sich gehen lassen

**hairnet** ['heənet] *Subst.* Haarnetz

**hairpin** ['heəˌpɪn] *Subst.* Haarnadel

**half-giant** ['hɑːfˌdʒaɪənt] *Subst.* Halbriese

**half-plucked** [ˌhɑːf'plʌkt] *Adj.* halb gerupft

**Hallowe'en** [ˌhæləʊ'iːn] Nacht des 31. Oktober; urspr. keltisches Neujahrsfest *Samhain*, eine Zwischenzeit, in der Geister umgehen und die Toten sich unter die Lebenden mischen; verschmolz mit dem kirchlichen Allerheiligenfest (*All Saints* entspricht *All Hallows*; *Hallowe'en = All Hallows Evening*). Allerhand Aberglauben und Legenden sind mit dieser Zeit verknüpft, so die Sage vom Säufer Jack Lantern, der mit einer Kerze in einem ausgehöhlten Kürbis spät in der Nacht den Heimweg antrat und auf den Teufel traf … Von solchen Geschichten zeugen heute noch Bräuche und Partyspiele: Kinder ziehen kostümiert und mit Laternen von Tür zu Tür („trick or treat“) und bekommen Süßigkeiten; typische Hallowe'en-Dekorationen sind ausgehöhlte Kürbisse mit Gesichtern, in denen Kerzen flackern, und Fledermäuse.

**hallucination** [həˌluːsɪ'neɪʃn] *Subst* Wahnvorstellung, Halluzination

**halt** [hɔːlt] *V/i.* halten, zum Stehen kommen

**hamper** ['hæmpə] *V/t.* hemmen, behindern

**hand¹** [hænd] *Subst.* Hand; Uhrzeiger; ***out of hand*** außer Kontrolle

**hand²** [hænd] *Maßeinheit brit.* Handbreit (*Maßeinheit für Pferde:* ***one hand*** *entspricht 10,16 cm*)

**handiwork** ['hændɪwɜːk] *Subst.* Handarbeit

**handkerchief** ['hæŋkətʃɪf] *Subst.* Taschentuch

**handsome** ['hænsəm] *Adj.* gut aussehend, hübsch

**hands-on** ['hændzɒn] *Adj.* praktisch; ***hands-on experience*** Erfahrung aus erster Hand

**handy** ['hændɪ] *Adj.* zur Hand; handlich, praktisch; ***come in handy*** sich als nützlich erweisen

**hang¹** [hæŋ] *Subst.* ***get the hang of s.th.*** etwas kapieren, bei etwas den richtigen Dreh rauskriegen

**hang²** [hæŋ] *Vt/i.* hängen; aufhängen

**hang-glider** ['hæŋˌglaɪdə] *Subst.* Drachenflieger(in)

**hanging** ['hæŋɪŋ] *Subst.* Vorhang

**hangman** ['hæŋmən] *Subst.* Henker

**hang on** [ˌhæŋ 'ɒn] *V/i.* warten, dran bleiben, nicht nachlassen

**hanky** ['hæŋkɪ] *Subst. umgangsspr. Kurzform von* ***handkerchief*** Taschentuch

**haphazardly** [ˌhæp'hæzədlɪ] *Adv.* wahllos, willkürlich

**harass** ['hærəs] *V/t.* schikanieren, mobben; zermürben

**harassed** ['hærəst] *Adj.* abgespannt, angegriffen, mitgenommen; gequält, beunruhigt

**hard-done-by** [ˌhɑːd'dʌnbaɪ] *Adj.* ***be hard-done-by*** es schlecht getroffen haben, Pech gehabt haben

**harden** ['hɑːdn] *Vt/i.* verhärten; hart werden

**hardship** ['hɑːdʃɪp] *Subst.* Härte, Mühsal; hartes Los

**hard-wearing** [ˌhɑːd'weərɪŋ] *Adj.* strapazierfähig

**hare¹** [heə] *Subst.* ZOOL Hase

**hare²** [heə] *V/i. umgangsspr.* flitzen, sausen; ***hare after s.o.*** hinter j-m herflitzen

**harebrained** ['heəbreɪnd] *Adj.* verrückt

**hare lip** [ˌheə 'lɪp] *Subst.* MED Hasenscharte

**harness** ['hɑːnɪs] *Subst.* Geschirr, Zaumzeug

**harp** [hɑːp] *Subst.* MUS Harfe; Anspielung auf den antiken Orpheus-Mythos: Mit seiner Harfe und seinem Gesang konnte der Hirte Orpheus Berge versetzen und wilde Tiere zähmen. Verwandelt erscheint das Motiv auch in Mozarts Oper *Die Zauberflöte*: dort ist eine Flöte das magische Instrument, das dem Spieler in der Not hilft.

**Harry Potter** [ˌhærɪ 'pɒtə] *Name* → ***Potter***

**harsh** [hɑːʃ] *Adj.* rau, schroff; streng, hart

**hassle** ['hæsl] *Subst.* *umgangsspr.* „Theater", Aufstand, Ärger

**hatch** [hætʃ] *Vt/i.* (aus)schlüpfen; ausbrüten, aushecken; aufziehen, aufpäppeln

**hatred** ['heɪtrɪd] *Subst.* Hass, Abscheu

**haughty** ['hɔːtɪ] *Adj.* von oben herab, stolz, überheblich, arrogant

**haul** [hɔːl] *V/t.* zerren, schleppen

**haul in** [ˌhɔːl 'ɪn] *V/t.* gerichtlich *oder* polizeilich vorladen

**haunt** [hɔːnt] *Vt/i.* spuken; heimsuchen; (*Gedanke*) verfolgen

**haven** ['heɪvən] *Subst.* Hafen, Zufluchtsort

**havoc** ['hævək] *Subst.* Verwüstung, Zerstörung

**hawk** [hɔːk] *Subst.* ZOOL Habicht

**hawkshead** ['hɔːkshed] *Subst.* Habichtskopf

**haywire** ['heɪwaɪə] *Adj.* *umgangsspr.* (*Person*) durchgedreht, übergeschnappt; (*Gerät*) kaputt

**haze** [heɪz] *Subst.* Schleier, Schimmer

**hazy** ['heɪzɪ] *Adj.* verschleiert, verhangen

**Head Boy** [ˌhed 'bɔɪ] *Subst.* Schulsprecher

**headfirst** [ˌhed'fɜːst] *Adv.* kopfüber

**headlight** ['hedlaɪt] *Subst.* Scheinwerfer (*beim Auto*)

**headmaster** [ˌhed'mɑːstə] *Subst.* Direktor, Rektor

**headquarters** ['hedˌkwɔːtəz] *Subst. Pl.* Hauptquartier, Kommandozentrale

**headship** ['hedʃɪp] *Subst.* Führung, Leitung; (*an Schule*) Direktorenstelle; ***your headship*** *altertüml. Anrede für den Direktor einer Schule*; *etwa* Herr Direktor

**head start** [ˌhed 'stɑːt] *Subst.* SPORT Startvorteil; Vorsprung

**headstone** ['hedstəʊn] *Subst.* Grabstein

**heap** [hiːp] *Subst.* Haufen

**heartache** ['hɑːteɪk] *Subst.* Herzschmerz, Kummer, Gram

**hearth** [hɑːθ] *Subst.* Feuerstelle

**hearth-rug** ['hɑːθrʌg] *Subst.* Kaminvorleger

**heartstrings** ['hɑːtˌstrɪŋz] *Subst. Pl.* Herzfasern; *übertr.* Herzblut

**hearty** ['hɑːtɪ] *Adj.* herzlich; herzhaft (*auch Mahlzeit, Lachen etc.*)

**heated** ['hiːtɪd] *Adj.* erhitzt

**heave**[1] [hiːv] *Subst.* Heben, Hub; ***he gave a heave*** es hob ihn

**heave**[2] [hiːv] *V/t.* schleifen, heben, hieven; (*Seufzer*) ausstoßen

**heavy** ['hevɪ] *Adj.* schwer, schwerfällig

**Hebridean** [ˌhebrɪ'diːən] *Adj.* Bewohner der Hebriden (*einer felsigen Inselgruppe vor der Westküste Schottlands*)
**hedge** [hedʒ] *Subst.* Hecke, Heckenzaun
**hedgehog** ['hedʒhɒg] *Subst.* ZOOL Igel

**Hedwig** ['hedwɪg] weibl. Vorname german. Ursprungs, von *hadu* (Hader, Streit) und *wig* (Kampf), ein Walkürenname – Harrys kluge Schneeeule, ein Geburtstagsgeschenk von Hagrid zu Beginn seiner Schulzeit in Hogwarts.

**heed**[1] [hiːd] *Subst.* Beachtung
**heed**[2] [hiːd] *Vt/i.* Acht geben; Beachtung schenken, hören auf
**heel** [hiːl] *Subst.* Ferse, Absatz; ***follow at s.o.'s heels*** j-m auf den Fersen folgen, sich j-m an die Fersen heften; ***high heels*** Damenschuhe mit hohen Absätzen
**height** [haɪt] *Subst.* Höhe
**heighten** ['haɪtn] *V/t.* erhöhen, heben
**heinous** ['heɪnəs] *Adj.* ruchlos, abscheulich
**heir** [eə] *Subst.* Erbe
**helicopter** ['helɪkɒptə] *Subst.* Hubschrauber
**helping** ['helpɪŋ] *Subst.* Portion, (Nach)Schlag
**hem** [hem] *Subst.* Saum
**henceforth** [ˌhens'fɔːθ] *Adv. förmlich* hinfort, von nun an, künftig
**hen-coop** ['henkuːp] *Subst.* Hühnerkorb, Hühnergehege
**Hengist of Woodcroft** ['heŋgɪstˌɒv 'wʊdkrɒft] *Name vgl.* ***woodcroft*** *Stück Land im oder am Wald, zu einem kleinen Bauernhof gehörig (Zauberer, verewigt auf einem der Sammelbilder, die den Chocolate Frogs beiliegen)*
**herb** [hɜːb] *Subst.* Heilkraut, Gewürzkraut
**herbology** [hɜː'bɒlədʒɪ] *Subst.* Kräuterkunde, Botanik
**hereby** [ˌhɪə'baɪ] *Adv.* hiermit

**Hermes** ['hɜːmiːz] *Name*; griech. Gott der Boten, Kaufleute und Diebe (röm. *Merkur*); er hat geflügelte Schuhe und einen Hut mit Vogelschwingen, mit denen er um die Welt fliegt – die Eule, die Percy Weasley anlässlich seiner Ernennung zum *Prefect* bekommt.

**Hermione** [hɜː'maɪənɪ] *Name* → ***Granger, Hermione***
**hesitate** ['hezɪteɪt] *V/i.* zögern
**hew** [hjuː] *V/t.* behauen; ***roughly hewn*** grob behauen
**He Who Must Not Be Named** → ***name***; → ***Voldemort, Lord***
**hex** [heks] *Subst.* Zauberspruch, Verwünschung, Fluch
**hibernate** ['haɪbəneɪt] *V/i.* überwintern, Winterschlaf halten
**hiccough**[1] ['hɪkʌp] *Subst.* Schluckauf
**hiccough**[2] ['hɪkʌp] *V/i.* hicksen, Schluckauf haben
**hide** [haɪd] *V/t.* verstecken
**hide-and-seek** [ˌhaɪdənd'sɪːk] *Subst.* Versteckspiel
**high jinks** [haɪ 'dʒɪŋks] *Subst. Pl.* übermütige Laune, Ausgelassenheit
**high-minded** [ˌhaɪ'maɪndɪd] *Adj.* hochherzig, von nobler Einstellung
**high-pitched** [ˌhaɪ'pɪtʃt] *Adj.* ***high-pitched voice*** hohe Stimme, Fistelstimme
**high-ranking** [ˌhaɪ'ræŋkɪŋ] *Adj.* hoch stehend

**hillock** ['hɪlək] *Subst.* kleiner Hügel, Anhöhe

**hilt** [hɪlt] *Subst.* Heft, Schwertgriff

**hind legs** [ˌhaɪnd 'legz] *Subst. Pl.* Hinterbeine

**hindquarters** ['haɪndˌkwɔːtəz] *Subst. Pl.* Hinterteil

**hindrance** ['hɪndrənz] *Subst.* Hindernis, Behinderung

**hinge** [hɪndʒ] *Subst.* Scharnier, (Tür-)Angel

**Hinky-punk** ['hɪŋkɪpʌŋk] *Subst.* eine Art Irrlicht (*lat.* ***ignis fatuus***; ***foolish fire***). *Hinky-punk* ist einer von mehreren Namen für diese Wesen, *Will o'the Wisp* oder *ill o'the Wykes* in der Grenzgegend der englischen Grafschaften Somerset und Devon, *Direach* oder *Dithreach* in den Highlands. Es soll nur ein Bein haben und trägt ein Licht, mit dem es die Menschen in den Sumpf lockt, wo sie in Löchern versinken – eines der Anschauungsbeispiele von Prof. Lupins praxisorientiertem *Defence Against the Dark Arts*-Unterricht in Harrys 3. Schuljahr.

**hint**[1] [hɪnt] *Subst.* Hinweis, Andeutung

**hint**[2] [hɪnt] *Vt/i.* andeuten; einen Hinweis geben

**hip-flask** ['hɪpflɑːsk] *Subst.* Taschenflasche, Flachmann

**hippo**[1] ['hɪpəʊ] *Subst. Kurzform von* ***hippopotamus*** Flusspferd

**hippo...**[2] ['hɪpəʊ] *Wortbestandteil mit der Bedeutung „Pferd"*

**hippogriff** ['hɪpəʊgrɪf] *Subst. vgl. griech.* ***hippo...*** Pferde...; ***griffon*** Greif, Fabeltier mit Adlerkopf u. -schwingen und Löwenkörper. Der Hippogriff ist eine seltenere Sonderform des Greifen, gepaart mit einem Pferd statt mit einem Löwen. Der Hippogriff weist Ähnlichkeiten mit dem geflügelten Pferd Pegasus der griech. Antike auf. – Anschauungsstoff im *Care of Magical Creatures*-Unterricht in Harrys drittem Schuljahr.

**hippogriff**

**hiss** [hɪs] *V/i.* zischen, fauchen

**hit** [hɪt] *Vt/i.* schlagen, treffen

**hitch**[1] [hɪtʃ] *Subst.* Haken, Hindernis; Störung, Schwierigkeit

**hitch**[2] [hɪtʃ] *V/t.* festhaken, hochziehen, glattziehen

**hither and thither** [ˌhɪðə ənd ˈðɪðə] *Adv.* hierhin und dorthin

**hitherto** [ˌhɪðəˈtuː] *Adv.* bisher, bis jetzt

**hoarse** [hɔːs] *Adj.* rau, heiser, krächzend

**hobble** [ˈhɒbl] *V/i.* humpeln, hinken

**hocuspocus** [ˌhəʊkəs ˈpəʊkəs] sprichwörtliche Lautfolge, die neben *abracadabra* beispielhaft für einen Zauberspruch steht; vermutlich handelt es sich um eine Verballhornung der Anrufung „hoc est enim corpus meum" in der lateinischen Liturgie, die den salbungsvollen Ton und die Ausgrenzung der nicht sprachkundigen Laien ironisiert.

**Hog's Head** [ˌhɒgz ˈhed] *Name vgl.* ***hog*** (Haus)Schwein; ***head*** Kopf (*ein Pub in Hogsmeade*)

**Hogsmeade** [ˈhɒgzmiːd] *Name vgl.* ***hog*** (Haus)Schwein; ***mead, meadow*** Wiese, (Dorf)Anger (*Zaubererdorf nahe Hogwarts*)

**Hogwarts** [ˈhɒgwəts] *Name; vgl.* ***wart-hog*** Warzenschwein – Internatsschule für Hexerei und Zauberkunst, untergebracht in einem riesigen Schloss, umgeben von Ländereien mit Gewächshäusern und Gemüsegärten, dem *Forbidden Forest* und einem See.

**hoist** [hɔɪst] *V/t.* hieven, hochheben, hochziehen

**hole** [həʊl] *Subst.* Loch

**hollow**[1] [ˈhɒləʊ] *Subst.* Höhle; Mulde, Senke

**hollow**[2] [ˈhɒləʊ] *Adj.* hohl, dumpf; falsch

**holly** [ˈhɒlɪ] *Subst.* BOT Ilex, Stechpalme; immergrüne Pflanze, trägt im Winter Früchte (glänzende, rote Beeren). Schon in altrömischer Zeit galt der Ilex als Lebenssymbol und wurde bei den Saturnalien, den Feierlichkeiten zu Ehren des Gottes → ***Saturn***, verwendet. Heute ist er wie die Mistel (→ ***mistletoe***) fester Bestandteil der englischen Weihnachtsdekoration.

**Homorphus Charm** [həˈmɔːfəs tʃɑːm] *Zauber vgl. lat.* ***homo*** Mensch; *griech.* ***morph...*** Gestalt; ***charm*** Bann, Beschwörung

**hone** [həʊn] *V/t.* fein schleifen, glatt schleifen

**honest** [ˈɒnɪst] *Adj.* ehrlich, aufrichtig

**Honeydukes** [ˈhʌnɪdjuːks] *Name vgl.* ***honey*** Honig; ***duke*** Herzog (*Süßwarenladen in Hogsmeade*)

**honeysuckle** [ˈhʌnɪˌsʌkl] *Subst.* BOT Geißblatt (*stark duftende Rankenpflanze*)

**honour** [ˈɒnə] *Subst.* Ehre; ***do the honours*** die Honneurs machen, die Ansprache halten

**honourary member** [ˈɒnrərɪ ˌmembə] *Subst.* Ehrenmitglied

**Hooch, Madam** [ˈhuːtʃ, ˌmædəm] *Name* (*Quidditch-Lehrerin in Hogwarts*)

**hood** [hʊd] *Subst.* Haube, Kapuze

**hooded** ['hʊdɪd] *Adj.* mit einer Kapuze *oder* Haube bedeckt

**hoodlum** ['huːdləm] *Subst. umgangsspr.* Rowdy, Strolch, Ganove

**hoodwink** ['hʊdwɪŋk] *V/t.* austricksen, überlisten; täuschen, reinlegen, hintergehen

**hoof** [huːf], *Pl.* ***hoofs*** *oder* ***hooves*** *Subst.* Huf

**hook** [hʊk] *V/t.* (fest)haken

**hooked** [hʊkt] *Adj.* krumm, gebogen; ***hooked nose*** Hakennase

**hoop** [huːp] *Subst.* Reifen

**hoot** [huːt] *V/i.* (*Eulen*) schreien; hupen, pfeifen, tröten

**hoover** ['huːvə] *Vt/i.* (staub)saugen

**hooves** [huːvz] *Pl.* → ***hoof***

**Hopkirk, Mafalda** ['hɒpkɜːk, məˌfældə] *Name vgl.* ***hop*** Hopfen; *schott.* ***kirk*** Kirche; ***Mafalda*** *vgl.* ***falderal*** Larifari, Firlefanz, Schnickschnack (*Verantwortliche Hexe im Improper Use of Magic Office*)

**horde** [hɔːd] *Subst.* Haufen, Horde

**horizon** [hə'raɪzn] *Subst.* Horizont, Aussicht

**horizontal** [ˌhɒrɪ'zɒntl] *Adj.* horizontal, waagerecht, quer

**hornbeam** ['hɔːnbiːm] *Subst.* BOT Hainbuche, Weißbuche

**hornet** ['hɔːnɪt] *Subst.* ZOOL Hornisse

**horn-rimmed glasses** [ˌhɔːnrɪmd 'glɑːsɪz] *Subst. Pl.* Hornbrille

**horny** ['hɔːnɪ] *Adj.* hornartig; schwielig

**horrified** ['hɒrɪfaɪd] *Adj.* entsetzt, entgeistert

**horror-struck** ['hɒrəstrʌk] *Adj. auch* ***horror-stricken*** von Entsetzen *oder* Grauen gepackt

**horse-faced** ['hɔːsfeɪst] *Adj.* pferdegesichtig

**horseshoe** ['hɔːsʃuː] *Subst.* Hufeisen

**host** [həʊst] *V/t.* zu Gast haben; (*eine Veranstaltung*) ausrichten

**hostage** ['hɒstɪdʒ] *Subst.* Geisel

**hostility** [hɒ'stɪlɪtɪ] *Subst.* Feindseligkeit, Feindschaft

**hour-glass** ['aʊəglɑːs] *Subst.* Stundenglas

**house-elf** ['haʊself] *Subst.* Hauself(e); → ***elf, brownie, goblin***

**hover** ['hɒvə] *V/i.* schweben, in der Luft gleiten; sich herumtreiben; schwanken, sich nicht entscheiden können

> **Hover Charm** ['hɒvə tʃɑːm] *Zauber vgl.* ***hover*** schweben; ***charm*** Bann, Beschwörung

**hovercraft** ['hɒvəkrɑːft] *Subst.* Luftkissenboot

**howl**[1] [haʊl] *Subst. von Wind*: Heulen; Böe

**howl**[2] [haʊl] *V/i.* heulen, brüllen

**Howler** ['haʊlə] *Neubildung vgl.* ***howler*** Schnitzer, grober Fehler; ***howl*** heulen

**hubbub** ['hʌbʌb] *Subst.* Tumult, Stimmengewirr

**hubcap** ['hʌbkæp] *Subst.* Radkappe

**huddle**[1] ['hʌdl] *Subst.* Haufen, Gedränge, Grüppchen (*das die Köpfe zusammensteckt*)

**huddle**[2] ['hʌdl] *V/i.* kauern, kuscheln, sich (zusammen)drücken

> **Hufflepuff** ['hʌflpʌf] *Name*; *vgl.* ***huff*** Luft herauspusten; ***huffish*** eingeschnappt, gereizt; ***puff*** kleiner Knall, Wölkchen, Windbeutel; zusammen vielleicht „viel Lärm um nichts" – eines der vier Häuser von Hogwarts, für dessen Schüler Werte wie Loyalität, Verlässlich-

keit und Aufrichtigkeit besondere Wichtigkeit haben; **Hufflepuff, Helga**: weibl. Variante des altschwedischen Vornamen Helge mit der Bedeutung „glücklich“ – eine der Begründerinnen von Hogwarts und Stifterin des nach ihr benannten Hauses.

**huffy** ['hʌfɪ] *Adj.* eingeschnappt, nachtragend
**hug¹** [hʌg] *Subst.* Umarmung
**hug²** [hʌg] *V/t.* umarmen
**hulking** ['hʌlkɪŋ] *Adj.* wuchtig, ungeschlacht
**hum** [hʌm] *V/i.* summen, brummen
**human** ['hjuːmən] *Subst.* Mensch, menschliches Wesen
**humble** ['hʌmbl] *Adj.* demütig
**humiliate** [hjuː'mɪlɪeɪt] *V/t.* demütigen, erniedrigen
**humiliation** [hjuːˌmɪlɪ'eɪʃn] *Subst.* Beschämung, Erniedrigung
**hump** [hʌmp] *Subst.* Buckel
**humpbacked** ['hʌmpbækt] *Adj.* buckelig
**humongous, humungous** [hjuː'mʌŋgəs] *Adj. umgangsspr.* extrem groß, riesig
**hunch** [hʌntʃ] *V/i.* buckeln, krümmen, sich ducken
**hunchback** ['hʌntʃbæk] *Subst. auch* ***humpback*** Buckliger
**hunched** [hʌntʃt] *Adj.* gekrümmt, gebeugt
**hunting cry** ['hʌntɪŋ kraɪ] *Subst.* Jagdruf
**huntsman** ['hʌntsmən] *Subst.* Jäger, Teilnehmer einer Jagdgesellschaft
**hurdle** ['hɜːdl] *Subst.* Hürde

**Hurling Hex** ['hɜːlɪŋ heks] *vgl.* ***hurl*** schleudern, werfen; ***hex*** Zauber, Verwünschung

**hurtle** ['hɜːtl] *V/i.* hasten, rasen, sausen, stürzen
**hush** [hʌʃ] *Subst.* Stille
**hushed** [hʌʃt] *Adj.* tonlos, stimmlos
**hush up** [hʌʃ 'ʌp] *V/t.* vertuschen, totschweigen
**husky** ['hʌskɪ] *Adj.* trocken, heiser
**hustle and bustle** [ˌhʌsl ənd 'bʌsl] *Subst.* Getriebe und Gehetze
**hysteria** [hɪ'stɪərɪə] *Subst.* Hysterie
**hysterical** [hɪ'sterɪkl] *Adj.* hysterisch, außer sich
**hysterics** [hɪ'sterɪks] *Subst. Pl.* hysterischer Anfall

# I

**ice** [aɪs] *Subst.* Eis; KUL → ***ice cream***
**ice cream** ['aɪs kriːm] *Subst.* Speiseeis
**ice-cream parlour** ['aɪskriːm ˌpɑːlə] *Subst.* Eisdiele
**ice cube** ['aɪs kjuːb] *Subst.* Eiswürfel
**iced** [aɪst] *Adj.* (mit Zuckerguss) glasiert
**icicle** ['aɪsɪkl] *Subst.* Eiszapfen
**ickle** ['ɪkl] *Adj. Babysprache für* ***little*** klein
**identical** [aɪ'dentɪkl] *Adj.* übereinstimmend, identisch
**identity** [aɪ'dentɪtɪ] *Subst.* Identität, Wesen
**idiocy** ['ɪdɪəsɪ] *Subst.* Idiotie
**idle** ['aɪdl] *Adj.* lässig, müßig, spielerisch
**ignite** [ɪg'naɪt] *V/t.* entzünden
**ignition** [ɪg'nɪʃn] *Subst.* Zündung
**ignorance** ['ɪgnərəns] *Subst.* Unwissenheit, Unkenntnis, Nichtwissen
**ignore** [ɪg'nɔː] *V/t.* ignorieren, nicht zur Kenntnis nehmen, keine Beachtung schenken
**ill-adapted** [ˌɪlə'dæptɪd] *Adj.* schlecht geeignet
**ill-disguised** ['ɪldɪsˌgaɪzd] *Adj.* kaum verborgen
**illegal** [ɪ'liːgl] *Adj.* illegal, ungesetzlich, gesetzwidrig, verboten
**illicit** [ɪ'lɪsɪt] *Adj.* unzulässig, unerlaubt, gesetzeswidrig
**illuminate** [ɪ'luːmɪneɪt] *V/t.* erleuchten, beleuchten
**image** ['ɪmɪdʒ] *Subst.* Bild, Vorstellung
**imaginable** [ɪ'mædʒɪnəbl] *Adj.* vorstellbar
**imagination** [ɪˌmædʒɪ'neɪʃn] *Subst.* Einbildung, Einbildungskraft
**imbue** [ɪm'bjuː] *V/t.* durchtränken, eintauchen; *übertr.* durchdringen
**imitate** ['ɪmɪteɪt] *V/t.* nachahmen, imitieren; *j-m* nacheifern
**imitation** [ˌɪmɪ'teɪʃn] *Subst.* Nachahmung, Imitation
**immaculate** [ɪ'mækjʊlɪt] *Adj.* makellos, tadellos
**immeasurable** [ɪ'meʒrəbl] *Adj.* unermesslich, unvergleichlich
**immediately** [ɪ'miːdɪətlɪ] *Adv.* sofort, auf der Stelle
**immense** [ɪ'mens] *Adj.* unermesslich, ungeheuer
**immensity** [ɪ'mensɪtɪ] *Subst.* Unermesslichkeit
**immerse** [ɪ'mɜːs] *V/t.* (sich) vertiefen; versenken, untertauchen

**imminent** ['ɪmɪnənt] *Adj.* bevorstehend

**immobile** [ɪ'məʊbaɪl] *Adj.* unbeweglich, bewegungslos

**immobilise** [ɪ'məʊbɪlaɪz] *V/t.* unbeweglich machen, ruhig stellen; schachmatt setzen

**immortal** [ɪ'mɔːtl] *Adj.* unsterblich

> **imp** [ɪmp] *Subst.* Kobold, Teufelchen. Ein Wesen, von dem man wenig weiß; es soll sehr klein sein und in unberührten Wäldern im Moos leben. Wenn aber Menschen des Weges kommen, springt der *imp* auf und erschreckt sie. Angeblich zieht er gerne Mädchen am Hemd.

**impact** ['ɪmpækt] *Subst.* Einschlag, Aufprall

**impair** [ɪm'peə] *V/t.* verschlechtern, beeinträchtigen

**impale** [ɪm'peɪl] *V/t.* durchbohren, aufspießen; ***impaled upon one's own sword*** mit den eigenen Waffen geschlagen

**impartial** [ɪm'pɑːʃl] *Adj.* unparteiisch, unabhängig

**impassive** [ɪm'pæsɪv] *Adj.* teilnahmslos, gelassen

**impatient** [ɪm'peɪʃənt] *Adj.* ungeduldig

**impeccable** [ɪm'pekəbl] *Adj.* makellos, tadellos

**impede** [ɪm'piːd] *V/t.* aufhalten, behindern

> **Impediment Jinx** [ɪm'pedɪmənt ˌdʒɪŋks] *Zauber* "Impedimenta!" *vgl.* ***impediment*** Behinderung, Hindernis; ***jinx*** Unheilbringer

**imperceptible** [ˌɪmpə'septɪbl] *Adj.* nicht wahrnehmbar, unmerklich

**imperious** [ɪm'pɪərjəs] *Adj.* herrisch, gebieterisch; (*Notwendigkeit*) zwingend

> **Imperius Curse** [ɪm'peərjəs kɜːs] *Zauber* "Imperio!" *vgl. lat.* ***imperium*** Macht, Herrschaft; *lat.* ***impero*** ich herrsche

**impersonation** [ɪmˌpɜːsə'neɪʃn] *Subst.* Verkörperung, Personifikation

> **Impervius!** [ɪm'pɜːvjəs] *Zauber vgl.* ***impervious*** undurchdringlich; regendicht

**implore** [ɪm'plɔː] *Vt/i.* beschwören, dringlich bitten

**imploring** [ɪm'plɔːrɪŋ] *Adj.* flehentlich

**impose** [ɪm'pəʊs] *V/t.* auferlegen

**impostor** [ɪm'pɒstə] *Subst.* Betrüger, Hochstapler

**impregnable** [ɪm'pregnəbl] *Adj.* (*Festung*) uneinnehmbar; (*Selbstvertrauen*) unerschütterlich

**impressed** [ɪm'prest] *Adj.* beeindruckt

**imprint** [ɪm'prɪnt] *V/t.* einprägen, abdrucken, abzeichnen

**imprisonment** [ɪm'prɪzənmənt] *Subst.* Gefängnisstrafe, Gefangenschaft

**improvement** [ɪm'pruːvmənt] *Subst.* Besserung

**inappropriate** [ˌɪnə'prɒprɪeɪt] *Adj.* unpassend, unangemessen, unangebracht

**inattentive** [ˌɪnə'tentɪv] *Adj.* unaufmerksam, achtlos

**incantation** [ˌɪnkæn'teɪʃn] *Subst.* Beschwörung, Beschwörungsformel, Anrufung

**incense** ['ɪnsens] *V/t.* erzürnen, wütend machen; ***incensed*** wütend, zornig
**incessant** [ɪn'sesənt] *Adj.* unablässig
**inch** [ɪntʃ] *Subst. Maßeinheit* Zoll (*Längenmaß, 2,54 cm*)
**incident** ['ɪnsɪdənt] *Subst.* Vorfall
**incidentally** [ˌɪnsɪ'dentəlɪ] *Adv.* nebenbei bemerkt, übrigens
**inclined** [ɪn'klaɪnd] *Adj.* geneigt; ***be inclined to do s.th.*** dazu neigen, etwas zu tun; Lust haben, etwas zu tun
**incoherent** [ˌɪnkəʊ'hɪərənt] *Adj.* unzusammenhängend
**incomprehensible** [ɪnˌkɒmprɪ'hensɪbl] *Adj.* unverständlich
**inconvenient** [ˌɪnkən'viːnjənt] *Adj.* unbequem; (*Zeitpunkt*) ungünstig
**incorporate** [ɪn'kɔːpəreɪt] *V/t.* vereinigen, einschließen, eingliedern
**increase** [ɪn'kriːs] *Vt/i.* vermehren, vergrößern; anwachsen, ansteigen
**increasing** [ɪn'kriːsɪŋ] *Adj.* zunehmend
**incredulous** [ɪn'kredjʊləs] *Adj.* ungläubig, skeptisch
**incriminate** [ɪn'krɪmɪneɪt] *V/t.* belasten, beschuldigen
**indecision** [ˌɪndɪ'sɪʒən] *Subst.* Unschlüssigkeit, Unentschlossenheit
**independent** [ˌɪndɪ'pendənt] *Adj.* unabhängig
**index** ['ɪndeks] *Subst.* Index, Inhaltsverzeichnis, Stichwortverzeichnis
**indicate** ['ɪndɪkeɪt] *V/t.* anzeigen, hinweisen auf
**indignant** [ɪn'dɪgnənt] *Adj.* entrüstet, ungehalten, empört
**indignation** [ˌɪndɪg'neɪʃn] *Subst.* Unwillen, Entrüstung
**indisposed** [ˌɪndɪ'spəʊzd] *Adj.* indisponiert, unpässlich
**indistinct** [ˌɪndɪ'stɪŋkt] *Adj.* undeutlich, unklar
**indulgent** [ɪn'dʌldʒənt] *Adj.* nachsichtig
**inee?** [ɪ'niː] *umgangsspr.* ***"isn't he?"***
**inept** [ɪn'ept] *Adj.* ungeeignet, unfähig
**inevitable** [ɪ'nevɪtəbl] *Adj.* unvermeidbar, unvermeidlich
**inexplicable** [ˌɪnɪk'splɪkəbl] *Adj.* unerklärlich
**inexpressible** [ˌɪnɪk'spresɪbl] *Adj.* unsagbar, unsäglich
**infamous** ['ɪnfəməs] *Adj.* verrufen, berüchtigt; infam, niederträchtig
**infectious** [ɪn'fekʃəs] *Adj.* MED ansteckend
**infest** [ɪn'fest] *V/t.* heimsuchen; verseuchen
**inflate** [ɪn'fleɪt] *V/t.* aufblasen, aufblähen
**inflated** [ɪn'fleɪtɪd] *Adj.* aufgeblasen
**inflict** [ɪn'flɪkt] *V/t.* zufügen; (*Verletzung*) beibringen
**infuriate** [ɪn'fjʊərɪeɪt] *V/t.* erzürnen, wütend machen
**infusion** [ɪn'fjuːʒn] *Subst.* Aufguss; MED Infusion
**ingenious** [ɪn'dʒiːnjəs] *Adj.* einfallsreich, genial
**ingredient** [ɪn'griːdɪənt] *Subst.* Zutat, Ingrediens
**inhabit** [ɪn'hæbɪt] *V/t.* bewohnen, wohnen in
**inhabitant** [ɪn'hæbɪtənt] *Subst.* Einwohner
**inherit** [ɪn'herɪt] *Vt/i.* erben
**injured** ['ɪndʒəd] *Adj.* verletzt
**injury** ['ɪndʒərɪ] *Subst.* Verletzung
**ink** [ɪŋk] *Subst.* Tinte
**inkling** ['ɪŋklɪŋ] *Subst.* Ahnung, Schimmer

**innkeeper** ['ɪnˌkiːpə] *Subst.* (Gast)Wirt
**innocence** ['ɪnəsəns] *Subst.* Unschuld, Schuldlosigkeit
**innocent** ['ɪnəsənt] *Adj.* unschuldig, schuldlos
**inquiry** [ɪn'kwaɪərɪ] *Subst.* Untersuchung
**insane** [ɪn'seɪn] *Adj.* (geistig) krank, geistesgestört, irre
**inscrutable** [ɪn'skruːtəbl] *Adj.* unergründlich, unerforschlich
**inseparable** [ɪn'sepərəbl] *Adj.* unzertrennlich
**insert** [ɪn'sɜːt] *V/t.* einsetzen, hineinstecken
**insist** [ɪn'sɪst] *Vt/i.* ***insist on s.th.*** auf etwas bestehen; ***insist that*** darauf bestehen, dass
**insistence** [ɪn'sɪstəns] *Subst.* Beharren, Bestehen
**insolent** [ɪn'sɒlənt] *Adj.* unverschämt; anmaßend
**inspection** [ɪn'spekʃən] *Subst.* Prüfung, Kontrolle; Betrachtung; ***on closer inspection*** bei näherer Betrachtung
**inspire** [ɪn'spaɪə] *V/t.* erwecken, erregen, veranlassen
**instalment** [ɪn'stɔːlmənt] *Subst.* Rate, Teilzahlung
**instance** ['ɪnstəns] *Subst.* Fall, Beispiel; ***for instance*** zum Beispiel
**instantaneous** [ˌɪnstən'teɪnjəs] *Adj.* sofort, umgehend
**instantly** ['ɪnstəntlɪ] *Adv.* sofort, sogleich
**instinct** ['ɪnstɪŋkt] *Subst.* Gefühl, Instinkt, innere Stimme
**instinctively** [ɪn'stɪŋktɪvlɪ] *Adv.* instinktiv, unwillkürlich
**instruct** [ɪn'strʌkt] *V/t.* anweisen, Anweisungen geben
**insufferable** [ɪn'sʌfrəbl] *Adj.* unerträglich
**insulate** ['ɪnsjʊleɪt] *V/t.* TECH isolieren
**insult**[1] [ɪn'sʌlt] *Subst.* Beleidigung, Kränkung
**insult**[2] [ɪn'sʌlt] *V/t.* beleidigen, beschimpfen; kränken
**insulting** [ɪn'sʌltɪŋ] *Adj.* beleidigend, verletzend
**intake** ['ɪnteɪk] *Subst.* Aufnahme; ***intake of breath*** tiefes Atemholen
**intelligence** [ɪn'telɪdʒəns] *Subst.* Intelligenz; nachrichtendienstliche Informationen
**intense** [ɪn'tens] *Adj.* intensiv, stark
**intent** [ɪn'tent] *Adj.* aufmerksam, gespannt
**intercept** [ˌɪntə'sept] *V/t.* auffangen, abfangen
**interfere** [ˌɪntə'fɪə] *V/i.* sich einmischen, eingreifen
**interference** [ˌɪntə'fɪərəns] *Subst.* Einmischung, Eingreifen, Störung
**interject** [ˌɪntə'dʒekt] *V/t.* einwerfen, dazwischenfahren
**intermediate** [ˌɪntə'miːdɪət] *Adj.* für die Mittelstufe, für Fortgeschrittene
**interrogation** [ɪnˌterə'geɪʃn] *Subst.* Verhör, Vernehmung
**interrogative** [ˌɪntə'rɒgətɪv] *Adj.* fragend
**interruption** [ˌɪntə'rʌpʃən] *Subst.* Unterbrechung
**intersect** [ˌɪntə'sekt] *Vt/i.* kreuzen, durchschneiden; sich kreuzen
**intestines** [ɪn'testɪnz] *Subst. Pl.* Gedärme
**intimidating** [ɪn'tɪmɪdeɪtɪŋ] *Adj.* Furcht einflößend, Furcht erregend
**intimidation** [ɪnˌtɪmɪ'deɪʃn] *Subst.* Einschüchterung

**in-tray** ['ɪntreɪ] *Subst.* Posteingangskorb
**intrigued** [ɪn'triːgd] *Adj.* verblüfft, befremdet; gefesselt, interessiert
**introduce** [ˌɪntrə'djuːs] *V/t. j-n* vorstellen
**intruder** [ɪn'truːdə] *Subst.* Eindringling
**invaluable** [ɪn'væljʊəbl] *Adj.* unschätzbar, von unschätzbarem Wert
**invent** [ɪn'vent] *V/t.* erfinden
**investigation** [ɪnˌvestɪ'geɪʃn] *Subst.* Nachforschung, Ermittlung
**investigator** [ɪn'vestɪgeɪtə] *Subst.* Ermittler, Detektiv
**invisibility** [ɪnˌvɪzɪ'bɪlɪtɪ] *Subst.* Unsichtbarkeit
**invisible** [ɪn'vɪzɪbl] *Adj.* unsichtbar
**inviting** [ɪn'vaɪtɪŋ] *Adj.* einladend
**invoke** [ɪn'vəʊk] *V/t.* (*Geist*, *Zauber*) herbeirufen, beschwören
**involve** [ɪn'vɒlv] *V/t.* zur Folge haben, mit sich bringen
**involved** [ɪn'vɒlvd] *Adj.* beteiligt, verwickelt
**inwardly** ['ɪnwədlɪ] *Adv.* innerlich
**irksome** ['ɜːksəm] *Adj.* lästig, verdrießlich, beschwerlich
**iron¹** ['aɪən] *Subst.* Eisen
**iron²** ['aɪən] *Adj.* eisern
**irresistible** [ˌɪrɪ'zɪstɪbl] *Adj.* unwiderstehlich
**irresolute** [ɪ'rezəluːt] *Adj.* unschlüssig, unentschlossen
**irritable** ['ɪrɪtəbl] *Adj.* nervös, reizbar; gereizt
**issue** ['ɪʃuː] *Vt/i.* (*Buch*, *Zeitung*) herausgeben; (*Flüssigkeit*, *Strahlen*) herausfließen, herausströmen
**itch** [ɪtʃ] *V/i.* jucken, kratzen; brennen, *übertr.* darauf brennen
**Ivanova** ['ɪvɑːnəvə] *slaw. weiblicher Name* (*Spielerin der bulgarischen Quidditch-Nationalmannschaft beim World Cup*)

**ivy** ['aɪvɪ] *Subst.* BOT Efeu; Kletterpflanze, die sich an Baumstämmen und Hauswänden emporrankt und zuweilen auch mit Friedhöfen und überwucherten Ruinen assoziiert wird. Der Efeu trägt im Winter schwarze Beeren, seine Blätter sind immergrün und deshalb beliebt für winterliche Dekorationen (→ ***holly*** → ***mistletoe***).

# J

**jab** [dʒæb] *Vt/i.* stoßen, stechen
**jabber** [ˈdʒæbə] *V/i.* plappern, schnattern; schwätzen
**jackal** [ˈdʒækɔːl] *Subst.* ZOOL Schakal
**jacket potato** [ˈdʒækɪt pəˌteɪtəʊ] *Subst.* KUL in der Schale gebackene Kartoffel, Folienkartoffel
**jagged** [ˈdʒægɪd] *Adj.* gezackt, scharfkantig
**jam** [dʒæm] *Vt/i.* hemmen, blockieren; einzwängen; (ein)klemmen
**jam doughnut** [ˌdʒæm ˈdəʊnʌt] *Subst.* KUL *mit Marmelade gefüllte Krapfen*, „Berliner“, „Pfannkuchen“
**jam tart** [ˌdʒæm ˈtɑːt] *Subst.* KUL Marmeladetörtchen
**jangle** [ˈdʒæŋgl] *V/i.* schrillen, vibrieren
**jar** [dʒɑː] *Subst.* Gefäß, Krug; *für Marmelade etc.*: Glas
**jaunty** [ˈdʒɔːntɪ] *Adj.* munter, flott, unbeschwert, keck
**javelin** [ˈdʒævlɪn] *Subst.* Speer
**jaw** [dʒɔː] *Subst.* Kiefer(knochen)
**jealous** [ˈdʒeləs] *Adj.* eifersüchtig, neidisch
**jeer** [dʒɪə] *V/i.* spotten, höhnen
**jeering** [ˈdʒɪərɪŋ] *Adj.* höhnisch, höhnisch johlend

**jar**

**jelly** [ˈdʒelɪ] *Subst.* Gelee

**Jelly-Legs Jinx** [ˌdʒelɪlegz-ˈdʒɪŋks] *Zauber vgl.* ***jelly*** Götterspeise; ***leg*** Bein; ***jinx*** Unheilbringer

**jerk** [dʒɜːk] *Vt/i.* rucken, zucken; wegreißen, hochreißen
**jerky** [ˈdʒɜːkɪ] *Adj.* ruckartig, bockig
**jet**[1] [dʒet] *Subst.* Pechkohle, Jett (*tiefschwarzer Schmuckstein*)
**jet**[2] [dʒet] *Subst.* Feuer- *oder* Wasserstrahl; Düse

**jewel-bright** [ˌdʒuːəlˈbraɪt] *Adj. eigentl.* edelstein-hell; leuchtend, funkelnd
**jewel-encrusted** [ˈdʒuːəlɪnˌkrʌstɪd] *Adj.* juwelenbesetzt, mit Edelsteinen besetzt
**jewelled** [ˈdʒuːəld] *Adj.* juwelenbesetzt, mit Edelsteinen besetzt
**jiffy** [ˈdʒɪfɪ] *Subst.* Nu, Augenblick
**jig** [dʒɪg] *Subst.* (Freuden)Tanz

> **Jigger, Arsenius** [ˈdʒɪgə, ɑːˌsiːnɪəs] *Name; vgl. US umgangsspr.* ***jigger*** Schnapsglas, Schnäpschen; ***arsenic*** Arsen; chemisches Element, das bereits in geringen Dosen tödlich wirkt – Autor eines Lehrbuchs für Zaubertränke.

**jiggery pokery** [ˌdʒɪgərɪ ˈpəʊkərɪ] *Subst. brit. umgangsspr.* „Hokuspokus“, Humbug
**jingle** [ˈdʒɪŋgl] *V/i.* klimpern, klingeln
**jinks** [dʒɪŋks] *Subst. Pl.* ***high jinks*** übermütige Laune, Ausgelassenheit
**jinx**[1] [dʒɪŋks] *Subst.* Unheilbringer
**jinx**[2] [dʒɪŋks] *V/t.* verhexen
**jog** [dʒɒg] *V/i.* traben, laufen
**Johnson, Angelina** [ˈdʒɒnsn, ˌændʒəˈliːnə] *Name;* ***Angelina*** *Verkleinerungsform von Angela (Mitschülerin Harrys und Chaser im Gryffindor-Quidditch-Team)*
**joint** [dʒɔɪnt] *Subst.* Gelenk, Glied; KUL Bratenstück
**joke** [dʒəʊk] *V/i.* scherzen, Witze machen
**joke shop** [ˈdʒəʊk ʃɒp] *Subst.* Scherzartikelgeschäft
**jolly** [ˈdʒɒlɪ] *Adj.* vergnügt, heiter
**jolt** [dʒəʊlt] *Subst.* Ruck, Stoß; Rütteln; Schock

> **Jordan, Lee** [ˈdʒɔːdn, ˌliː] *Name;* gebräuchlich seit dem 12. Jh., als Kreuzfahrer Wasser vom Fluss Jordan aus dem heiligen Land in die Heimat mitbrachten, um ihre Kinder damit zu taufen; **Lee**: männl. Vorname mit der Bedeutung „Fluss“ – älterer Gryffindor-Mitschüler, Freund der Weasley-Zwillinge.

> **Jorkins, Bertha** [ˈdʒɔːkɪnz, ˌbɜːθə] *Name;* Anklang an *Joseph Jorkens*, den Erzähler fiktiver Reiseerlebnisse in *Short Stories* von Eward Blunkett; **Bertha**: altmod. weibl. Vorname german. Ursprungs – auf einer Reise spurlos verschwundene Zauberin aus dem *Department of Magical Games and Sports*.

**jostle** [ˈdʒɒsl] *Vt/i.* drängeln, rempeln; (sich) drängen
**jot**[1] [dʒɒt] *Subst.* Spur, Funke, Körnchen
**jot**[2] [dʒɒt] *V/t.* ***jot down*** notieren, schnell hinschreiben
**journey**[1] [ˈdʒɜːnɪ] *Subst.* Reise, Fahrt
**journey**[2] [ˈdʒɜːnɪ] *V/i.* reisen, fahren
**jovial** [ˈdʒəʊvɪəl] *Adj.* jovial, leutselig
**jowl** [dʒaʊl] *Subst.* Wange, Backe; Unterkiefer
**judge** [dʒʌdʒ] *Subst.* Richter; Punktrichter, Jury-Mitglied
**judgement** [ˈdʒʌdʒmənt] *Subst.* Urteil; Beurteilung, Einschätzung
**jug** [dʒʌg] *Subst.* Krug
**juggle** [ˈdʒʌgl] *Vt/i.* jonglieren
**jumble**[1] [ˈdʒʌmbl] *Subst.* Durcheinander, Wirrwarr

**jumble**[2] ['dʒʌmbl] *V/t.* durcheinander werfen
**jump** [dʒʌmp] *V/i.* springen; ***jump to conclusions*** voreilige Schlussfolgerungen ziehen
**jumper** ['dʒʌmpə] *Subst.* Pullover
**jumpy** ['dʒʌmpɪ] *Adj.* nervös, fahrig, schreckhaft, verunsichert
**junction** ['dʒʌŋkʃən] *Subst.* (Weg)Gabelung
**junior** ['dʒuːnɪə] *Adj.* untergeordnet, zweitrangig
**junkshop** ['dʒʌŋkʃɒp] *Subst.* Trödelladen

**Jupiter** ['dʒuːpɪtə] *Subst.* Jupiter; größter und hellster Planet unseres Sonnensystems, begleitet von mindestens zwanzig Monden und von farbenprächtigen Wolken umgeben. Er trägt den Namen des höchsten Gottes in der röm. Mythologie, des Wetter- und Himmelsgottes Jupiter, der mit dem griech. Zeus gleichgesetzt wird. Die Monde, soweit benannt (etliche haben nur Nummern), heißen nach Nymphen, die der Gott verführt hat, z. B. Callisto, Jo und Europa. In der Astrologie werden ihm Luft, Blut, Lebensgeist zugeordnet, alles, was sich auf Wachstum bezieht, göttliche Ordnung und Herrschertum, grüne und blaue Steine, Tiere, die Würde mit Klugheit vereinen, zähmbar und gutmütig sind wie der Stier und der Elefant. Ernst und Mäßigkeit, Weisheit und Freigebigkeit.

**justice** ['dʒʌstɪs] *Subst.* Gerechtigkeit
**jut** [dʒʌt] *V/i.* vorspringen, herausragen

# K

**Kappa** ['kæpə] Wasserdämon des alten japanischen Shintoismus. Kappas ziehen kleine Kinder zu sich hinab ins Wasser und ertränken sie. Es wird auch erzählt, dass sie Reisende und ihre Pferde angreifen. Sie sehen sehr merkwürdig aus, haben langes Haar, den Körper einer Schildkröte, schuppige Gliedmaßen und das Gesicht eines Affen. Kappas ernähren sich von Blut und Gurken, auf denen sie auch reiten. Außerhalb des Wassers überleben sie nicht lange, ihre Köpfe müssen immer nass sein. Sie sollen sehr schlau sein; weise Menschen können Kappas als Freunde gewinnen und ihre Künste lernen (z.B. Knochenorakel → ***divination***) – Gegenstand einer *Defence Against the Dark Arts*-Unterrichtsstunde bei Prof. Lupin.

**Karkaroff, Igor** [kɑːˈkɑːrɒf, ˌiːɡɔː] *Name vgl. russ.* ***karkat*** krächzen, unken, Schlechtes vorhersagen; ***Igor*** *von altnord. Yherr: „Krieger des Eibenbaumes" (zwielichtiger Direktor der Zauberschule →* ***Durmstrang****)*

**Katie Bell** [ˌkeɪtɪ 'bel] *Name* → ***Bell, Katie***

**keel** [kiːl] *V/i.* ***keel over*** kentern, umschlagen; *umgangsspr.* umkippen

**keen** [kiːn] *Adj.* (*Sportler etc.*) begeistert, leidenschaftlich; ***be keen on s.th.*** scharf auf etwas sein

**keep** [kiːp] *V/t.* halten; behalten; ***keep at bay*** in Schach halten, vom Leibe halten; ***keep up with*** auf dem Laufenden bleiben

**keeper** ['kiːpə] *Subst.* Wärter, Aufseher

**Kelpie** ['kelpɪ] *Subst. schott.* Nix, Wassergeist; *vgl.* ***kelp*** Seetang, Seetangasche. *Kelpies* sind meist schwarze wilde Wasserpferde, die in den Gewässern Schottlands auftauchen und ihre Mähnen schütteln. Sie gaukeln den Menschen vor, dass ihnen an dieser Stelle eine Furt, eine seichte Stelle, die Überquerung des Wassers ermöglicht. Wenn Reiter oder Kutscher der Lockung des *kelpie* folgen, ertrinken sie jämmerlich in

den Fluten. Doch es gibt auch *kelpies*, die als schöne junge Männer in Erscheinung treten, nur Spuren von Seegras im Haar verraten ihr wahres Wesen. Ob Menschengestalt oder Wasserpferd, *kelpies* zerren ihre ahnungslosen Opfer ins Wasser, wo sie sie zerreißen. Man kann versuchen, *kelpies* zu fangen, indem man ihnen Zügel mit einem Kreuzzeichen anlegt, doch meist fliehen sie und reißen ihren Verfolger mit in die Tiefe. Auf der Koppel sind sie harmlos, man kann sie reiten, doch wehe, sie wittern eine Spur von Wasser …
→ ***merpeople***

**kettle** ['ketl] *Subst.* (Koch)Kessel, Teekessel, Wasserkessel

**Kettleburn, Prof.** ['ketlbɜːn, prəˌfesə] *Name vgl.* ***kettle*** (Koch)Kessel; ***burn*** (ver)brennen (*Lehrer für Care of Magical Creatures in Hogwarts bis zu Harrys drittem Schuljahr*)

**kick** [kɪk] *V/t.* stoßen, treten; ***kick out*** rauswerfen

**kidnap¹** ['kɪdnæp] *Subst.* Entführung, Kidnapping

**kidnap²** ['kɪdnæp] *V/t.* entführen, kidnappen

**kidney** ['kɪdnɪ] *Subst.* Niere

**kilt** [kɪlt] *Subst.* Schottenrock (*der traditionell von Männern getragene Rock aus* → ***tartan***)

**kind** [kaɪnd] *Adj.* freundlich

**kindle** ['kɪndl] *Vt/i.* (sich) entzünden; aufflackern

**King's Cross** [ˌkɪŋz 'krɒs] *Bahnhof in London*

**kip¹** [kɪp] *Subst. umgangsspr.* Schläfchen

**kip²** [kɪp] *V/i. umgangsspr.* pennen, ratzen

**kipper** ['kɪpə] *Subst.* Räucherhering, Bückling

**kit** [kɪt] *Subst.* Ausrüstung

**kitten** ['kɪtn] *Subst.* Kätzchen; ***have kittens*** *umgangsspr.* nervös *oder* beunruhigt sein, Zustände kriegen

**knack** [næk] *Subst.* Talent, Geschick

**knave** [neɪv] *Subst. altertüml.* Spitzbube, Schurke

**knead** [niːd] *V/t.* kneten, massieren

**knee** [niː] *Subst.* Knie; ***on bended knees*** auf Knien

**kneecap** ['niːkæp] *Subst.* Kniescheibe

**kneel** [niːl] *V/i.* knien

**knickerbocker glory** ['nɪkəˌbɒkə 'glɔːrɪ] *Subst.* KUL Eisbecher (*meist mit Früchten*)

**knickerbockers** ['nɪkəˌbɒkəz] *Subst. Pl.* Kniehosen, Kniebundhosen

**knickers** ['nɪkəz] *Subst. Pl.* Schlüpfer

**knife** [naɪf], *Pl.* ***knives*** [naɪvz] *Subst.* Messer

**knight** [naɪt] *Subst.* Ritter; *beim Schachspiel*: Springer

**Knight Bus** ['naɪt bʌs] *Name klingt wie* ***Night Bus*** Nachtbus; *vgl.* ***knight*** Ritter (*Sammeltransport für verlorenen gegangene Hexen und Zauberer*)

**knit** [nɪt] *Vt/i.* stricken

**knob** [nɒb] *Subst.* (Schalt)Knopf, (Haar)Knoten

**knobbly** ['nɒblɪ] *Adj.* knubbelig, höckerig, verwachsen

**knock** [nɒk] *V/t.* klopfen, schlagen, stoßen; ***knock the stuffing out of s.o.*** j-n zur Schnecke *oder* fertig machen, j-n windelweich prügeln

**Knockturn Alley** [ˌnɒktɜːn 'ælɪ] *Name*; *vgl.* ***knock*** schlagen, stoßen; ***turn*** wenden, umkehren; ***alley*** Gasse; klingt wie ***nocturnally*** nachts, nächtlich.

**knot** [nɒt] *Subst.* (Ast)Knoten, Knorren

**knotgrass** ['nɒtgrɑːs] *Subst.* BOT Knöterich

**knotty** ['nɒtɪ] *Adj.* verzwickt, knifflig

**know-it-all** ['nəʊɪtɔːl] *Subst.* Besserwisser(in)

**knuckle** ['nʌkl] *Adj.* Fingerknöchel

**Knut** [nʌt] *Neubildung* (*Münze aus Messing, kleinste Einheit der Zaubererwährung* → ***Gringotts***)

**Krum, Viktor** ['krʌm, ˌvɪktə] *Name*; *vgl.* ***crumb*** oder *altertüml.* ***crum*** Krümel, Splitter, das Bisschen; *US umgangsspr.* Laus, Schweinehund; **Viktor**: männl. Vorname, *lat.* ***victor*** der Sieger – weltberühmter bulgarischer Quidditch-Spieler, *Seeker* der bulgarischen Quidditch-Nationalmannschaft beim World Cup, und Champion von Durmstrang beim *Triwizard Tournament.*

**Kwikspell** ['kwɪkspel] *Name vgl.* ***quick*** schnell (*die vereinfachte Schreibweise ist ein beliebter Werbegag*); ***spell*** Zauberspruch, *also in etwa* „Zauberfix“

# L

**laborious** [lə'bɔːrɪəs] *Adj.* mühsam, mühselig
**labour** ['leɪbə] *Subst.* Arbeit; Mühe, Anstrengung
**labrador** ['læbrədɔː] *Subst.* ZOOL ***Labrador Retriever*** Labrador (*engl. Hunderasse*, *Apportierhund*)
**lace**$^{1}$ [leɪs] *Subst.* Spitze, Spitzenbesatz; *von Schuh*: Schnürsenkel
**lace**$^{2}$ [leɪs] *V/t.* (*Schuh*) zubinden, zuschnüren
**lace frill** ['leɪs frɪl] *Subst.* Spitzenrüsche
**lacewing fly** ['leɪswɪŋ flaɪ] *Subst.* ZOOL Netzflügler (*wie z.B. die Florfliege*)
**lack** [læk] *Subst.* Mangel, Fehlen
**ladder** ['lædə] *Subst.* Leiter
**laddie** ['lædɪ] *Subst.* *umgangsspr.* Junge, Bürschchen
**ladle** ['leɪdl] *V/t.* schöpfen
**lag** [læg] *V/i.* ***lag behind*** zurückbleiben, sich verzögern
**lairy** ['leərɪ] *Adj.* *austr.* schrill; auffällig, übertrieben gekleidet
**lamb chop** ['læm tʃɒp] *Subst.* KUL Lammkotelett
**lamp** [læmp] *Subst.* Lampe
**lamp post** ['læmp pəʊst] *Subst.* Laternenmast
**lampshade** ['læmpʃeɪd] *Subst.* Lampenschirm
**landing** ['lændɪŋ] *Subst.* Treppenabsatz
**lane** [leɪn] *Subst.* Gasse
**lank** [læŋk] *Adj.* (*Person*) hager, mager; (*Haare*) glatt, dünn
**lanky** ['læŋkɪ] *Adj.* schlank, schlaksig
**lantern** ['læntən] *Subst.* Laterne
**lap**$^{1}$ [læp] *Subst.* Schoß
**lap**$^{2}$ [læp] *Subst.* SPORT Runde; ***lap of honour*** SPORT Ehrenrunde
**lap**$^{3}$ [læp] *V/t.* schlürfen, schlabbern; ***lap up*** *übertr. etwas* schlucken, glauben
**lap**$^{4}$ [læp] *V/t.* falten, einschlagen
**lapse**$^{1}$ [læps] *Subst.* Lapsus, Versehen, Fehler
**lapse**$^{2}$ [læps] *V/i.* (*Zeit*) vergehen; (*Frist*) ablaufen; ***lapse into silence*** in Schweigen verfallen
**large**$^{1}$ [lɑːdʒ] *Adj.* groß
**large**$^{2}$ [lɑːdʒ] *Subst.* ***at large*** auf freiem Fuß
**lash** [læʃ] *V/t.* peitschen
**last-ditch** [ˌlɑːst'dɪtʃ] *Adj.* allerletzte(r, -s); ***a last-ditch attempt*** ein letzter verzweifelter Versuch
**late** [leɪt] *Adj.* spät; (*Jahreszeit*) vor-

gerückt; neu, letzte(r, -s); ***very latest*** allerneueste(r, -s); ***the latest fashion*** die neueste Mode

**laughing stock** ['lɑːfɪŋ stɒk] Narr, Dorfdepp; ***make a laughing stock of oneself*** sich lächerlich machen

**launch** [lɔːntʃ] *V/i.* ***launch oneself at*** sich stürzen auf, anspringen

**lavatory seat** [ˌlævətrɪ 'siːt] *Subst.* Toilettensitz

**Lavender Brown** [ˌlævɪndə 'braʊn] *Name* → ***Brown, Lavender***

**law-abiding** ['lɔːəˌbaɪdɪŋ] *Adj.* gesetzestreu

**law-breaker** ['lɔːˌbreɪkə] *Subst.* Gesetzesbrecher

**law enforcement** ['lɔː ɪnˌfɔːsmənt] *Subst.* Strafverfolgung, Strafvollzug

**lawn** [lɔːn] *Subst.* Rasen

**lawn-mower** ['lɔːnməʊə] *Subst.* Rasenmäher

**lax** [læks] *Adj.* lax, nachlässig, großzügig

**layabout** ['leɪəbaʊt] *Subst. brit.* Gammler, Penner

**laze** [leɪz] *V/i.* faulenzen, bummeln

**lazy** ['leɪzɪ] *Adj.* faul, müßig

**lead**[1] [liːd] *Subst.* Führung; Leine; ***lead and collar*** Leine und Halsband

**lead**[2] [led] *Subst.* Blei

**leaden** ['ledn] *Adj.* bleiern

**leaf** [liːf] *Subst.* Blatt; ***take a leaf out of one's book*** sich von j-m ein Scheibchen abschneiden; ***leaf-strewn*** laubübersät

**leaflet** ['liːflət] *Subst.* Flugblatt, Handzettel

**leafy** ['liːfɪ] *Adj.* belaubt

**league** [liːg] *Subst.* Liga; Bündnis

**leakage** ['liːkɪdʒ] *Subst.* undichte Stelle, Leckage

**leaky** ['liːkɪ] *Adj.* undicht, löchrig, leck (*alle auch übertr.*)

> **Leaky Cauldron** [ˌliːkɪ 'kɔːldrən] *Name*; *vgl.* ***leaky*** undicht, löchrig, leck; *umgangsspr.* geschwätzig; ***cauldron*** Kochkessel, Hexenkessel – berühmter Pub in der *Diagon Alley*, Londoner Treffpunkt der Zaubererwelt.

**leap** [liːp] *V/i.* springen

**leather-bound** ['leðəbaʊnd] *Adj.* ledergebunden, in Leder gebunden

**leather case** [ˌleðə 'keɪs] *Subst.* Lederetui, lederner Behälter

**leathery** ['leðərɪ] *Adj.* ledrig

**lecture** ['lektʃə] *Subst.* Vorlesung, Vortrag

**ledger** ['ledʒə] *Subst.* Hauptbuch, Kassenbuch

**leech**[1] [liːtʃ] *Subst.* ZOOL, MED Blutegel

**leech**[2] [liːtʃ] *V/t.* aussaugen

**Lee Jordan** [ˌliː 'dʒɔːdn] *Name* → ***Jordan, Lee***

**leek** [liːk] *Subst.* BOT, KUL Lauch, Porree

**leer** [lɪə] *V/i.* schielen, scheele Blicke zuwerfen; boshaft grinsen

**legal** ['liːgl] *Adj.* gesetzlich, rechtlich

**legendary** ['ledʒəndərɪ] *Adj.* legendär, sagenhaft

> **Leg-Locker Curse** ['legˌlɒkə 'kɜːs] *Zauber vgl.* ***leg*** Bein; ***lock*** (Vorhänge)Schloss; Klemme; ***curse*** Fluch, Verwünschung

**leisure** ['leʒə] *Subst.* Muße, freie Zeit

**lemon meringue pie** ['lemən məˌræŋ 'paɪ] *Subst.* KUL Zitronenbaisertorte

**lend** [lend] *V/t.* verleihen, borgen

**lengthen** ['leŋθən] *Vt/i.* verlängern,

länger machen; lang werden, sich verlängern

**lenient** ['liːnɪənt] *Adj.* milde, nachsichtig

> **Leprechaun** ['leprɪkɔːn] *Subst.* Kobold, Leprechaun. Kleine Geister aus Irland, die in Bauernhöfen oder Weinkellern hausen oder aber in Erdhöhlen, wo sie Schätze hüten. Sie ähneln in ihrer Gestalt → ***gnomes*** oder *dwarves* und tragen altmodische Kleidung, oft grün mit roter Mütze und einen Lederschurz, der auf ihren „Beruf" verweist: *leprechauns* sind Feen-Schuhmacher; sie fertigen jedoch nur jeweils einen Schuh an (einige Feenwesen haben nämlich auch nur einen Fuß). Ähnlich wie → ***brownies*** oder *hobgoblins* helfen sie den Menschen und erledigen Arbeit für sie; nach der Arbeit feiern sie ausgelassene Feste und sind oft betrunken, dann sieht man sie auf Schafen oder Hunden reiten; in dieser Erscheinungsform werden sie auch *cluricauns* genannt. Das Gold eines Leprechaun erlangt man, indem man einen fängt; das ist sehr schwierig, da sie sofort verschwinden, wenn man sie nur einen Lidschlag lang aus den Augen lässt – Maskottchen der irischen Quidditch-Nationalmannschaft.

**lest** [lest] *Konj.* dass nicht

**Lestrange** [lɪ'streɪndʒ] *Name vgl. frz.* ***L'Estrange*** „Fremder" (*Anhänger von Lord Voldemort*)

**lethal** ['liːθl] *Adj.* tödlich, todbringend

**letter-box** ['letəbɒks] *Subst.* Briefkasten

**lettuce** ['letɪs] *Subst.* BOT Kopfsalat, Blattsalat

**level**[1] ['levl] *Subst.* Stufe, Ebene; *übertr.* Niveau

**level**[2] ['levl] *Adj.* eben, waagerecht; *übertr.* gleich (gut)

**level**[3] ['levl] *Adv.* ***draw level with s.o.*** j-n einholen, mit j-m gleichziehen

**levitate** ['levɪteɪt] *Vt/i.* frei schweben; schweben lassen

**Levski** ['levskɪ] *slaw. Nachname* (*Spieler in der bulgarischen Quidditch-Nationalmannschaft beim World Cup*)

**liability** [ˌlaɪə'bɪlɪtɪ] *Subst.* Verpflichtung; Belastung

**liable** ['laɪəbl] *Adj.* ***be liable to*** neigen zu, anfällig sein für

**liaison** [lɪ'eɪzən] *Subst.* Verbindung, Bündnis

**liar** ['laɪə] *Subst.* Lügner

**liberal** ['lɪbrəl] *Adj.* großzügig, liberal

**liberation front** [ˌlɪbə'reɪʃn frʌnt] *Subst.* Befreiungsfront

**liberty** ['lɪbətɪ] *Subst.* Freiheit

**library** ['laɪbrərɪ] *Subst.* Bibliothek; → ***Restricted Section***

**licence** ['laɪsəns] *Subst.* Lizenz; Erlaubnis; *übertr.* Freiheit

**lid** [lɪd] *Subst.* Deckel

**lie low** [ˌlaɪ 'ləʊ] *V/i.* sich versteckt halten, unauffällig leben, eine günstige Gelegenheit abwarten

**life sentence** [ˌlaɪf 'sentəns] *Subst.* lebenslängliche Strafe

**lift** [lɪft] *V/t.* hochheben

**light**[1] ['laɪt] *Subst.* Licht

**light**[2] ['laɪt] *V/t.* erleuchten; (*Feuer, Lampe etc.*) anzünden

**library**

**light**[3] ['laɪt] *Adj. von Gewicht*: leicht
**lightning** ['laɪtnɪŋ] *Subst.* Blitz
**likable, likeable** ['laɪkəbl] *Adj.* liebenswürdig, sympathisch
**likely** ['laɪklɪ] *Adj.* wahrscheinlich
**liking** ['laɪkɪŋ] *Subst.* Zuneigung
**limb** [lɪm] *Subst.* Glied, Extremität
**limerick** ['lɪmərɪk] *Subst.* Limerick (*fünfzeiliges lustiges Gedicht um einen (Orts)Namen, urspr. die irische Stadt bzw. Grafschaft Limerick*)
**limp**[1] [lɪmp] *Adj.* matt, schlaff, schlapp
**limp**[2] [lɪmp] *V/i.* hinken, humpeln
**linen** ['lɪnɪn] *Subst.* Leinen
**linger** ['lɪŋgə] *V/i.* verweilen, sich aufhalten

**lion** ['laɪən] *Subst.* Löwe. Der Löwe ist seit der Antike ein beliebtes Wappentier; er symbolisiert Stärke, Mut, Tapferkeit und königlichen Rang, ebenso Wachsamkeit. Der Legende nach schläft der Löwe mit offenen Augen (→ ***griffon***).

**lionfish** ['laɪənfɪʃ] *Subst.* ZOOL *Pterois*; alle indopazifischen Arten der Familie der Skorpionfische; auffällig durch Zebrastreifen und stacheligen Rückenflossen, wegen ihres dekorativen Äußeren begehrt in Aquarien. Auch kleinere, vielfarbige Fische der Familie *Dendrochirus* werden als *lionfish* bezeichnet.

**liquid**[1] ['lɪkwɪd] *Subst.* Flüssigkeit
**liquid**[2] ['lɪkwɪd] *Adj.* flüssig
**liquorice wands** ['lɪkərɪs wɒndz] *Neubildung vgl.* ***liquor*** Likör; ***wand*** Zauberstab, *ähnlich den* ***chocolate liqueurs*** (*Leckerei von* → ***Honeydukes***)
**list** [lɪst] *Subst.* Liste; *von Schiff*: Schlagseite
**listless** ['lɪstləs] *Adj.* teilnahmslos, unbeteiligt
**lit** [lɪt] *Prät.* → ***light***[2]
**litter** ['lɪtə] *V/t.* unordentlich herumliegen, verstreut sein (in, auf)
**liver** ['lɪvə] *Subst.* Leber
**livid** ['lɪvɪd] *Adj.* bleifarben; *umgangsspr.* wütend, fuchsteufelswild
**lizard** ['lɪzəd] *Subst.* ZOOL Eidechse
**loathe** [ləʊð] *V/t.* verabscheuen
**loathing** ['ləʊðɪŋ] *Subst.* Hass, tiefster Abscheu
**lob** [lɒb] *V/t.* in hohem Bogen werfen
**lobster** ['lɒbstə] *Subst.* ZOOL Hummer
**local** ['ləʊkl] *Adj.* örtlich, lokal
**locate** [ləʊ'keɪt] *V/t.* orten, ausfindig machen
**lock**[1] [lɒk] *Subst.* (Vorhänge)Schloss; Klemme
**lock**[2] [lɒk] *V/t.* (ver)schließen, (zu-)sperren

**Lockhart, Gilderoy** ['lɒkət, ˌgɪldərɔɪ] *Name*; *vgl.* ***lock*** versperren, abschließen, aber auch (Haar)Locke; ***hart*** (ausgewachsener) Hirsch; **Gilderoy**: *vgl.* ***gild*** vergolden, ausschmücken, verschönern, *frz.* ***roi*** König – Autor magischer Bestseller und *Defence Against the Dark Arts*-Lehrer in Harrys zweitem Schuljahr.

**lockjaw** ['lɒkdʒɔː] *Subst.* MED Kieferkrampf, Kaumuskelkrampf

**Locomotor Mortis** [ˈləʊkəˌməʊtə ˈmɔːtɪs] *Zauber vgl.* ***locomotive*** lokomotorisch (*aus lat. „die Fortbewegung betreffend“*); *lat.* ***mortis*** des Todes

**lodge** [lɒdʒ] *Vt/i.* einreichen, einlegen; sich festsetzen, sich niederlassen
**lofty** [ˈlɒftɪ] *Adj.* überlegen, überheblich
**log** [lɒg] *Subst.* Holzscheit, Holzklotz
**loll** [lɒl] *Vt/i.* baumeln; hängen lassen
**loll around** [ˌlɒl əˈraʊnd] *V/i.* herumlümmeln
**lonely** [ˈləʊnlɪ] *Adj.* einsam

**Longbottom, Neville** [ˈlɒŋbɒtəm ˌnevɪl] *Name*; *vgl.* ***long*** lang; ***bottom*** *umgangsspr.* Po, Hintern; **Neville**: männl. Vorname, abgeleitet aus einem Familiennamen normannischer Barone – tolpatschiger Gryffindor-Mitschüler aus ruhmreicher Zaubererfamilie in Harrys Jahrgang.

**longing** [ˈlɒŋɪŋ] *Adj.* sehnsüchtig
**long-molared** [ˈlɒŋˌməʊləd] *Adj.* langzähnig
**loo** [luː] *Subst. brit.* Klo
**loom** [luːm] *V/i.* sich abzeichnen, undeutlich sichtbar werden
**loon** [luːn] *Subst. umgangsspr.* Dummkopf, Blödmann
**loony** [ˈluːnɪ] *Subst. umgangsspr.* Verrückter, Geistesgestörter
**loop**[1] [luːp] *Subst.* Schleife; *beim Fliegen*: Loop, Looping
**loop**[2] [luːp] *V/t.* umkreisen; loopen, einen Looping fliegen
**loopy** [ˈluːpɪ] *Adj.* mit vielen Windungen; (*Schrift*) schnörkelig, verschnörkelt; *umgangsspr.* übergeschnappt
**loose**[1] [luːs] *Adj.* lose, frei
**loose**[2] [luːs] *Subst.* ***on the loose*** auf freiem Fuß
**lop-sided** [ˌlɒpˈsaɪdɪd] *Adj.* einseitig, schief, mit Schlagseite
**Lord Voldemort** [ˌlɔːd ˈvɒldəmɔːt] *Name* ***Lord*** *urspr.* Herr, Gebieter (*brit. Adelstitel vom Baron bis zum Herzog, auch besonderen Respekt bezeugende Höflichkeitsanrede*); → ***Voldemort***
**lot** [lɒt] *Subst. umgangsspr.* Haufen, Gefolgschaft
**lounge** [laʊndʒ] *Subst.* Wohnzimmer, Gesellschaftszimmer, Salon
**lovely** [ˈlʌvlɪ] *Adj.* reizend, hübsch
**Love Potion** [ˈlʌv ˌpəʊʃn] *Subst.* Liebestrank; → ***potion***
**lower** [ˈləʊə] *V/t.* senken
**low-slung** [ˈləʊslʌŋ] *Adj.* tief hängend
**loyal** [ˈlɔɪəl] *Adj.* loyal, treu, verlässlich
**loyalty** [ˈlɔɪəltɪ] *Subst.* Treue, Loyalität
**luck** [lʌk] *Subst.* Glück, glückliche Fügung, glücklicher Zufall; ***stroke of luck*** Glückssträhne, Glücksfall
**ludicrous** [ˈluːdɪkrəs] *Adj.* lächerlich, albern
**luggage** [ˈlʌgɪdʒ] *Subst.* Gepäck
**lukewarm** [ˌluːkˈwɔːm] *Adj.* lauwarm
**lullaby** [ˈlʌləbaɪ] *Subst.* Wiegenlied, Schlaflied
**lumbago** [lʌmˈbeɪgəʊ] *Subst.* MED Hexenschuss
**lumber** [ˈlʌmbə] *V/i.* trampeln, walzen
**luminous** [ˈluːmɪnəs] *Adj.* leuchtend

**Lumos!** [ˈluːmɒs] *Zauber vgl. lat.* ***lumen*** Licht

**lump** [lʌmp] *Subst.* Klumpen, Brocken; MED Beule, Geschwulst; *umgangsspr.* Trampel, Klotz

**lumpy** ['lʌmpɪ] *Adj.* plump, pummelig

**lunascope** ['lu:nəskəʊp] *Neubildung vgl. lat.* ***luna*** Mond; ***...scope*** *griech.* „Betrachter" (*ein Gerät, das etwas sichtbar macht*)

**lunatic** ['lu:nətɪk] *Subst.* Irrer, Geistesgestörter

**luncheon** ['lʌntʃən] *Subst.* (Mittags-) Mahl

**lunge**[1] [lʌndʒ] *Subst.* Sprung, Satz, Ausfall

**lunge**[2] [lʌndʒ] *V/i.* losstürzen; ausfallen, losschnellen

**lungs** [lʌŋz] *Subst. Pl.* Lunge; ***on top of one's lungs*** aus vollem Hals

**Lupin, Prof. Remus J.** ['lu:pɪn, prəˌfesə ˌreməs dʒeɪ] *Name*; *vgl. lat.* ***lupus*** Wolf; **Remus**: männl. Vorname aus der röm. Mythologie: Die Brüder Romulus und Remus, die späteren Gründer Roms, wuchsen in der Wildnis auf und wurden von einer Wölfin gesäugt – Lehrer für *Defence Against the Dark Arts* in Hogwarts während Harrys drittem Schuljahr.

**lurch**[1] [lɜ:tʃ] *Subst.* Ruck; Taumel, Torkeln

**lurch**[2] [lɜ:tʃ] *V/i.* taumeln, schlingern

**lure**[1] [lʊə] *Subst.* Lockung, Köder, Reiz

**lure**[2] [lʊə] *V/t.* locken, ködern

**lurid** ['lʊərɪd] *Adj.* (*Farben*) grell, schreiend, auffällig; gespenstisch

**lurk** [lɜ:k] *V/i.* lauern, im Verborgenen *oder* Hinterhalt liegen

**Lynch** [lɪntʃ] *Nachname* (*Spieler der irischen Quidditch-Nationalmannschaft beim World Cup*)

# M

**Macmillan, Ernie** [mək'mɪlən, ˌɜːnɪ] *schott. Familienname (Mc oder Mac zeigt die Zugehörigkeit zu einem Clan an);* ***Ernie*** *Verniedlichung von Ernest (Hufflepuff-Mitschüler aus Harrys Jahrgang)*

**Macnair, Walden** [mək'neə, ˌwɔːldən] *schott. Nachname (Mc oder Mac zeigt die Zugehörigkeit zu einem Clan an);* ***Walden*** *Männername german. Ursprungs (Henker im Auftrag des Committee for the Disposal of Dangerous Creatures, Anhänger von Voldemort)*

**mad** [mæd] *Adj.* verrückt

**madcap[1]** ['mædkæp] *Subst.* Heißsporn, impulsiver Mensch

**madcap[2]** ['mædkæp] *Adj.* verwegen, verrückt

**madden** ['mædn] *V/t.* zum Wahnsinn treiben

**Mad-Eye Moody** [ˌmædaɪ 'muːdɪ] *Name vgl.* ***mad*** verrückt, durchgedreht, ***eye*** Auge (*Spitzname für →* ***Moody, Alastor***)

**madman** ['mædmən] *Subst.* Verrückter, Irrer

**magenta** [mə'dʒentə] *Adj.* (purpur-) rot

**maggoty** ['mægətɪ] *Adj.* madig, voller Maden

**magic** ['mædʒɪk] *Subst.* Magie; aus *pers., griech.* ***mageía***, *lat.* ***magia***: Verfahrensweisen und Wissen um Praktiken, mit denen der Mensch seinen Willen auf außer seiner selbst liegende Wesen und Dinge übertragen will, ohne dass dies nach naturwissenschaftlichem Verständnis erklärt werden kann. Ausgangspunkt der Magie ist die Annahme, dass in der Natur verborgene Kräfte wirken, die der Mensch beeinflussen und die er sich zunutze machen kann. Je nach Absicht und Einsatz dieser Mittel unterscheidet man Schwarze Magie, die anderen Schaden zufügen und sich ihrer auf schädliche Weise bemächtigen will, und Weiße Magie, die auf andere Zwecke (Reichtum, Heilung etc.) gerichtet sein kann und keinen Schaden zufügt (→ ***Dark Arts***). Oft gibt es auch unscharfe Grenzen zwischen Magie und Religion.

**Magical Creatures** [ˌmædʒɪkl 'kriːtʃəz] *Subst. Pl.* magische Wesen. Ihre Welt ist bunt und vielgestaltig. Die Besonderheiten und Funktionen einzelner Arten von magischen Wesen unterliegt regionalen Abweichungen. „Aufgabenstellungen" und Eigenarten, die in einem bestimmten Gebiet einer Art zugeordnet sind, können andernorts von einer anderen Art übernommen werden. Dies gilt insbesondere für die weit verzweigte Gattung der Elfen (→ ***elf***, → ***fairy***) und Kobolde (→ ***goblin***), deren Eigenheiten und Aussehen einerseits stark voneinander abweichen, deren Aufgaben und Wesenscharakteristika sich jedoch immer wieder überschneiden. Ihre Bewertung in gut oder böse, hilfreich oder schädlich ist fragwürdig und abhängig vom historischen Wandel der Kulturen und gesellschaftlichen Maßstäbe. Ohnehin sind magische Wesen nicht „gut" oder „schlecht", sie sind einfach anders. Allen Überlieferungen zufolge haben sie ihre eigenen Gewohnheiten.

**magnetism** ['mægnɪtɪzm] *Subst.* Magnetismus; → ***mesmerized***

**magnificent** [mæg'nɪfɪsənt] *Adj.* großartig, eindrucksvoll

**mahogany** [mə'hɒgənɪ] *Subst.* Mahagoni

**maid** [meɪd] *Subst.* Dienstmädchen

**maim** [meɪm] *V/t.* verstümmeln

**maintain** [meɪn'teɪn] *V/t.* aufrecht erhalten; behaupten, beteuern

**Majorca** [mə'dʒɔːkə] Mallorca

**majority** [mə'dʒɒrɪtɪ] *Subst.* Mehrheit, Mehrzahl

**makeshift paddock** [ˌmeɪkʃɪft 'pædək] *Subst.* behelfsmäßige Koppel

**malady** ['mælədɪ] *Subst.* Krankheit, Gebrechen

**malevolent** [mə'levələnt] *Adj.* übel wollend, bösartig

**Malfoy** ['mælfɔɪ] *Name*; *vgl.* ***mal...*** schlecht (von *lat.* ***malus*** schlecht); ***...foy***: *vgl. frz.* ***foi*** Glaubwürdigkeit, Glaubhaftigkeit, Treue, Vertrauenswürdigkeit; **Malfoy, Draco**: *vgl. lat.* ***draco*** Drache (auch ein Sternbild) – verabscheuter Mitschüler und Widersacher Harrys aus dem Haus Slytherin; **Malfoy, Lucius**: wahrscheinlich Ableitung von *lat.* ***lux*** Licht; damit auch Anklang an *Luzifer* (wörtlich: Lichtbringer) – der Vater von Draco Malfoy, Anhänger von Voldemort; **Malfoy, Narcissa**: weibl. Vorname, gemäß der Mode des 19. Jh., Mädchen nach Blumen zu benennen; Narzissen sind stark duftende Frühlingsblüher. Der griech. Mythos überliefert, dass *Narkissos*, ein schöner junger Mann, die Liebe der Nymphe Echo verschmähte. Als Strafe verhängte die Göttin der Liebe, dass er fortan sein eigenes Spiegelbild begehren musste, bis ihn die Verwandlung in die Blume von der Qual dieser unstillbaren Sehnsucht erlöste – die Mutter von Draco Malfoy.

**malfunction** [mæl'fʌŋkʃən] *V/i.* schlecht funktionieren, kaputt sein

**malice** ['mælɪs] *Subst.* Bosheit; Arglist, Tücke

**malicious** [mə'lɪʃəs] *Adj.* boshaft, gehässig; arglistig, heimtückisch

**Malkin, Madam** ['mælkɪn, ˌmædəm] *Name vgl.* ***mal…*** *Vorsilbe* schlecht; ***kin*** Geschlecht, Sippe, Stamm (*Inhaberin des Kleiderladens "Robes for All Occasions" in der Diagon Alley*)

**mallet** ['mælɪt] *Subst.* Holzhammer

**manacle** ['mænəkl] *Subst.* Handfessel, Handschelle

**mandrake** ['mændreɪk] *Subst.* BOT Mandragora, Alraune. Ihre Wurzeln, die wie menschliche Figuren aussehen, gelten traditionell als „Hexenpflanzen". Sie wachsen, so wurde gesagt, unter Galgen und schreien, wenn man sie aus der Erde holt. Dieser Schrei löst Unheil aus (so heißt es u.a. in Shakespeares *Romeo und Julia*) oder ist sogar tödlich. Aufgrund ihrer menschenähnlichen Gestalt fanden sie Verwendung als Fetische im Schadenzauber und zählen als Nachtschattengewächse wie → ***belladonna*** zu den wichtigen Bestandteilen von Liebeszaubern und Flugsalben. Die Hexenflüge waren wahrscheinlich Rauscherfahrungen, hervorgerufen durch dafür zubereitete, alkaloidhaltige Essenzen.

**mane** [meɪn] *Subst.* Mähne

**mangled** ['mæŋgəld] *Adj.* zerstückelt, zerfetzt

**mangy** ['meɪndʒɪ] *Adj.* krätzig; *übertr.* schäbig

**mandrake**

**maniac** ['meɪnɪæk] *Subst.* Besessener, Irrer, Wahnsinniger

**manic** ['mænɪk] *Adj.* besessen, fanatisch

**manifesto** [ˌmænɪ'festəʊ] *Subst.* Manifest, Grundsatzerklärung

**manky** ['mæŋkɪ] *Adj.* *umgangsspr.* dreckig, speckig

**manly** ['mænlɪ] *Adj.* männlich

**manner** ['mænə] *Subst.* Art, Weise; ***in a manner of speaking*** sozusagen

**manor** ['mænə] *Subst.* Gutshaus, Herrensitz, Schloss

**mantelpiece** ['mæntlpiːs] *Subst.* Kaminsims

> **manticore** ['mæntɪkɔː] *Subst. vgl.* ***mantic*** prophetisch; ***cor*** Herz, Kern; Fabeltier mit Löwenkörper und Menschenkopf, ein Monster, das in den Wäldern Asiens zu Hause ist und dort nach menschlicher Beute jagt. Es hat drei Reihen rasierklingenscharfer Zähne und einen Schuppenschwanz, dessen Spitze mit giftigen Pfeile ausgestattet ist. Sie sind tödlich. Die Menschen, die dem Manticore zum Opfer fallen, verschwinden mit Haut und Knochen und all ihren Besitztümern. Das spurlose Verschwinden von Wanderern gilt als Beweis für die Existenz des Manticore.

**manure** [mə'njʊə] *Subst.* Dung, Mist
**map** [mæp] *Subst.* Landkarte, Übersichtsplan
**maple** ['meɪpl] *Subst.* BOT Ahorn, Ahornholz
**marathon** ['mærəθən] *Subst.* Marathon, Langstreckenlauf
**marauder** [mə'rɔːdə] *Subst.* Vagabund, Plünderer
**marauding** [mə'rɔːdɪŋ] *Adj.* marodierend, plündernd, zerstörerisch
**marble** ['mɑːbl] *Subst.* Marmor; *Glaskugel*: Murmel; ***he's lost his marbles*** *umgangsspr.* er hat den Verstand verloren, er hat nicht mehr alle Tassen im Schrank
**march** [mɑːtʃ] *V/i.* marschieren
**Marge** [mɑːdʒ] *weibl. Vorname, Kurzform für Marjorie (Bulldoggen züchtende Schwester von Harrys Onkel Vernon Dursley)*
**mark** [mɑːk] *Subst.* Zeichen, Kennzeichnung, Mal
**maroon** [mə'ruːn] *Adj.* rötlich braun, kastanienbraun
**marquee** [mɑː'kiː] *Subst.* großes Zelt, Festzelt; Schirmdach

> **Mars** [mɑːz] *Subst.* Mars. Erdähnlichster äußerer Planet des Sonnensystems mit durchsichtiger Atmosphäre und zwei Monden – benannt nach dem röm. Gott des Krieges und der Landwirtschaft, auf dessen Feiern auch der Monatsname März (engl. *March*) zurückgeht. Dem Mars schreibt die Astrologie den Wesenszug „Aktivität" zu, Leidenschaft für die Auseinandersetzung, das Feuer, alles Scharfe und Brenzlige, alles Feurige, Werkzeug, Waffen und Rüstung und das rote Farbspektrum.

**marsh** [mɑːʃ] *Subst.* Sumpfland, Marsch
**Marsh** [mɑːʃ] *engl. Nachname (Hexe im →* ***Knight Bus****)*
**marshmallow** [ˌmɑːʃ'mæləʊ] *Subst.* KUL *Bällchen aus Zuckerschaum und Gelatine*
**marvel** ['mɑːvl] *V/i.* staunen, sich wundern
**marvellous** ['mɑːvələs] *Adj.* wundervoll
**mascot** ['mæskət] *Subst.* Maskottchen, Glücksbringer
**Mason, Mr.** ['meɪsn, ˌmɪstə] *Name vgl.* ***mason*** Steinmetz, Maurer *(Bauunternehmer, von dem sich Harrys Onkel einen großen Auftrag verspricht)*
**massacre** ['mæsəkə] *Subst.* Massaker, Blutbad

**mast** [mɑːst] *Subst.* Schiffsmast
**master** ['mɑːstə] *Subst.* Meister, Gebieter
**match**[1] [mætʃ] *Subst.* Streichholz; SPORT Spiel
**match**[2] [mætʃ] *Vt/i.* (zusammen)passen, vergleichen, vergleichbar sein; ***be a match for s.o.*** es mit j-m aufnehmen können, j-m ein ebenbürtiger Gegner sein
**matchbox** ['mætʃbɒks] *Subst.* Streichholzschachtel
**mate** [meɪt] *Subst.* Kumpel, Kamerad
**material** [mə'tɪərɪəl] *Subst.* Stoff, Material
**materialize** [mə'tɪərɪəlaɪz] *V/i.* sich materialisieren, aus dem Nichts erstehen
**maternal** [mə'tɜːnl] *Adj.* mütterlich
**maths** [mæθs] *Subst. Pl. Kurzform für* ***mathematics*** Mathematik
**matron** ['meɪtrən] *Subst.* Hausmutter; Vorsteherin der Krankenabteilung
**matted** ['mætɪd] *Adj.* filzig, verfilzt
**mattress** ['mætrɪs] *Subst.* Matraze
**mature** [mə'tʃʊə] *Adj.* reif, erwachsen
**mauve** [məʊv] *Adj.* mauve, malvenfarbig

**Maxime, Olympe** [mæk'siːm, ˌɒlɪmp] *Name*; *vgl. lat.* ***maximus,-a*** der, die Größte; **Olympe**: frz. weibl. Vorname, abgeleitet vom Göttersitz der griech. Mythologie mit der Bedeutung „erhaben“ oder „göttlich“, auch assoziiert mit einer besonders stattlichen Frau – *Madame Maxime* ist Direktorin der Zauberakademie Beauxbatons.

**mayhem** ['meɪhem] *Subst.* Aufruhr, Tumult; *US* schwere Körperverletzung
**mayor** ['meɪdʒə] *Subst.* Bürgermeister

**maze** [meɪz] *Subst.* Irrgarten, Labyrinth. Daedalus erbaute im minoischen Königspalast auf Kreta ein Labyrinth, in dem der Minotauros, ein monströser Stier, gefangen gehalten wurde. Als Theseus den Minotauros tötete, half ihm die Königstochter Ariadne mit einem Faden aus dem verwirrenden System von Irrwegen heraus. Beliebt in der Gartenkunst ab dem Barock, z. B. im Park von Hampton Court.

**mazing** ['meɪzɪŋ] *Adj. eigentl.* ***amazing*** erstaunlich, verblüffend

**McGonagall, Minerva** [mə'gɒnəgl, mɪ'nɜːvə] *Name*; als *McGonagall verse* bezeichnet man holprige Knittelverse, nach William McGonagall, einem schottischen Weber (1830-1902) und notorischen Reimeschmied; er verfasste nach dem Motto „reim dich oder ich fress dich“ Gedichte über aktuelle Katastrophen und trug seine Schöpfungen in Kneipen vor; **Minerva**: röm. Göttin der Gelehrsamkeit und der Künste; wie die griech. Athene hat sie unerbittliche und kriegerische Züge und wird häufig mit Waffen dargestellt – stellvertretende Rektorin von Hogwarts, *Head of Gryffindor House* und strenge Lehrerin für Transfiguration.

**mead** [miːd] *Subst.* Met, Honigwein

**mean** [miːn] *Adj.* geizig, knausrig; gemein, gehässig, hinterhältig, fies

**meander** [mɪ'ændə] *V/i.* sich winden, schlingern, eiern

**measure** ['meʒə] *Subst.* Maßnahme; Maßeinheit, Messbecher

**meddle** ['medl] *V/i.* sich einmischen; ***meddle with*** herumspielen mit

**meddler** ['medlə] *Subst. j-d, der sich in alles einmischt*: Wichtigtuer

**meddlesome** ['medlsəm] *Adj.* lästig, zudringlich

**medieval** [ˌmedɪ'iːvl] *Adj.* mittelalterlich

**mediterranean** [ˌmedɪtə'reɪnɪən] *Adj.* mediterran, Mittelmeer…

**Mediwizard** ['medɪˌwɪzəd] *Neubildung vgl.* ***medical*** medizinisch, ärztlich; ***wizard*** Zauberer, Hexenmeister

**melt** [melt] *Vt/i.* schmelzen

**memo** ['meməʊ] *Subst.* Merkzettel, Aktennotiz

**memory** ['memərɪ] *Subst.* Gedächtnis, Erinnerung

**Memory Charm** ['memərɪ tʃɑːm] *Zauber vgl.* ***memory*** Gedächtnis; ***charm*** Bann, Beschwörung

**menace** ['menɪs] *Subst.* Drohung, Bedrohung, drohende Gefahr

**menacing** ['menɪsɪŋ] *Adj.* bedrohlich, drohend

**menagerie** [mɪ'nædʒərɪ] *Subst. frz.* Tierschau, Tiergehege

**mend** [mend] *V/t.* ausbessern, reparieren

**mental** ['mentl] *Adj. umgangsspr.* übergeschnappt; ***mentally handicapped*** geistig behindert

**mention** ['menʃən] *V/t.* erwähnen

**menu** ['menjuː] *Subst.* Speisekarte

**merchandise** ['mɜːtʃəndaɪz] *Subst.* Waren, Handelsware

**merciful** ['mɜːsɪfəl] *Adj.* barmherzig, gütig

**Mercury** ['mɜːkjʊrɪ] *Subst.* Merkur; der sonnennächste Planet unseres Sonnensystems, deshalb nur während der Morgen- und Abenddämmerung zu beobachten. Er heißt nach dem röm. Gott der Kaufleute (→ ***Hermes***); die Astrologie ordnet ihm als Wesenskraft „Intellekt" zu. Merkurkräfte sind Wendigkeit, Gelehrigkeit, Vorsicht, auf der negativen Seite Unstetigkeit. Das bewegliche Metall Quecksilber, bunte Steine und Glas gehören zu Merkur.

**mercy** ['mɜːsɪ] *Subst.* Mitleid, Erbarmen

**merge** [mɜːdʒ] *Vt/i.* verschmelzen; ineinander aufgehen

**merit** ['merɪt] *V/t.* verdienen

**Merlin** ['mɜːlɪn] *Name*; legendärer Zauberer der keltischen Sage; das historische Vorbild lebte wahrscheinlich im 4. oder 5. Jh. n. Chr. und war Druide (→ ***druid***), zuweilen wird er mit dem legendären Barden (Sängerdichter) Taliesin identifiziert. Als Lehrer des sagenhaften König Artus ging Merlin in die legendarische Geschichtsschreibung Britanniens und in die Literatur ein. Der Ausruf "*Merlin's beard!*" – „Beim Barte Merlins!" steht in Analogie zu der islam. Bekräftigungsformel „beim Barte des Propheten".

**mermaid** ['mɜːmeɪd] *Subst.* Seejungfrau

**Mermish** ['mɜːmɪʃ] *Neubildung Sprache der Nixen, Seejungfrauen, Wassermänner etc.*

**merpeople** ['mɜːˌpiːpl] *Subst. Pl.* Wassergeister, Meerjungfrauen und Wassermänner; als männliche Verkörperung Wassermann, Nix oder (griech.) Triton, als *mermaid* Seejungfrau, Nixe, Undine. Sie baden oder leben im Wasser, sowohl im Meer als auch in Binnenseen, Flüssen oder Quellen und zählen in der Regel zu den Elementargeistern, d.h. sie haben keine Seele.
Nixen oder Seejungfrauen haben oft eine trügerische erotische Anziehungskraft und sind bösartig: Bis zur Taille nackt, sitzen sie auf Felsen, singen (eine Verkörperung der antiken *Sirenen*) oder kämmen ihr Haar (die *Lorelei* auf dem Hochufer des Rheins); die vorüberfahrenden Seeleute haben nur noch Augen für sie und zerschellen mit ihren Schiffen an den Klippen.
Es gibt aber auch hässliche, fischartige Wasserdämonen beiderlei Geschlechts, die wasserreichen britischen Inseln sind voll von solchen Wesen, die in Irland *fomorian* genannt werden: Jede Quelle hat ihre Nymphe, jeder schottische Fluss seinen → ***kelpie***, in den Fjorden und Flüssen Schottlands und in Irland erscheinen *washerwomen* als Zeichen nahenden Unheils (→ ***banshee***).

**mesmerized** ['mezməraɪzd] *Adj.* hypnotisiert, fasziniert. Der Begriff geht zurück auf das Ende des 18. Jh. von F.A. Mesmer entwickelte Verfahren, von Lebewesen ausstrahlende Kräfte durch magnetische Beeinflussung zu Heilverfahren zu nutzen (animalischer Magnetismus); ein Vorläufer der Hypnose.

**mess** [mes] *Subst.* Durcheinander, Unordnung

**message** ['mesɪdʒ] *Subst.* Nachricht

**Messrs.** ['mesəz] *Abk. frz.* **Messieurs** Herren

**mid-air** [ˌmɪd'eə] *Subst.* ***in mid-air*** (mitten) in der Luft, frei schwebend

**midday** [ˌmɪd'deɪ] *Subst.* Mittag, in der Mitte des Tages

**midge** [mɪdʒ] *Subst.* ZOOL kleine Mücke

**midget** ['mɪdʒɪt] *Subst.* Zwerg, Knirps

**midriff** ['mɪdrɪf] *Subst.* Zwerchfell

**midst** [mɪdst] *Subst.* ***in the midst of*** inmitten von

**miff** [mɪf] *V/t.* verärgern, auf den Schlips treten

**mild** [maɪld] *Adj.* mild, lind, sanft

**mile** [maɪl] *Maßeinheit* Meile (*brit. Längenmaß,* ***1 mile*** *entspricht 1, 609 km*)

**milk** [mɪlk] *V/t.* melken; *übertr.* ausschlachten

**mill** [mɪl] *V/i.* ***mill around*** durcheinander laufen, wogen

**mimblewimble** ['mɪmblˌwɪmbl] *steht für undeutliches Gemurmel*

**mincemeat** ['mɪnsmiːt] *Subst.* KUL Pastetenfüllung (*klein gehackte kandierte Früchte, wie Zitronat und Orangeat*); Hackfleisch

**mince pie** [ˌmɪns 'paɪ] *Subst.* KUL Hackfleischpastete

**mind¹** [maɪnd] *Subst.* Verstand, Geist; Einstellung; ***speak one's mind*** sagen, was man denkt

**mind²** [maɪnd] *Vt/i.* beachten; aufpassen; ***I don't mind*** ich habe nichts dagegen; ***never mind*** lass gut sein, es macht nichts

**mine** [maɪn] *Subst.* Mine, Bergwerk; ***mine of information*** Informationsquelle

**mingle** ['mɪŋgl] *Vt/i.* (sich) mischen, vermischen

**ministry** ['mɪnɪstrɪ] *Subst.* Ministerium

**minor** ['maɪnə] *Adj.* kleiner; geringer, geringfügiger

**mint humbug** ['mɪnt ˌhʌmbʌg] *Subst. brit.* Pfefferminzbonbon

**minuscule** ['mɪnɪskjuːl] *Adj.* winzig

**minute** ['mɪnɪt] *Adj.* sehr klein, winzig, Miniatur…

**miracle** ['mɪrəkl] *Subst.* Wunder

> **mirror** ['mɪrə] *Subst.* Spiegel. Ein wichtiges Hilfsmittel für allerlei Methoden, in die Zukunft zu sehen; begleitet von entsprechendem Zauber kann der Spiegel als magisches Auge den bevorstehenden Lebensweg eines Neugeborenen zeigen, den zukünftigen Lebenspartner und den eigenen Tod. Auch in der Erde oder in Berghöhlen verborgene Schätze soll man in Zauberspiegeln sehen können. Da sich der Mensch selbst nur durch Spiegelung betrachten kann, ist der Spiegel eng verbunden mit der Identitätsfindung. Andererseits gilt er als trügerisch (er zeigt die Dinge seitenverkehrt) und ist ein Symbol der Eitelkeit und der Vergänglichkeit von irdischer Schönheit. Da der Spiegel „zurückwirft", was in ihn „hineinfällt", findet er auch Verwendung für Abwehrzauber (→ ***gorgon***, → ***basilisk***, → ***Erised***).

**mirth** [mɜːθ] *Subst.* Fröhlichkeit, Heiterkeit, Freude

**mirthless** ['mɜːθləs] *Adj.* freudlos, bitter

**miscalculate** [ˌmɪs'kælkjʊleɪt] *Vt/i.* fehlkalkulieren; sich verschätzen

**mischief** ['mɪstʃɪf] *Subst.* Unheil, Schaden

**mischievous** ['mɪstʃɪvəs] *Adj.* mutwillig, schelmisch, schadenfroh

**miserable** ['mɪzrəbl] *Adj.* jämmerlich, miserabel, elend

**misery** ['mɪzərɪ] *Subst.* Unglück, Elend

**misfortune** [mɪs'fɔːtʃən] *Subst.* Pech, Unglück

**misgiving** [ˌmɪs'gɪvɪŋ] *Subst.* Befürchtung, Zweifel, böse Ahnung

**misjudged** [ˌmɪs'dʒʌdʒd] *Adj.* falsch eingeschätzt; schlecht gezielt

**misleading** [mɪs'liːdɪŋ] *Adj.* irreführend

**mismatched** ['mɪsmætʃt] *Adj.* nicht zusammenpassend

**misspelled** [ˌmɪs'speld] *Adj.* falsch buchstabiert, falsch geschrieben

**missy** ['mɪsɪ] *Subst.* Fräuleinchen

**mist** [mɪst] *Subst.* Dunst, Nebel

**mistake** [mɪ'steɪk] *Subst.* Fehler

**mistaken** [mɪ'steɪkən] *Adj.* im Irrtum, irrig; ***be mistaken*** sich irren

**mistletoe** ['mɪsəltəʊ] *Subst.* BOT Mistel, Mistelzweig. Die Mistel ist eine Parasitenpflanze, die auf Laubbäumen wächst und ihre Wurzeln in deren Ästen versenkt. Den keltischen Druiden (→ ***druid***) waren Misteln heilig; sie bereiteten Heil- oder Zaubertränke daraus; Mistelextrakte werden auch in der modernen Naturheilkunde eingesetzt. Mistelzweige sind, ebenso wie → ***holly*** (Ilex), immergrün und tragen im Winter Früchte; deshalb sind sie fester Bestandteil der englischen Weihnachtsdekoration. Dazu gibt es einen Brauch: Wenn man mit j-m unter einem Mistelzweig steht, muss man ihn/sie küssen.

**mistletoe**

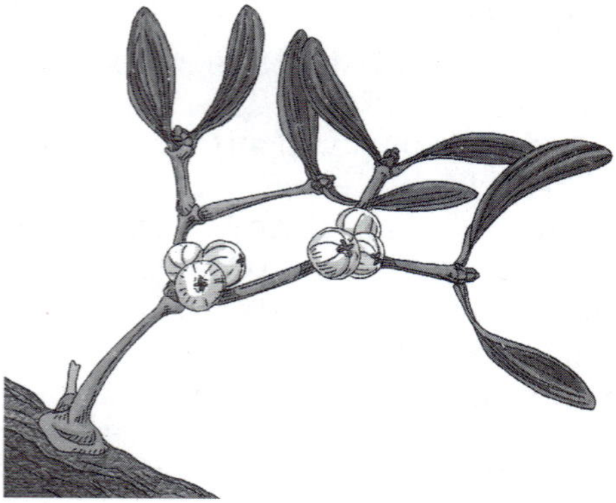

**mistreat** [mɪs'triːt] *V/t.* schlecht behandeln, misshandeln
**mistreatment** [mɪs'triːtmənt] *Subst.* Misshandlung
**mistrust** [mɪs'trʌst] *V/t.* misstrauen
**misty** ['mɪstɪ] *Adj.* dunstig, neblig, verhangen, verschleiert
**misuse** [mɪs'juːs] *Subst.* Missbrauch, Zweckentfremdung
**moan**[1] [məʊn] *Subst.* Jammern, Klage; Ächzer, Stöhnen
**moan**[2] [məʊn] *V/i.* jammern, klagen; stöhnen, ächzen

**Mobiliarbus!** [ˌməʊbɪlɪ'ɑːbəs] *Zauber vgl. lat.* ***mobilis*** beweglich

**Mobilicorpus** [ˌməʊbɪlɪ'kɔːpəs] *Zauber vgl. lat.* ***mobilis*** beweglich; *lat.* ***corpus*** Körper

**mock** [mɒk] *Adj.* gespielt, Pseudo…; ***mock bow*** gespielte Verbeugung
**Mockridge, Cuthbert** ['mɒkrɪdʒ, ˌkʌθbət] *Name vgl.* ***mock*** täuschen, sich lustig machen; ***ridge*** Kamm, Riffel, (Hügel)kette; ***Cuthbert*** *altengl. männl. Vorname (Vorstand des Goblin Liaison Office und unter den Zuschauern des Quidditch World Cup)*
**modest** ['mɒdɪst] *Adj.* bescheiden
**modify** ['mɒdɪfaɪ] *V/t.* modifizieren, verändern, anpassen
**moi** [mwɑː] *Pers. Pron. frz.* ich, mich
**moleskin** ['məʊlˌskɪn] *Subst.* Maulwurfsfell; Moleskin (*schweres Baumwolltuch mit samtiger Oberfläche*)
**Molly Weasley** [ˌmɒlɪ 'wiːzlɪ] *Name* → ***Weasley***
**molten** ['məʊltən] *Adj.* geschmolzen, flüssig
**mongrel** ['mʌŋgrəl] *Subst.* ZOOL Bastard; Köter
**monk** [mʌŋk] *Subst.* Mönch
**monkey** ['mʌŋkɪ] *Subst.* ZOOL Affe

**monkshood** ['mʌŋkshʊd] *Subst.* wörtlich „Mönchskapuze", BOT Eisenhut, Aconitum; Hahnenfußgewächs in zahlreichen Arten, blau, weiß oder gelb blühende Staude. Die Wurzeln (Akonit-Knollen oder Teufelswurzeln) enthalten halluzinationsfördernde Alkaloide und sind hochgiftig (→ ***wolfsbane***).

**moody** ['muːdɪ] *Adj.* launisch, empfindlich; verstimmt

**Moody, Prof. Alastor** ['muːdɪ, prəˌfesə ˌæləstə] *Name*; *vgl.* ***moody*** launisch, verstimmt; **Alastor**: ein unerbittlicher und bösartiger Rachegeist der griech. Mythologie, der die Untaten der Eltern an ihren Kindern rächt. Der Name ist aber auch zum Begriff für einen Frevler geworden – berühmt-berüchtigter Jäger von Schwarzmagiern mit einem magischen Auge, das ihm den Spitznamen *Mad-Eye Moody* eingetragen hat; wird engagiert, um in Harrys viertem Schuljahr *Defence Against the Dark Arts* in Hogwarts zu unterrichten.

**moon chart** ['muːn tʃɑːt] *Subst.* Mondkarte, Mondtabelle

**Moony** ['muːnɪ] *Name vgl.* ***moony*** mondsüchtig, verträumt; Mond… (*Deckname eines der Autoren der Marauder's Map, des magischen Lageplans von Hogwarts*)

**moor¹** [mʊə] *Subst.* Moor

**moor²** [mʊə] *Vt/i.* vertäuen; ankern

**mop** [mɒp] *V/t.* wischen, auftrocknen

**moping** ['məʊpɪŋ] *Adj.* Trübsal blasend, trübsinnig

**morale booster** [mə'rɑːl ˌbuːstə] *Subst.* Stimmungsschub (*etwas das die Moral hebt*)

**Moran** [mə'rɑːn] *irischer Name, abgeleitet von gälisch* ***mór*** groß (*Spieler der irischen Nationalmannschaft beim Quidditch World Cup*)

**Morgana** [mɔː'gænə] *Name*; auch *Morgaine*, *Morgan-le-Fay* oder *Morgue*; mächtige Fee oder Zauberin aus der Artussage, wo sie in verschiedenen Texten sehr unterschiedliche Rollen spielt: Manchmal ist sie Artus' Schwester, zuweilen schützt sie ihn, öfter noch trachtet sie nach seinem Leben. Meist setzt sie die Handlung, die zum Untergang des Artus-Reiches führt, in Gang – entweder als Mutter des verräterischen Ritters Mordred oder, indem sie den Ehebruch seiner Frau aufdeckt; der Figur liegt wahrscheinlich die kelt. Göttin *morrig'ain* zugrunde.

**moron** ['mɔːrɒn] *Subst.* Trottel, Idiot

**morose** [mə'rəʊs] *Adj.* missmutig, verdrossen

**morsel** ['mɔːsl] *Subst.* Stückchen, Bissen

**Morsmordre!** [mɔːs'mɔːdrə] *Zauber vgl. lat.* ***mors*** Tod; *frz.* ***mordre*** beißen, stechen

**mortal** ['mɔːtl] *Adj.* tödlich; sterblich

**mossy** ['mɒsɪ] *Adj.* moosig, bemost

**Mostafa, Hassan** ['mɒstəfə, həˌsɑːn] *Name vgl. arab.* ***Mustafa*** *Männername, „der Erwählte";* ***Hassan*** *arab.*

*Männernname, bedeutet „gut" oder „schön" (Schiedsrichter beim Quidditch World Cup)*
**moth** [mɒθ] *Subst.* ZOOL Motte, Nachtfalter
**moth-eaten** ['mɒθˌiːtn] *Adj.* mottenzerfressen
**motionless** ['məʊʃnləs] *Adj.* bewegungslos, unbeweglich
**mottled** ['mɒtld] *Adj.* gesprenkelt
**mould** [məʊld] *Subst.* Moder, Schimmel, Fäulnis
**moulder** ['məʊldə] *V/i.* verrotten, schimmeln
**mouldy** ['məʊldɪ] *Adj.* schimmelig, modrig, vermodert
**moult** [məʊlt] *Vt/i.* (sich) mausern; (*Federn, Haare*) verlieren; (*Haut*) abstreifen
**mound** [maʊnd] *Subst.* Erdhügel, Haufen
**mournful** ['mɔːnfəl] *Adj.* traurig, kummervoll
**mousey** ['maʊsɪ] *Adj.* mausfarben
**moustache** [mə'stɑːʃ] *Subst.* Schnurrbart
**mouth** [maʊθ] *Subst.* Mund; ***fat mouth*** große Fresse
**mouth-watering** ['maʊθˌwɔːtərɪŋ] *Adj.* appetitlich, lecker
**movement** ['muːvmənt] *Subst.* Bewegung
**mow** [məʊ] *Vt/i.* mähen
**muck** [mʌk] *Subst.* Mist, Dung, Unrat
**mud** [mʌd] *Subst.* Schlamm, Morast
**Mudblood** ['mʌdblʌd] *Neubildung vgl.* ***mud*** Schlamm, Morast; ***blood*** Blut
**muddy** ['mʌdɪ] *Adj.* schlammig, matschig, morastig
**muffle** ['mʌfl] *V/t.* dämpfen
**muffler** ['mʌflə] *Subst.* Schal; TECH Schalldämpfer
**mug** [mʌg] *Subst.* Henkelbecher, Krug

**Muggle** ['mʌgl] *Neubildung; vgl.* ***mug*** Krug; *brit.* Visage, Fresse, Grimasse; Trottel; *US* Ganove; *umgangsspr.* ***muggins*** Tölpel, Einfaltspinsel

**muggy** ['mʌgɪ] *Adj.* schwül, dumpf
**mugwump** ['mʌgwʌmp] *Subst. US umgangsspr.* Unabhängige(r), Parteilose(r); *übertr.* unsicherer Kantonist
**Mulciber** ['mʌlsɪbə] *Name vgl. lat.* ***mulciber*** Vulkan, Feuer (*Anhänger von Lord Voldemort, dessen Namen Igor Karkaroff bei seiner Gerichtsverhandlung preisgibt*)
**mule** [mjuːl] *Subst.* Maultier
**Mulet** ['mʌlət] *Name* (*Spieler der irischen Quidditch-Nationalmannschaft beim World Cup*)
**mulish** ['mjuːlɪʃ] *Adj.* störrisch
**mull** [mʌl] *V/t.* ***mull over*** nachgrübeln über, nachdenken über
**mulled** [mʌld] *Adj.* erhitzt, heiß gemacht
**mullioned window** [ˌmʌljənd 'wɪndəʊ] *Subst.* Sprossenfenster
**multi-coloured** ['mʌltɪˌkʌləd] *Adj.* vielfarbig, bunt
**multi-storey** [ˌmʌltɪ'stɔːrɪ] *Adj.* mehrstöckig
**mumble** ['mʌmbl] *Vt/i.* vor sich hin murmeln

**mummy** ['mʌmɪ] *Subst.* Mumie; von *arab.* ***mumiya***, *pers.* ***mum*** Wachs. Konservierter menschlicher Leichnam, entweder durch natürliche Umstände (Kälte, Trockenheit, Luftisolation) oder aber durch besondere Bestattungsriten, die vor allem in Ägypten zu besonderer Kunst entwickelt wurden: Dabei erhielten Gehirn und Eingeweide der Verstorbenen eine getrennte Bestattung, die Körper wurden mit Natron einbalsamiert, Körperhöhlungen mit Harzen gefüllt und der ganze Leib bandagiert; für die Gesichter fertigte man kunstvolle Mumienmasken an und bettete die Leichname dann in prächtige Sarkophage. Diese Mumien waren ein „Übergangsgefäß" für die Verstorbenen und die Voraussetzung für einen neuen Leib im Jenseits. Allerdings kamen nur hoch stehende Personen in den Genuss einer solchen Behandlung.

**munch** [mʌntʃ] *Vt/i.* schmatzen, mampfen

**mundane** [mʌn'deɪn] *Adj.* weltlich, irdisch

**Murcus** ['mɜːkəs] *Name vgl.* **murky** düster, trüb, dunkel (*Anführerin des Wasservolks, das auf dem Grund des Hogwarts-Sees lebt*)

**murder** ['mɜːdə] *V/t.* ermorden

**murderous** ['mɜːdərəs] *Adj.* mordlustig, mörderisch

**murky** ['mɜːkɪ] *Adj.* trüb, düster, dunkel

**murmurs** ['mɜːməz] *Subst. Pl.* Murmeln, Gerüchte

**muscle** ['mʌsl] *Subst.* Muskel

**mushroom-shaped** ['mʌʃruːmˌʃeɪpt] *Adj.* pilzförmig

**musical saw** [ˌmjuːzɪkl 'sɔː] *Subst.* MUS singende Säge

**musical statues** [ˌmjuːzɪkl 'stætʃuːz] *Subst. Pl. Kinderspiel: dabei wird zu Musik getanzt, sobald j-d die Musik abschaltet, müssen alle in der Bewegung erstarren; wer weitertanzt, wackelt oder das Gleichgewicht verliert, hat verloren*

**musing** ['mjuːzɪŋ] *Subst.* Grübelei, Mutmaßung

**muster** ['mʌstə] *V/t.* aufbieten, zusammenbringen

**musty** ['mʌstɪ] *Adj.* muffig, modrig, stockig

**mutant** ['mjuːtənt] *Adj.* mutiert, biologisch abweichend

**mutilate** ['mjuːtɪleɪt] *V/t.* verstümmeln

**mutilated** ['mjuːtɪleɪtɪd] *Adj.* entstellt, zerstört

**mutilation** [ˌmjuːtɪ'leɪʃn] *Subst.* Verstümmelung

**mutinous** ['mjuːtɪnəs] *Adj.* aufgebracht, aufrührerisch; rebellisch

**mutter** ['mʌtə] *Vt/i.* murmeln, murren

**muzzle** ['mʌzl] *Subst.* Maul, Schnauze

**Myrtle** ['mɜːtl] altmodischer weibl. Vorname, abgeleitet von der Verkleinerungsform von *altfrz., lat.* **myrtilla** Myrte; immergrüne Pflanze, wird seit der Antike in kultischen Zusammenhängen und als Heilpflanze eingesetzt, gilt als Pflanze der röm. Liebesgöttin Venus, weit verbreitet als Braut- oder Grabschmuck – **Moaning Myrtle**: Geist eines vor vielen Jahren in Hogwarts umgekommenen Schulmädchens.

**mysterious** [mɪ'stɪərɪəs] *Adj.* geheimnisvoll

**mystery** ['mɪstərɪ] *Subst.* Rätsel, Geheimnis

# N

**nag** [næg] *Vt/i.* nörgeln, plagen; nagen, bohren

**Nagini** [nəˈgiːnɪ] *Name*; *vgl.* **nag** nörgeln, nagen, bohren, *vgl. auch* **nag** Sanskritwort für Schlange; *Nagas* sind gefährliche Dämonen der indischen Mythologie, trügerische Geschöpfe, die Menschen durch freundliches Verhalten in Sicherheit wiegen, um sie dann zu bedrohen. Der Naga-König ist eine sieben- oder tausendköpfige Schlange und beschützt den Gott Vischnu während Zeiten der kosmischen Ruhe. – Eine große Schlange, Lord Voldemorts Haus- und Nutztier.

**namby-pamby** [ˌnæmbɪˈpæmbɪ] *Adj.* abgeschmackt, sentimental; verweichlicht

**name** [neɪm] *Subst.* Name. Das Verbot oder die Scheu, einen Namen auszusprechen, ist ein Zeichen von Furcht oder auch Ehrfurcht; dem liegt die Überzeugung zugrunde, dass im Namen das Wesen geborgen ist und die richtige Bezeichnung einer Sache oder eines Wesens Macht über diese Sache oder dieses Wesen verleiht.
In der biblischen Schöpfungsgeschichte wird Adam die Macht verliehen, die Lebewesen der Erde mit Namen zu bezeichnen und über sie zu herrschen – Die Furcht oder das unausgesprochene Verbot, → ***Voldemort*** bei seinem Namen zu nennen, an das sich auch seine Anhänger halten; es erinnert an das alttestamentarische und islamische Verbot, sich ein Bild von Gott zu machen.

**nancy** [ˈnænsɪ] *Subst.* Muttersöhnchen

**napkin** [ˈnæpkɪn] *Subst.* Serviette

**nasty** [ˈnɑːstɪ] *Adj.* hässlich; schlimm, bösartig, ekelhaft, abscheulich

**natural** [ˈnætʃərəl] *Subst.* Naturtalent, natürliche Begabung

**naught** [nɔːt] *Adj. altertüml.* nichts

**nauseous** [ˈnɔːzɪəs] *Adj.* angeekelt, Übelkeit verspürend; ekelhaft

**navel** ['neɪvl] *Subst.* Nabel

**Nearly-Headless Nick** ['nɪəlɪˌhedləs 'nɪk] *Name*; *vgl.* ***nearly*** beinahe, fast; ***headless*** kopflos; **Nick**: Kurzform von *Nicolas* (*de Mimsy-Porpington*); – Hausgeist von Gryffindor; er wurde einst mit einer stumpfen Axt unsachgemäß geköpft, weshalb er nun seinen noch mit dem Rumpf verbundenen Kopf mit Halskrausen abstützt. Das Motiv erinnert an den mittelenglischen Versroman *Sir Gawein and the Green Knight*: Im Rahmen einer Wette provoziert der grüne Ritter Sir Gawein, ihn zu köpfen, nimmt seinen Kopf unter den Arm, um nach Ablauf eines Jahres Sir Gawein zu köpfen …

**neat** [niːt] *Adj.* adrett, ordentlich, reinlich
**necessary** ['nesɪsrɪ] *Adj.* notwendig
**neck** [nek] *Subst.* Hals
**necklace** ['neklɪs] *Subst.* Halskette
**needlework** ['niːdlwɜːk] *Subst.* Handarbeit, Näharbeit
**neglect** [nɪ'glekt] *V/t.* vernachlässigen
**negotiation** [nɪˌgəʊʃɪ'eɪʃn] *Subst.* Verhandlung
**nephew** ['nefjuː] *Subst.* Neffe

**Neptune** ['neptjuːn] *Subst.* Neptun; von der Sonne aus gezählt achter Planet des Sonnensystems, erst 1846 entdeckt. Er ist benannt nach dem röm. Gott der Gewässer. In der Astrologie ist Neptun verknüpft mit der Fantasie der Menschen. Aufgrund seiner großen Umlaufbahn, für deren Vollendung er ca. 164 Jahre benötigt, soll seine Stellung im Tierkreis vor allem kulturelle „Generationen“ erhellen.

**nerve** [nɜːv] *Subst.* Nerv; *übertr.* Energie; ***nerves*** Nervosität, Lampenfieber
**nest** [nest] *V/i.* nisten, brüten
**nestle** ['nesl] *V/i.* sich einnisten; sich niederlassen

**nettle** ['netl] *Subst.* BOT Nessel; Brennnessel und verwandte Gewächse; Brennnesseln beißen, aber getrocknete Brennnesselblätter werden auch zur Zubereitung von heilendem Tee verwendet.

**Nettles, Mrs.** ['netlz, ˌmɪsɪz] *Name*; *vgl.* ***nettle*** Nessel; ***of Topsham*** *vgl.* ***top*** Spitze, Gipfel, ***sham*** geläufiger Bestandteil englischer Ortsnamen; *vgl.* ***sham*** Schwindel, Schwindler(in) – Hexe, die, wie ihr überschwängliches Schreiben beweisen soll, mit dem *Kwikspell*-Fernlehrgang Zaubern gelernt haben will, ein Werbekniff, den man als *testimonial* (Zeugnis) bezeichnet.

**network** ['netwɜːk] *Subst.* Netzwerk
**nevertheless** [ˌnevəðə'les] *Adv.* nichtsdestoweniger
**Neville Longbottom** [ˌnevl 'lɒŋbɒtəm] → ***Longbottom, Neville***
**newsagent** ['njuːzˌeɪdʒənt] *Subst.* Zeitungs- (und Schreibwaren)Laden
**newt** [njuːt] *Subst.* ZOOL Wassermolch
**nibble** ['nɪbl] *Subst.* Häppchen, Bissen

**nicety** ['naɪsɪtɪ] *Subst.* Höflichkeitsform, Etikette
**niche** [niːʃ] *Subst.* Marktlücke, Nische
**nick** [nɪk] *V/t.* stibitzen, schnorren

**Niffler** ['nɪflə] *Neubildung*; *vgl. brit. umgangsspr.* ***niff*** Mief, unangenehmer Geruch, *vgl. Niflheim* (altnord.: Nebelwelt), Region im äußersten, eisigen Norden. Der nord. Mythologie zufolge ist dies der Ort, an dem die Totengöttin Hel über jene Toten herrscht, die nicht nach Walhall dürfen; anderen Deutungen zufolge hüten Zwerge dort tief unter der Erde unermessliche Goldschätze – maulwurfsähnliche magische Wesen, die in der Erde nach Gold graben, Gegenstand einer sehr unterhaltsamen praktischen Unterrichtsstunde in *Care of Magical Creatures*.

**night** [naɪt] *Subst.* Nacht; ***in the dead of night*** mitten in der Nacht
**night cap** ['naɪtkæp] *Subst.* Schlafmütze
**nightfall** ['naɪtfɔːl] *Subst.* Einbruch der Dunkelheit
**night-gown** ['naɪtgaʊn] *Subst.* Nachthemd
**nightmare** ['naɪtmeə] *Subst.* Albtraum
**nimble** ['nɪmbl] *Adj.* flink, gewandt
**Nimbus 2000** [ˌnɪmbəs tuː'θaʊzənd] *Name vgl. lat.* ***nimbus*** Regenwolke; Nimbus, Heiligenschein; Ruhm, Ansehen, Geltung (*erstklassiger Rennbesen, den Harry gegen alle Regeln in seinem ersten Schuljahr erhält*)

**nip** [nɪp] *V/t.* kneifen, zwicken
**nitwit** ['nɪtwɪt] *Subst.* Schwachkopf, Dummkopf
**no-account** ['nəʊəˌkaʊnt] *Adj. US umgangsspr.* unbedeutend; nutzlos, wertlos
**nobble** ['nɒbl] *V/t. brit.* lahm legen
**nobility** [nəʊ'bɪlɪtɪ] *Subst.* Adel; *übertr.* Edelmut, Größe
**noble** ['nəʊbl] *Adj.* vornehm, edel
**nod** [nɒd] *V/i.* nicken; ***nod off*** einnicken, wegdösen
**nonchalant** ['nɒnʃələnt] *Adj.* lässig, unbekümmert, nonchalant
**nonentity** [nɒ'nentɪtɪ] *Subst.* Nicht-Existenz, Nichts
**non-muggle** [ˌnɒn'mʌgl] *Adj.* nicht-muggle; → ***Muggle***
**nonplussed** [nɒn'plʌst] *Adj.* verblüfft, verdutzt
**nook** [nʊk] *Subst.* Ecke, (Schlupf-)Winkel
**nope** [nəʊp] *Adv. umgangsspr.* nein, „nee"
**Norbert** ['nɔːbət] *männl. Vorname* (*Hagrids Drachenbaby, ein Norwegian Ridgeback*); → ***dragon***

**Norris, Mrs.** ['nɒrɪs, ˌmɪsɪz] *Name*; *vgl.* Jane Austens Roman *Mansfield Park* (1914). Mrs. Norris ist eine gemeine, hinterlistige Frau, die das Mädchen Fanny, eine der Hauptfiguren des Romans, schikaniert – die spionierende Katze des Hausmeisters *Argus Filch*.

**Norwegian** [nɔː'wiːdʒən] *Adj.* norwegisch, aus Norwegen
**nosh** [nɒʃ] *Subst. umgangsspr.* Bissen, Happen, Essen
**nostril** ['nɒstrɪl] *Subst.* Nasenflügel, Nasenloch; *von Pferd*: Nüster

**nosy** ['nəʊzɪ] *Adj.* neugierig, vorwitzig
**notch** [nɒtʃ] *Subst.* Kerbe, Einschnitt
**noticeable** ['nəʊtɪsəbl] *Adj.* bemerkenswert, beachtlich
**notify** ['nəʊtfaɪ] *V/t.* benachrichtigen, bekannt geben
**notorious** [nəʊ'tɔːrɪəs] *Adj.* notorisch, bekannt für
**Nott** [nɒt] *Name vgl.* ***knot*** Knoten (*Anhänger Lord Voldemorts*)
**nourishment** ['nʌrɪʃmənt] *Subst.* Ernährung, Nahrung

**Nox** [nɒks] *Zauber vgl. lat.* ***nox*** Nacht

**nudge** [nʌdʒ] *V/t.* stupsen, anstoßen
**nuffink** ['nʌfɪŋk] *umgangsspr. für* ***nothing*** nichts
**numb** [nʌm] *Adj.* taub, betäubt, empfindungslos, erstarrt
**numbing** ['nʌmɪŋ] *Part. Präs.* betäubend, lähmend
**nun** [nʌn] *Subst.* Nonne
**nurse** [nɜːs] *Subst.* Krankenschwester
**nut brittle** ['nʌt ˌbrɪtl] *Subst. US* KUL Nusskrokant
**nutter** ['nʌtə] *Subst. brit. umgangsspr.* Irrer, Spinner, Gestörter

**nymph** [nɪmf] *Subst.* Nymphe. Verbreitet in der griech. und röm. Mythologie, Töchter des Zeus, aber auch Elementarwesen im Volks- und Aberglauben.
Nymphen sind in Gruppen auftretende, weibliche anmutige Naturgeister. Die griech. Antike unterschied zwischen Okeaniden und Nereiden (Meeresnymphen), Najaden (Nymphen der Binnengewässer), Oreaden (Bergnymphen), Alseiden (Waldnymphen), Dryaden und Hamadryaden (Baumnymphen).

# O

**oaf** [əʊf] *Subst.* Dummkopf, Hornochse

**oak** [əʊk] *Subst.* BOT Eiche, Eichenholz. Vielen indogermanischen Völkern galt die Eiche als heiliger Baum: in Griechenland war er Zeus, bei den Römern Jupiter, bei den Germanen Donar (Thor) geweiht. Slawische, germanische und keltische Stämme vollzogen wohl auch Menschenopfer unter Eichen (→ ***druid***). Ihre Langlebigkeit – Eichen können bis zu 700 Jahren alt werden – und die Härte ihres Holzes ließ die Eiche in der Emblematik zum Sinnbild für Stärke und Männlichkeit werden (demgegenüber gilt die Linde als „weiblicher" Baum).

**Obalonsk, Mr.** ['ɒbəlɒnsk, ˌmɪstə] *Name vgl. slaw.* ***obal...*** umstürzen, umwerfen (*bulgarischer Minister, zu Gast beim Endspiel um den Quidditch World Cup*)

**obedient** [ə'biːdɪənt] *Adj.* gehorsam, folgsam

**obey** [əʊ'beɪ] *Vt/i.* gehorchen

**objection** [əb'dʒekʃən] *Subst.* Einwand, Widerspruch

**oblige** [ə'blaɪdʒ] *V/t.* verpflichten

**obliterate** [ə'blɪtəreɪt] *V/t.* auslöschen, tilgen, ausradieren

**Obliviate!** [ə'blɪvɪeɪt] *Zauber vgl.* ***oblivion*** Vergessen, Vergessenheit, Vergesslichkeit

**Obliviator** [ə'blɪvɪeɪtə] *Neubildung; j-d, der* ***muggles*** *magische Pannen oder Unfälle vergessen macht*

**oblivious** [ə'blɪvɪəs] *Adj.* ***be oblivious of s.th.*** sich etwas nicht bewusst sein, etwas nicht wahrnehmen

**obscure** [əb'skjʊə] *V/t.* verdunkeln, verdecken

**observe** [əb'zɜːv] *V/t.* beobachten

**obsessed** [əb'sest] *Adj.* besessen

**obsession** [əb'seʃn] *Subst.* Besessenheit

**obsolete** ['ɒbsəliːt] *Adj.* überholt, altmodisch

**obstacle** ['ɒbstəkl] *Subst.* Hindernis, Bedrohung

**obstacle course** ['ɒbstəkl ˌkɔːs] *Subst.* Hindernisbahn

**obstinate** ['ɒbstɪnɪt] *Adj.* hartnäckig,

halsstarrig, eigensinnig

**obvious** ['ɒbvɪəs] *Adj.* offensichtlich

**occasion** [ə'keɪʃn] *Subst.* Gelegenheit, Anlass

**occupant** ['ɒkjʊpənt] *Subst.* Bewohner, Insasse

**occur** [ə'kɜː] *V/i.* sich ereignen, vorkommen; *j-m* einfallen

**odd** [ɒd] *Adj.* seltsam, sonderbar, merkwürdig, befremdlich

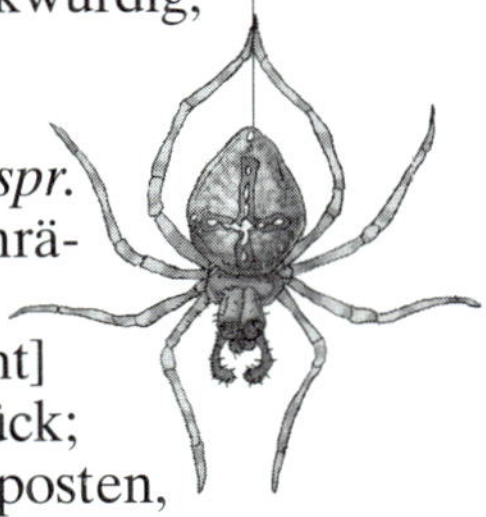

**oddball** ['ɒdbɔːl] *Subst. umgangsspr.* Exzentriker, schräger Vogel

**oddment** ['ɒdmənt] *Subst.* Einzelstück; ***oddments*** Restposten, Überbleibsel

**oddsbodikins** [ɒdz'bɒdɪkɪnz] *vgl.* ***odsbodikins*** *Fluch:* ***od*** *steht für* ***god*** Gott; ***body*** Körper, Leib (*Passwort am Eingang zum Gryffindor-Haus*)

**off-colour** [ˌɒf'kʌlə] *Adj.* unpässlich, unwohl

**offence** [ə'fens] *Subst.* Beleidigung; Verstoß

**offend** [ə'fend] *V/t.* beleidigen, kränken

**offender** [ə'fendə] *Subst.* Übeltäter

**offhand**[1] [ˌɒf'hænd] *Adj.* improvisiert, unvorbereitet

**offhand**[2] [ˌɒf'hænd] *Adv.* aus dem Stegreif, so ohne weiteres

**offhanded** [ˌɒf'hændɪd] *Adj.* aus dem Stegreif, spontan

**Ogg** [ɒg] *alter Familienname, von gälisch* ***og*** jung (*Vorgänger Hagrids als Wildhüter in Hogwarts*)

**ogle** ['əʊgl] *V/t.* beäugen, liebäugeln

> **ogre** ['əʊgə], auch ***oger*** *Subst.* Oger. Oger sind Menschen fressende Riesen von monströsem Aussehen und abstoßendem Betragen; es soll allerdings auch Oger geben, die nicht größer als normale Menschen sind. Erzählungen nordamerikanischer Indianer berichten von *Cliff Ogres*, die Menschen von Steilküsten hinabstürzen; mit den zerschellten Opfern ernähren sie ihre Brut.

**old-fashioned** [ˌəʊld'fæʃnd] *Adj.* altmodisch

**olive-skinned** ['ɒlɪvskɪnd] *Adj.* mit olivgetönter Haut

**Ollivander** ['ɒlɪˌvændə] *Name vgl.* ***all*** alle; ***wand*** Zauberstab (*alteingesessene Zauberstabmanufaktur in Diagon Alley*)

**omen** ['əʊmən] *Subst. lat.* (böses) Vorzeichen

**ominous** ['ɒmɪnəs] *Adj.* ominös, unheilvoll, mit unguter Vorahnung

**Omniocular** [ˌɒmnɪ'ɒkjʊlə] *Neubildung vgl. lat.* ***omnis,-e*** jeder, alle; ***ocularis,-e*** *lat.* die Augen betreffend (*analog zu →* ***binoculars***)

**ooze** [uːz] *Vt/i.* entweichen, (heraus-)sickern, triefen; verströmen

**opal** ['əʊpəl] *Subst.* Opal

**opaque** [əʊ'peɪk] *Adj.* undurchsichtig, undurchlässig

**opinion** [ə'pɪnjən] *Subst.* Auffassung, Ansicht, Meinung

**opponent** [ə'pəʊnənt] *Subst.* Gegner, Widersacher

**opposite** ['ɒpəzɪt] *Adj.* gegenüberliegend; gegnerisch, entgegengesetzt

**oppression** [ə'preʃn] *Subst.* Unterdrückung

**option** ['ɒpʃən] *Subst.* Möglichkeit
**orb** [ɔːb] *Subst.* Kugel
**orb-like** ['ɔːblaɪk] *Adj.* kugelig, ballförmig
**orchard** ['ɔːtʃəd] *Subst.* Obstgarten

> **Orchideous!** [ɔː'kɪdɪəs] *Zauber vgl.* ***orchid*** Orchidee

**ordeal** [ɔː'diːl] *Subst.* Zerreißprobe; Tortur, Qual
**order** ['ɔːdə] *Subst.* Ordnung, Reihenfolge; *kirchlich*: Orden; ***out of order*** außer Betrieb
**originator** [ə'rɪdʒɪneɪtə] *Subst.* Urheber
**ornament** ['ɔːnəmənt] *Subst.* Ornament, Verzierung, Dekoration
**ornate** [ɔː'neɪt] *Adj.* reich verziert
**orphan** ['ɔːfən] *Subst.* Waise, elternloses Kind
**orphanage** ['ɔːfnɪdʒ] *Subst.* Waisenhaus
**Ottery St. Catchpole** [ˌɒtərɪ snt 'kætʃpəʊl] *Ort vgl.* ***otter*** Otter; ***St.*** *Abk. für* ***saint*** heilig; ***catchpole*** Gerichtsdiener, Büttel (*Dorf, in dem die Familie Weasley lebt*)
**Ouagadougou** [ˌuːgə'duːguː] *Hauptstadt von Burkina Faso* (*Westafrika*)
**ounce** [aʊns] *Maßeinheit* Unze (*brit. kleines Gewicht, 1 Unze entspricht 28,35 g*)
**outcast** ['aʊtkɑːst] *Subst.* Ausgestoßene(r), Verstoßene(r)
**outfitter** ['aʊtfɪtə] *Subst.* Ausstatter (*für Kleidung*)
**outlaw** ['aʊtlɔː] *V/t.* ächten; ausstoßen, ausweisen
**outline** ['aʊtlaɪn] *Subst.* Umriss, Rand
**outnumber** [aʊt'nʌmbə] *V/t.* in der Überzahl sein, zahlenmäßig überlegen sein
**outrage** ['aʊtreɪdʒ] *Subst.* Entrüstung, Empörung; Gräueltat
**outrageous** [aʊt'reɪdʒəs] *Adj.* empörend
**outstretched** [ˌaʊt'stretʃt] *Adj.* ausgestreckt
**outstrip** [aʊt'strɪp] *V/t.* überholen
**outwit** [aʊt'wɪt] *V/t.* überlisten, austricksen
**oven** ['ʌvən] *Subst.* Backofen, Ofen
**overbalance** [ˌəʊvə'bæləns] *V/i.* Übergewicht bekommen, das Gleichgewicht verlieren
**overflow** [ˌəʊvə'fləʊ] *Vt/i.* überfluten; über die Ufer treten
**overgrown** [ˌəʊvə'grəʊn] *Adj.* überwachsen, überwuchert
**overhear** [ˌəʊvə'hɪə] *V/t.* zufällig mit anhören, mitbekommen
**overlarge** ['əʊvəlɑːdʒ] *Adj.* übergroß
**overpower** [ˌəʊvə'paʊə] *V/t.* überwältigen
**overrule** [ˌəʊvə'ruːl] *V/t.* (*Entscheidung*) aufheben, aussetzen, rückgängig machen
**oversleep** [ˌəʊvə'sliːp] *V/i.* verschlafen
**overt** ['əʊvɜːt] *Adj.* offen, offenkundig
**overtake** [ˌəʊvə'teɪk] *V/t.* überholen, überrunden
**overtime** ['əʊvətaɪm] *Subst.* Überstunden
**overturn** [ˌəʊvə'tɜːn] *Vt/i.* umstürzen, umstoßen, umwenden; kentern
**overwhelming** [ˌəʊvə'welmɪŋ] *Adj.* überwältigend
**owe** [əʊ] *V/t.* schulden, schuldig sein; verdanken
**owing** ['əʊɪŋ] *Präp.* ***owing to*** bedingt durch, wegen

**owl** [aʊl] *Subst.* ZOOL Eule, Kauz. Gattung von Nachtvögeln mit gebogenem Schnabel und großen Augen, die – im Unterschied zu denen anderer Vögel – parallel und nach vorne ausgerichtet sind. Es gibt verschiedenste Arten von Eulen, von der winzigen *pigmy owl* (Zwergeule) bis zur *eagle owl* (Uhu). Sie schlafen tagsüber und gehen in der Dämmerung auf Jagd. Aufgrund ihrer Nachtaktivität und ihrer leuchtenden Augen wurde die Eule häufig als dämonischer Vogel, als Hexenbotin und Tiergestalt von Waldgeistern angesehen; ihr klagender Schrei, vor allem der des Käuzchens, wurde vielfach als Unglücksbotschaft interpretiert. Schrie eine Eule am Tage, so kündete dies nach dem Volksglauben eine Feuersbrunst an. Im antiken Griechenland galt die Eule als Inkarnation der Weisheit; sie war der klugen und streitbaren Göttin Athene (entspricht der röm. Minerva, → ***McGonagall***) heilig.

**O.W.L.** [ˈəʊ ˌdʌbljuː ˈel] *Neubildung Abk. für* ***Ordinary Wizarding Level*** *(Nachweis der Basisqualifikation in den verschiedenen magischen Disziplinen)*

**owlery** [ˈaʊlərɪ] *Subst.* Eulenschlag

**oxygen** [ˈɒksɪdʒən] *Subst.* Sauerstoff

# P

**pace**[1] [peɪs] *Subst.* Gang(art), Schritt
**pace**[2] [peɪs] *V/i.* ***pace up and down*** auf und ab schreiten *oder* gehen
**pacifying** ['pæsɪfaɪɪŋ] *Adj.* beschwichtigend, besänftigend
**packing case** ['pækɪŋ keɪs] *Subst.* Umzugskiste, Packkiste
**paddling pool** ['pædlɪŋ puːl] *Subst.* Planschbecken
**paddock** ['pædək] *Subst.* Koppel, umzäunte Weide
**Padfoot** ['pædfʊt] *Name vgl.* ***pad*** latschen, schlurfen, trotten; ***foot*** Fuß (*Deckname eines der Autoren der Marauder's Map, des magischen Lageplans von Hogwarts*)
**padlock** ['pædlɒk] *V/t.* (mit einem Vorhängeschloss) ein-, verschließen
**Padma Patil** [ˌpædmə 'pætɪl] *Name* → ***Patil***
**paid** [peɪd] *Adj.* bezahlt
**pail** [peɪl] *Subst.* Eimer
**pain** [peɪn] *Subst.* Schmerz
**paint** [peɪnt] *Subst.* Farbe, Lackfarbe, Malerfarbe
**painting** ['peɪntɪŋ] *Subst.* Gemälde
**paisley** ['peɪzlɪ] *Adj.* türkisch gemustert
**pal** [pæl] *Subst.* Kumpel, Spezi
**pale** [peɪl] *Adj.* blass, bleich
**palm** [pɑːm] *Subst.* Handfläche
**palmistry** ['pɑːmɪstrɪ] *Subst.* Handlesen, Handlesekunst
**palm tree** ['pɑːm triː] *Subst.* BOT Palme
**palomino** [ˌpælə'miːnəʊ] *Subst.* Palomino (*rötliche Fellfarbe bei Pferden*)
**palpable** ['pælpəbl] *Adj.* fühlbar, greifbar; augenfällig
**pan** [pæn] *Subst.* Pfanne; ***warming pan*** Wärmepfanne
**pandemonium** [ˌpændɪ'məʊnɪəm] *Subst.* Inferno, Höllenspektakel; *aus griech.* ***pan*** alle(s); ***demon*** Dämon
**pane** [peɪn] *Subst.* Fensterscheibe
**panel** ['pænl] *Subst.* Ausschuss, Gremium
**panelled** ['pænld] *Adj.* getäfelt
**pang** [pæŋ] *Subst.* Stich, plötzlicher Schmerz
**panicked** ['pænɪkt] *Adj.* in Panik, panisch, verängstigt
**pant** [pænt] *V/i.* keuchen, japsen, schnaufen, um Luft ringen

**Paracelsus** [ˌpærə'selsəs] *Name*; eigentl. *Theophrastus Bombastus von Hohenheim*, berühmter Arzt und

Naturforscher des 16. Jh.s, als Zauberer und Scharlatan ging er in die Volksdichtung ein; ihm wurde die Erfindung eines Lebenselixirs zugeschrieben.
Er unternahm darüber hinaus auch eine Einteilung der Elementargeister oder -wesen, gemäß ihrem Element: Wasser: Nymphen oder Undinen, Erde: Gnomen oder Pygmäen, Feuer: Salamander oder Vulkani, Luft: Sylphen oder Sylvestres.

**parachute** ['pærəʃuːt] *Subst.* Fallschirm

**parade** [pə'reɪd] *Vt/i.* marschieren; stolzieren; sich brüsten mit, zur Schau stellen

**paragraph** ['pærəgrɑːf] *Subst. in Text*: Absatz

**paralyse** ['pærəlaɪz] *V/t.* lahm legen, lähmen

**paranoid** ['pærənɔɪd] *Adj.* paranoid

**parchment** ['pɑːtʃmənt] *Subst.* Pergament

**parentage** ['peərəntɪdʒ] *Subst.* Abstammung, Abkunft, Familie

**parking meter** ['pɑːkɪŋ ˌmiːtə] *Subst.* Parkuhr

**Parkinson, Pansy** ['pɑːkɪnsən, ˌpænzɪ] *engl. Familienname*; ***Pansy*** *Mädchenname*, *vgl.* ***pansy*** Stiefmütterchen (*Slytherin-Schülerin*)

**parlour** ['pɑːlə] *Subst.* Salon

**parrot** ['pærət] *Subst.* ZOOL Papagei

**Parseltongue** ['pɑːsltɒŋ], **Parselmouth** ['pɑːslmaʊθ] *Neubildung*; *vgl.* ***Parsi*** mittelpers. Schrift (und Sprache), ***Parsee*** Parse, Anhänger der altpersischen Religion Zoroasters (= Zarathustras); ***parse*** (*sprachwissenschaftlich*) (einen Satz) zerlegen, analysieren; *vgl.* ***tongue*** Zunge, *übertr.* Sprache; ***mouth*** Mund – Sprache der Schlangen und Bezeichnung für j-n, der sie sprechen kann.

**Part-Human** [ˌpɑːt'hjuːmən] *Neubildung vgl.* ***part*** teilweise; ***human*** menschliches Wesen, Mensch

**participant** [pɑː'tɪsɪpənt] *Subst.* Teilnehmer

**participate** [pɑː'tɪsɪpeɪt] *V/i.* teilnehmen, beteiligt sein

**particular** [pə'tɪkjʊlə] *Adj.* besondere(r, -s), speziell

**party** ['pɑːtɪ] *Subst.* Party, Fest; *Politik*: Partei; Trupp, Abordnung

**Parvati Patil** [pɑːˌvɑːtɪ 'pætɪl] *Name* → ***Patil***

**pass** [pɑːs] *V/i.* vorübergehen, -fahren; ***pass out*** *umgangsspr.* ohnmächtig werden, wegtreten

**passageway** ['pæsɪdʒweɪ] *Subst.* Durchgang, Verbindungsgang

**passers-by** [ˌpɑːsəz'baɪ] *Subst. Pl.* Passanten, Vorübergehende

**past**[1] [pɑːst] *Subst.* Vergangenheit

**past**[2] [pɑːst] *Adj.* vergangen, verflossen, vorüber; ***he would not put it past him*** er würde es ihm glatt zutrauen

**paste** [peɪst] *V/t.* kleben, kleistern

**pasties** ['pæstɪz] *Subst. Pl.* Teigwaren, Gebäck

**pastime** ['pɑːstaɪm] *Subst.* Zeitvertreib, Belustigung, Unterhaltung

**pasty** ['peɪstɪ] *Adj.* teigig, käsig

**pat** [pæt] *V/t.* tätscheln, einen Klaps geben; ***pat s.o. on the back*** j-m auf die Schulter klopfen

**patch** [pætʃ] *Subst.* Flecken, Flicken; Beet, Flecken Land

**patched** [pætʃt] *Adj.* flickenbesetzt, geflickt

**patchwork** ['pætʃwɜːk] *Subst.* Flickwerk; ***patchwork quilt*** wattierte Flickendecke

**paternal** [pə'tɜːnl] *Adj.* väterlich

**pathetic** [pə'θetɪk] *Adj.* erbärmlich, miserabel; Mitleid erregend

**Patil** ['pætɪl] indisch klingender Nachname; **Parvati**: indischer Frauenname („Tochter des Berges“), ein Beiname der Gattin des Gottes Shiva – Gryffindor-Mitschülerin aus Harrys Jahrgang; **Padma**: indischer Frauenname („Lotusblüte“), Beiname der Göttin Lakshmi; die Lotusblüte symbolisiert die Zentren psychischer Energie (*Chakras*) im menschlichen Körper – Parvatis Zwillingsschwester, Ravenclaw-Schülerin.

**patrol¹** [pə'trəʊl] *Subst.* Streife, Patrouille

**patrol²** [pə'trəʊl] *Vt/i.* patrouillieren, Streife gehen

**patronizing** ['pætrənaɪzɪŋ] *Adj.* gönnerhaft, herablassend

**Patronus Charm** [pə'trəʊnəs tʃɑːm] *Zauber vgl. lat.* ***patronus*** Schirmherr, Schutzherr, Anwalt, Retter; ***charm*** Bann, Beschwörung

**pattern** ['pætən] *Subst.* Muster

**paunchy** ['pɔːntʃɪ] *Adj.* dickbäuchig

**pause** [pɔːz] *V/i.* innehalten, pausieren

**pavement** ['peɪvmənt] *Subst.* (Straßen)Pflaster

**paving slab** ['peɪvɪŋ slæb] *Subst.* Steinplatte, Gehwegplatte

**paving stone** ['peɪvɪŋ stəʊn] *Subst.* Pflasterstein

**paw¹** [pɔː] *Subst.* Pfote

**paw²** [pɔː] *Vt/i.* scharren; begrapschen

**pawn** [pɔːn] *Subst.* Bauer (*niedrigste Figur im Schachspiel*)

**Paws, Mr.** ['pɔːz, ˌmɪstə] *Name vgl.* ***paw*** Pfote (*eine der Katzen von →* ***Mrs. Figg***)

**pea-brain** ['piːbreɪn] *Subst. vgl.* ***pea*** Erbse; ***brain*** Verstand, Hirn

**peacock** ['piːkɒk] *Subst.* ZOOL Pfau; Paradiesvogel und Reittier Buddhas, den Göttinnen Hera und Juno sowie den römischen Kaiserinnen heilig. Das Pfauenrad – der ausgefächerte Schwanz mit den schillernden „Pfauenaugen“ – galt als Abbild des sternenbesetzten Firmaments. Er ist ein Symbol für Reichtum, Pracht und Unsterblichkeit, aber auch für Eitelkeit und Hochmut; davon zeugen auch die englischen Redewendungen *proud as a peacock*, *vain as a peacock.*

**peaky** ['piːkɪ] *Adj.* spitz, kränklich

**pear** [peə] *Subst.* BOT Birne

**pear drop** ['peə drɒp] *Subst.* KUL *birnenförmiges und nach Birne schmeckendes Bonbon*

**pearly** ['pɜːlɪ] *Adv.* perlmuttschimmernd

**Peasegood, Arnold** ['piːzgʊd, ˌɑːnəld] *Name vgl.* ***pease*** Erbsen(pürree), *Anklang an* ***peace*** Frieden; ***Arnold***

*engl. Männername (Obliviator, der magische Unfälle vergessen macht)*

**pebble** ['pebl] *Subst.* Kiesel, Kieselstein

**pebble-dashed** ['pebldæʃt] *Adj.* mit Rauputz versehen

**peck** [pek] *V/i.* (*Vögel*) picken

**peckish** ['pekɪʃ] *Adj. umgangsspr.* hungrig

**peculiar** [pɪ'kju:lɪə] *Adj.* merkwürdig, sonderbar

**peeling** ['pi:lɪŋ] *Adj.* abblätternd

**peer¹** [pɪə] *Subst.* Gleiche(r), Gleichrangige(r); seinesgleichen

**peer²** [pi:ə] *V/i.* spähen, schielen

**Peeves** ['pi:vz] *Name vgl.* ***peeve*** (ver)ärgern (*Poltergeist in Hogwarts*); → ***poltergeist***

**peevish** ['pi:vɪʃ] *Adj.* gereizt

**peg** [peg] *Subst.* (Zelt)Hering, Haken, Pflock

**pelt** [pelt] *Vt/i.* bewerfen, bombardieren; prasseln, prallen

**penalty** ['penltɪ] *Subst.* Strafstoß (*ähnlich einem Elfmeter im Fußball*)

**pencilled** ['pensəld] *Adj.* mit Bleistift gezeichnet; nachgezeichnet, aufgemalt

**Penelope Clearwater** [pɪˌneləpɪ 'klɪəˌwɔ:tə] *Name* → ***Clearwater, Penelope***

**penetrate** ['penɪtreɪt] *Vt/i.* eindringen, durchdringen

**penknife** ['pennaɪf] *Subst.* Taschenmesser

**pensive** ['pensɪv] *Adj.* nachdenklich, gedankenverloren, sinnend

**Pensieve** ['pensɪv] *Neubildung vgl.* ***pensive*** nachdenklich, gedankenverloren, sinnend; ***sieve*** Sieb

**pension** ['penʃən] *Subst.* Rente, Ruhegeld

**pent-up** [ˌpent'ʌp] *Adj.* (*Gefühle*) angestaut; aufgewühlt

**peony bush** ['pi:ənɪ bʊʃ] *Subst.* BOT Pfingstrosenbusch

**pep** [pep] *Subst.* Schwung; ***pep talk*** anfeuernde Rede

**pepper up** [ˌpepər 'ʌp] *V/t.* würzen; *übertr.* auf die Beine bringen, aufpäppeln

**pep up** [pep 'ʌp] *V/t.* in Schwung bringen; aufmöbeln

**perceive** [pə'si:v] *V/t.* wahrnehmen, erkennen

**perch¹** [pɜ:tʃ] *Subst.* Vogelstange

**perch²** [pɜ:tʃ] *V/i.* (*in einer Reihe, auf einer Stange*) hocken

**perchance** [pə'tʃɑ:ns] *Adv. poet.* von ungefähr, zufällig; etwa, vielleicht

**perform** [pə'fɔ:m] *V/t.* aufführen, durchführen, vollführen

**performance** [pə'fɔ:məns] *Subst.* Darbietung, Vorstellung, Leistung

**peril** ['perɪl] *Subst.* Gefahr, Übel, Bedrohung

**perimeter** [pə'rɪmətə] *Subst.* Umkreis, Peripherie

**periscope** ['perɪskəʊp] *Subst.* Periskop

**perish** ['perɪʃ] *V/i.* untergehen, zugrunde gehen

**periwinkle** ['perɪwɪŋkl] *Subst.* BOT Immergrün (*blüht leuchtend blau*)

**permission form** [pə'mɪʃn fɔ:m] *Subst.* Genehmigungsformular, Erlaubnisschein

**permit** [pə'mɪt] *V/t.* erlauben, gestatten

**perplexed** [pə'plekst] *Adj.* verblüfft, verdutzt

**persecution** [ˌpɜ:sɪ'kju:ʃn] *Subst.* Verfolgung

**persist** [pə'sɪst] *V/i.* bestehen, beharren

**persistent** [pə'sɪstənt] *Adj.* beharrlich, hartnäckig
**persuade** [pə'sweɪd] *V/t.* überreden, überzeugen
**perturb** [pə'tɜːb] *V/t.* beunruhigen, ängstigen
**peruse** [pə'ruːz] *V/t.* (sorgfältig) durchlesen, prüfen
**pervade** [pə'veɪd] *V/t.* (*Duft*) durchziehen, durchdringen

> **Peskipiksi Pesternomi!** ['peskɪˌpɪksɪ 'pestəˌnəʊmɪ] *Zauber*; *vgl.* ***pesky*** ärgerlich, lästig; ***pixie*** Pixie, eine Art von Elf (→ ***pixie***); ***pester*** belästigen, quälen, plagen; ***nomi*** steht für ***no(t) me***: *don't pester me!* lass mich in Ruhe!

**pest** [pest] *Subst.* BOT, ZOOL Schädling; *übertr.* Plage, Nervensäge
**pestle** ['pesl] *Subst.* Stößel, Mörserkeule
**pet** [pet] *Subst.* Haustier

> **Petrificus Totalus** [pəˌtrɪfɪkəs 'təʊtləs] *Zauber vgl.* ***petrify*** versteinern; ***total*** komplett, gänzlich

**petrify** ['petrɪfaɪ] *Vt/i.* versteinern; erstarren
**Pettigrew, Peter** ['petɪgruː, ˌpiːtə] *Name vgl.* ***petty*** geringfügig, unbedeutend; ***grew*** *Prät. von* ***grow*** wachsen (*Freund von Harrys Vater während dessen Schulzeit in Hogwarts*)
**petty** ['petɪ] *Adj.* geringfügig, unbedeutend
**petulant** ['petʃʊlənt] *Adj.* bockig
**Petunia** [pɪ'tjuːnɪə] *Name* → ***Dursley***

**pewter** ['pjuːtə] *Subst.* Zinn; Zinnbecher
**phase** [feɪz] *Subst.* Phase, Abschnitt
**pheasant** ['fezənt] *Subst.* ZOOL Fasan
**phial** ['faɪəl] *Subst.* Fläschchen, Ampulle, Phiole
**philosopher's stone** [fɪ'lɒsəfəs ˌstəʊn] *Subst.* Stein der Weisen; → ***alchemy***

**phoenix**

> **phoenix** ['fiːnɪks] *Subst.* Phönix. Mythischer Vogel orientalischer Herkunft, der im Feuer verbrennt und aus der Asche zu neuem Leben ersteht. Er war den Ägyptern heilig, die sein leuchtendes Gefieder dem Sonnengott Re, später Osiris zuordneten und ihn als

Schutzvogel für Jubiläen betrachteten. Die Vorstellung von der Langlebigkeit bzw. Unsterblichkeit des Phönix nahm hier ihren Ausgang. Er gilt auch als Paradiesvogel und wird häufig in einem Strahlenkranz abgebildet. Den Tränen des Phönix wird Heilkraft zugeschrieben. In der christlichen Ikonographie wurde er zum Bild für die Auferstehung, in China galt er als Glückszeichen.

**photocall** ['fəʊtəʊkɔːl] *Subst.* Fototermin
**pick** [pɪk] *Vt/i.* stochern; aussuchen; (auf)klauben; ***pick up*** aufheben; abholen
**pickle** ['pɪkl] *V/t.* pökeln, einlegen
**pickled** ['pɪkld] *Adj.* (*in Essig oder Salzlake*) eingelegt, gepökelt
**picture**[1] ['pɪktʃə] *Subst.* Bild; Gemälde
**picture**[2] ['pɪktʃə] *V/t.* abbilden; *übertr.* ausmalen, bildlich vorstellen
**pie** [paɪ] *Subst.* KUL Pastete
**pier** [pɪə] *Subst.* Pier, Landungsbrücke
**pierce** [pɪəs] *V/t.* stechen, durchbohren; durchdringen
**piercing** ['pɪəsɪŋ] *Adj.* durchdringend
**Piers Polkiss** [ˌpɪəz 'pɒlkɪs] *Name* → ***Polkiss, Piers***
**piglet** ['pɪglɪt] *Subst.* Ferkel
**pigsty** ['pɪgstaɪ] *Subst.* Schweinestall
**pigtail** ['pɪgteɪl] *Subst.* Zopf

**Pigwidgeon** ['pɪgˌwɪdʒən] *Name*; *vgl.* ***Pigwiggin***: Elf aus dem Gedicht *Nymphidia* von Michael Drayton (1627); auch die engl. Namensendung *-widger* soll von *wihtgar*: Elfenspeer abgeleitet sein – überaktive Zwergeule, mit der Ron Weasley für den Verlust seiner Ratte entschädigt wird.

**pile** [paɪl] *Subst.* Stapel, Haufen
**pilfer** ['pɪlfə] *Vt/i.* stehlen, stibitzen, mausen
**pillar** ['pɪlə] *Subst.* Pfeiler, Säule
**pillock** ['pɪlək] *Subst.* *umgangsspr.* Spinner, Blödmann
**pillowcase** ['pɪləʊkeɪs] *Subst.* Kissenbezug
**pimple** ['pɪmpl] *Subst.* Pickel
**Pince, Madam** ['pɪns, ˌmædəm] *Name* *vgl.* ***pincers*** Beißzange, Kneifzange (*Bibliotheksaufsicht in Hogwarts*)
**pince-nez** [ˌpæns'neɪ] *Subst.* Zwicker, Kneifer (*Brille, die auf den Nasenrücken geklemmt wird*)
**pincers** ['pɪnsəz] *Subst. Pl.* Beißzange, Kneifzange
**pineapple** ['paɪnæpl] *Subst.* BOT Ananas
**ping off** [ˌpɪŋ 'ɒf] *V/i. lautmalerisch* (geräuschvoll) abprallen
**pinch**[1] [pɪntʃ] *Subst.* Prise, Quäntchen
**pinch**[2] [pɪntʃ] *V/t.* kneifen, zwicken
**pincushion** ['pɪnˌkʊʃn] *Subst.* Nadelkissen
**pine** [paɪn] *V/i.* sich sehnen, schmachten; sich vor Kummer verzehren
**pine-fresh** ['paɪnfreʃ] *Neubildung vgl.* ***pine*** Kiefer, Föhre; ***fresh*** frisch
**pinhead** ['pɪnhed] *Subst.* Stecknadelkopf
**pinpoint** ['pɪnpɔɪnt] *Subst.* Nadelspitze
**pinprick** ['pɪnˌprɪk] *Subst.* Nadelstich *übertr.* Stichelei
**pint** [paɪnt] Pint (*brit. Hohlmaß*, **1 pint** *entspricht 0,57 Liter*)

**pipe** [paɪp] *Subst.* Rohr, Röhre, Wasserleitung
**piping** ['paɪpɪŋ] *Adj.* pfeifend, schrill; (*Stimme auch*) piepsend
**piston** ['pɪstən] *Subst.* TECH Kolben
**pit** [pɪt] *Subst.* Grube; Bergwerkstollen; ***pit of the stomach*** Magengrube
**pitch¹** [pɪtʃ] *Subst.* Spielfeld
**pitch²** [pɪtʃ] *Vt/i.* schleudern; (kopfüber) stürzen, (hin)schlagen
**pitch-darkness** [ˌpɪtʃ'dɑːknəs] *Subst.* Pechschwärze, Stockfinsternis
**piteous** ['pɪtɪəs] *Adj.* Mitleid erregend, kläglich
**pitiful** ['pɪtɪfəl] *Adj.* erbärmlich, Mitleid erregend
**pity** ['pɪtɪ] *Subst.* Mitleid, Mitgefühl

**pixie** ['pɪksɪ], auch ***piksie, pigsie*** *Subst.* Kobold, Elf, Feenwesen. Den Überlieferungen zufolge gleichen *pixies* den *brownies*: kleine, koboldartige oder feenähnliche Geschöpfe, die zuweilen freundlich und hilfreich sein können, doch überwiegend Schabernack im Kopf haben. So locken sie gerne Wanderer in undurchdringliche Wälder oder Bergwerke; sie leben selbst in Erdhügeln oder Hünengräbern. Immer wieder liegen sie mit Feen im Krieg. *Pixies* kommen vor allem im Westen Englands, in Somerset, Devon und in Cornwall vor; sie haben rote Köpfe, spitze Ohren und Stupsnasen und sollen häufig schielen. Ähnlich wie Elfen oder Brownies können sie an Menschen gebunden werden, indem man ihnen Kleider schenkt (!). Dabei bevorzugen sie die Farbe Grün. Es gibt die Theorie, dass die Bezeichnung *pixie* entweder auf *pitch*: „Pech" zurückgeht oder aber auf die Pikten: Diese Ureinwohner der britischen Inseln, ein Volk kleinwüchsiger, dunkler Menschen, wurden bis zum 9. Jh. fast völlig von den Ulster-Gälen (den späteren Schotten) verdrängt.

**placid** ['plæsɪd] *Adj.* gelassen, gemütlich
**plain** [pleɪn] *Adj.* einfach, klar; schlicht, gewöhnlich
**plaintive** ['pleɪntɪv] *Adj.* wehleidig, klagend
**plait** [plæt] *Subst.* Zopf, Haarflechte
**planetary** ['plænɪtrɪ] *Adj.* die Himmelskörper betreffend, Planeten…
**plaque** [plɑːk] *Subst.* Plakette, Schild
**plaster** ['plɑːstə] *V/t.* bepflastern
**pleading** ['pliːdɪŋ] *Adj.* flehentlich
**pleasure** ['pleʒə] *Subst.* Vergnügen
**pliable** ['plaɪəbl] *Adj.* geschmeidig, biegsam
**plinth** [plɪnθ] *Subst.* Säulenfuß, Sockel, Fußleiste
**plonk** [plɒŋk] *V/t.* *lautmalerisch* hinknallen, geräuschvoll hinstellen
**plot** [plɒt] *V/t.* einen Plan anfertigen; (*Grundstück*) parzellieren

**plough** [plaʊ] *Vt/i.* *brit.* umpflügen; umrennen; (*in Prüfung*) durchfallen (lassen)
**pluck** [plʌk] *V/t.* zupfen, ziehen
**plug** [plʌg] *Subst.* Stöpsel; Elektrostecker
**plug hole** ['plʌg həʊl] *Subst.* Abfluss
**plumage** ['pluːmɪdʒ] *Subst.* Gefieder

**plumber** ['plʌmə] *Subst.* Klempner, Installateur
**plumbing** ['plʌmɪŋ] *Subst.* Installation; Wasserrohre, Gasleitungen
**plum colour** ['plʌm ˌkʌlə] *Subst.* Violett (wie eine Pflaume)
**plumed** [pluːmd] *Adj.* gefiedert, mit Federn geschmückt
**plummet** ['plʌmɪt] *V/i.* sinken, stürzen, im Sturzflug fallen
**plunderer** ['plʌndərə] *Subst.* Plünderer
**plunge** [plʌndʒ] *V/t.* stoßen, hineintreiben
**plus** [plʌs] *Adv.* plus, zuzüglich
**plus-fours** [plʌs'fɔːz] *Subst. Pl.* Überfallhose, Knickerbocker

**Pluto** ['pluːtəʊ] *Subst.* Pluto; unter den derzeit bekannten Planeten unseres Sonnensystems der sonnenfernste; er ist nach dem griech. Gott des Reichtums und der Unterwelt (Beiname des Hades) benannt. Sein erst 1978 entdeckter Mond heißt Charon (in der griech. Mythologie der Fährmann, der die Toten in die Unterwelt bringt) und hat möglicherweise in ferner Vergangenheit zu Neptun gehört. Astrologisch soll Pluto mit seiner langsamen Fortbewegung (fast 250 Jahre für eine Umlaufbahn) vor allem über die großen historischen Umwälzungen Auskunft geben.

**pod** [pɒd] *Subst.* BOT Schote
**point¹** [pɔɪnt] *Subst.* Punkt; Spitze; Gesichtspunkt, Sinn, Pointe
**point²** [pɔɪnt] *Vt/i.* (mit dem Finger) deuten; hinweisen; (sich) richten auf
**pointed** ['pɔɪntɪd] *Adj.* spitz
**pointer** ['pɔɪntə] *Subst.* Zeiger, Zeigestock; *übertr.* Fingerzeig, Tipp
**pointless** ['pɔɪntləs] *Adj.* witzlos, sinnlos
**poise** [pɔɪz] *Vt/i.* ins Gleichgewicht bringen; (in der Luft) schweben; ***be poised to do s.th.*** dicht davor *oder* auf dem Sprung sein, etwas zu tun
**poison¹** ['pɔɪzn] *Subst.* Gift
**poison²** ['pɔɪzn] *V/t.* vergiften
**poisonous** ['pɔɪznəs] *Adj.* giftig
**poke** [pəʊk] *Vt/i.* knuffen; stoßen, stechen; tasten
**poker** ['pəʊkə] *Subst.* Feuerhaken, Schüreisen
**pole** [pəʊl] *Subst.* Pfosten, Stange, Mast
**polecat** ['pəʊlkæt] *Subst.* ZOOL Iltis
**Poliakoff** ['pəʊljəkɒf] *russ. Nachname (Schüler aus der konkurrierenden Zauberschule Durmstrang, zu Gast in Hogwarts)*
**polish¹** ['pɒlɪʃ] *Subst.* Politur
**polish²** ['pɒlɪʃ] *V/t.* polieren
**polite** [pə'laɪt] *Adj.* höflich
**Polkiss, Piers** ['pɒlkɪs, ˌpɪəz] *Name* **Piers** *aus altfrz. Pier(re) (unausstehlicher Schulfreund des unausstehlichen Dudley Dursley)*

**poltergeist** ['pɒltəgaɪst] *Subst.* Poltergeist; zählt zu den Klopfgeistern. Dabei handelt es sich – außerhalb des Bereichs der Literatur – nicht um mythische Geister wie Feen und Elfen, sondern um im weitesten Sinne parapsychologische Phänomene: Spukerscheinungen, die Unordnung oder Zerstörung bewirken und den Eindruck erwecken, als würden sie von einer infantilen, schabernack-freudigen Intelligenz gesteuert. Spiritisten deuten sie als Wirkung von Geistern, die Parapsychologie untersucht sie als spontane, jedoch wiederholt auftretende Fälle von Parakinese (wörtlich: nicht willkürlich gesteuerte oder überrationale Bewegung).

**Polyjuice Potion** ['pɒlɪˌdʒuːs 'pəʊʃn] *Neubildung vgl. griech.* ***poly...*** viel, vielgestaltig; ***juice*** Saft; ***potion*** Trank, Gebräu

**Pomfrey, Poppy** ['pʌmfrɪ, ˌpɒpɪ] *Name vgl.* ***poppy*** *abgeleitet von lat.* ***papaver*** Mohn(blüte), Klatschmohn (*Pflanze mit betäubender Wirkung, Schlafmohn*)

**pompous** ['pɒmpəs] *Adj.* pompös, wichtigtuerisch, aufgeblasen

**poncho** ['pɒntʃəʊ] *Subst.* Poncho

**pond** [pɒnd] *Subst.* Teich, Tümpel

**ponder** ['pɒndə] *Vt/i.* bedenken, nachsinnen, grübeln

**pool** [puːl] *V/t.* (*Geld*) zusammenlegen

**pop**[1] [pɒp] *Subst. US* ***popsicle*** Frucht-eislutscher

**pop**[2] [pɒp] *Vt/i.* knallen, platzen; zum Platzen bringen; ***pop out*** (*Augen*) aus den Höhlen treten, hervorquellen; ***pop one's clogs*** *umgangsspr.* den Löffel abgeben, ins Gras beißen; *vgl.* ***pop off*** den Löffel abgeben

**porcupine** ['pɔːkjʊpaɪn] *Subst.* ZOOL Stachelschwein

**pore over** ['pɔːˌəʊvə] *V/i.* brüten über, eifrig studieren

**pork chop** [ˌpɔːk 'tʃɒp] *Subst.* KUL Schweinekotelett

**porridge** ['pɒrɪdʒ] *Subst.* KUL Haferbrei, Porridge (*traditionelles britisches Frühstücksgericht*)

**Porsekoff Ploy** [ˌpɔːskəf 'plɔɪ] *Neubildung; vgl.* ***ploy*** (Kriegs)List; Strategien und taktische Manöver, in der Geschichte häufig nach Feldherren benannt, tragen auch im Sport oft den Namen desjenigen, der sie mit Erfolg eingesetzt hat – Quidditch-Taktik, eingesetzt beim Endspiel des World Cup.

**portent** ['pɔːtent] *Subst.* Vorbedeutung, Zeichen, Omen

**porthole** ['pɔːthəʊl] *Subst.* Bullauge

**Portkey** ['pɔːtkiː] *Neubildung vgl.* ***port*** tragen; ***key*** Schlüssel (*magisches Massentransportmittel, funktioniert mit Hilfe eines unverfänglichen Gegenstands*)

**portly** ['pɔːtlɪ] *Adj.* stattlich, würdevoll; behäbig, beleibt

**positive** ['pɒzɪtɪv] *Adj.* positiv; überzeugt, sicher

**possession** [pə'zeʃən] *Subst.* Besitz

**potent** ['pəʊtənt] *Adj.* mächtig, einflussreich; (*Argument*) zwingend

**potentially** [pə'tenʃəlɪ] *Adv.* möglicherweise

**pothole** ['pɒthəʊl] *Subst.* Schlagloch; unterirdische Höhle

**potion** ['pəʊʃn] *Subst.* Trank, Gebräu. Die Zubereitung von Tränken verschiedenster Art gehört zu den wichtigen Betätigungsfeldern von Hexen und Magiern. In allen alten Kulturen gehören Heilkunst und Religion zusammen; Krankheit und Genesung galten als von den Göttern gesandt, deshalb war das Wissen um die Wirkung von

Kräutern und um verschiedene Behandlungsmethoden Vorrecht und Gabe der spirituellen Autoritäten. Ob afrikanische oder indianische Schamanen und Medizinmänner oder die weisen Frauen bzw. Hexen in Europa – die Grenze zwischen Medizin und Magie ist fließend. Tränke wurden zubereitet, um alltägliche Erkrankungen zu lindern, Verletzungen zu kurieren oder Trance- und Rauschzustände herbeizuführen, die den Blick in die Zukunft oder die Kommunikation mit Göttern und Geistern ermöglichten. Tränke sollten besondere Kräfte verleihen oder jemanden in Liebe entbrennen lassen. Doch auch Tränke, die Vergessen bewirken oder aber dazu zwingen, Verschüttetes, Verdrängtes oder Verschwiegenes preiszugeben, spielen in der mythischen Überlieferung (z.B. der Erinnerungstrank der nordischen Epen), in Märchen und in der Literatur eine Rolle.

**Potter** ['pɒtə] Familienname, abgeleitet von der Berufsbezeichnung „Töpfer"; **Potter, Harry**: männl. Vorname, Koseform von *Henry*; **Potter, James**: engl. Männername; **Potter, Lily**: Mädchenname nach dem Wort für die Blume, abgeleitet von *lat.* ***lilium*** Lilie; christl. Symbol für Reinheit – Harrys verstorbene Mutter.

**potter** ['pɒtə] *V/i.* ***potter around*** herumwerkeln, hantieren

**pouch** [paʊtʃ] *Subst.* Beutel, Sack

**pouchy face** ['paʊtʃɪ 'feɪs] *Adj.* Gesicht mit Hängebacken

**pouffe** [puːf] *Subst.* Puff, orientalisches Sitzpolster

**pounce** [paʊns] *V/i.* einen Satz machen; ***pounce at*** sich herabstürzen, losspringen, losgehen auf

**poundage** ['paʊndɪdʒ] *Subst.* Gewicht

**pour** [pɔː] *V/t.* gießen, schütten

**powder-blue** [ˌpaʊdə'bluː] *Adj.* taubenblau, graublau

**powdered** ['paʊdəd] *Adj.* pulverisiert, zu Puder gemahlen

**powerful** ['paʊəfəl] *Adj.* mächtig; kraftvoll

**power-hungry** ['paʊəˌhʌŋgrɪ] *Adj.* machthungrig

**practise** ['præktɪs] *V/t.* ausüben, praktizieren

**Prang, Ernie** ['præŋ, ˌɜːnɪ] *Name vgl. brit.* MILIT *umgangsspr.* ***prang*** „Bruch", Bruchlandung, Zusammenstoß zweier Fahrzeuge, abschießen, zertrümmern; ***Ernie*** *Verniedlichung von Ernest* (*Fahrer des Knight Bus*)

**prat** [præt] *Subst. umgangsspr.* Depp, Arsch, Idiot(in)

**prattle** ['prætl] *V/i.* plappern

**pray** [preɪ] *V/i.* beten

**preamble** [prɪ'æmbl] *Subst.* Vorwort, Vorrede, Einleitung

**precarious** [prɪ'keərɪəs] *Adj.* bedenklich, unsicher

**precaution** [prɪ'kɔːʃn] *Subst.* Vorkehrung, Vorsorge, Sicherheitsmaßnahme

**precede** [prɪ'siːd] *Vt/i.* vorangehen, vorausgehen; Vorrang haben (vor)

**precious**[1] ['preʃəs] *Adj.* kostbar, wertvoll, edel

**precious²** ['preʃəs] *Adv.* reichlich; ***precious few*** herzlich wenig(e)
**precision** [prɪ'sɪʒən] *Subst.* Präzision, Genauigkeit; ***pinpoint precision*** haarscharfe Treffgenauigkeit
**predict** [prɪ'dɪkt] *V/t.* vorhersagen, voraussagen
**prediction** [prɪ'dɪkʃən] *Subst.* Voraussage, Wahrsagung
**preen** [priːn] *V/i.* ***preen oneself*** (*Vogel*) sich putzen; (*Person*) sich in die Brust werfen

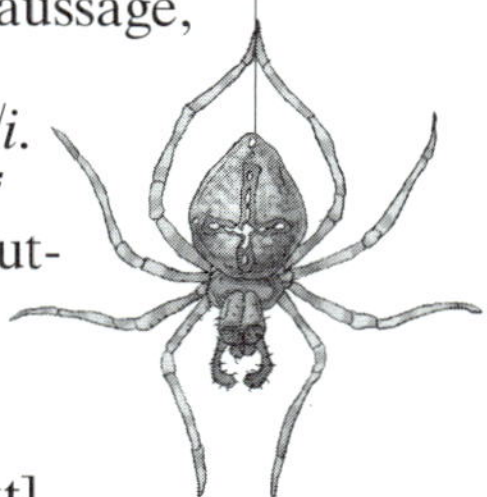

**prefect** ['priːfekt] *Subst.* Präfekt, Vertrauensschüler (*Sprecher eines Internats-Hauses*)
**prefer** [prɪ'fɜː] *V/t.* vorziehen, bevorzugen
**pregnant** ['pregnənt] *Adj.* schwanger; *übertr.* bedeutungsschwer
**prejudiced** ['predʒʊdɪst] *Adj.* voreingenommen, voller Vorurteil
**premonition** [ˌpremə'nɪʃn] *Subst.* Vorahnung
**preoccupied** [priː'ɒkjʊpaɪd] *Adj.* gedankenverloren, vertieft, beschäftigt; besorgt
**prepare** [prɪ'peə] *V/t.* vorbereiten
**preposterous** [prɪ'pɒstərəs] *Adj.* absurd, lächerlich, grotesk
**present¹** ['prezənt] *Subst.* Geschenk
**present²** ['prezənt] *Adj.* gegenwärtig
**present³** [prɪ'zent] *V/t.* überreichen; präsentieren; schenken; ***be presented*** beschenkt werden
**presentation** [ˌprezən'teɪʃn] *Subst.* Überreichung, Übergabe, Schenkung; Präsentation
**preserve** [prɪ'zɜːv] *V/t.* aufbewahren; erhalten
**pressure** ['preʃə] *Subst.* Druck
**pretence** [prɪ'tens] *Subst.* Vorwand, Anlass; Vorspiegelung, Verstellung
**pretend** [prɪ'tend] *Vt/i.* vorgeben, vortäuschen; so tun als ob
**pretext** ['priːtekst] *Subst.* Vorwand
**prevent** [prɪ'vent] *V/t.* verhindern
**previous** ['priːvɪəs] *Adj.* vorige(r, -s), letzte(r, -s)
**prey** [preɪ] *Subst.* Beute, Raub; ***bird of prey*** Raubvogel
**prick** [prɪk] *V/t.* (*Ohren*) spitzen
**prickling** ['prɪklɪŋ] *Subst.* Prickeln, Kribbeln, Stechen
**pride¹** [praɪd] *Subst.* Stolz
**pride²** [praɪd] *V/t.* ***pride oneself on*** stolz sein auf, sich etwas einbilden auf, sich brüsten mit
**Pringle, Apollyon** ['prɪŋgl, əˌpɒljən] *Name* ***Apollyon*** *vgl. Apoll, der griechische Gott der Künste (Vorgänger von Argus Filch als Hausmeister in Hogwarts)*
**prior** ['praɪə] *Adv. zeitlich*: ***prior to*** vor

**Prior Incantato!** ['praɪər ˌɪnkən'tɑːtəʊ] *Zauber vgl. lat.* ***prior*** der/die/das Frühere, Vorige, Ranghöhere; *lat.* ***incantatio*** Anrufung, Beschwörung (*eine Art magischer „Wahlwiederholung“*)

**priority** [praɪ'ɒrɪtɪ] *Subst.* Priorität, Wichtigkeit
**prise** [praɪz] *V/t.* ***prise open*** aufstemmen, aufbrechen
**prison** ['prɪzn] *Subst.* Gefängnis

**prisoner** ['prɪznə] *Subst.* Gefangener, Sträfling
**privacy** ['prɪvəsɪ] *Subst.* Privatsphäre
**private**[1] ['praɪvɪt] *Adj.* privat, persönlich
**private**[2] ['praɪvɪt] *Subst.* ***privates*** Intimregion, Geschlechtsteile
**privet** ['prɪvɪt] *Subst.* BOT Liguster (*immergrüner Strauch, der gerne für Vorgartenhecken benützt wird*)
**prize** [praɪz] *Subst.* Preis, Auszeichnung
**prized** [praɪzd] *Adj.* hochgeschätzt
**probable** ['prɒbəbl] *Adj.* wahrscheinlich
**procedure** [prə'siːdʒə] *Subst.* Vorgehensweise, Ablauf
**proceed** [prə'siːd] *V/i.* fortfahren, weitergehen, weitermachen
**proceeds** ['prəʊsiːdz] *Subst. Pl.* Ertrag, Erlös, Einnahmen
**procession** [prə'seʃn] *Subst.* Prozession
**procure** [prə'kjʊə] *V/t.* besorgen, erwerben
**prod** [prɒd] *V/t.* stupsen, stoßen, knuffen, puffen

**Prod, D. J.** ['prɒd, 'diː 'dʒeɪ] *Name*; *vgl.* ***prod*** Stich, Stoß; Ansporn; ***D.J.***: Namensinitialen, auch Abk. für Discjockey; zusammen ergibt es ***prodigy*** Wunder oder ***protégé*** Schützling, Schüler – Zauberer aus Didbury (*vgl.* ***did bury*** hat begraben), der, wie sein überschwängliches Schreiben beweisen soll, mit dem *Kwikspell*-Fernlehrgang Zaubern gelernt haben will, ein Werbekniff, den man als *testimonial* (Zeugnis) bezeichnet.

**produce** [prə'djuːs] *V/t.* hervorbringen, produzieren
**profuse** [prə'fjuːs] *Adj.* überschwänglich, heftig
**progress** ['prəʊgres] *Subst.* Vorankommen, Vorwärtskommen; Fortschritt
**project** ['prɒdʒekt] *Subst.* Projekt
**promote** [prə'məʊt] *V/t.* fördern, voranbringen, vorantreiben; befördern
**promotion** [prə'məʊʃn] *Subst.* Beförderung
**prompt**[1] [prɒmpt] *Adj.* unverzüglich, prompt
**prompt**[2] [prɒmpt] *Vt/i.* einflüstern; soufflieren
**prone** [prəʊn] *Adj.* auf dem Bauch liegend, hingestreckt
**Prongs** [prɒŋz] *Name vgl.* ***prong*** Zacke, Zinken, Geweihsprosse (*Deckname eines der Autoren der Marauder's Map, des magischen Lageplans von Hogwarts*)
**pronounce** [prə'naʊns] *V/t.* aussprechen; verkünden
**pronouncement** [prə'naʊnsmənt] *Subst.* Ankündigung
**pronto** ['prɒntəʊ] *Adv. ital.* bereit; fix, dalli
**proof** [pruːf] *Subst.* Beweis
**prop** [prɒp] *V/t.* ***prop up*** stützen
**propel** [prə'pel] *V/t.* antreiben, vorwärts treiben
**proper** ['prɒpə] *Adj.* ordentlich, sachkundig, sachgemäß, richtig
**property** ['prɒpə] *Subst.* Eigentum; Eigentümlichkeit, Eigenschaft

**prophet** ['prɒfɪt] *Subst.* Prophet; aus *griech.* ***prophetes***: Verkünder göttlicher Offenbarung; durch Gott legitimierter Weissager vor allem im Alten Testament, aber auch im Islam – *Daily Prophet* heißt die Tageszeitung der Zauberer.

**proposal** [prəˈpəʊzl] *Subst.* Vorschlag
**proprietor** [prəˈpraɪətə] *Subst.* Eigentümer, Inhaber
**proscribe** [prəʊˈskraɪb] *V/t.* ächten, verbannen; verbieten
**prosecute** [ˈprɒsɪkjuːt] *V/t.* (*strafrechtlich*) verfolgen; (*gerichtlich*) belangen
**prospect** [ˈprɒspekt] *Subst.* Aussicht
**prostrate** [ˈprɒstreɪt] *V/t.* ***prostrate o.s.*** sich zu Boden werfen, sich demütigen
**protection** [prəˈtekʃn] *Subst.* Schutz
**protective** [prəˈtektɪv] *Adj.* schützend
**protector** [prəˈtektə] *Subst.* Beschützer
**prototype** [ˈprəʊtətaɪp] *Subst.* Prototyp, Modell, (Waren)Muster
**protract** [prəˈtrækt] *V/t.* verzögern, verschleppen
**protrude** [prəˈtruːd] *V/i.* hervorkommen, herausragen
**protruding** [prəˈtruːdɪŋ] *Adj.* abstehend, hervorstehend
**proud** [praʊd] *Adj.* stolz
**prove** [pruːv] *V/t.* beweisen, nachweisen; ***prove oneself*** sich beweisen
**provide** [prəˈvaɪd] *V/t.* vorsehen, bereitstellen
**prowess** [ˈpraʊɪs] *Subst.* Können, Tüchtigkeit
**prowl** [praʊl] *V/i.* herumschleichen, herumstreichen; Streife gehen, patrouillieren
**prudent** [ˈpruːdənt] *Adj.* klug, wohlbedacht, besonnen
**prune[1]** [pruːn] *Subst.* (Back)Pflaume; *übertr.* (*Person*) Pflaume, Muffel
**prune[2]** [pruːn] *V/t.* beschneiden, stutzen
**pry** [praɪ] *V/i.* schnüffeln, neugierig herumsuchen

**Ptolemy** [ˈtɒləmɪ] *Name*; Ptolemäus; alexandrinischer Astronom, Mathematiker und Geograph (100 – ca. 160 n. Chr), entwickelte Berechnungsmethoden für Längen- und Breitengrade. Darüber hinaus begründete er die mathematische Astronomie, die fast 1500 Jahre lang maßgeblich das Weltbild bestimmte, demzufolge die Sonne um die Erde kreist – *Ptolemy* ist verewigt auf einem der Sammelbilder, die den *Chocolate Frogs* beiliegen.

**puce** [pjuːs] *Adj.* braunrot
**Pucey, Adrian** [ˈpjuːsɪ, ˌeɪdrɪən] *Name* (*Mitschüler Harrys und Chaser im Slytherin-Quidditch-Team*)

**pudding** [ˈpʊdɪŋ] *Subst.* KUL britische Art von Auflauf oder reichhaltiger Mehlspeise, meist im Wasserbad zubereitet oder gedämpft. Als Süßspeise ähnelt *pudding* mehr einem saftigen Kuchen als dem deutschen Pudding, als Fleischgericht gleicht er einem Hackbraten oder einer rustikalen Pastete.

**pudding-basin haircut** [ˈpʊdɪŋˌbeɪsn ˈheəkʌt] *Subst.* Topfschnitt
**puddle** [ˈpʌdl] *Subst.* Pfütze
**pudgy** [ˈpʌdʒɪ] *Adj.* dicklich, rundlich, pummelig
**puffapod** [ˈpʌfəpɒd] *Subst.* *magische Pflanzenschote*

**puffer-fish** [ˈpʌfəfɪʃ] *Subst.* ZOOL *Tetraodontindae*; Fischarten aus warmen Meereszonen, die sich bei

Bedrohung aufblasen, um Feinde abzuschrecken; ihre inneren Organe sind hochgiftig.
Der bekannteste von ihnen ist der japanische *Fugu*; er gilt als Delikatesse, darf jedoch nur von besonderen Experten zubereitet werden.

**puff up** [pʌf 'ʌp] *V/t.* aufblasen, aufplustern
**puffy-eyed** [ˌpʌfɪ'aɪd] *Adj.* mit verquollenen Augen
**pug** [pʌg] *Subst.* ZOOL Mops
**puke** [pjuːk] *V/i.* sich erbrechen, kotzen
**pull** [pʊl] *V/t.* ziehen; ***pull one's leg*** j-n auf den Arm nehmen
**pulp** [pʌlp] *V/t.* zu Brei quetschen
**pummel** ['pʌml] *V/t. auch* ***pommel*** schlagen, puffen; (ein)trommeln (auf)
**pump** [pʌmp] *Vt/i.* pumpen
**pumpkin** ['pʌmpkɪn] *Subst.* BOT, KUL Kürbis

**pumpkin**

**punch** [pʌntʃ] *V/t.* schlagen; stoßen, durchstoßen; boxen
**punch-bag** ['pʌntʃbæg] *Subst.* Sandsack (*als Übungsgerät für Boxer*)
**punchline** ['pʌntʃlaɪn] *Subst.* Pointe
**punctuality** [ˌpʌŋktjʊ'ælətɪ] *Subst.* Pünktlichkeit
**punctuate** ['pʌŋktʃʊeɪt] *V/t.* Satzzeichen setzen; unterbrechen; *übertr.* überschatten
**puncture¹** ['pʌŋktʃə] *Subst.* Loch, Nadelstich; Reifenpanne, „Plattfuß"
**puncture²** ['pʌŋktʃə] *V/t.* durchstechen; anstechen, ein Loch machen in
**punishment** ['pʌnɪʃmənt] *Subst.* Strafe, Bestrafung
**pupil¹** ['pjuːpl] *Subst.* Schüler
**pupil²** ['pjuːpl] *Subst. von Auge*: Pupille
**puppeteer** [ˌpʌpɪ'tɪə] *Subst.* Marionettenspieler, Puppenspieler
**puppy** ['pʌpɪ] *Subst.* Welpe
**puppy-fat** ['pʌpɪfæt] *Subst.* Babyspeck
**purchase** ['pɜːtʃɪs] *Subst.* Einkauf, Erwerbung
**pure** [pjʊə] *Adj.* rein
**purge** [pɜːdʒ] *V/t.* säubern, reinigen
**purple¹** ['pɜːpl] *Adj.* violett, lila
**purple²** ['pɜːpl] *V/i.* violett anlaufen
**purplish** ['pɜːplɪʃ] *Adj.* (*Farbe*) ins Violette spielend
**purpose** ['pɜːpəs] *Subst.* Absicht, Vorsatz; ***on purpose*** mit Absicht
**purr** [pɜː] *V/i.* schnurren
**purse** [pɜːs] *V/t.* ***purse one's lips*** die Lippen schürzen, beleidigt dreinschauen
**pursue** [pə'sjuː] *V/t.* verfolgen
**pursuit** [pə'sjuːt] *Subst.* Streben, Beschäftigung
**purveyor** [pɜː'veɪə] *Subst.* Lieferant
**pus** [pʌs] *Subst.* MED Eiter

**push** [pʊʃ] *Vt/i.* stoßen, drücken; ***push one's luck*** sein Glück strapazieren
**pushover** ['pʊʃˌəʊvə] *Subst. umgangsspr.* Schwächling, leichter Gegner; Kinderspiel
**putrid** ['pjuːtrɪd] *Adj.* verfault, verwest
**puzzle**[1] ['pʌzl] *Subst.* Rätsel, Knobelei, Denksportaufgabe
**puzzle**[2] ['pʌzl] *V/t.* verblüffen, verdutzen; vor ein Rätsel stellen
**puzzlement** ['pʌzlmənt] *Subst.* Verwirrung, Verblüffung
**python** ['paɪθən] *Subst.* ZOOL Python

# Q

**Quaffle** ['kwɒfl] *Neubildung vgl.* ***quaff*** hinunterstürzen, zechen (*roter Ball im Quidditch-Spiel, mit dem Treffer erzielt werden*); → ***Quidditch***

**quagmire** ['kwægmaɪə] *Subst.* Morast, Moorboden

**quail** [kweɪl] *V/i.* vor Angst zittern

**quake** [kweɪk] *V/i.* zittern, beben

**quarry** ['kwɒrɪ] *Subst.* Steinbruch; *bei der Jagd*: Beute; *übertr.* Opfer

**quarter** ['kwɔːtə] *Subst.* Viertel

**quash** [kwɒʃ] *V/t.* (*Gerücht*) als haltlos erklären; (*Aufstand*) unterdrücken

**quaver** ['kweɪvə] *Subst.* Zittern, Vibrato, Tremolieren

**quavering** ['kweɪvərɪŋ] *Adj.* (*Ton*) tremolierend; (*Stimme*) zittrig, zitternd

**queasy** ['kwiːzɪ] *Adj.* unwohl, übel

**quelling** ['kwelɪŋ] *Adj.* bezwingend; ***with a quelling look*** mit einem scharfen Blick

**query** ['kwɪərɪ] *Subst.* Zweifel, (Rück-)Frage

**quest** [kwest] *Subst.* Suche; HIST Ritterzug; ***the quest of the Holy Grail*** die Suche nach dem Heiligen Gral; → ***adventure***

**question¹** ['kwestʃən] *Subst.* Frage

**question²** ['kwestʃən] *V/t.* befragen, verhören

**queue** [kjuː] *Subst.* (Warte)Schlange

**queue up** [kjuː 'ʌp] *V/i.* sich einreihen, anstehen, in der Warteschlange stehen

**quibble** ['kwɪbl] *Subst.* Wortklauberei, Spitzfindigkeit

**Quidditch** ['kwɪdɪtʃ] *Neubildung*; *vgl.* ***quiddity*** Essenz, Wesen, Besonderheit (einer Sache); feiner Unterschied, Feinheit, Spitzfindigkeit; ***ditch*** Graben, Kanalisation; ***quids in*** etwas mit Leichtigkeit tun, gelingen, Glück haben; *vgl. auch* ***pitch*** Spielfeld, werfen; *vgl.* → ***winged*** – enthusiastisch geliebter Mannschaftssport unter Zauberern;

**Quaffle**: *vgl.* ***quaff*** hinunterstürzen, zechen – roter Ball im Quidditch-Spiel, mit dem Treffer erzielt werden, **Bludger**: *vgl.* ***bludgeon*** Knüppel, Keule – selbstständig agierende schwarze Bälle im Quidditch-Spiel, die die Spieler attackieren; **Golden Snitch**: *vgl.* ***snitch*** klauen, stibitzen – selbstständig agierender, kleiner goldener Ball im Quidditch-Spiel, der gefangen werden muss.

**quieten** ['kwaɪətn] *Vt/i.* beruhigen, besänftigen; still werden

**Quietus** [kwaɪ'iːtəs] *Zauber vgl.* ***quiet*** ruhig

**Quigley** ['kwɪglɪ] *Name vielleicht von schott.* ***quigle*** gurgeln *oder* ***quickly*** schnell (*Spieler der irischen Nationalmannschaft beim Quidditch World Cup*)

**quill** [kwɪl] *Subst.* Feder(kiel)

**quilt** [kwɪlt] *Subst.* Steppdecke, wattierte Decke

**Quirrell, Prof.** ['kwɪrəl, prəˌfesə] *Name*; klingt so ähnlich wie ***squirrel*** Eichhörnchen; *vgl. auch* ***quirk*** Verschrobenheit, Sonderlichkeit und ***quisling*** Verräter – Lehrer für *Defence Against the Dark Arts* in Harrys erstem Schuljahr in Hogwarts.

**quits** [kwɪts] *Adj.* quitt, ausgeglichen

**quiver** ['kwɪvə] *V/i.* zittern, beben

**quizzical** ['kwɪzɪkl] *Adj.* (*Blick*) fragend; *auch* spöttisch

**quote** [kwəʊt] *Vt/i.* zitieren

# R

**rabbit**[1] ['ræbɪt] *Subst.* ZOOL Kaninchen

**rabbit**[2] ['ræbɪt] *V/i. brit. umgangsspr.* quasseln, schwafeln

**raccoon** [rə'kuːn] *Subst.* ZOOL Waschbär

**rack** [ræk] *Subst.* Gepäckträger, Gestell, Ständer

**racket** ['rækɪt] *Subst.* Radau, Tumult, Aufruhr, Getöse

**racking** ['rækɪŋ] *Adj.* (*Schmerzen*) rasend; (*Schluchzen*) schmerzerfüllt

**radiate** ['reɪdɪeɪt] *Vt/i.* abstrahlen, ausstrahlen

**radish** ['rædɪʃ] *Subst.* BOT, KUL Radieschen; Rettich

**raffle** ['ræfl] *V/t.* versteigern, verlosen

**rafter** ['rɑːftə] *Subst.* Dachsparren

**rag-doll** ['ræg'dɒl] *Subst.* Lumpenpuppe, Stoffpuppe

**ragged** ['rægɪd] *Adj.* zerrissen, zerfetzt

**raid** [reɪd] *Subst.* Überfall; (polizeiliche) Razzia, Durchsuchung

**rake**[1] [reɪk] *Subst.* Rechen, Harke

**rake**[2] [reɪk] *V/t.* rechen, harken; durchstöbern, (mit den Augen) absuchen, mustern

**rally** ['rælɪ] *Subst.* Zusammenkunft, Versammlung, Treffen

**ram** [ræm] *Subst.* ZOOL Widder, Schafbock; TECH Ramme; ***battering ram*** Rammbock

**rampage**[1] [ræm'peɪdʒ] *Subst.* ***be on the rampage*** durchdrehen, toben, randalieren, gewalttätig werden

**rampage**[2] [ræm'peɪdʒ] *V/i.* herumtoben, rasen

**random**[1] ['rændəm] *Adj.* ziellos, wahllos, zufällig

**random**[2] ['rændəm] *Subst.* ***at random*** aufs Geratewohl, auf gut Glück

**range** [reɪndʒ] *Subst.* Reichweite, Bereich; Anordnung; ***top of the range*** Spitzenklasse…

**ransack** ['rænsæk] *V/t.* durchwühlen, durchstöbern

**rant** [rænt] *V/i.* geifern, lärmen, schwadronieren

**rap** [ræp] *Vt/i.* klopfen, pochen

**rapid** ['ræpɪd] *Adj.* schnell, rasch

**rapt** [ræpt] *Adj.* versunken, hingerissen; ***with rapt attention*** mit gespannter Aufmerksamkeit

**rapturous** ['ræptʃərəs] *Adj.* entzückt, verzückt, hingerissen

**rare** [reə] *Adj.* selten

**rash** [ræʃ] *Adj.* (vor)eilig, übereilt
**rasping** [ˈrɑːspɪŋ] *Adj.* raspelnd, kratzend

**rat** [ræt] *Subst.* ZOOL Ratte. Wie Mäuse und alles andere Ungeziefer soll die Ratte nach englischem Volksglauben aus Unrat entstanden sein; sie weckt in vielen Menschen Abscheu und ist Gegenstand zahlreicher abergläubischer Vorstellungen. Vor allem ihr nackter Schwanz, der an eine kleine Schlange erinnert, wird als eklig wahrgenommen. Tatsache ist, dass Ratten verschiedenste Krankheiten übertragen können; die Verbreitung ansteckender Seuchen wie der Pest im Mittelalter ist auf sie zurückzuführen. Als Alles- und Abfallfresser lebten sie immer schon in der Nähe menschlicher Ansiedlungen. Ratten sind außerordentlich intelligente Tiere mit einem differenzierten Sozialverhalten; gezähmt sind sie gelehrige Haustiere.

rat

**rattle** [ˈrætl] *V/i.* rattern, klappern; rasseln, röcheln
**rattlesnake** [ˈrætlsneɪk] *Subst.* ZOOL Klapperschlange
**ratty** [ˈrætɪ] *Adj.* rattenverseucht; *umgangsspr.* gereizt, bissig
**raucous** [ˈrɔːkəs] *Adj.* (*Stimme*) rau; heiser, kratzig
**rave** [reɪv] *V/i.* fantasieren, irre reden; ausgelassen sein, toben
**raven** [ˈreɪvən] *Subst.* ZOOL Rabe, Krähe

raven

**Ravenclaw** [ˈreɪvənklɔː] *Name*; *vgl.* ***raven*** Rabe; ***claw*** Klaue, Krallen; Raben zählen zu den klügsten Vögeln überhaupt. Zahlreiche abergläubische Vorstellungen verbinden sich mit dem Raben bzw. der Krähe (zwischen beiden wird meist nicht unterschieden): Er gilt als Totenvogel, aber auch als Seelenvogel, als Begleiter oder Inkarnation keltischer oder nordischer Götter (Odin). Schwarze Magier können sich und andere in Raben verwandeln. Doch es werden dem Raben auch prophetische Gaben zugeschrieben, und in Persien galt er als Inkarnation der Weisheit – eines der vier Häuser in Hogwarts, in dem rasche Auffassungsgabe, Wissensdurst und Arbeitsdisziplin besonders hoch geschätzt werden; **Ravenclaw, Rowena**: Rowena heißt die Geliebte des Helden in Sir Walter Scotts Mittelalterepos *Ivanhoe* – eine der Begründerinnen von Hogwarts und Stifterin des nach ihr benannten Hauses.

**ravenous** ['rævənəs] *Adj.* heißhungrig
**ravine** [rə'viːn] *Subst.* Schlucht, Klamm
**raw** [rɔː] *Adj.* roh, ungekocht
**ray** [reɪ] *Subst.* Strahl
**razor-sharp** [ˌreɪzə'ʃɑːp] *Adj.* scharf wie ein Rasiermesser *oder* eine Rasierklinge
**reappear** [ˌriːə'pɪə] *V/i.* wieder auftauchen, wieder erscheinen
**rear¹** [rɪə] *Subst.* hinterer Teil
**rear²** [rɪə] *V/i.* (*Pferde*) sich aufbäumen
**reasoning** ['riːznɪŋ] *Subst.* Argumentation, Beweisführung
**reassurance** [ˌriːə'ʃʊərəns] *Subst.* Versicherung, Zuspruch, Bestärkung
**reassuring** [ˌriːə'ʃʊərɪŋ] *Adj.* bestätigend, versichernd, beruhigend
**rebel** ['rebl] *Subst.* Rebell, Aufrührer
**rebound** [rɪ'baʊnd] *V/i.* zurückprallen, zurückfallen
**recapture** [riː'kæptʃə] *V/t.* wieder erlangen, zurückerobern
**recede** [rɪ'siːd] *V/i.* zurückweichen, sich zurückziehen, sich entfernen, verschwinden
**receive** [rɪ'siːv] *V/t.* empfangen, erhalten, bekommen
**receiver** [rɪ'siːvə] *Subst.* (Telefon)Hörer; Empfänger
**recent** ['riːsnt] *Adj.* jüngste(r, -s), neue(r, -s), kürzlich geschehen *etc.*
**receptivity** [ˌriːsep'tɪvɪtɪ] *Subst.* Empfänglichkeit
**reckless** ['rekləs] *Adj.* unbesorgt; sorglos, verwegen; rücksichtslos
**reckon** ['rekən] *V/t.* (ein)schätzen, annehmen

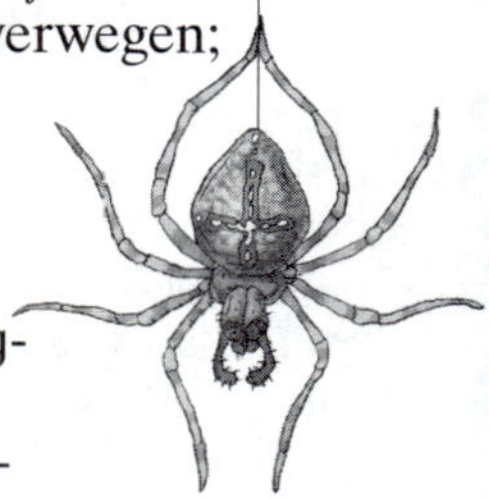

**recognizable** ['rekəgnaɪzəbl] *Adj.* wiedererkennbar, wieder zu erkennen
**recognize** ['rekəgnaɪz] *V/t.* erkennen; anerkennen
**recoil** [rɪ'kɔɪl] *V/i.* zurückprallen, zurückfallen, zurückschaudern
**recollection** [ˌrekə'lekʃn] *Subst.* Erinnerung
**recommence** [ˌriːkə'mens] *Vt/i.* wieder beginnen, von neuem anfangen
**reconstruction** [ˌriːkən'strʌkʃən] *Subst.* Rekonstruktion, Wiederherstellung, Wiederaufbau
**record** ['rekɔːd] *Subst.* Bericht, Niederschrift; Akte, Sündenregister
**recover** [rɪ'kʌvə] *V/i.* genesen, sich erholen
**recovery** [rɪ'kʌvərɪ] *Subst.* Genesung, Heilung, Erholung
**recruit** [rɪ'kruːt] *V/t.* anwerben
**rectangular** [rek'tæŋgjʊlə] *Adj.* rechteckig

**Red Cap** [ˌred 'kæp] *Subst. vgl.* ***cap*** Mütze, Kappe; gilt als ganz und gar übler Dämon.
Er lebt in verfallenen Ruinen entlang der schottischen Grenze und erscheint als kleiner, verwachsener alter Mann mit langem Bart und Klauen anstelle von Händen; er trägt eine Mütze, die rot ist vom Blut seiner Opfer, und Eisenstiefel, in denen er sich blitzschnell bewegen kann; trotz seiner kleinen Statur kann er die stärksten Männer überwältigen. Der Red Cap kann nur durch Bibelzitate gebannt werden – Gegenstand von Prof. Lupins praxisorientiertem *Defence Against the Dark Arts*-Unterricht in Harrys drittem Schuljahr.

**redcurrant** [ˌred'kʌrənt] *Subst.* BOT rote Johannisbeere

**red-handed** [ˌred'hændɪd] *Adv.* auf frischer Tat

**Reductor Curse** [rɪ'dʌktə kɜːs] *Zauber*; „Reducio!" oder „Reducto!", *vgl.* ***reduce*** verringern, verkleinern; schwächen, unterwerfen; -***or***: lateinische Wortendung, die j-n als Handelnden bezeichnet; ***curse*** Fluch, Verwünschung

**reedy** ['riːdɪ] *Adj.* schilfbedeckt; lang und schlank; (*Stimme*) dünn, quäkend

**reel** [riːl] *V/i.* wirbeln, sich schnell drehen; wanken, taumeln

**re-emerge** [ˌriːɪ'mɜːdʒ] *V/i.* wieder auftauchen

**re-enact** [ˌriːɪ'nækt] *V/t.* nachspielen, nachstellen

**re-enter** [ˌriː'entə] *V/i.* wieder eintreten

**referee** [ˌrefə'riː] *Subst.* Schiedsrichter

**reference** ['refərəns] *Subst.* Bezug, Nachweis

**reflection** [rɪ'flekʃən] *Subst.* Spiegelbild, Lichtreflex, Reflexion

**refrain** [rɪ'freɪn] *V/i.* sich enthalten, unterlassen

**refusal** [rɪ'fjuːzl] *Subst.* Weigerung, Ablehnung

**refuse** [rɪ'fjuːz] *Vt/i.* zurückweisen, ablehnen; sich weigern

**regain** [rɪ'geɪn] *V/t.* wieder erlangen, zurückbekommen

**regard** [rɪ'gɑːd] *V/t.* betrachten, ansehen

**register**[1] ['redʒɪstə] *Subst.* Liste, Register

**register**[2] ['redʒɪstə] *V/t.* registrieren, bemerken

**registry** ['redʒɪstrɪ] *Subst.* Register, Verzeichnis

**Registry of Proscribed Charmable Objects** [ˌredʒɪstrɪ əv prəʊ'skraɪbd ˌtʃɑːməbl 'ɒbdʒɪkts] *Neubildung vgl.* ***registry*** Verzeichnis; ***object*** Gegenstand; ***proscribed*** verboten, verbannt; ***charmable*** verzauberbar

**regrettable** [rɪ'gretəbl] *Adj.* bedauerlich

**regulation** [ˌregjʊ'leɪʃn] *Subst.* Regelung, Durchführungsbestimmung

**regurgitate** [rɪ'gɜːdʒɪteɪt] *V/t.* (*Essen*) erbrechen; auswürgen (*Eulen etc.*)

**rehearse** [rɪ'hɜːs] *Vt/i.* proben

**reignite** [ˌriːɪg'naɪt] *V/t.* wieder entzünden

**reindeer** ['reɪndɪə] *Subst.* ZOOL Rentier

**reinforcement** [ˌriːɪn'fɔːsmənt] *Subst.* Verstärkung

**reins** [reɪnz] *Subst. Pl.* Zügel
**reinstate** [ˌriːɪn'steɪt] *V/t.* wieder einrichten, wieder aufleben lassen
**rejection** [rɪ'dʒekʃən] *Subst.* Zurückweisung, Negativbescheid; ***rejection letter*** Absagebrief
**rejoice** [rɪ'dʒɔɪs] *V/i.* frohlocken, sich freuen
**rejoin** [ˌriː'dʒɔɪn] *Vt/i.* sich wieder anschließen, wieder zurückkehren zu; sich wieder vereinigen (mit)
**rekindle** [riː'kɪndl] *Vt/i.* wieder entfachen; wieder aufleben

> **Relashio!** [rɪ'læʃɪəʊ] *Zauber vgl. ital.* ***rilascio*** Freilassung, Befreiung

**relation** [rɪ'leɪʃn] *Subst.* Verwandtschaft; Beziehung
**relative** ['relətɪv] *Subst.* Verwandte(r)
**relax** [rɪ'læks] *Vt/i.* entspannen
**relaxation** [ˌriːlæk'seɪʃn] *Subst.* Entspannung, Erholung
**release** [rɪ'liːs] *V/t.* freigeben, freilassen, loslassen
**relent** [rɪ'lent] *V/i.* nachgeben
**reliability** [rɪˌlaɪə'bɪlɪtɪ] *Subst.* Verlässlichkeit, Zuverlässigkeit
**reliable** [rɪ'laɪəbl] *Adj.* zuverlässig, verlässlich
**relic** ['relɪk] *Subst.* Überbleibsel, Relikt
**relief** [rɪ'liːf] *Subst.* Erleichterung, Entlastung
**relieve** [rɪ'liːv] *V/t.* lindern, erleichtern
**relish** ['relɪʃ] *Subst.* Wohlgeschmack; *übertr.* Behagen, Genuss
**relive** [ˌriː'lɪv] *V/t.* wieder aufleben lassen, noch einmal durchleben
**reluctant** [rɪ'lʌktənt] *Adj.* widerstrebend, widerwillig
**rely** [rɪ'laɪ] *V/i.* ***rely on*** sich verlassen auf
**remain** [rɪ'meɪn] *V/i.* bleiben
**remainder** [rɪ'meɪndə] *Subst.* Rest, Überbleibsel
**remark** [rɪ'mɑːk] *Subst.* Bemerkung, Anmerkung
**remedy** ['remɪdɪ] *Subst.* Heilmittel
**Remembrall** [rɪ'membrɔːl] *Neubildung vgl.* ***remember*** erinnern; ***all*** alles (*magische Gedächtnisstütze, die sich verfärbt, wenn man etwas vergessen hat*)
**reminisce** [ˌremɪ'nɪs] *V/i.* in Erinnerungen schwelgen
**reminiscent** [ˌremɪ'nɪsnt] *Adj.* ***be reminiscent of*** ähnlich sein, erinnern an
**remnant** ['remnənt] *Subst.* Überbleibsel, Rest
**remorse** [rɪ'mɔːs] *Subst.* Reue, Gewissensbisse
**remote** [rɪ'məʊt] *Adj.* entfernt; *übertr.* unwahrscheinlich
**remote-control** [rɪˌməʊtkən'trəʊl] *Subst.* Fernsteuerung, Fernbedienung
**removal** [rɪ'muːvl] *Subst.* Entfernung, Beseitigung
**remove** [rɪ'muːv] *V/t.* entfernen, wegnehmen
**rend** [rend] *V/t.* zerreißen
**rendition** [ren'dɪʃn] *Subst.* Wiedergabe, *künstlerischer* Vortrag
**renew** [rɪ'njuː] *V/t.* erneuern
**renounce** [rɪ'naʊns] *V/t.* verleugnen, abschwören

> **Reparo!** [rɪ'pɑːrəʊ] *Zauber vgl.* ***repair*** reparieren, wieder herstellen, in Ordnung bringen

**repel** [rɪ'pel] *V/t.* abweisen, abstoßen, abwehren, zurückschlagen

**repellent** [rɪ'pelənt] *Subst.* Abwehrmittel
**replace** [rɪ'pleɪs] *V/t.* ersetzen
**replay** ['riːpleɪ] *Subst.* SPORT Wiederholungsspiel
**replenish** [rɪ'plenɪʃ] *V/t.* ergänzen, auffüllen
**replica** ['replɪkə] *Subst.* Ebenbild, Kopie
**reply** [rɪ'plaɪ] *Vt/i.* antworten, erwidern
**repossess** [ˌriːpə'zes] *V/t.* wieder in Besitz nehmen, wieder Besitz ergreifen von
**re-pot** [ˌriː'pɒt] *V/t.* umtopfen

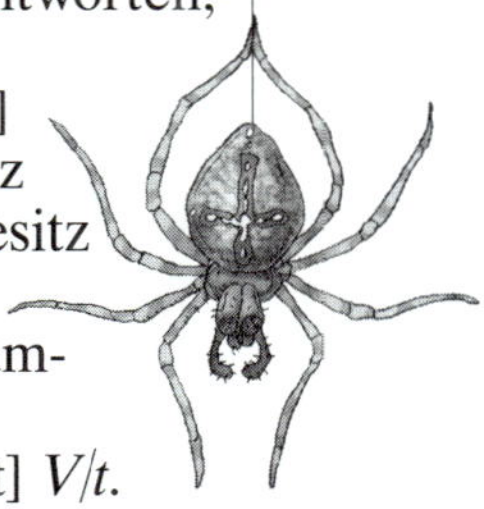

**represent** [ˌreprɪ'zent] *V/t.* vertreten, repräsentieren
**representative** [ˌreprɪ'zentətɪv] *Subst.* Vertreter, Repräsentant
**repressive** [rɪ'presɪv] *Adj.* unterdrückend, hemmend
**reprimand** ['reprɪmɑːnd] *Subst.* Tadel, Rüge, Verweis
**reproachful** [rɪ'prəʊtʃfəl] *Adj.* vorwurfsvoll, tadelnd
**reproving** [rɪ'pruːvɪŋ] *Adj.* missbilligend
**repulsive** [rɪ'pʌlsɪv] *Adj.* abstoßend
**reputation** [ˌrepjʊ'teɪʃn] *Subst.* Ruf, Ansehen
**request** [rɪ'kwest] *Subst.* Nachfrage, Anfrage, Bitte; ***on request*** auf Anfrage
**require** [rɪ'kwaɪə] *V/t.* erfordern; nötig haben, brauchen
**rescue** ['reskjuː] *V/t.* retten, in Sicherheit bringen
**resemblance** [rɪ'zembləns] *Subst.* Ähnlichkeit
**resemble** [rɪ'zembl] *V/t.* ähneln
**resentful** [rɪ'zentfəl] *Adj.* aufgebracht, grollend
**resign** [rɪ'zaɪn] *V/t.* aufgeben, verzichten; ***resign oneself to s.th.*** sich mit etwas abfinden
**resist** [rɪ'zɪst] *Vt/i.* widerstehen, Widerstand leisten
**resolution** [ˌrezə'luːʃn] *Subst.* Entschlossenheit, Beschluss, Vorsatz
**resolve¹** [rɪ'zɒlv] *Subst.* Entschluss, Vorsatz
**resolve²** [rɪ'zɒlv] *Vt/i.* beschließen; sich entschließen
**resonance** ['rezənəns] *Subst.* Resonanz, Nachhall, Schwingung
**resort** [rɪ'zɔːt] *V/i.* ***resort to*** Zuflucht nehmen zu, greifen zu (*einem Trick etc.*)
**resourcefulness** [rɪ'zɔːsfəlnəs] *Subst.* Einfallsreichtum, Erfindungsreichtum, Talent
**respectable** [rɪ'spektəbl] *Adj.* angesehen, ehrenwert, respektabel
**respective** [rɪ'spektɪv] *Adj.* jeweilig, betreffend
**resplendent** [rɪ'splendənt] *Adj.* strahlend, prächtig
**respond** [rɪ'spɒnd] *V/i.* antworten, zur Antwort geben
**response** [rɪ'spɒns] *Subst.* Antwort, Erwiderung
**responsibility** [rɪˌspɒnsɪ'bɪlɪtɪ] *Subst.* Verantwortung, Verantwortlichkeit
**responsible** [rɪ'spɒnsɪbl] *Adj.* verantwortlich
**restless** ['restləs] *Adj.* rastlos, ruhelos
**restorative¹** [rɪ'stɔːrətɪv] *Subst.* Stärkungsmittel; Wiederherstellungsmittel
**restorative²** [rɪ'stɔːrətɪv] *Adj.* stärkend
**restore** [rɪ'stɔː] *V/t.* wiederherstellen
**restrain** [rɪ'streɪn] *V/t.* zurückhalten

**Restricted Section** [rɪˌstrɪktɪd 'sekʃn] *Subst.* Abteilung mit beschränktem Zutritt: Teile von Bibliotheken, die nicht oder nur mit besonderer Erlaubnis betreten werden dürfen. Da Wissen ein Schlüssel zur Macht ist, haben Autoritäten im Lauf der Geschichte immer wieder versucht, den Zugriff auf Bücher zu kontrollieren oder einzuschränken. Verbotenes aber beschäftigt stets die Fantasie der Menschen, und je größer die Hindernisse, desto reizvoller erscheinen die verborgenen Schätze.

**restriction** [rɪ'strɪkʃən] *Subst.* Beschränkung, Einschränkung
**result** [rɪ'zʌlt] *Subst.* Ergebnis
**resurface** [ˌriː'sɜːfɪs] *V/i.* wieder auftauchen
**resurrect** [ˌrezə'rekt] *Vt/i.* wieder zum Leben erwecken, auferstehen lassen; auferstehen
**retaliate** [rɪ'tælɪeɪt] *Vt/i.* heimzahlen; sich rächen
**retaliation** [rɪˌtælɪ'eɪʃn] *Subst.* Vergeltung
**retch** [retʃ] *V/i.* würgen
**retelling** [ˌriː'telɪŋ] *Subst.* Nacherzählung, Wiederholung
**retirement** [rɪ'taɪəmənt] *Subst.* Ruhestand
**retort** [rɪ'tɔːt] *V/t.* erwidern, entgegnen
**retrace** [rɪ'treɪs] *V/t.* (*Spuren*) zurückverfolgen; rekonstruieren, nachvollziehen
**retrieve** [rɪ'triːv] *V/t.* wiederbekommen, (zurück)holen, (wieder)finden, bergen
**reunion** [riː'juːnjən] *Subst.* Wiedervereinigung; Wiedersehen
**rev** [rev] *V/t.* (*Motor*) auf Touren bringen; ***rev up*** *auch* aufheulen lassen
**reveal** [rɪ'viːl] *V/t.* enthüllen, preisgeben
**revealer** [rɪ'viːlə] *Neubildung vgl.* ***reveal*** enthüllen (*das Gegenteil von einem Radiergummi*)
**revelation** [ˌrevə'leɪʃn] *Subst.* Enthüllung
**revenge** [rɪ'vendʒ] *Subst.* Rache, Vergeltung
**reverberate** [rɪ'vɜːbəreɪt] *V/i.* widerhallen
**reverence** ['revrəns] *Subst.* Ehrfurcht, Bewunderung
**reverent** ['revrənt] *Adj.* ehrfürchtig
**reverie** ['revərɪ] *Subst. frz.* Träumerei, Tagtraum
**reversal** [rɪ'vɜːsl] *Subst.* Umkehrung
**reverse**[1] [rɪ'vɜːs] *Subst.* Gegenteil
**reverse**[2] [rɪ'vɜːs] *Vt/i.* (um)wenden, umkehren; rückgängig machen; rückwärts fahren, zurücksetzen
**revert** [rɪ'vɜːt] *V/i.* ***revert to*** zurückkehren, zurückfallen (*in einen früheren Zustand*)
**revise** [rɪ'vaɪz] *V/t.* (*für Prüfung*) wiederholen
**revision** [rɪ'vɪʒn] *Subst.* Wiederholung (*von Lernstoff*); Überarbeitung
**revive** [rɪ'vaɪv] *V/t.* wieder beleben, wieder zum Leben bringen
**revolting** [rɪ'vəʊltɪŋ] *Adj.* widerlich, abstoßend, Ekel erregend
**revolving** [rɪ'vɒlvɪŋ] *Adj.* drehbar, drehend, kreisend
**revulsion** [rɪ'vʌlʃən] *Subst.* Abwehr, Abscheu, Ekel

**reward**¹ [rɪ'wɔːd] *Subst.* Anerkennung, Belohnung

**reward**² [rɪ'wɔːd] *V/t.* belohnen

**rhino** ['raɪnəʊ] *Subst.* ZOOL *Kurzform von* ***rhinoceros*** Nashorn, Rhinozeros

**rib** [rɪb] *Subst.* Rippe

**rich**¹ [rɪtʃ] *Subst.* ***the rich*** die Reichen; ***riches*** Reichtümer

**rich**² [rɪtʃ] *Adj.* reich; *übertr.* stark, allerhand

**rickety** ['rɪkɪtɪ] *Adj.* wacklig, gebrechlich

**ricochet** ['rɪkəʃeɪ] *V/i.* abprallen

> **Rictusempra!** [ˌrɪktə'semprə] *Zauber vgl. lat.* ***rictus*** weit geöffneter Rachen (*eines Tiers, z.B. der Schlange*); *lat.* ***semper*** immer, stets

> **Riddikulus!** [rɪ'dɪkjʊləs] *Zauber vgl.* ***ridicule*** Verspottung, lächerlich machen

> **Riddle, Tom Marvolo** ['rɪdl, ˌtɒm mɑː'vəʊləʊ] *Name*; *vgl.* ***riddle*** Rätsel; **Tom**: Kurzform von *Thomas*; **Marvolo**: *vgl.* ***marvel*** sich wundern, bewundern. – durch Verschiebung der Buchstaben des gesamten Namens ergibt sich ein Satz, der die wahre Identität dieses ehemaligen Schülers von Hogwarts verrät.

**ridgeback** ['rɪdʒbæk] *Subst. vgl.* ***ridge*** Riffel, Welle; ***back*** Rücken (*eine Drachenart*)

**ridicule**¹ ['rɪdɪkjuːl] *Subst.* Verspottung, Spott; ***turn s.th. to ridicule*** etwas ins Lächerliche ziehen

**ridicule**² ['rɪdɪkjuːl] *V/t.* lächerlich machen, verspotten

**ridiculous** [rɪ'dɪkjʊləs] *Adj.* lächerlich

**riff-raff** ['rɪfræf] *Subst. umgangsspr.* Gesindel, Pöbel

**rifle**¹ ['raɪfl] *Subst.* Gewehr

**rifle**² ['raɪfl] *V/t.* ***rifle through*** durchblättern; duchwühlen

**rift** [rɪft] *Subst.* Spalt, Kluft, Riss (*auch übertr.*)

**rigging** ['rɪgɪŋ] *Subst.* Takelage (*eines Segelschiffs*)

**rigid** ['rɪdʒɪd] *Adj.* (*Material*) hart, steif, starr, unbeweglich; *übertr.* streng, strikt

**rigorous** ['rɪgərəs] *Adj.* streng, hart, rigoros, genau

**rim** [rɪm] *Subst.* Rand

**rimmed** [rɪmd] *Adj.* gerändert, mit Rand

**ring** [rɪŋ] *Vt/i.* widerhallen, klingen; ***ring a bell*** *übertr.* bekannt vorkommen, eine Erinnerung wecken

**ringing** ['rɪŋɪŋ] *Adj.* klingend, klingelnd; ***ringing silence*** beredtes Schweigen, klingende Stille

**ringleader** ['rɪŋˌliːdə] *Subst.* Anführer, Rädelsführer

**ringlet** ['rɪŋlɪt] *Subst.* Ringellocke

**riot** ['raɪət] *Subst.* Aufruhr, Ausschreitungen

**rip**¹ [rɪp] *Subst.* Riss, Schlitz

**rip**² [rɪp] *V/t.* (zer)reißen, zerfetzen, aufschlitzen

**ripe** [raɪp] *Adj.* reif

**ripped** [rɪpt] *Adj.* zerfetzt, zerrissen

**Ripper** ['rɪpə] *Name vgl.* ***rip*** zerreißen, zerfetzen, aufschlitzen; *ein historischer Massenmörder wurde Jack the Ripper genannt (die Lieblingsbulldogge von Vernon Dursleys Schwester Marge)*

**ripple**[1] ['rɪpl] *Subst.* kleine Welle; *übertr.* Anflug (*von Ärger, Eifersucht etc.*)
**ripple**[2] ['rɪpl] *Vt/i.* (sich) kräuseln
**rise**[1] [raɪz] *Subst.* Aufstieg
**rise**[2] [raɪz] *Vt/i.* aufstehen, aufsteigen; (*Stimme*) erheben
**risk** [rɪsk] *Subst.* Risiko, Wagnis
**risky** ['rɪskɪ] *Adj.* riskant, gefährlich
**rival** ['raɪvl] *V/t.* konkurrieren mit, es aufnehmen mit
**rivet** ['rɪvɪt] *V/t.* (*Aufmerksamkeit*) fesseln
**roam** [rəʊm] *Vt/i.* (umher)streifen; (durch)wandern
**roan** [rəʊn] *Adj.* rötlich-grau
**roar**[1] [rɔː] *Subst.* Gebrüll; ***roar of laughter*** brüllendes Gelächter
**roar**[2] [rɔː] *Vt/i.* brüllen
**roaring trade** [ˌrɔːrɪŋ 'treɪd] *Subst. umgangsspr.* Bombenumsatz, Riesengeschäft
**roast ox** [ˌrəʊst 'ɒks] *Subst.* KUL gebratener Ochse
**roast pork** [ˌrəʊst 'pɔːk] *Subst.* KUL Schweinebraten
**rock cake** ['rɒk keɪk] *Subst.* KUL *hart gebackenes Plätzchen, gewürzte Rosinenhäufchen*
**rocker** ['rɒkə] *Subst. einer Wiege*: Kufe; Schaukelpferd, Schaukelstuhl; ***be off one's rocker*** *umgangsspr.* übergeschnappt sein
**rocket**[1] ['rɒkɪt] *Subst.* Rakete
**rocket**[2] ['rɒkɪt] *V/i.* hochschnellen, hochschießen
**rockfall** ['rɒkˌfɔːl] *Subst.* Steinschlag, Geröllawine
**rogue**[1] [rəʊg] *Subst.* Schurke, Gauner
**rogue**[2] [rəʊg] *Adj.* verbrecherisch; (*Geschoss etc.*) fehlgeleitet
**roguish** ['rəʊgɪʃ] *Adj.* schurkisch, schelmisch, verschmitzt
**roll** [rəʊl] *Vt/i.* rollen; ***roll in gold*** in Gold *oder* Geld schwimmen
**roller** ['rəʊlə] *Subst.* Lockenwickler
**roller-coaster** ['rəʊləˌkəʊstə] *Subst.* Berg- und Talbahn, Achterbahn
**Romania** [ruː'meɪnjə] Rumänien
**Ron Weasley** [ˌrɒn 'wiːzlɪ] *Name* → ***Weasley***
**Ronan** ['rəʊnən] *männl. Vorname irischer Herkunft* (*einer der Zentauren, die im Forbidden Forest leben*)
**roof** [ruːf] *Subst.* Dach; ***roof of the mouth*** Gaumen
**rooftop** ['ruːftɒp] *Subst.* Dachfirst, Giebel
**Rookwood, Augustus** ['rʊkwʊd, ɔːˌgʌstəs] *Name vgl.* ***rook*** Saatkrähe; Betrüger, Gauner; ***wood*** Wald, Unterholz; ***Augustus*** *abgeleitet von lat. „erhaben"* (*Zauberer im Ministerium, der als Anhänger Lord Voldemorts enttarnt wird*)
**roomy** ['ruːmɪ] *Adj.* geräumig
**rooster** ['ruːstə] *Subst. US* Hahn, Gockel
**root** [ruːt] *V/i.* wurzeln, anwurzeln, verwurzeln
**rope** [rəʊp] *Subst.* Seil, Tau, Kordel
**rosewood** ['rəʊzwʊd] *Subst.* Rosenholz
**Rosier, Evan** ['rəʊzɪə, ˌevən] *Name vgl.* ***rosier*** (*Steigerungsform von* ***rosy***) rötlicher; ***Evan*** *walisisch für John* (*Anhänger Lord Voldemorts, getötet von einem Auror*)
**Rosmerta** [rɒz'mɜːtə] *Name vgl.* ***Rose*** *weibl. Vorname* (*Kellnerin in Honeydukes, der Konditorei in Hogsmeade*)
**rotten** ['rɒtn] *Adj.* verdorben, faulig
**rotter** ['rɒtə] *Subst.* Schweinehund, Nichtsnutz
**rotting** ['rɒtɪŋ] *Adj.* faulend, verrottend

**rough** [rʌf] *Adj.* rau, roh
**rounders bat** ['raʊndəz bæt] *Subst.* Schlagball-Schläger
**rouse** [raʊz] *V/t.* aufrütteln, aufjagen
**rove** [rəʊv] *V/i.* umherstreichen, umherschweifen
**row¹** [raʊ] *Subst.* Krach, laute Auseinandersetzung, Krawall
**row²** [raʊ] *V/i.* lautstark streiten, Krach haben
**row³** [rəʊ] *Vt/i.* rudern
**rowdy** ['raʊdɪ] *Adj.* ungezogen, lautstark, flegelhaft
**rowing boat** ['rəʊɪŋ bəʊt] *Subst.* Ruderboot
**rubber** ['rʌbə] *Adj.* Gummi
**rubber glove** [ˌrʌbə 'glʌv] *Subst.* Gummihandschuh
**rubbish** ['rʌbɪʃ] *Subst.* Abfall, Müll; *übertr.* Unfug, Quatsch, Schrott
**rubble** ['rʌbl] *Subst.* Trümmer, Schutt

**ruby** ['ruːbɪ] *Subst.* Rubin; leuchtend roter Edelstein. Er steht für feurige Liebe, für Stolz und Leidenschaft und – in fürstliche Waffen eingearbeitet – für herrscherliche Würde. In der Beschreibung des himmlischen Jerusalem bestehen die Zinnen aus Rubinen. Die Unterscheidung zum dunkler roten Granat wird nicht immer deutlich; der alte Ausdruck Karfunkelstein meint beide Steine. Nach Volksglauben macht er seinen Träger unsichtbar. Er ist dem Tierkreiszeichen Löwe und dem Monat Juli zugeordnet und soll heilende Wirkung haben.

**ruddy** ['rʌdɪ] *Adj. brit. umgangsspr.* verdammt, verflixt; (*Gesichtsfarbe*) rötlich, gerötet
**rude** [ruːd] *Adj.* grob, unhöflich, unverschämt
**rudeness** ['ruːdnəs] *Subst.* Frechheit, Unhöflichkeit, Unverschämtheit
**rudimentary** [ˌruːdɪ'mentərɪ] *Adj.* rudimentär, anfänglich
**rue** [ruː] *V/t.* bereuen
**rueful** ['ruːfəl] *Adj.* reuevoll, zerknirscht
**ruff** [rʌf] *Subst.* Halskrause, Spitzenkragen
**ruffle** ['rʌfl] *V/t.* (*Wellen, Laub*) kräuseln; (*Haare*) zerzausen; ***ruffle s.o.'s feathers*** j-n aus der Fassung bringen, j-n aufregen
**ruin** ['ruːɪn] *Subst.* Ruine, zerstörter Rest
**rule** [ruːl] *Subst.* Regel, Vorschrift
**ruler** ['ruːlə] *Subst.* Herrscher, Regent
**rumble** ['rʌmbl] *V/i.* rumpeln, grollen
**rummage** ['rʌmɪdʒ] *V/i.* stöbern, räumen, wühlen, suchen
**rumour** ['ruːmə] *Subst.* Gerücht
**rumpled** ['rʌmpld] *Adj.* zerwühlt, zerknittert, zerzaust
**run** [rʌn] *Subst.* ***on the run*** auf der Flucht

**rune** [ruːn] *Subst.* Rune; alte Schriftzeichen der german. Stämme. Ähnlich wie im Chinesischen repräsentiert ein Zeichen nicht nur einen Buchstaben, sondern einen Begriff; Runen konnten wahrscheinlich nur von Eingeweihten – Priestern, Magiern – gelesen werden; allgemeinere Bedeutung: Zauberzeichen.

**runner-bean** [ˌrʌnə'biːn] *Subst.* BOT Stangenbohne

**runty** ['rʌntɪ] *Adj.* schwächlich, armselig, zwergenhaft; rüpelhaft, gemein
**rush** [rʌʃ] *Subst.* Andrang, Massenansturm; Ausbruch
**rushing** ['rʌʃɪŋ] *Subst.* Rauschen
**rustle** ['rʌsl] *V/i.* rascheln, rauschen
**rusty** ['rʌstɪ] *Adj.* rostig
**ruthless** ['ruːθləs] *Adj.* ruchlos, erbarmungslos
**Ryan** ['raɪən] *irischer Nachname aus gälisch* **Ó riain**, *Sohn des Rian, (Spieler der irischen Nationalmannschaft beim Quidditch World Cup)*

# S

**sabotage** ['sæbətɑːʒ] *V/t.* sabotieren; hintertreiben, unterlaufen

**sabre-toothed tiger** [ˌseɪbətuːθt 'taɪgə] *Subst.* ZOOL Säbelzahntiger

**sack** [sæk] *V/t. umgangsspr. j-n* rausschmeißen, rauswerfen (lassen), entlassen; ***get sacked*** rausfliegen, an die Luft gesetzt werden, entlassen werden

**sacrifice** ['sækrɪfaɪs] *Subst.* Opfer

**safe** [seɪf] *Adj.* sicher, in Sicherheit

**safety** ['seɪftɪ] *Subst.* Sicherheit

**sag** [sæg] *V/i.* herabsacken; durchhängen, schlaff herunterhängen

**sagely** ['seɪdʒlɪ] *Adv.* weise

**sake** [seɪk] *Subst.* ***for the sake of*** um *j-s* willen; ***for heaven's sake*** um Himmels willen

**salamander** ['sæləmændə] *Subst.* ZOOL Salamander, *meist* Feuersalamander. Kleiner Schwanzlurch, beheimatet in mitteleurop. Gebirgsregionen; er ist schwarz und leuchtend gelb gefleckt und lebt der Sage nach im Feuer. Seine Verwandte, die Eidechse, ist wie er ein Symbol der Auferstehung, da sie einen Winterschlaf hält, währenddessen sie in Totenstarre verfällt. Es wird auch berichtet, dass sie mit zunehmendem Alter erblindet und durch den Anblick der Sonne wieder sehend wird. In verschiedenen Regionen glaubte man, dass die Seelen Verstorbener in Eidechsen wiederkehren.

**salamander**

**salary** ['sælərɪ] *Subst.* Gehalt

**saliva** [sə'laɪvə] *Subst.* Speichel, Geifer

**sallow** ['sæləʊ] *Adj.* fahl, bleich

**salmon** ['sæmən] *Subst.* KUL Lachs

**salmon-pink** [ˌsæmən'pɪŋk] *Adj.* lachsrosa
**salver** ['sælvə] *Subst.* Tablett, Servierbrett
**sample** ['sɑːmpl] *Subst.* Warenprobe, Gebrauchsmuster
**sanctimonious** [ˌsæŋktɪ'məʊnɪəs] *Adj.* salbungsvoll, scheinheilig
**sanctuary** ['sæŋktʃʊərɪ] *Subst.* Heiligtum; Zuflucht, Asyl
**sane** [seɪn] *Adj.* (*geistig*) gesund
**sanity** ['sænɪtɪ] *Subst.* gesunder Menschenverstand, Zurechnungsfähigkeit
**sapphire** ['sæfaɪə] *Subst.* Saphir
**sarcastic** [sɑː'kæstɪk] *Adj.* sarkastisch, bissig
**sardonic** [sɑː'dɒnɪk] *Adj.* sardonisch, zynisch
**satisfaction** [ˌsætɪs'fækʃən] *Subst.* Zufriedenheit, Befriedigung
**satisfying** ['sætɪsfaɪɪŋ] *Adj.* befriedigend, zufriedenstellend

**Saturn** ['sætən] *Subst.* Saturn. Zweitgrößter Planet des Sonnensystems nach Jupiter; charakteristisch ist der Ring, der ihn umgibt und der tatsächlich aus mehreren Ringen besteht. Außerdem hat er mehr als zwanzig Monde. Sein Name stammt von dem röm. Gott Saturn. Unter Saturns Herrschaft hätten, so glaubten die Römer, die Menschen ein Goldenes Zeitalter erlebt. Die Astrologie ordnet Saturn die Wesenskraft „Erfahrung" zu. Er ist der Planet der Zauberer und der Melancholie, alles Finstere, Kalte, langsam Fließende ist ihm zugeordnet, die dunklen Farben, schwarz und braun, der Mohn, alle kriechenden, einsamen, nächtlichen und traurigen Tiere (so sagt → ***Agrippa***), der Tiefsinn und das Streben nach Wissen, die Verschwiegenheit und die Einsamkeit.

**saucer** ['sɔːsə] *Subst.* Untertasse, Unterteller
**saucy** ['sɔːsɪ] *Adj.* frech, flott
**sausage** ['sɒsɪdʒ] *Subst.* KUL Würstchen
**savage**[1] ['sævɪdʒ] *Subst.* Wilde(r), Halbwilde(r), Barbar(in)
**savage**[2] ['sævɪdʒ] *Adj.* wild; brutal, grausam
**savage**[3] ['sævɪdʒ] *V/t.* anfallen, böse zurichten, zerfleischen; *übertr.* scharf kritisieren
**savour** ['seɪvə] *V/t.* auskosten, genießen
**savoury** ['seɪvərɪ] *Adj.* wohlschmeckend, aromatisch, appetitlich
**scabbard** ['skæbəd] *Subst.* (Schwert-) Scheide
**scabbed** [skæbd] *Adj.* grindig, schorfig
**Scabbers** ['skæbəz] *Name vgl.* ***scab*** Schorf, Krätze, Räude (*Ron Weasleys alte Ratte*)
**scabby** ['skæbɪ] *Adj.* schorfig, grindig
**scalding** ['skɔːldɪŋ] *Adj.* brühheiß, siedend heiß
**scaled** [skeɪld] *Adj.* geschuppt
**scale rot** ['skeɪl rɒt] *Subst.* Schuppenfäule

**scales** [skeɪlz] *Subst. Pl.* (Apotheker)Waage mit zwei Schalen für kleine Gewichte. An der Verwendung solcher Werkzeuge wird die ursprüngliche Verwandtschaft von Zauberei und früher Naturwissenschaft sichtbar – die Zubereitung von Tränken beispielsweise erforderte eine genaue Dosierung der Ingredienzen, ebenso die Experimente der (Al)Chemie. Mit dem aufkommenden Rationalismus in der frühen Neuzeit wurden Kräutertränke und andere Praktiken, die auf überliefertes Wissen über Pflanzenheilkunde zurückgingen, als Zauberei verdammt und verfolgt (→ ***potion***).

**scallywag** ['skælɪwæg] *Subst. auch* ***scalawag*** Kümmerling, Schwächling; Lump, Taugenichts

**scalp** [skælp] *V/t.* skalpieren

**scaly** ['skeɪlɪ] *Adj.* geschuppt, schuppig

**Scamander, Newt** [skə'mændə, ˌnjuːt] *Name vgl.* ***scamander*** sich schlängeln, sich winden; ***newt*** Wassermolch (*Autor des Schulbuchs „Fantastic Beasts and Where to Find Them"*)

**scamper** ['skæmpə] *V/i.* (umher)tollen, (herum)springen

**scan** [skæn] *V/t.* genau *oder* kritisch prüfen; (*Text*) überfliegen, durchsehen

**scandalised** ['skændəlaɪzd] *Adj.* schockiert, empört

**scar** [skɑː] *Subst.* Narbe

**scarab beetle** ['skærəb ˌbiːtl] *Subst.* ZOOL Skarabäus. Käfer der Familie der Pillendreher, deren Nachkommen aus Kotkügelchen ausschlüpfen. Deshalb galt der mediterrane Skarabäus den alten Ägyptern als Urwesen und Verkörperung des Urgotts *Chepre* bzw. des Sonnengotts *Re* und wurde als heilig verehrt. Davon zeugen zahlreiche kostbare Siegel und Amulette mit dem Abbild eines Skarabäus.

**scarce** [skeəs] *Adj.* knapp, spärlich

**scare** [skeə] *V/t.* erschrecken, einen Schrecken einjagen; Angst machen; ***scare s.o. out of one's wits*** j-n zu Tode erschrecken, j-m eine Heidenangst einjagen

**scarf** [skɑːf], *Pl.* ***scarves*** [skɑːvz] *Subst.* Schal

**scarhead** ['skɑːhed] *Subst.* Narbenkopf, Narbengesicht

**scarlet** ['skɑːlɪt] *Adj.* scharlachrot, kardinalsrot

**scarlet woman** [ˌskɑːlɪt 'wʊmən] *Subst.* Vamp, Femme fatale

**scarper** ['skɑːpə] *V/i. umgangsspr.* die Flucht ergreifen, davonrennen

**scarred** [skɑːd] *Adj.* narbig, vernarbt

**scary** ['skeərɪ] *Adj.* schaurig, gruselig

**scathing** ['skeɪðɪŋ] *Adj.* (*Kritik, Kommentar*) ätzend, beißend, vernichtend

**scatter** ['skætə] *V/t.* zerstreuen, verstreuen, übersäen

**scent** [sent] *Subst.* Duft, Geruch

**scepticism** ['skeptɪsɪzm] *Subst.* Zweifel, Skepsis

**scheme** [skiːm] *Subst.* Plan, Projekt, Programm

**scintillation** [ˌsɪntɪ'leɪʃn] *Subst.* Funkensprühen, Schillern; *übertr.* Geistesblitz

**scoff** [skɒf] *V/i.* spotten, höhnen

**scold** [skəʊld] *Vt/i.* schelten; zanken

**scoop**[1] [skuːp] *Subst.* Schaufel, Schöpfkelle; *übertr.* Fang, Sensation

**scoop**[2] [skuːp] *V/t.* schaufeln, schöpfen; ***scoop up*** aufklauben, einsammeln, schöpfen; ***scoop in*** (*Gewinn*) einstecken

**scoot off** [skuːt ˈɒf] *V/i.* abzischen

**scope** [skəʊp] *Subst.* Reichweite; Betätigungsfeld

**scops owl** [ˈskɒps aʊl] *Subst.* ZOOL Ohreule

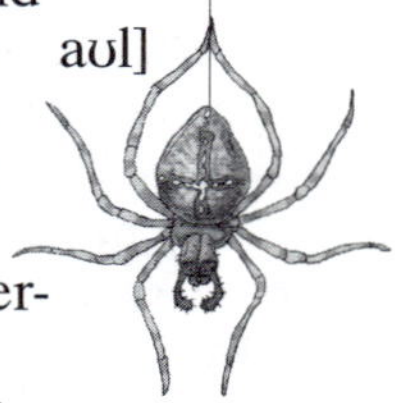

**scorch**[1] [skɔːtʃ] *Subst.* Brandfleck

**scorch**[2] [skɔːtʃ] *V/t.* versengen, anbrennen

**score** [skɔː] *Vt/i.* SPORT Punkt(e) erzielen; ***score a goal*** einen Treffer erzielen, ein Tor schießen

**scorn** [skɔːn] *V/t.* höhnen, schmähen, verachten

**scornful** [ˈskɔːnfəl] *Adj.* verächtlich

**scour** [skaʊə] *V/t.* scheuern, schrubben

**scowl**[1] [skaʊl] *Subst.* finsterer Blick, missmutige Miene

**scowl**[2] [skaʊl] *V/i.* finster *oder* böse blicken

**scowling** [ˈskaʊlɪŋ] *Adj.* missmutig, finster

**scramble** [ˈskræmbl] *V/i.* (*auf allen vieren*) klettern, krabbeln

**scrambled egg** [ˌskræmbld ˈeg] *Subst.* KUL Rührei

**scrap**[1] [skræp] *Subst.* Brocken; Rest, Überbleibsel

**scrap**[2] [skræp] *V/t.* verschrotten, ausrangieren, über Bord werfen

**scrape** [skreɪp] *Vt/i.* (ab)kratzen, schaben; scharren

**scratch**[1] [skrætʃ] *Subst.* Kratzen; Kratzer; ***be*** *oder* ***come up to scratch*** den Erwartungen *oder* Anforderungen entsprechen; ***bring up to scratch*** in Form bringen, auf Vordermann bringen

**scratch**[2] [skrætʃ] *V/t.* kratzen, zerkratzen

**scrawl** [skrɔːl] *Subst.* Krakelei, Gekritzel, Gekrakel

**scrawny** [ˈskrɔːnɪ] *Adj.* hager, mager; dürr, knochig

**scream** [skriːm] *Vt/i.* schreien, kreischen

**screech** [skriːtʃ] *Vt/i.* kreischen, quietschen

**screech owl** [ˈskriːtʃ aʊl] *Subst.* ZOOL Zwergohreule, Schleiereule

**screechy** [ˈskriːtʃɪ] *Adj.* kreischend, gellend

**screen**[1] [skriːn] *Subst.* (Bild)Schirm

**screen**[2] [skriːn] *V/t.* verdecken, (ab-)schirmen; *übertr.* beschirmen, beschützen

**screw up** [skruː ˈʌp] *V/t.* (*Schraube*) anziehen; (*Gesicht*) verzerren; (*Prüfung*) vermasseln

**scribble**[1] [ˈskrɪbl] *Subst.* Gekritzel

**scribble**[2] [ˈskrɪbl] *Vt/i.* hinkritzeln; kritzeln

**scroll** [skrəʊl] *Subst.* Schriftrolle, Pergamentrolle

**scrounger** [ˈskraʊndʒə] *Subst.* Schnorrer, Dieb

**scrub** [skrʌb] *V/t.* scheuern, schrubben

**scrubby** [ˈskrʌbɪ] *Adj.* kümmerlich, schäbig

**scruff** [skrʌf] ***by the scruff of the neck*** am Genick

**scruffy** [ˈskrʌfɪ] *Subst.* Schlamper, Gammler

**scrutinize** [ˈskruːtɪnaɪz] *V/t.* prüfend beobachten, genau untersuchen

**scuffle**[1] [ˈskʌfl] *Subst.* Handgemenge, Balgerei, Rauferei; Schlurfen, Scharren

**scuffle²** ['skʌfl] *V/i.* sich balgen; schlurfen, scharren
**scum** [skʌm] *Subst. umgangsspr.* Abschaum
**scumbag** ['skʌmbæg] *Subst. Schimpfwort*: Schwein, Schleimscheißer
**scummy** ['skʌmɪ] *Adj.* gemein, fies
**scurry** ['skʌrɪ] *V/i.* eilig trippeln, huschen, hasten
**scurvy** ['skɜːvɪ] *Adj.* hundsgemein
**scuttle** ['skʌtl] *V/i.* huschen
**sea** [siː] *Subst. die* See, Meer; ***be all at sea*** völlig ratlos sein
**seal** [siːl] *Subst.* Siegel; ***set the seal*** besiegeln
**seamless** ['siːmləs] *Adj.* nahtlos, reibungslos
**sea-monster** ['siːˌmɒnstə] *Subst.* Seeungeheuer, Meeresungeheuer
**sear** [sɪə] *Vt/i.* ausbrennen; (*Wunde, Narbe*) brennen, schmerzen
**sea-sickness** ['siːˌsɪknɪs] *Subst.* Seekrankheit
**seaweed** ['siːwiːd] *Subst.* Seegras, Tang, Algen
**second** ['sekənd] *Subst.* Sekundant (*im Duell*)
**second-in-command** [ˌsekəndɪnkə'mɑːnd] *Subst.* stellvertretender Befehlshaber
**secrecy** ['siːkrəsɪ] *Subst.* Geheimhaltung
**secretion** [sɪ'kriːʃn] *Subst.* Absonderung, Sekret
**secretive** ['siːkrɪtɪv] *Adj.* verschlossen, geheimniskrämerisch, geheim
**secret-keeper** ['siːkrətˌkiːpə] *Subst.* Geheimniswahrer
**seed** [siːd] *Subst.* ***gone to seed*** heruntergekommen, verwahrlost; aus den Fugen geraten
**seedling** ['siːdlɪŋ] *Subst.* Sämling, Setzling
**seek** [siːk] *V/t.* suchen
**seep** [siːp] *V/i.* sickern; ***seep through*** durchsickern, durchdringen
**seethe** [siːð] *V/i.* sieden, kochen, brodeln
**seize** [siːz] *V/t.* packen, ergreifen, fassen
**seizure** ['siːʒə] *Subst.* MED Anfall; Beschlagnahme
**select** [sɪ'lekt] *V/t.* auswählen, aussuchen
**selfconscious** [ˌself'kɒnʃəs] *Adj.* befangen, gehemmt
**self-control** [ˌselfkən'trəʊl] *Subst.* Selbstbeherrschung
**self-disgust** [ˌselfdɪs'gʌst] *Subst.* Selbstverachtung
**self-shuffling** ['selfˌʃʌflɪŋ] *Adj.* selbst mischend
**self-stirring** ['selfˌstɜːrɪŋ] *Adj.* selbst umrührend
**semi-transparent** [ˌsemɪtræn'spærənt] *Adj.* halb transparent, durchscheinend
**sensation** [sen'seɪʃn] *Subst.* Gefühl, Empfindung, Sinneswahrnehmung
**sense¹** [sens] *Subst.* Sinn; *übertr.* Verstand, Vernunft
**sense²** [sens] *V/t.* spüren, verspüren, empfinden
**sensible** ['sensɪbl] *Adj.* vernünftig
**sensitive** ['sensɪtɪv] *Adj.* sensibel, feinfühlig, empfindsam
**sentiment** ['sentɪmənt] *Subst.* Empfindung, Gefühl, Sentiment
**sentry** ['sentrɪ] *Subst.* Wachposten
**seperate** ['sepəreɪt] *V/t.* trennen, fernhalten
**seperation** [ˌsepə'reɪʃn] *Subst.* Trennung
**sequined** ['siːkwɪnd] *Adj.* mit Ziermünzen bestückt
**serene** [sɪ'riːn] *Adj.* gelassen, heiter

**Serpensortia!** [ˌsɜːpən'sɔːʃɪə] *Zauber vgl. lat.* ***serpens*** (Gift-) Schlange; *frz.* ***sortir*** herauskommen

**serpent** ['sɜːpənt] *Subst.* ZOOL Schlange; auch *snake* (german. Ursprungs, während *serpent* eine roman. Wurzel hat). Im Mythos wird nicht präzise zwischen Schlange und Drachen (→ ***dragon***) unterschieden, die Symbolbedeutung beider überschneidet sich. Im christlichen Kontext hat die Schlange meist eine negative Symbolbedeutung als Verkörperung des Teufels und Verführerin zum Bösen (im biblischen Sündenfall); giftig und Verderben bringend, symbolisiert sie auch den Tod. In fast allen Schöpfungsmythen spielt die Schlange (oder der Drache) als Verkörperung des ursprünglichen Chaos eine Rolle. Die Vorstellung einer Schlange, die sich selbst in den Schwanz beißt, ist ein uraltes Symbol, das in der christlichen Emblematik als Zeichen der Ewigkeit oder Unsterblichkeit aufgegriffen wurde und auch in die Alchemie (→ ***alchemy***) Eingang fand. Vorchristlichen Religionen – westlichen wie orientalischen – galt die Schlange oft als heilig und Heil bringend, daran erinnert noch die Äskulap-Natter (nach dem griech. Gott der Heilkunst) im Zeichen der Apotheker. Als gefiederte Schlange erscheint der mexikanische Gott Quetzacloatl.

**servant** ['sɜːvənt] *Subst.* Bedienstete(r), Diener

**settlement** ['setlmənt] *Subst.* Ansiedlung

**sever** ['sevə] *V/t.* abtrennen; durchtrennen

**severe** [sɪ'vɪə] *Adj.* ernsthaft, ernst zu nehmend

**Severing Charm** ['sevərɪŋ tʃɑːm] *Zauber vgl.* ***sever*** abtrennen, durchtrennen

**sew** ['sjuː] *Vt/i.* nähen

**sewer** ['sjuːə] *Subst.* Abwasserkanal, Abwasserleitung

**sewn** [səʊn] *Part. Perf.* → ***sew***

**shabby** ['ʃæbɪ] *Adj.* schäbig, abgenutzt

**shack** [ʃæk] *Subst.* Hütte, Schuppen, Baracke

**shadow** ['ʃædəʊ] *Subst.* Schatten

**shaggy** ['ʃægɪ] *Adj.* zottig, struppig

**shakes** [ʃeɪks] *Subst.* ***be no great shakes at*** *umgangsspr.* nicht gerade eine Leuchte sein in

**shaky** ['ʃeɪkɪ] *Adj.* wackelig

**shallow¹** ['ʃæləʊ] *Subst.* Untiefe, seichte Stelle

**shallow²** ['ʃæləʊ] *Adj.* flach, seicht; *übertr.* oberflächlich

**shallow-bottomed** [ˌʃæləʊ'bɒtəmd] *Adj.* dünnwandig

**shame** [ʃeɪm] *Subst.* Scham, Schande

**shamrock** ['ʃæmrɒk] *Subst.* BOT Klee; Kleeblatt (*Wahrzeichen Irlands*)

**shape-shifter** ['ʃeɪpˌʃɪftə] *Subst.* Gestaltwechsler

**shard** [ʃɑːd] *Subst.* Scherbe

**shark** [ʃɑːk] *Subst.* ZOOL Hai

**sharp** [ʃɑːp] *Adj.* scharf, schneidend, beißend

**sharpish** ['ʃɑːpɪʃ] *Adj. umgangsspr.* fix, schnell

**shatter** ['ʃætə] *Vt/i.* erschüttern, zerschlagen; zerspringen; bersten

**shave** [ʃeɪv] *Subst.* Rasur; ***have a close shave*** *umgangsspr.* um ein Haar davonkommen

**sheaf** [ʃiːv] *Subst.* Bündel

**shears** [ʃɪəz] *Subst. Pl.* (Garten)Schere

**shed**[1] [ʃed] *Subst.* Schuppen, Hütte

**shed**[2] [ʃed] *V/t.* abstreifen, abwerfen

**sheet** [ʃiːt] *Subst.* Bettlaken, Blatt Papier; ***the rain came down in sheets*** es regnete in Strömen

**shell**[1] [ʃel] *Subst.* (Muschel)Schale, Panzer, Gehäuse

**shell**[2] [ʃel] *V/t.* (ab)schälen, enthülsen

**shellfish** ['ʃelˌfɪʃ] *Subst.* ZOOL Schalentier

**shellshocked** ['ʃelʃɒkt] *Adj. umgangsspr.* neurotisch, konfus; *vgl.* ***shell-shock*** *eigentl.* Kriegsneurose

**shelter** ['ʃeltə] *Vt/i.* Zuflucht suchen, sich unterstellen; Zuflucht gewähren, beschützen

**shelve** [ʃelv] *V/t.* (*Bücher*) in ein Regal stellen; (*Problem*) auf die lange Bank schieben; (*Stolz, Unmut etc.*) beiseite lassen

**shepherd** ['ʃepəd] *Subst.* Schäfer, Schafhirte

**sherbet** ['ʃɜːbət] *Subst.* Brause

**sherbet lemon** [ˌʃɜːbət 'lemən] *Subst.* KUL Zitronenbrause(bonbon)

**shield**[1] [ʃiːld] *Subst.* Schutzschild, Wappenschild

**shield**[2] [ʃiːld] *V/t.* beschirmen

> **Shield Charm** ['ʃiːld tʃɑːm] *Zauber vgl.* ***shield*** Schutzschild, Wappenschild; ***charm*** Bann, Beschwörung

**shift** [ʃɪft] *Vt/i.* (sich) verlagern, wegräumen, (hin und her) rutschen

**shifty** ['ʃɪftɪ] *Adj.* zwielichtig, mehrdeutig, verschlagen, falsch

**shin** [ʃɪn] *Subst.* Schienbein

**shirty** ['ʃɜːtɪ] *Adj.* ***get shirty with s.o.*** j-n anschnauzen

**shiver** ['ʃɪvə] *V/i.* frösteln, schauern

**shoo** [ʃuː] *V/t.* scheuchen

**shooting star** [ˌʃuːtɪŋ 'stɑː] *Subst.* ASTR Sternschnuppe; *übertr. j-d, der über Nacht berühmt geworden ist* (*älteres Besen-Modell*)

**short-listed contender** ['ʃɔːtˌlɪstɪd kən'tendə] *Subst.* vorausgewählter Bewerber

**short-term** [ˌʃɔːt'tɜːm] *Adj.* kurzfristig

**shot**[1] [ʃɒt] *Subst.* Schuss; SPORT Versuch; *US umgangsspr.* Chance

**shot**[2] [ʃɒt] *Adj.* ***get shot of*** loswerden

**shot-putter** ['ʃɒtˌpʊtə] *Subst.* Kugelstoßer

**shout** [ʃaʊt] *Vt/i.* (laut) rufen, schreien

**shove** [ʃʌv] *Vt/i.* stoßen, schieben

**shovel** ['ʃʌvl] *Vt/i.* schaufeln

**shove off** [ʃʌv 'ɒf] *V/i.* (*Boot*) ablegen; *umgangsspr.* abschieben, abhauen

**show dog** ['ʃəʊ dɒg] *Subst. Hund, der auf einer Hundeschau gezeigt wird*

**shower** ['ʃaʊə] *V/i.* duschen, brausen

**show-off** ['ʃəʊɒf] *Subst.* Angeber

**shred**[1] [ʃred] *Subst.* Fetzen, Fitzelchen

**shred**[2] [ʃred] *V/t.* zerpflücken, zerfetzen

**shrewd** [ʃruːd] *Adj.* gerissen, scharfsinnig

**shriek**[1] [ʃriːk] *Subst.* schriller Schrei, Kreischen, Quietschen

**shriek**[2] [ʃriːk] *Vt/i.* schrill schreien, kreischen

**shrill** [ʃrɪl] *Adj.* schrill, scharf, heftig

**shrink** [ʃrɪŋk] *V/i.* schrumpfen, schrumpeln

**shrivelfig** ['ʃrɪvlfɪg] *Subst.* BOT Schrumpffeige

**shrivelled** ['ʃrɪvld] *Adj.* verschrumpelt, schrumpelig; verwelkt

**shrivel up** [ˌʃrɪvl 'ʌp] *V/i.* kräuseln, runzlig werden, zusammenschrumpfen

**shroud** [ʃraʊd] *V/t.* einhüllen, verschleiern

**shrub** [ʃrʌb] *Subst.* BOT Strauch, Busch

**shrug** [ʃrʌg] *V/i.* die Schultern zucken

> **shrunken head** [ˌʃrʌŋkən'hed] *Subst.* Schrumpfkopf. Kopftrophäe eines Indiostammes der Ost-Anden. Das Haupt eines Blutracheopfers wurde vom Schädelknochen befreit, ausgenommen und mit speziellen Kräutern gekocht und geräuchert; dabei modellierte man die Gesichtszüge wieder nach. Schrumpfköpfe dienten bei Heilungszeremonien und zur Mehrung des Ansehens. Bis in die 1950er Jahre waren diese Praktiken üblich, heute werden dazu Faultierköpfe verwendet.

**shudder**[1] ['ʃʌdə] *Subst.* Schauder, Zittern

**shudder**[2] ['ʃʌdə] *V/i.* erschauern, schaudern; zittern; stottern

**shuffle** ['ʃʌfl] *Vt/i.* schlurfen; (*Spielkarten*) mischen

**shun** [ʃʌn] *V/t.* meiden, ausgrenzen

**Shunpike, Stan** ['ʃʌnpaɪk, ˌstæn] *Name vgl.* ***shun*** vermeiden, ausweichen; ***pike*** Maut, Straßennutzungsgebühr; ***Stan*** *Kurzform von Stanley* (*Schaffner im Knight Bus*)

**shunt** [ʃʌnt] *V/t.* beiseite schieben, beiseite drängen

**sick** [sɪk] *Adj.* krank; ***I'm sick*** mir ist übel *oder* schlecht

**Sickle** ['sɪkl] *Neubildung vgl.* ***sickle*** Sichel (*Silbermünze, mittlere Einheit der Zaubererwährung →* ***Gringotts***)

**sick leave** ['sɪk liːv] *Subst.* Fehlen wegen Krankheit; ***be on sick leave*** krankgeschrieben sein

**sidekick** ['saɪdˌkɪk] *Subst. US* Kumpan, Handlanger

**sidle** ['saɪdl] *V/i.* (sich) schleichen; ***sidle away*** sich davonschleichen, sich verdrücken

**sight** [saɪt] *Subst.* Sicht, Anblick; Sehvermögen; ***have the Sight*** *übertr.* das zweite Gesicht haben

**sign** [saɪn] *V/t.* unterschreiben, unterzeichnen

**signature** ['sɪgnətʃə] *Subst.* Unterschrift

**silence** ['saɪləns] *Subst.* Schweigen, Stille

**silhouette** [ˌsɪlʊ'et] *Subst.* Silhouette, Umriss

**silk** [sɪlk] *Subst.* Seide

**silky** ['silkɪ] *Adj.* seidig; glatt

**silly** ['sɪlɪ] *Adj.* dumm, albern

**silt** [sɪlt] *Subst.* Treibsand, Schlamm, Schlick

**simper** ['sɪmpə] *V/i* einfältig *oder* albern lächeln

**sin** [sɪn] *Subst.* Sünde

**sinew** ['sɪnjuː] *Subst.* Sehne

**sinewy** ['sɪnjuːɪ] *Adj.* sehnig, zäh

**singe** [sɪndʒ] *V/t.* versengen, ansengen

**single out** [ˌsɪŋgl 'aʊt] *V/t. j-n* herausgreifen, aussondern

**sinister** ['sɪnɪstə] *Adj.* finster, unheimlich; drohend, unheilvoll
**Sinistra, Prof.** ['sɪnɪstrə, prəˌfesə] *Name vgl lat.* ***sinister*** links; ungünstig, unheimlich, unheilvoll (*Professorin für Astronomie in Hogwarts*)
**sink** [sɪŋk] *Subst.* Spülbecken, Waschbecken
**sip** [sɪp] *Vt/i.* nippen, einen Schluck nehmen
**siphon** ['saɪfən] *V/t.* absaugen, entleeren
**Sirius Black** [ˌsɪrɪəs 'blæk] *Name* → ***Black, Sirius***
**Sir Nicolas de Mimsy-Porpington** [sə 'nɪkləs də ˌmɪmsɪ'pɔːpɪŋtən] *Name* → ***Nearly Headless Nick***
**site** [saɪt] *Subst.* Sehenswürdigkeit
**sizable** ['saɪzəbl] *Adj.* ziemlich groß, ansehnlich, beträchtlich
**sizzle** ['sɪzl] *V/i.* zischen, brutzeln
**skate** [skeɪt] *V/i.* gleiten, schlittern
**Skeeter, Rita** ['skiːtə, ˌriːtə] *Name vgl.* ***skeet shooting*** Tontaubenschießen; ***Rita*** *weibl. Vorname* (*sensationslüsterne Journalistin, pflegt mit Fakten großzügig umzugehen*)
**Skele-Gro** ['skelɪgrəʊ] *Neubildung vgl.* ***skeleton*** Skelett, Knochen; ***grow*** wachsen
**skeleton** ['skelɪtən] *Subst.* Skelett, Knochen, (Toten)Gerippe
**skid** [skɪd] *V/i.* schlittern, schleudern, rutschen
**skill** [skɪl] *Subst.* Fertigkeit, Geschick
**skim** [skɪm] *Vt/i.* streifen, (darüber-)gleiten; ***skim through*** (*Buch*) überfliegen, durchblättern
**skin**[1] [skɪn] *Subst.* Haut; (*von Tieren*) Fell, Pelz
**skin**[2] [skɪn] *V/t.* häuten, enthäuten, abschälen; ***keep one's eyes skinned*** die Augen offenhalten
**skinny** ['skɪnɪ] *Adj.* mager, drahtig
**skip** [skɪp] *Vt/i.* hüpfen, in die Luft springen; *übertr.* überspringen, auslassen
**skipping game** ['skɪpɪŋ geɪm] *Subst.* Hüpfspiel, Seilhüpfen
**skirt**[1] [skɜːt] *Subst.* Rock
**skirt**[2] [skɜːt] *V/i.* entlangschleichen
**skitter** ['skɪtə] *V/i.* huschen
**skive** [skaɪv] *V/t.* schaben, spalten; *umgangsspr.* sich drücken

> **Mrs. Skower's** ['skaʊəz] **All-Purpose Magical Mess Remover** *vgl.* ***scour*** scheuern, schrubben, polieren; ***all-purpose*** Allzweck...; ***magical*** zauberhaft; ***mess*** Durcheinander, Unordnung; ***remove*** entfernen.

**skrewt** [skruːt] *Neubildung* → ***Blast-Ended Skrewts***
**skulk** [skʌlk] *V/i.* schleichen, sich herumdrücken, sich verstecken
**skull** [skʌl] *Subst.* Schädel, Totenkopf
**slab** [slæb] *Subst.* dicke Scheibe, großes Stück, Tafel (*Schokolade*)
**slack**[1] [slæk] *Subst.* ***take up the slack*** den Faden aufnehmen, die Sache am Laufen halten
**slack**[2] [slæk] *Adj.* schlaff, träge
**slam** [slæm] *Vt/i.* knallen, zuknallen, schlagen, (auf)schlagen, schmettern
**slanting** ['slɑːntɪŋ] *Adj.* schräg stehend
**slap** [slæp] *V/t.* (ins Gesicht) schlagen, ohrfeigen
**slash**[1] [slæʃ] *Subst.* Riss, Schnitt
**slash**[2] [slæʃ] *V/t.* kratzen, krallen; zerfetzen, aufschlitzen
**slaughter** ['slɔːtə] *V/t.* schlachten; niedermetzeln

**slave** [sleɪv] *Subst.* Sklave, Sklavin
**slave-labour** [ˌsleɪv'leɪbə] *Subst.* Sklaverei, Sklavenarbeit
**slavery** ['sleɪvərɪ] *Subst.* Sklaverei, Sklavenhaltung
**slay** [sleɪ] *V/t.* erschlagen, schlachten, ermorden
**sled** [sled] *Subst.* Schlitten
**Sleekeazy's Hair Potion** [sliːˌkiːzɪz 'heə ˌpəʊʃn] *Name vgl.* ***sleek*** glatt; ***easy*** einfach; ***hair potion*** Haarwasser
**sleet** [sliːt] *Subst.* Graupelschauer, Schneeregen
**sleeve** [sliːv] *Subst.* Ärmel
**slender** ['slendə] *Adj.* schlank, schmal
**slice** [slaɪs] *Subst. von Brot etc.*: Scheibe, Schnitte
**slide** [slaɪd] *V/i.* gleiten, rutschen
**slide-rule** ['slaɪdruːl] *Subst.* Rechenschieber
**sliding panel** ['slaɪdɪŋ ˌpænl] *Subst.* verschiebbare Wandtäfelung, Schiebewand
**slight** [slaɪt] *Adj.* unbedeutend, gering, leicht
**slimy** ['slaɪmɪ] *Adj.* schleimig, glitschig
**slink** [slɪŋk] *V/i.* schleichen
**slip¹** [slɪp] *Subst.* Ausrutschen; *übertr.* Missgeschick, Panne, Schnitzer; ***give s.o. the slip*** j-m entwischen, j-m entkommen
**slip²** [slɪp] *V/i.* gleiten, rutschen
**slippers** ['slɪpəz] *Subst. Pl.* Pantoffeln, Hausschuhe
**slippery** ['slɪpərɪ] *Adj.* schlüpfrig; *übertr.* aalglatt, gerissen
**slipstream** ['slɪpstriːm] *Subst.* Fahrtwind, Sog; Windschatten
**slit** [slɪt] *Subst.* Schlitz
**slither** ['slɪðə] *V/i.* gleiten, rutschen, schlittern
**sliver** ['slɪvə] *Subst. von Glas*: Splitter; *von Holz*: Span
**slobber** ['slɒbə] *V/i.* schlabbern, sabbern, lecken
**slog** [slɒg] *Subst.* mühseliger Weg, Schinderei
**slop** [slɒp] *Vt/i.* verschütten; hinklatschen, platschen
**slope¹** [sləʊp] *Subst.* Böschung, Abhang; Hang, Anhöhe
**slope²** [sləʊp] *Vt/i.* abfallen, sich neigen; ***slope away*** *übertr.* abziehen
**sloping** ['sləʊpɪŋ] *Adj.* schräg, geneigt, abfallend
**slosh** [slɒʃ] *Vt/i.* herumpanschen; bespritzen
**sloth** [sləʊθ] *Subst.* ZOOL Faultier
↗ **slouch** [slaʊtʃ] *V/i.* krumm *oder* mit hängenden Schultern gehen, latschen, schlurfen
**slow¹** [sləʊ] *Adj.* langsam; ***slow-acting*** langsam wirkend; ***slow-motion*** Zeitlupe
**slow²** [sləʊ] *V/t.* ***slow down*** verlangsamen, die Geschwindigkeit verringern
**sludge** [slʌdʒ] *Subst.* Schlamm, Matsch, Modder
**slug** [slʌg] *Subst.* ZOOL (Nackt-)Schnecke
**sluggish** ['slʌgɪʃ] *Adj.* träge, schwerfällig; zähflüssig
**slug pellet** ['slʌg ˌpelɪt] *Subst.* Blei- *oder* Schrotkugel, Bolzen
**slump** [slʌmp] *V/i.* fallen, sinken; plumpsen, sacken
**slumped** [slʌmpt] *Adj.* hingesunken, zusammengesackt
**slurp** [slɜːp] *Vt/i.* schlürfen
**slushy** ['slʌʃɪ] *Adj.* matschig, schlammig
**sly** [slaɪ] *Adj.* schlau, listig

**Slytherin** ['slɪðərɪn] *Name*; *vgl.* ***slither*** gleiten, rutschen: die Fortbewegungsart der Schlange; ***sly*** hinterlistig – eines der Häuser von Hogwarts, in dem Schüler ihren Ort finden, deren Antriebskräfte Ehrgeiz, Durchsetzungsvermögen und Macht sind; **Slytherin, Salazar**: orientalischer Vorname; ein diktatorischer portugiesischer Ministerpräsident in der ersten Hälfte des 20. Jh.s hieß mit Nachnamen Salazar – einer der Begründer von Hogwarts und Stifter des gleichnamigen Hauses, besaß die seltene Gabe, mit Schlangen sprechen zu können (→ ***Parseltongue***).

**smack**[1] [smæk] *Subst.* Klatsch, Platsch

**smack**[2] [smæk] *V/i.* schmecken, riechen

**smack**[3] [smæk] *V/t.* schmatzend genießen; ***smack one's lips*** sich die Lippen lecken

**smaragd** ['smæræɡd] *Subst.* Smaragd; tiefgrün funkelnder Edelstein, der röm. Liebesgöttin Venus heilig; repräsentiert nach der Vorstellung der Antike die kühle Natur. In der christlichen Ikonographie bedeutet er Jungfräulichkeit, Hoffnung und – als smaragdgrüner Regenbogen der Apokalypse – göttliche Gnade.

**smarmy** ['smɑːmɪ] *Adj. brit. umgangsspr.* schmierig, kriecherisch

**smart**[1] [smɑːt] *Adj.* klug, gescheit; schick, elegant

**smart**[2] [smɑːt] *V/i.* ***smart about*** *oder* ***under*** *seelisch* leiden unter, grollen wegen

**smarten** ['smɑːtn] *V/i.* ***smarten up*** sich schön machen, schick machen, etwas „Anständiges" anziehen

**smash** [smæʃ] *V/t.* schmettern; zertrümmen, einschlagen

**smatter** ['smætə] *V/t.* übersäen, pudern; ***smattered with silver*** mit Silber überzogen

**smelly** ['smelɪ] *Adj.* übel riechend, stinkend

**Smeltings** ['smeltɪŋz] *Name vgl.* ***smelt*** (Erz) schmelzen (*weiterführende Schule, die Dudley Dursley besucht*)

**Smethley, Veronica** ['smeðlɪ, vəˌrɒnɪkə] *Name*; vielleicht Anklang an ***smelt*** (dahin)schmelzen; **Veronica**: lat. Form des mittlerweile altmodischen *Berenice*, vermengt mit kirchenlat. *vera icon* (wahres Bild), was sich auf die Kalvarien-Legende bezieht: danach ist auf einem Schweißtuch das wahre Abbild vom Gesicht Christi erhalten – Verehrerin von Gilderoy Lockhart.

**smirk** [smɜːk] *V/i.* blöd grinsen, affektiert lächeln

**smite** [smaɪt] *V/t. übertr.* packen, ergreifen

**smithereens** [ˌsmɪðə'riːnz] *Subst. Pl.* ***smash into smithereens*** in tausend Stücke schlagen

**smitten** ['smɪtn] *Part. Perf.* ***Infinitiv*** → ***smite***

**smooth**[1] [smuːð] *Adj.* glatt

**smooth**[2] [smuːð] *V/t.* glätten, glatt streifen

**smother** ['smʌðə] *V/t.* ersticken, unterdrücken

**smoulder** ['sməʊldə] *V/i.* glimmen, schwelen, glühen
**smudge** [smʌdʒ] *Subst.* (Tinten-) Fleck, Klecks
**smug** [smʌg] *Adj.* selbstgefällig, blasiert; *altertüml.* geschniegelt
**smuggle** ['smʌgl] *V/t.* schmuggeln
**smugness** ['smʌgnəs] *Subst.* Blasiertheit, Selbstgefälligkeit
**snag** [snæg] *V/i.* sich verhaken, hängen bleiben
**snail**¹ [sneɪl] *Subst.* Schnecke
**snail**² [sneɪl] *V/i.* ***snail by*** (*Zeit*) dahinkriechen
**snap** [snæp] *V/t.* schnappen; knacken, entzweibrechen

**Snape, Prof. Severus** ['sneɪp, prəˌfesə sɪˌvɪərəs] *Name*; *vgl.* ***snap*** Schnappen, Biss, Reißen; ***snake*** Schlange; *lat.* ***Severus*** der Ernste (*vgl. auch* ***severe*** ernstzunehmend, ernsthaft) – Professor für Zaubertränke und Vorstand des Hauses Slytherin in Hogwarts.

**snarl**¹ [snɑːl] *Vt/i.* durcheinander bringen, verknoten, verheddern
**snarl**² [snɑːl] *Vt/i.* (wütend) knurren, Zähne fletschen
**snatch**¹ [snætʃ] *Subst.* Brocken, Bruchstück; ***snatches of conversation*** Gesprächsfetzen
**snatch**² [snætʃ] *V/t.* erhaschen, schnappen, fangen
**sneak** [sniːk] *Vt/i.* (herum)schleichen; ***sneak off*** sich davonschleichen; ***sneak a look at*** heimlich einen Blick werfen auf
**sneakoscope** ['sniːkəskəʊp] *Subst. vgl.* ***sneak*** (herum)schleichen; ***...scope*** *griech.* ...betrachter
**sneaky** ['sniːkɪ] *Adj.* raffiniert, hinterlistig
**sneer** [snɪə] *V/i.* höhnisch grinsen, feixen
**sneeze** [sniːz] *V/i.* niesen
**snide** [snaɪd] *Adj.* abfällig, höhnisch
**sniff** [snɪf] *Subst.* Schniefen; Naserümpfen
**sniffy** ['snɪfɪ] *Adj.* naserümpfend, hochmütig; verschnupft, eingeschnappt
**snigger** ['snɪgə] *V/i. auch* ***snicker*** kichern
**snipe** [snaɪp] *V/i.* aus dem Hinterhalt schießen; sich angiften, sich anschießen

**Snitch** [snɪtʃ] *Neubildung vgl.* ***snitch*** klauen, stibitzen (***Golden Snitch***: *selbstständig agierender, kleiner goldener Ball im Quidditch-Spiel, der gefangen werden muss*); → ***Quidditch***
**snobbish** ['snɒbɪʃ] *Adj.* eingebildet, hochmütig
**snooze** [snuːz] *V/i.* dösen, ein Nickerchen machen
**snore**¹ [snɔː] *Subst.* Schnarcher, Schnauben
**snore**² [snɔː] *V/i.* schnarchen
**snort** [snɔːt] *V/i.* (*wütend, verächtlich*) schnauben; prusten
**snout** [snaʊt] *Subst.* ZOOL Schnauze, *von Schwein, Insekt*: Rüssel
**snow-capped** ['snəʊkæpt] *Adj.* schneebedeckt
**snowy owl** ['snəʊɪ aʊl] *Subst.* ZOOL Schneeeule
**snuff** [snʌf] *Vt/i.* schnüffeln, schnuppern; schnupfen; ***snuff it*** *umgangsspr.* abkratzen, den Löffel reichen

**snuff-box** ['snʌfbɒks] *Subst.* Schnupftabaksdose

**Snuffles** ['snʌflz] *Name vgl.* ***snuffle*** schnüffeln, schnuppern (*Name des Hundes, dessen Gestalt Sirius Black zeitweise angenommen hat und der sich in der Nähe von Hogsmeade herumtreibt*)

**snug** [snʌg] *Adj.* behaglich, gemütlich, wohlgeborgen

**soak** [səʊk] *Vt/i.* durchweichen

**soar** [sɔː] *V/i.* sich erheben, in die Lüfte steigen; segeln, schweben, fliegen

**sob¹** [sɒb] *Subst.* Schluchzer

**sob²** [sɒb] *V/i.* schluchzen

**sober** ['səʊbə] *Adj.* nüchtern, sachlich

**social** ['səʊʃl] *Adj.* sozial, gesellschaftlich

**socialize** ['səʊʃlaɪz] *V/i.* gesellschaftlich zusammenkommen, Kontakt pflegen

**socket** ['sɒkɪt] *Subst.* Augenhöhle

**sodden** ['sɒdn] *Adj.* durchweicht, durchnässt, getränkt

**soggy** ['sɒgɪ] *Adj.* triefend; (*Boden*) aufgeweicht, durchweicht

**solace** ['sɒlɪs] *Subst.* Trost

**sole** [səʊl] *Subst.* Sohle

**solemn** ['sɒləm] *Adj.* feierlich

**solid** ['sɒlɪd] *Adj.* massiv, fest

**solitary** ['sɒlɪtərɪ] *Adj.* einsam, abgeschieden

**solution** [sə'luːʃn] *Subst. von Problem*: Lösung; (*Flüssigkeit*) Lösung, Tinktur

**sombre** ['sɒmbə] *Adj.* düster, trübe; melancholisch

**somersault¹** ['sʌməsɔːlt] *Subst.* Purzelbaum, Salto

**somersault²** ['sʌməsɔːlt] *V/i.* einen Salto machen, einen Purzelbaum machen

**sonnet** ['sɒnɪt] *Subst. poet.* Sonett

**sonny** ['sʌnɪ] *Subst. Anrede*: Kleiner, mein Junge

> **Sonorus!** [sə'nɔːrəs] *Zauber vgl. lat.* ***sonor*** Ton, Getöse

**soot** [sʊt] *Subst.* Ruß

**soothe** [suːð] *V/t.* beruhigen, lindern

**soothing** ['suːðɪŋ] *Adj.* beschwichtigend, beruhigend; lindernd

**sop** [sɒp] *V/t.* durchnässen, überschwemmen; ***sopping wet*** triefnass

**Sorc.** *Abk. für* ***sorcerer*** Hexenmeister, Zauberer

**sorcerer** ['sɔːsərə] *Subst.* Hexenmeister, Zauberer

**sorceress** ['sɔːsərɪs] *Subst.* Zauberin, Hexe

> **sorcery** ['sɔːsərɪ] *Subst.* Zauberei; **sorcerer** Zauberer, Hexenmeister; abgeleitet von *lat.* ***sors*** Los, also Loszieher oder Orakelleser. Das Wort *sorcery* hat im Unterschied zu → ***wizardry*** einen tendenziell negativen Beigeschmack; *sorcerer* sind nur ihren eigenen, egoistischen Zielen verpflichtet, sie agieren aus Gewinnstreben oder sogar Bosheit, sind deshalb aber nicht zwangsläufig Schwarzmagier (→ ***Dark Arts***).

**sore** [sɔː] *Adj.* wund, entzündet, schmerzhaft; *übertr.* schmerzlich

**sort** [sɔːt] *V/t.* sortieren, einteilen

**sought** [sɔːt] *Prät.* → ***seek***

**sound** [saʊnd] *Adj.* gesund, robust, in gutem Zustand

**source** [sɔːs] *Subst.* Quelle

**space** [speɪs] *V/t.* verteilen, (*räumlich*) anordnen
**spade** [speɪd] *Subst.* Spaten, Schippe
**spangled** ['spæŋgəld] *Adj.* flitterbesetzt; ***star-spangled*** sternenübersät; ***the Star-Spangled Banner*** das Sternenbanner (*US-Nationalflagge und -hymne*)
**spare** [speə] *Adj.* überzählig, überflüssig; ***spare key*** Reserveschlüssel
**spark¹** [spɑːk] *Subst.* Funke
**spark²** [spɑːk] *V/i.* Funken sprühen, funkeln
**sparkly** ['spɑːklɪ] *Adj.* glitzernd
**sparse** [spɑːs] *Adj.* spärlich, schütter
**spasm** ['spæzm] *Subst.* MED Krampf
**spat** [spæt] *Prät.* → ***spit***
**spate** [speɪt] *Subst. brit.* Flut, Überschwemmung
**spear** [spɪə] *V/t.* aufspießen, durchbohren
**specimen** ['spesɪmɪn] *Subst.* ZOOL Art, Sorte
**speck** [spek] *Subst.* Fleck
**spectacles** ['spektəklz] *Subst. Pl.* Brille
**spectacular** [spek'tækjʊlə] *Adj.* Aufsehen erregend, spektakulär
**spectator** [spek'teɪtə] *Subst.* Zuschauer
**spectral** ['spektrəl] *Adj.* geisterhaft, gespenstisch
**spectre** ['spektə] *Subst.* (Schreck)Gespenst
**speech bubble** ['spiːtʃ ˌbʌbl] *Subst.* Sprechblase
**speechless** ['spiːtʃləs] *Adj.* sprachlos
**speed¹** [spiːd] *Subst.* Geschwindigkeit
**speed²** [spiːd] *V/i.* eilen, sausen
**speeded-up** [ˌspiːdɪd'ʌp] *Adj.* beschleunigt, im Zeitraffer

**spell** [spel] *Subst.* Zauber, Zauberwort, Zauberspruch, Bann, Beschwörungsformel; **incantation** *Subst.* Beschwörung, Beschwörungsformel, Anrufung.

**spell-book** ['spelbʊk] *Subst.* Zauberbuch
**spellbound** ['spelbaʊnd] *Adj.* gebannt, fasziniert, gefesselt
**Spellotape** ['speləʊteɪp] *Markenname für magisches Klebeband* (*Wortspiel mit dem Markennamen „Sellotape“*)
**spew** [spjuː] *V/i.* sich erbrechen, spucken, speien

**sphinx**

**sphinx** [sfɪŋks] *Subst.* Sphinx. Rätselhaftes Fabelwesen der ägyptischen und griech. Mythologie, dargestellt als geflügelter Löwe mit menschlichem Kopf. Sie ist ein Sinnbild der Verschwisterung tierischer Kraft mit menschlichem Geist. Im Gegensatz zur ägyptischen ist die griechische Sphinx weiblich, sie hat Kopf und Oberkörper einer Frau, einen geflügelten Löwenleib und eine Schlange als Schwanz. Der oder die Sphinx (*Pl.* Sphingen) ist ein Symbol für Stärke und Weisheit, auch für Geheimnis und Rätsel.

**spider** ['spaɪdə] *Subst.* Spinne. Ein Tier eigener Gattung mit acht Beinen, das in verschiedensten Größen – behaart und unbehaart, giftig und ungiftig – fast überall auf der Welt vorkommt. Als Spinnerin ihres eigenen Fadens und Netzeweberin weckt die Spinne positive und negative Vorstellungen, als Schöpferin und Zerstörerin wird sie Mond- und Muttergottheiten zugeordnet, sie spinnt den Faden des Schicksals und – nach indianischen und afrikanischen Mythen – das kosmische Netz, das Himmel und Erde verbindet. Der Antike galt die Spinne als weise. Eine Legende erzählt, dass Christus sich hinter dem Netz einer Spinne vor Verfolgern verbarg; von Mohammed wird ähnliches berichtet, ebenso von dem schottischen König Robert the Bruce. Im Volksglauben wurde den Spinnweben gelegentlich Heilkraft zugeschrieben. Der Anblick einer Spinne löst bei vielen Menschen (auch bei Ron Weasley) beklemmende Angstzustände (Phobien) aus (→ ***Aragog***).

**spidery** ['spaɪdərɪ] *Adj.* spinnenartig

**spiffing** ['spɪfɪŋ] *Adj. altertüml.* toll, super, cool

**spiked** [spaɪkt] *Adj.* mit Dornen *oder* Spitzen *oder* Stacheln versehen

spider

**spike-ridden** ['spaɪk,rɪdn] *Adj.* mit Stacheln gespickt

**spiky** ['spaɪkɪ] *Adj.* stachelig

**spill** [spɪl] *Vt/i.* kleckern, verschütten, ausgießen; sich ergießen

**spin** [spɪn] *Vt/i.* wirbeln, kreiseln, schleudern

**spindle-legged** [,spɪndl'legd] *Adj.* storchenbeinig

**spindly** ['spɪndlɪ] *Adj.* spindeldürr

**spine** [spaɪn] *Subst.* Rückgrat; *von Tier, Pflanze*: Dorn, Stachel

**spine-tingling** ['spaɪn,tɪŋlɪŋ] *Adj. wörtlich* im Rückgrat prickelnd; nervenkitzelnd, haarsträubend

**Spinnet, Alicia** ['spɪnɪt, ə,lɪʃə] *Name*; *vgl.* ***spin*** wirbeln, kreiseln; ***Alicia*** *weibl. Vorname* (*Chaser im Gryffindor-Quidditch-Team, zwei Jahre älter als Harry*)

**spinning top** ['spɪnɪŋ tɒp] *Subst.* Kreisel
**spiny** ['spaɪnɪ] *Adj.* stachelig
**spiral** ['spaɪərəl] *V/i.* spiralförmig verlaufen; sich hinaufschrauben, kreisend aufsteigen; ***spiralling stair*** Wendeltreppe
**spirit** ['spɪrɪt] *Subst.* Geist; Einstellung; ***spirits*** Stimmung, Laune
**spirited** ['spɪrɪtɪd] *Adj.* temperamentvoll, energisch, lebhaft, munter
**spit** [spɪt] *V/i.* spucken
**spittle** ['spɪtl] *Subst.* Speichel, Spucke
**splash**[1] [splæʃ] *Subst.* Spritzer, Klecks, Tropfen
**splash**[2] [splæʃ] *V/i.* klecksen, kleckern, spritzen, tropfen
**splatter** ['splætə] *V/t.* bespritzen
**splayed** [spleɪd] *Adj.* auswärts gebogen, ausgedreht
**splay-legged** ['spleɪ'legd] *Adj.* alle Viere gespreizt
**spleen** [spli:n] *Subst.* MED Milz; *übertr.* schlechte Laune, Ärger
**splendid** ['splendɪd] *Adj.* prächtig
**splinch** [splɪntʃ] *V/i.* sich spalten, in zwei Teile zerfallen
**splint** [splɪnt] *Subst.* MED Schiene
**splinter** ['splɪntə] *V/i.* splittern, spleißen
**split** [splɪt] *Vt/i.* zerteilen, zerreißen, aufgliedern; auseinander brechen, reißen
**splotched** [splɒtʃt] *Adj.* fleckig, befleckt
**splutter** ['splʌtə] *V/i.* prusten; spucken, kotzen; (*Motor*) stottern
**spoil** [spɔɪl] *V/t.* verderben
**spoilsport** ['spɔɪlspɔ:t] *Subst.* Spielverderber
**spokesgoblin** ['spəʊks,gɒblɪn] *Neubildung vgl.* ***spokesman*** Sprecher; ***goblin*** Goblin; → ***goblin***
**sponge**[1] [spʌndʒ] *Subst.* Schwamm
**sponge**[2] [spʌndʒ] *V/t.* (*mit einem Schwamm*) reinigen, wischen, abwaschen
**sponge cake** ['spʌndʒ keɪk] *Subst.* Biskuitkuchen
**spooky** ['spu:kɪ] *Adj.* gespenstisch, unheimlich
**spoon**[1] [spu:n] *Subst.* Löffel
**spoon**[2] [spu:n] *V/t.* löffeln
**Spore, Phyllida** ['spɔ:, ˌfɪlɪdə] *Name*; *vgl.* BOT ***spore*** Spore, Keimzelle; ***Phyllida*** *vgl. griech.* Blatt, Pflanze (*Autorin des Standard-Lehrbuchs für magische Pflanzen- und Pilzkunde*)
**sport** [spɔ:t] *V/t.* zur Schau tragen, protzen mit
**spot** [spɒt] *V/t.* entdecken, erblicken
**spotted dick** [ˌspɒtɪd 'dɪk] *Subst.* KUL *gedämpfter oder gekochter Talgpudding mit getrockneten Früchten*
**spotty** ['spɒtɪ] *Adj.* pickelig
**spout** [spaʊt] *Subst. einer Kanne*: Tülle, Schnabel
**sprained** [spreɪnd] *Adj.* MED verstaucht
**sprawl** [sprɔ:l] *V/i.* der Länge nach hinfallen; alle Viere von sich strecken, ausgestreckt daliegen
**spray**[1] [spreɪ] *Subst.* Gischt, Sprühnebel
**spray**[2] [spreɪ] *V/t.* sprühen, zerstäuben
**spread** [spred] *Vt/i.* sich verbreiten; ausbreiten
**spread-eagled** [spred'i:gld] *Adj.* mit ausgebreiteten Armen und Beinen
**spring**[1] [sprɪŋ] *Subst.* Frühling; TECH Sprungfeder
**spring**[2] [sprɪŋ] *V/i.* springen; schnellen; ***spring at s.o.*** j-n anfallen
**sprout**[1] [spraʊt] *Subst.* BOT Trieb,

Keim, Sprosse, Schössling; KUL Rosenkohl
**sprout**[2] [spraʊt] *V/i.* sprossen, sprießen, keimen, wachsen
**Sprout, Prof.** ['spraʊt, prəˌfesə] *Name vgl.* BOT ***sprout*** Trieb, Keim, Sprosse, Schössling; KUL Rosenkohl (*Professorin für Pflanzen- und Pilzkunde und Vorstand des Hufflepuff-Hauses in Hogwarts*)
**spun** [spʌn] *Prät.* → ***spin***
**spur** [spɜː] *V/t.* anspornen, anstacheln, antreiben
**spurt** [spɜːt] *Subst.* (*Blut, Feuer, Wasser*) Strahl
**sputter** ['spʌtə] *V/i.* → ***splutter***
**spy**[1] [spaɪ] *Subst.* Spion
**spy**[2] [spaɪ] *V/i.* spionieren, nachspüren
**squabble**[1] ['skwɒbl] *Subst.* Zankerei, Händel, Streiterei
**squabble**[2] ['skwɒbl] *V/i.* sich kabbeln, sich zanken
**squad** [skwɒd] *Subst.* Mannschaft, Einsatztruppe, Einsatzkommando
**square** [skweə] *V/t.* quadratisch *oder* rechtwinklig machen; (*Schultern*) straffen
**squash** [skwɒʃ] *V/t.* zerdrücken, zerquetschen
**squashed** [skwɒʃt] *Adj.* eingedrückt, gestaucht
**squashy** ['skwɒʃɪ] *Adj.* weich, knautschig; nachgiebig, matschig
**squat**[1] [skwɒt] *Adj.* gedrungen, vierschrötig
**squat**[2] [skwɒt] *V/i.* hinhocken, ducken, sich niederlassen
**squawk** [skwɔːk] *V/i.* kreischen, quäken
**squeak** [skwiːk] *V/i.* quietschen, fiepen
**squeaky** ['skwiːkɪ] *Adj.* fiepsig, quietschig
**squeal** [skwiːl] *V/i.* quieken, kreischen
**squeeze** [skwiːz] *V/t.* zusammendrücken, quetschen
**squelch** [skweltʃ] *V/i.* patschen, platschen
**squelchy** ['skweltʃɪ] *Adj.* platschend, klatschend
**Squib** [skwɪb] *Neubildung vgl. brit.* ***squib*** Feuerwerkskörper, Knallfrosch (*Abkömmling einer Zaubererfamilie, der keine magischen Talente geerbt hat*)
**squid** [skwɪd] *Subst.* ZOOL Polyp, Tintenfisch
**squiggly** ['skwɪglɪ] *Adj.* schnörkelig
**squint** [skwɪnt] *V/i.* schielen
**squirm** [skwɜːm] *V/i.* sich krümmen, sich winden
**squirrel** ['skwɪrəl] *Subst.* ZOOL Eichhörnchen
**squirt**[1] [skwɜːt] *Subst.* Spritzer
**squirt**[2] [skwɜːt] *Vt/i.* (heraus)spritzen, verspritzen, heraussprudeln
**squish** [skwɪʃ] *V/i.* matschen, platschen
**stab**[1] [stæb] *Subst.* ***take a stab*** *umgangsspr.* einen Vorstoß unternehmen, etwas probieren
**stab**[2] [stæb] *V/t.* (er)stechen; (durch-) bohren
**stabbing** ['stæbɪŋ] *Adj.* stechend
**stack** [stæk] *Subst.* Stapel
**staff** [stɑːf] *Subst.* Stock, Stecken; *einer Firma etc.*: Personal, Mitarbeiter
**staff-room** ['stɑːfruːm] *Subst.* Personalraum; *in Schule*: Lehrerzimmer

**stag** [stæg] *Subst.* ZOOL (Rot-) Hirsch. Der Hirsch hat in der inselkeltischen, aber auch der antiken Mythologie eine große Bedeutung: Er wurde niemals gezähmt, sondern war immer Jagdtier; so gilt er als Symbol von Wildheit und Freiheit wie auch Gefährdung, von Schönheit und Männlichkeit. Scheu und flüchtig wurde er als Verkörperung der Seele angesehen und als Feentier. Die griech. Jagdgöttin Artemis verwandelte den heimlichen Späher Aktaion in einen Hirsch, der von seinen eigenen Hunden zerrissen wurde. In der irischen Frühgeschichte galt er als königliches Tier, in Schottland gibt es zahlreiche Zeugnisse eines Hirschkults und die Überlieferung von einem gehörnten Gott Cerunnos, der sich in einen Hirschen verwandelte.

**stage**[1] [steɪdʒ] *Subst.* Bühne

**stage**[2] [steɪdʒ] *V/t.* inszenieren, vorspielen

**stagecoach** ['steɪdʒkəʊtʃ] *Subst.* Postkutsche

**stagger** ['stægə] *Vt/i.* taumeln, schwanken; wanken, stolpern; staffeln

**stain** [steɪn] *Subst.* Flecken

**staircase** ['steəkeɪs] *Subst.* Treppenhaus

**stake** [steɪk] *Subst.* Pfahl, Pfosten; Marterpfahl, Scheiterhaufen; ***be at stake*** *übertr.* auf dem Spiel stehen

**stalactite** ['stæləktaɪt] *Subst.* Stalaktit (*eiszapfenähnlich herabhängende Mineralablagerung in einer Tropfsteinhöhle*)

**stalagmite** ['stæləgmaɪt] *Subst.* Stalagmit (*kerzen- oder pyramidenförmig emporwachsende Mineralablagerung in einer Tropfsteinhöhle*)

**stale** [steɪl] *Adj.* altbacken, abgestanden

**stalk**[1] [stɔːk] *Subst.* Stengel, Stiel

**stalk**[2] [stɔːk] *V/i.* staksen; sich anschleichen

**stammer** ['stæmə] *Vt/i.* stammeln, stottern

**stamp** [stæmp] *V/t.* stampfen

**stampede** [stæm'piːd] *Vt/i.* bestürmen, in Panik versetzen; in wilde Flucht *oder* wilden Ansturm ausbrechen, durchgehen

**stand** [stænd] *Subst.* Tribüne

**standard** ['stændəd] *Subst* Standard, Norm; Maßstab, Anspruchsniveau; ***sub-standard*** mindere Qualität

**standby** ['stændbaɪ] *Subst.* Reserve, Ersatz

**stark** [stɑːk] *Adv.* völlig, gänzlich

**starkers** ['stɑːkəz] ***go starkers*** *umgangsspr.* nackt herumlaufen

**starry** ['stɑːrɪ] *Adj.* sternenklar; sternenbedeckt

**startled** ['stɑːtld] *Adj.* erschrocken

**start-of-term** [ˌstɑːtəv'tɜːm] *Adj.* Schulanfangs…, Schuljahresanfangs…; Semesteranfangs…

**starve** [stɑːv] *V/i.* hungern; ***starve to death*** zu Tode hungern, verhungern

**starved** [stɑːvd] *Adj.* ausgehungert, ausgezehrt

**state-of-the-art** [ˌsteɪtəvðɪ'ɑːt] *Adj.* auf dem neuesten Stand

**station** ['steɪʃn] *V/t.* stationieren

**statue** ['stætʃuː] *Subst.* Statue, Standbild, Denkmal

**statute** ['stætʃuːt] *Subst.* Statut, Vorschrift

**stave** [steɪv] *V/t.* ***stave off*** (*Angriff, Angreifer*) abwehren, zurückschlagen

**St. Brutus's** [snt 'bruːtəs] **Secure Centre for Incurably Criminal Boys** *Name*; *vgl. lat.* ***brutus*** der Hässliche; ***St.***: Abk. für ***Saint*** Heiliger;

> *vgl.* ***secure*** sicher; ***incurably*** unheilbar; ***criminal*** kriminell, straffällig – Verwahranstalt für unheilbar straffällige Jungen; dort, so behauptet Vernon Dursley gegenüber seiner Schwester Marge, sei Harry während des Schuljahres untergebracht.

**steady** ['stedɪ] *Adj.* stabil, ruhig, gleichmäßig, stetig

**steak-and-kidney-pie** [ˌsteɪkənd'kɪdnɪˌpaɪ] *Subst.* KUL *Fleischauflauf mit Rindfleisch und Nieren, in tiefer Kuchenform gebacken*

**steak-and-kidney-pudding** [ˌsteɪkənd'kɪdnɪˌpʊdɪŋ] *Subst.* KUL *Fleischauflauf aus Rumpsteak und Schafsnieren, im Wasserbad gegart*

**steal** [stiːl] *Vt/i.* stehlen

**stealth** [stelθ] *Subst.* Heimlichkeit; ***by stealth*** heimlich

**stealthy** ['stelθɪ] *Adj.* verstohlen, heimlich

**steam** [stiːm] *Subst.* Dampf, Rauch; ***full steam ahead*** Volldampf voraus; ***under one's own steam*** aus eigener Kraft

**steam engine** ['stiːm ˌendʒɪn] *Subst.* Dampfmaschine, Dampflok

**steamroller** ['stiːmˌrəʊlə] *Subst.* Dampfwalze

**steamrollered** ['stiːmˌrəʊləd] *Adj.* plattgewalzt, überrollt

**steed** [stiːd] *Subst. altertüml.* (Streit-)Ross, Schlachtross

**steel**[1] [stiːl] *Subst.* Stahl

**steel**[2] [stiːl] *V/t.* sich wappnen, sich gefasst machen

**steely** ['stiːlɪ] *Adj.* stählern, hart

**steep** [stiːp] *Adj.* steil, jäh

**steer** [stɪə] *V/t.* steuern, lenken

**steering wheel** ['stɪərɪŋ wiːl] *Subst.* Lenkrad

**stem** [stem] *V/t.* aufhalten, Einhalt gebieten, eindämmen

**stench** [stentʃ] *Subst.* Gestank

**stern** [stɜːn] *Adj.* streng, hart

**stew**[1] [stjuː] *Subst.* KUL Schmorgericht, Eintopf

**stew**[2] [stjuː] *V/t.* schmoren, dünsten

**stick** ['stɪk] *Vt/i.* stechen; aufkleben; stecken, festsitzen, kleben; ***be stuck*** in der Klemme sitzen

**sticky** ['stɪkɪ] *Adj.* klebrig, zäh, eklig; ***meet a sticky end*** ein böses Ende nehmen

**stiff** [stɪf] *Adj.* steif, starr

**stiffness** ['stɪfnəs] *Subst.* Steife, Steifheit

**stifle** ['staɪfl] *V/t.* ersticken, unterdrücken

**stifling** ['staɪflɪŋ] *Adj.* erstickend

**stile** [staɪl] *Subst.* Zauntritt, Stiege

**sting**[1] [stɪŋ] *Subst.* Stachel, Dorn

**sting**[2] [stɪŋ] *Vt/i.* stechen; schmerzen

**stink pellet** ['stɪŋk ˌpelɪt] *Subst.* Stinkbombe; *vgl.* ***pellet*** Kügelchen, Munition

**stir** [stɜː] *V/t.* (um)rühren, bewegen

**stitch** [stɪtʃ] *Subst.* Stich; ***stitch in one's side*** Seitenstechen

> **St. Mungo's** [snt 'mʌŋgəʊz] **Hospital for Magical Maladies and Injuries** *Name*; ***St. Mungo***: Schutzheiliger von Glasgow; oft als Name bzw. Namensteil von Krankenhäusern.

**stoat** [stəʊt] *Subst.* ZOOL Wiesel, Hermelin

**Stoatshead Hill** [ˌstəʊtshed 'hɪl] *Name vgl.* ***stoat*** Wiesel; ***head*** Kopf

(*Startplatz eines Portkeys nahe dem Wohnort der Familie Weasley*)
**stock** [stɒk] *V/t.* auf Lager haben, bevorraten
**stocky** ['stɒkɪ] *Adj.* stämmig, untersetzt
**stoke** [stəʊk] *V/t.* (ein)schüren
**stomach** ['stʌmək] *Subst.* Magen
**stomp** [stɒmp] *Vt/i.* *vgl.* ***stamp*** stampfen, stapfen
**stone cold** [ˌstəʊn 'kəʊld] *Adj.* eiskalt
**stony** ['stəʊnɪ] *Adj.* steinern, ungerührt
**stool** [stuːl] *Subst.* Hocker
**stoop** [stuːp] *Vt/i.* sich bücken; beugen
**stooping** ['stuːpɪŋ] *Adj.* gebeugt, gekrümmt
**store** [stɔː] *Subst.* Vorrat, Lager; ***be in store*** *übertr.* bevorstehen
**store-cupboard** ['stɔːˌkʌbəd] *Subst.* Vorratsschrank
**stout** [staʊt] *Adj.* untersetzt, stämmig; tapfer, beherzt
**stow** [stəʊ] *V/t.* ***stow away*** verstauen, wegpacken, wegräumen
**straggle** ['strægl] *V/i.* (hinterher)zockeln, stromern
**straggler** ['stræglə] *Subst.* Nachzügler, Bummler
**straight** [streɪt] *Adj.* gerade; ***get s.th. straight*** etwas gerade rücken, klarstellen, in Ordnung bringen
**strain**[1] [streɪn] *Subst.* Anspannung, Anstrengung, Strapaze
**strain**[2] [streɪn] *Vt/i.* zerren, ziehen; (sich) anstrengen, plagen
**strained** [streɪnd] *Adj.* angespannt, strapaziert, mitgenommen
**straitjacket** ['streɪtˌdʒækɪt] *Subst.* Zwangsjacke
**strange** [streɪndʒ] *Adj.* fremd, fremdartig, merkwürdig, seltsam
**strangle** ['stræŋgl] *V/t.* strangulieren, erwürgen
**strap** [stræp] *Subst.* Riemen, Gurt
**strapping** ['stræpɪŋ] *Adj.* stramm
**straw** [strɔː] *Subst.* Stroh(halm); ***the last straw*** *übertr.* der Tropfen, der das Fass zum Überlaufen bringt
**strawberry** ['strɔːbərɪ] *Subst.* BOT Erdbeere
**straw-coloured** ['strɔːˌkʌləd] *Adj.* strohfarben; (*Haare*) strohblond
**stray**[1] [streɪ] *Subst.* Streuner, streunender Hund
**stray**[2] [streɪ] *V/i.* streunen
**streak** [striːk] *Vt/i.* streifen; schießen, wie der Blitz rasen
**streamer** ['striːmə] *Subst.* (Papier-) Schlange, Girlande, Fahne
**streamlined** ['striːmlaɪnd] *Adj.* stromlinienförmig
**strength** [streŋθ] *Subst.* Stärke, Kraft; ***strength of character*** Charakterstärke
**stretch** [stretʃ] *Subst.* Streifen, Landstrich
**stretcher** ['stretʃə] *Subst.* Krankentrage, Bahre
**stricken** ['strɪkən] *Adj.* getroffen, betroffen
**strict** [strɪkt] *Adj.* streng
**strip** [strɪp] *Vt/i.* (sich) ausziehen; ***strip s.o. of his power*** j-n seiner Macht berauben; ***strip down*** auseinander nehmen, zerlegen
**stroke**[1] [strəʊk] *Subst.* Hieb, Streich; ***stroke of luck*** Glücksfall; ***stroke of brilliance*** Geistesblitz, Eingebung
**stroke**[2] [strəʊk] *V/t.* streicheln
**stroll** [strəʊl] *Subst.* Spaziergang
**struggle** ['strʌgl] *V/i.* kämpfen; sich sträuben, zappeln; sich anstrengen, sich quälen

**strut** [strʌt] *V/i.* umherstolzieren, sich brüsten, sich spreizen

**stub** [stʌb] *Subst. von Baum*: Stumpf; *von Bleistift, Kerze*: Stummel

**stubble** ['stʌbl] *Subst.* Bartstoppeln

**stubborn** ['stʌbən] *Adj.* stur, halsstarrig, widerborstig

**stuck** [stʌk] *Part. Perf.* → ***stick***

**stuff** [stʌf] *Subst.* Zeug, Sachen; ***… and stuff*** … und so Zeugs

**stuffed** [stʌft] *Adj.* ausgestopft

**stuffing** ['stʌfɪŋ] *Subst.* Füllung, Eingeweide; ***knock the stuffing out of s.o.*** j-n zur Schnecke machen, windelweich prügeln

**stumble** ['stʌmbl] *V/i.* stolpern, straucheln; torkeln, taumeln

**stump**[1] [stʌmp] *Subst. von Baum*: Stumpf; *von Bleistift, Zigarette*: Stummel

**stump**[2] [stʌmp] *V/t.* stampfen; *umgangsspr.* ratlos machen; ***be stumped*** überfragt sein, am Ende seiner Weisheit sein

**stun** [stʌn] *V/t.* betäuben, lähmen; bannen

**stunned** [stʌnd] *Adj.* (wie) betäubt, benommen, sprachlos

**stunt** [stʌnt] *Subst. hier*: (Sammel-) Aktion

**stupefy** ['stjuːpɪfaɪ] *V/t.* betäuben; verdummen, verblüffen

**Stupefy!** ['stjuːpɪfaɪ] *Zauber vgl.* ***stupefy*** betäuben, verblüffen, dumm dastehen lassen

**stupid** ['stjuːpɪd] *Adj.* dumm, dämlich, beschränkt, bescheuert

**stupidity** [stjuː'pɪdɪtɪ] *Subst.* Dummheit, Dämlichkeit

**stupor** ['stjuːpə] *Subst.* Betäubung, Erstarrung

**stutter** ['stʌtə] *V/i.* stottern; (*Kerze*) flackern

**subdue** [səb'djuː] *V/t.* niederzwingen, überwältigen

**subdued** [səb'djuːd] *Adj.* kleinlaut; gedämpft, gedrückt

**subject** ['sʌbdʒɪkt] *Subst.* Gegenstand, Thema; *von Bild*: Motiv

**submarine** ['sʌbməriːn] *Subst.* U-Boot

**submission** [səb'mɪʃn] *Subst.* Unterwerfung, Ergebenheit

**submit** [səb'mɪt] *V/t.* (*Bewerbung etc.*) einreichen; gehorchen, sich fügen; ***submit oneself to s.th.*** sich etwas aussetzen, unterwerfen

**subside** [səb'saɪd] *V/i.* abklingen, sich legen

**sub-standard** [ˌsʌb'stændəd] *Adj.* von minderer Qualität

**substitute** ['sʌbstɪtjuːt] *Subst.* Ersatz

**subtle** ['sʌtl] *Adj.* fein, zart, raffiniert, scharfsinnig

**suburban** [sə'bɜːbən] *Adj.* vorstädtisch, Vorstadt…, Stadtrand…

**success** [sək'ses] *Subst.* Erfolg

**successful** [sək'sesfəl] *Adj.* erfolgreich

**successor** [sək'sesə] *Subst.* Nachfolger

**succulent** ['sʌkjʊlənt] *Adj.* saftig

**suck** [sʌk] *Vt/i.* saugen, aussaugen, einsaugen

**sucker** ['sʌkə] *Subst.* Sauger, Saugnapf

**sudden** ['sʌdn] *Adj.* plötzlich, unvermittelt

**suffering** ['sʌfərɪŋ] *Subst.* Leiden, Schmerzen

**suffice** [sə'faɪs] *V/i.* ausreichen, genügen

**sufficient** [sə'fɪʃənt] *Adj.* ausreichend, genügend

**suffocate** ['sʌfəkeɪt] *Vt/i.* ersticken

**suffuse** [sə'fjʊːz] *V/t.* übergießen, überziehen

**suit of armour**

**sugared violets** [ˌʃʊgəd ˈvaɪəlɪts] *Subst.* KUL kandierte Veilchen

**suggest** [səˈdʒest] *V/t.* vorschlagen, nahe legen

**suit**[1] [suːt] *Subst.* Anzug

**suit**[2] [suːt] *Vt/i.* passen; (*Kleidung*) stehen

**suitability** [ˌsuːtəˈbɪlɪtɪ] *Subst.* Eignung; Angemessenheit

**suit of armour** [ˌsuːtəvˈɑːmə] *Subst.* (Ritter)Rüstung

**sulky** [ˈsʌlkɪ] *Adj.* schmollend, eingeschnappt; trotzig

**sullen** [ˈsʌlən] *Adj.* grämlich, verdrossen

**sullenness** [ˈsʌlənnɪs] *Subst.* Verdrossenheit, Widerspenstigkeit

**sultry** [ˈsʌltrɪ] *Adj.* schwül

**sum** [sʌm] *Subst.* Summe

**summat** [ˈsʌmət] *umgangsspr. für* ***somewhat*** etwas, ein wenig, ein bisschen

**summon** [ˈsʌmən] *V/t.* herbeiholen

> **Summoning Charm** [ˈsʌmənɪŋ tʃɑːm] *Zauber vgl.* ***summon*** herbeiholen; ***charm*** Bann, Beschwörung

**sumptuous** [ˈsʌmptʃʊəs] *Adj.* üppig, prächtig, verschwenderisch

**sunburn** [ˈsʌnbɜːn] *Subst.* Sonnenbrand

**sundae** [ˈsʌndeɪ] *Subst.* *US* KUL *Eisbecher mit Früchten oder Sirup*

**sundial** [ˈsʌndaɪəl] *Subst.* Sonnenuhr

**sunken-faced** [ˌsʌŋkənˈfeɪst] *Adj.* mit eingefallenem Gesicht

**sunrise** [ˈsʌnraɪz] *Subst.* Sonnenaufgang

**suntan lotion** [ˈsʌntæn ˌləʊʃn] *Subst.* Sonnenmilch

**superb** [sjuːˈpɜːb] *Adj.* vorzüglich, ausgezeichnet

**superconscious** [ˌsuːpəˈkɒnʃəs] *Subst.* Überbewusste(s)

**superior**[1] [suːˈpɪərɪə] *Subst.* Vorgesetzter

**superior**[2] [suːˈpɪərɪə] *Adj.* überlegen

**superiority** [suːˌpɪərɪˈɒrɪtɪ] *Subst.* Überlegenheit, Überheblichkeit

**supervise** [ˈsuːpəvaɪz] *V/t.* beaufsichtigen

**supple** [ˈsʌpl] *Adj.* geschmeidig, elastisch

**supply** [səˈplaɪ] *Subst.* Bedarf, Ausstattung, Angebot

**support**[1] [səˈpɔːt] *Subst.* Unterstützung, Hilfestellung

**support**[2] [səˈpɔːt] *V/t.* unterstützen, helfen; (*Gewicht*) tragen, aushalten

**supporter** [səˈpɔːtə] *Subst.* Unterstützer, Anhänger

**suppose** [səˈpəʊz] *V/t.* annehmen, vermuten

**supposed** [səˈpəʊzd] *Adj.* ***it is to be supposed that*** es ist anzunehmen, dass; ***you are not supposed to …*** du darfst nicht …

**suppress** [səˈpres] *V/t.* unterdrücken

**supreme** [suːˈpriːm] *Adj.* erhaben

**surface** [ˈsɜːfɪs] *Subst.* Oberfläche

**surge**[1] [sɜːdʒ] *Subst.* Welle, Woge

**surge**[2] [sɜːdʒ] *V/i.* wogen, branden

**surly** [ˈsɜːlɪ] *Adj.* griesgrämig, mürrisch, bärbeißig

**surmise** [səˈmaɪz] *V/t.* mutmaßen, vermuten

**surpass** [səˈpɑːs] *V/t.* übertreffen, überholen

**surreptitious** [ˌsʌrəpˈtɪʃəs] *Adj.* verstohlen, heimlich

**surroundings** [səˈraʊndɪŋz] *Subst. Pl.* Umgebung

**survey** [ˈsɜːveɪ] *V/t.* mustern, prüfend betrachten, begutachten

**survive** [səˈvaɪv] *Vt/i.* überleben

**survivor** [səˈvaɪvə] *Subst.* Überlebender

**suspect** [səˈspekt] *V/t.* verdächtigen, argwöhnen

**suspend** [səˈspend] *Vt/i.* (auf)hängen, (in Flüssigkeit) schweben; *vom Dienst etc.*: suspendieren, entlassen

**suspension** [səˈspenʃən] *Subst.* Ausschluss, Amtsenthebung, Entlassung

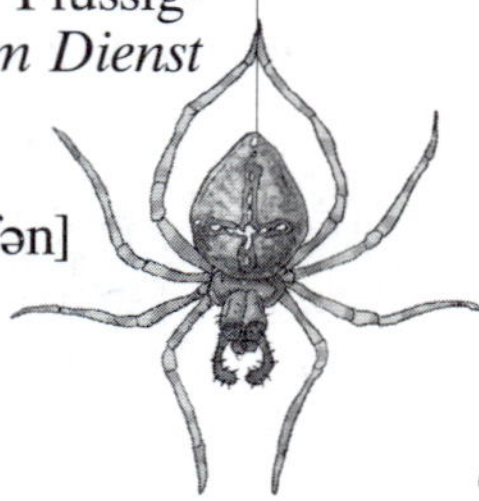

**suspension bridge** [səˈspenʃən brɪdʒ] *Subst.* Hängebrücke

**suspicion** [səˈspɪʃn] *Subst.* Verdacht, Misstrauen, Argwohn

**suspicious** [səˈspɪʃəs] *Adj.* verdächtig; misstrauisch

**sustain** [səˈsteɪn] *V/t.* in Gang halten, bei der Stange halten, stützen, aufrechterhalten

**swagger**[1] [ˈswægə] *Subst.* Prahlerei, Großtuerei

**swagger**[2] [ˈswægə] *V/i.* stolzieren

**swallow** [ˈswɒləʊ] *V/t.* schlucken, verschlingen

**swam** [swæm] *Prät.* → ***swim***

**swap** [swɒp] *V/t.* (ein)tauschen, vertauschen; hinauswerfen; wegkippen

**swarm** [swɔːm] *V/i.* wimmeln, schwärmen

**swarthy** [ˈswɔːðɪ] *Adj.* dunkel(häutig)

**swat** [swɒt] *V/t.* (zer)klatschen

**swathe** [sweɪð] *V/t.* einhüllen, einwickeln

**sway** [sweɪ] *V/i.* schwanken, sich wiegen

**swear** [ˈsweə] *Vt/i.* schwören; fluchen

**swearword** [ˈsweəwɜːd] *Subst.* Fluch(wort), Schimpfwort

**sweep** [swiːp] *Vt/i.* fegen, kehren

**sweeping** [ˈswiːpɪŋ] *Adj.* stürmisch, schwungvoll

**sweetshop** [ˈswiːtʃɒp] *Subst.* Süßigkeitenladen

**sweetums** [ˈswiːtəmz] *Subst. Kosewort, etwa*: Süßer, Herzchen, Schätzchen, Goldjunge

**swell** [swel] *V/i.* anschwellen, sich aufblasen

> **Swelling Solution** [ˈswelɪŋ səˌluːʃn] *Zauber vgl.* ***swell*** anschwellen, sich aufblasen; ***solution*** Lösung

**sweltering** [ˈsweltərɪŋ] *Adj.* glühend

**swerve**[1] [swɜːv] *Subst.* Ausfall, rasche Seitenbewegung

**swerve**[2] [swɜːv] *V/i.* (seitlich) ausbrechen, schlingern

**swift** [swɪft] *Adj.* rasch, schnell, eilig

**swig**[1] [swɪg] *Subst. umgangsspr.* kräftiger Schluck, Zug

**swig**[2] [swɪg] *Vt/i. umgangsspr.* austrinken, runterkippen

**swill** [swɪl] *V/t. brit.* spülen

**swim** [ˈswɪm] *V/i.* schwimmen

**swimming trunks** [ˈswɪmɪŋ trʌŋks] *Subst. Pl. US* Badehose

**swipe** [swaɪp] *Subst.* Schlag, Hieb

**swirl**[1] [swɜːl] *Subst.* Wirbel

**swirl**[2] [swɜːl] *V/i.* wirbeln, einen Strudel bilden

**swish** [swɪʃ] *V/i.* schwenken, zischen

**Switch, Emeric** [ˈswɪtʃ, ˌemərɪk] *Name vgl.* ***switch*** wechseln zu, umstellen, ein- und ausschalten;

***Emeric*** *männl. Vorname (Autor des Transfiguration-Lehrbuchs für Anfänger)*

**swivel** ['swɪvl] *Vt/i.* herumdrehen, sich drehen, schaukeln

**swooning fit** ['swuːnɪŋ fɪt] *Subst. poet.* Ohnmachtsanfall

**swoop** [swuːp] *V/i.* rauschen, schweben; herabstoßen, einen Sturzflug machen

**sword** [sɔːd] *Subst.* Schwert

**swore** [swɔː] *Prät.* → ***swear***

**swotty** [swɒtɪ] *Adj. brit.* streberhaft

**sycamore** ['sɪkəmɔː] *Subst.* BOT Sykomore, Maulbeerfeigenbaum

**sycophantic** [ˌsɪkə'fæntɪk] *Adj.* kriecherisch, speichelleckerisch

**syllable** ['sɪləbl] *Subst.* Silbe, Wortteil

**symbol** ['sɪmbl] *Subst.* Symbol (*Bildzeichen, grafisches Zeichen für etwas*)

**syrup** ['sɪrəp] *Subst.* Sirup, konzentrierter Saft

# T

**tab** [tæb] *Subst.* Streifen; Etikett; ***keep tabs on*** ein wachsames Auge haben auf

**tabby cat** ['tæbɪ kæt] *Subst.* getigerte Katze

**tablecloth** ['teɪblklɒθ] *Subst.* Tischtuch

**tack** [tæk] *Subst.* Reißnagel; *übertr.* Gang, Kurs, Richtung

**tackle** ['tækl] *V/t.* angehen, angreifen, sich stürzen auf, es aufnehmen mit

**tactful** ['tæktfəl] *Adj.* taktvoll, feinfühlig

**tactics** ['tæktɪks] *Subst. Pl.* Taktik, Vorgehensweise

**tad** [tæd] *Subst. US umgangsspr.* Stückchen; ***a tad*** ein bisschen, etwas

**tadpole** ['tædpəʊl] *Subst.* ZOOL Kaulquappe

**tag** [tæg] *V/t.* anheften, zusammenheften; ***tag around*** *übertr.* kleben an, sich an j-s Fersen heften

**tail**[1] [teɪl] *Subst.* Schwanz; ***tail-twig*** Schwanzborste (*beim Besen*)

**tail**[2] [teɪl] *Vt/i.* beschatten, verfolgen; ***tail away*** abflauen, schwächer werden, verklingen

**tailcoat** [teɪl'kəʊt] *Subst.* Frack, Schwalbenschwanz

**tale** [teɪl] *Subst.* Erzählung, Bericht, Geschichte

**talentless** ['tæləntləs] *Adj.* unbegabt

**talisman** ['tælɪzmən] *Subst.* Glücksbringer, Talisman

**talk** [tɔːk] *Vt/i.* sprechen, reden; ***talk of the devil (and he's sure to appear)*** wenn man vom Teufel spricht …

**talkative** ['tɔːkətɪv] *Adj.* gesprächig

**tall** [tɔːl] *Adj.* hoch gewachsen, hoch aufragend

**tally** ['tælɪ] *V/i.* übereinstimmen, entsprechen; (*Rechnung etc.*) aufgehen

**talon** ['tælən] *Subst.* Kralle, Klaue

**tame**[1] [teɪm] *Adj.* zahm, gezähmt

**tame**[2] [teɪm] *V/t.* zähmen

**tamper** ['tæmpə] *V/i.* herumpfuschen, sich (unbefugt) zu schaffen machen

**tangle** ['tæŋgl] *Subst.* Gewirr, Knäuel; verfilzte Strähnen

**tank** [tæŋk] *Subst.* Tank, Behältnis; MILIT Panzer

**tankard** ['tæŋkəd] *Subst.* (Bier)Krug

**tank top** ['tæŋk tɒp] *Subst.* Pullunder

**tantalize** ['tæntəlaɪz] *V/t.* peinigen, quälen, zappeln lassen

**tantrum** ['tæntrəm] *Subst.* Koller, Wutanfall

**tap**[1] [tæp] *Subst. brit.* Wasserhahn

**tap**$^{2}$ [tæp] *Subst.* Klopfen, Stupser
**tap-dance** ['tæpˌdæns] *Subst.* Steptanz
**tape measure** ['teɪp ˌmeʒə] *Subst.* Bandmaß, Maßband
**taper** ['teɪpə] *Subst.* dünne Wachskerze
**tapestry** ['tæpɪstrɪ] *Subst.* Wandteppich, Gobelin
**tar** [tɑː] *Subst.* Teer

**Tarantallegra!** [ˌtærəntə'legrə] *Zauber*; *vgl.* ***tarantella***: rasanter süditalienischer Tanz in 3/8, 6/8 oder 12/8-Takt; er wird immer schneller, bis einem schwindlig wird, abgeleitet von der apulischen Stadt Tarent, wo er entstanden ist; eventuell gibt es einen Zusammenhang mit der Tarantel (→ ***tarantula***), weil die tanzenden Paare springen müssen, „wie von der Tarantel gestochen"; ***allegro*** *lat. ital. vgl.* MUS Tempobezeichnung: fröhlich, ausgelassen.

**tarantula** [tə'ræntjʊlə] *Subst.* ZOOL Tarantel; vermutlich nach der Stadt Tarent in Apulien (Süditalien), eine Wolfsspinne mit prägnanter schwarzer Zeichnung auf dem Rücken. Sie wird 25 bis 30 cm lang und lebt in Erdhöhlen. Ihr Biss verursacht schmerzhafte Entzündungen, ist jedoch nicht gefährlich (→ ***spider***).

**target** ['tɑːgɪt] *Subst.* Ziel
**tarnish** ['tɑːnɪʃ] *V/t.* trüben, beflecken, besudeln
**tarry** ['tærɪ] *V/i.* zögern, zaudern, säumen
**tart**$^{1}$ [tɑːt] *Subst. brit.* (Obst)Kuchen
**tart**$^{2}$ [tɑːt] *Adj.* (*Geschmack*) sauer; *übertr.* scharf, beißend

**tartan** ['tɑːtn] *Subst.* Schottenkaro. Jeder Clan hat sein eigenes Muster in charakteristischen Farben; der traditionell von Männern getragene, als „Schottenrock" bekannte *kilt* wird aus *tartan* gefertigt. Die Karos unterscheiden sich in Farbstellung, Streifenanordnung und -breite. Es gibt jeweils unterschiedliche Muster für „dress" (Haus- bzw. Abendkleidung) und „hunting" (Jagdkleidung), die dem Verwendungszweck entsprechend aus unterschiedlich dickem Garn gewebt sind.

**task** [tɑːsk] *Subst.* Aufgabe
**task force** ['tɑːsk fɔːs] *Subst.* Einsatztruppe
**tasseled** ['tæsld] *Adj.* mit Troddeln verziert
**tatter** ['tætə] *Subst.* Fetzen, Lumpen
**tattered** ['tætəd] *Adj.* zerfetzt, zerrissen
**tatty** ['tætɪ] *Adj.* billig, schäbig, minderwertig
**taught** [tɔːt] *Prät.*, *Part. Perf.* → ***teach***
**taunt** [tɔːnt] *V/t.* aufziehen, hänseln; verspotten, verhöhnen
**taut** [tɔːt] *Adj.* angespannt, straff
**tawny owl** ['tɔːnɪ aʊl] *Subst.* ZOOL Waldkauz
**tax** [tæks] *Subst.* Steuer; ***for tax reasons*** aus steuerlichen Gründen
**tea-cosy** ['tiːˌkəʊzɪ] *Subst.* Teewärmer
**teach** [tiːtʃ] *Vt/i.* lehren, unterrichten; beibringen

**tear**[1] [tɪə] *Subst.* Träne
**tear**[2] [teə] *V/t.* zerreißen, zerfetzen; ***tear out*** herausreißen
**tear-streaked** ['tɪəstriːkt] *Adj.* tränenverschmiert
**teashop** ['tiːʃɒp] *Subst.* Teestube; Teeladen
**tea-strainer** ['tiːˌstreɪnə] *Subst.* Teesieb
**tea-towel** ['tiːˌtaʊəl] *Subst.* Geschirrtuch, Küchentuch

**teeming** ['tiːmɪŋ] *Adj.* wimmelnd
**teeter** ['tiːtə] *V/i.* balancieren, schwanken, schaukeln
**teethe** [tiːð] *V/i.* zahnen, Zähne bekommen
**television aerial** ['telɪˌvɪʒn 'eərɪəl] *Subst.* (Fernseh)Antenne
**tell** [tel] *Vt/i.* erzählen
**tell-tale** *Adj.* verräterisch, viel sagend
**temper** ['tempə] *Subst.* Stimmung, Laune; Temperament; ***lose one's temper*** die Beherrschung verlieren
**temple** ['templ] *Subst.* Schläfe
**temporary** ['tempərərɪ] *Adj.* zeitweilig, vorübergehend
**tempt** [tempt] *V/t.* versuchen, in Versuchung führen
**temptation** [temp'teɪʃn] *Subst.* Versuchung, Verlockung
**tend** [tend] *V/t.* pflegen, sich kümmern um
**tendril** ['tendrɪl] *Subst.* BOT Ranke, Fühler
**tenpin bowling** [ˌtenpɪn 'bəʊlɪŋ] *Subst.* *US* Bowling
**tense** [tens] *Adj.* gespannt, angespannt
**tent** [tent] *Subst.* Zelt
**tentacle** ['tentɪkl] *Subst.* Tentakel, Fühler, Fangarm
**tentacula** [ten'tækjʊlə] *vgl.* ZOOL, BOT ***tentacle*** Fühler, Fangarm, Tentakel
**tentative** ['tentətɪv] *Adj.* versuchsweise, tastend
**tenterhook** ['tentəhʊk] TECH Spannhaken; *übertr.* ***on tenterhooks*** auf die Folter gespannt, auf glühenden Kohlen
**term**[1] [tɜːm] *Subst.* Fachausdruck; Trimester, Semester
**term**[2] [tɜːm] *V/t.* nennen, bezeichnen
**terrify** ['terɪfaɪ] *V/t.* in Angst und Schrecken versetzen
**terror** ['terə] *Subst.* Entsetzen, tiefe Furcht; Terror; Gewaltherrschaft
**terse** [tɜːs] *Adj.* kurz, knapp, bündig, abgehackt
**test** [test] *V/t.* prüfen
**testimony** ['testɪmənɪ] *Subst.* Zeugnis, Aussage
**testy** ['testɪ] *Adj.* gereizt, unwirsch
**tetchy** ['tetʃɪ] *Adj.* empfindlich, reizbar
**tether**[1] ['teðə] *Subst.* Strick, Kette; ***reach the end of one's tether*** *übertr.* am Ende sein
**tether**[2] ['teðə] *V/t.* anbinden, an den Strick legen
**thatched** [θætʃt] *Adj.* strohgedeckt
**thick** [θɪk] *Adj.* dick; *übertr.* dumpf, dumm, dämlich
**thicket** ['θɪkɪt] *Subst.* Dickicht
**thief** [θiːf] *Subst.* Dieb
**thieves** [θiːvz] *Pl.* → ***thief***
**thigh-length** ['θaɪleŋθ] *Adj.* schenkelhoch
**thistle** ['θɪsl] *Subst.* BOT Distel
**Thomas, Dean** ['tɒməs, ˌdiːn] *Name vgl. einer der Apostel, „der Ungläubige"; **Dean** männl. Vorname (Gryffindor-Mitschüler von Harry)*

**thorn** [θɔːn] *Subst.* Dorn, Stachel
**thorough** ['θʌrə] *Adj.* gründlich, allumfassend
**thoroughfare** ['θʌrəfeə] *Subst.* Hauptverkehrsweg, Durchgangsstraße
**thoughtful** ['θɔːtfəl] *Adj.* nachdenklich, rücksichtsvoll, aufmerksam
**thrash** [θræʃ] *V/t.* schlagen, prügeln, dreschen
**thread**[1] [θred] *Subst.* Faden, Garn
**thread**[2] [θred] *V/t.* (ein)fädeln
**threaten** ['θretn] *Vt/i.* drohen, bedrohen
**Three Broomsticks** [ˌθriː 'bruːmstɪks] *Name* „Zu den drei Besenstielen" (*beliebte Kneipe in Hogsmeade*)
**threshold** ['θreʃhəʊld] *Subst.* Schwelle
**thrill** [θrɪl] *Subst.* Schauder, Kitzel, Prickeln
**thriving** ['θraɪvɪŋ] *Adj.* blühend, prächtig gedeihend
**throat** [θrəʊt] *Subst.* Kehle
**throaty** ['θrəʊtɪ] *Adj.* heiser, kehlig
**throb** [θrɒb] *V/i.* klopfen, pochen, hämmern
**throng**[1] [θrɒŋ] *Subst.* Andrang, Gedränge, Menschenmassen
**throng**[2] [θrɒŋ] *Vt/i.* sich drängen (in)
**through** [θruː] *Adv.*, *Präp.* durch, hindurch; ***have been through the mill*** viel durchgemacht haben
**throw** [θrəʊ] *Vt/i.* werfen; ***throw up*** erbrechen
**thrust** [θrʌst] *V/t.* stoßen, stechen
**thud**[1] [θʌd] *Subst.* dumpfer Laut, Aufschlag, Plumps
**thud**[2] [θʌd] *V/i.* klopfen, hämmern
**thuggish** ['θʌgɪʃ] *Adj.* gewalttätig, brutal
**thumb** [θʌm] *Subst.* Daumen; ***thumbs-up!*** alles in Ordnung, prima
**thumbscrew** ['θʌmskruː] *Subst.* Daumenschrauben (*Folterinstrument*)
**thumping** ['θʌmpɪŋ] *Adj.* hämmernd; *übertr.* riesig, Mords…
**thunder**[1] ['θʌndə] *Subst.* Donner
**thunder**[2] ['θʌndə] *V/i.* donnern
**thunderclap** ['θʌndəklæp] *Subst.* Donnerschlag
**thunderstruck** ['θʌndəstrʌk] *Adj.* vom Donner(schlag) gerührt
**thwart** [θwɔːt] *V/t.* vereiteln, durchkreuzen
**Tibbles** ['tɪblz] *Name vgl.* ***tib*** schwänzen, auskneifen (*eine der Katzen von Mrs. Figg*)
**tick** [tɪk] *Subst.* Häkchen, Zeichen
**tickle** ['tɪkl] *Vt/i.* kitzeln
**tidal wave** ['taɪdl weɪv] *Subst.* Flutwelle
**tie** [taɪ] *Subst.* Band, Verbindung, Beziehung
**tight** [taɪt] *Adj.* straff, eng
**tighten** ['taɪtn] *Vt/i.* straffen; enger werden; (*Griff*) verstärken
**tight-lipped** [ˌtaɪt'lɪpt] *Adj.* schmallippig, mit verkniffenem Mund
**tile** [taɪl] *Subst.* Ziegel
**tilt** [tɪlt] *V/t.* kippen, neigen
**timetable** ['taɪmˌteɪbl] *Subst.* Stundenplan, Arbeitsplan; Zeittafel
**timid** ['tɪmɪd] *Adj.* ängstlich, furchtsam
**tin** [tɪn] *Subst.* Blechdose, Konservenbüchse
**tinge** [tɪndʒ] *Subst.* Hauch, Spur, Anstrich, Tönung, Schattierung
**tinged** [tɪndʒd] *Adj.* getönt, gefärbt
**tingle** ['tɪŋgl] *V/i.* kribbeln, prickeln, brennen
**tinker** ['tɪŋkə] *V/i.* (herum)pfuschen, basteln
**tinkle** ['tɪŋkl] *Subst.* Bimmeln, Klingeln
**tinned** [tɪnd] *Adj.* konserviert, Büchsen…, Konserven…

**tinned soup** [ˌtɪnd 'suːp] *Subst.* KUL Dosensuppe
**tinny** ['tɪnɪ] *Adj.* blechern
**tinpot** ['tɪnpɒt] *Adj.* schäbig
**tinsel** ['tɪnsəl] *Subst.* Flitter, Glitzerschmuck
**tiny** ['taɪnɪ] *Adj.* winzig
**tip**[1] [tɪp] *Subst.* Spitze
**tip**[2] [tɪp] *V/t.* ***tip down*** (hinter)kippen; ***tip s.o. off*** j-m einen Tipp geben
**tipsy** ['tɪpsɪ] *Adj.* angeheitert, beschwipst, torkelnd
**tip-toe** ['tɪptəʊ] *V/i auch* ***tiptoe*** auf Zehenspitzen gehen
**tireless** ['taɪələs] *Adj.* unermüdlich
**tissue** ['tɪʃuː] *Subst.* Seidenpapier, Papiertaschentuch
**titter** ['tɪtə] *Subst.* Kichern

toad

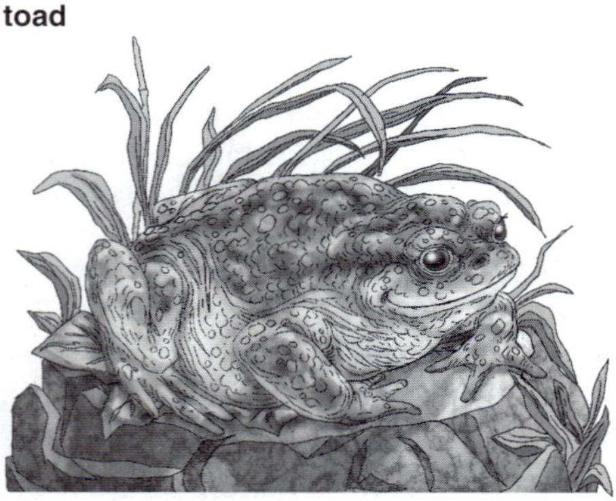

**toad** [təʊd] *Subst.* ZOOL Kröte. Gilt in der abendländischen Tradition als Hexentier und dem mittelalterlichen kirchlichen Verständnis nach neben Schlange und Wurm als teuflisch oder als Zeichen für Wollust und Geiz. Ihr Hautsekret wurde früher (meist zu Unrecht) als giftig angesehen. Gleichwohl hat die Kröte im Volksglauben auch positive Eigenschaften: Sie gilt dort als Schatzhüterin und guter Geist, der das Haus vor Unglück bewahrt, zuweilen auch als unverwundbar. Außerdem soll man Kröten nicht beleidigen oder gar töten, da in ihnen eine „arme Seele" (→ ***ghost***) wohnen könnte. Auch die Alchemie setzt die Kröte mit dem fruchtbaren, dunklen Bodensatz gleich.

**toadstool** ['təʊdstuːl] *Subst.* ZOOL giftiger, größerer Blätterpilz
**toddle** ['tɒdl] *V/i.* sich trollen
**toe**[1] [təʊ] *Subst.* Zehe
**toe**[2] [təʊ] *V/t. übertr.* ***toe the line*** spuren, gehorchen
**toffee** ['tɒfɪ] *Subst.* Sahnebonbon
**token** ['təʊkən] *Subst.* Zeichen; Andenken
**tomb** [tuːm] *Subst.* Grab, Gruft
**ton** [tʌn] *Subst. Maßeinheit* Tonne (*1 brit. Tonne entspricht 1.016 kg*)
**tongs** [tɒŋz] *Subst. Pl. auch* ***pair of tongs*** Zange
**tongue** [tʌŋ] *Subst.* Zunge
**tongue-tied** ['tʌŋtaɪd] *Adj.* sprachlos
**toothfloss** ['tuːθflɒs] *Subst.* Zahnseide
**toothless** ['tuːθləs] *Adj.* zahnlos
**top** [tɒp] *Subst.* Spitze; *Spielzeug:* Kreisel
**top-grade** [ˌtɒp'greɪd] *Subst.* Bestnote
**top hat** [ˌtɒp 'hæt] *Subst.* Zylinder(hut)
**topic** ['tɒpɪk] *Subst.* Thema
**topple** ['tɒpl] *V/i.* (um)kippen, purzeln
**torch** [tɔːtʃ] *Subst.* Fackel; Taschenlampe
**torch bracket** ['tɔːtʃ ˌbrækɪt] *Subst.* Fackelhalterung
**torch-lit** ['tɔːtʃlɪt] *Adj.* fackelerleuchtet

**torment** [tɔː'ment] *V/t.* piesaken, quälen
**torn** [tɔːn] *Part. Perf.* → ***tear***
**torpor** ['tɔːpə] *Subst.* Erstarrung, Apathie
**torrent** ['tɒrənt] *Subst.* Sturzbach, reißender Strom; Fontäne
**torrential** [tɒ'renʃəl] *Adj.* sintflutartig, hinabstürzend
**torso** ['tɔːsəʊ] *Subst.* Rumpf, Körper
**tortoise** ['tɔːtəs] *Subst.* ZOOL (Land-) Schildkröte
**torture**¹ ['tɔːtʃə] *Subst.* Folter, Qual
**torture**² ['tɔːtʃə] *V/t.* quälen, foltern
**tosh** [tɒʃ] *Subst. brit.* Quatsch, Unsinn
**toss** [tɒs] *V/t.* (herum)werfen, schleudern
**totter** ['tɒtə] *V/i.* torkeln, wanken
**touchy** ['tʌtʃɪ] *Adj.* empfindlich
**tournament** ['tʊənəmənt] *Subst.* Turnier, Wettstreit
**tousle-haired** ['taʊzlheəd] *Adj.* mit zerzausten Haaren
**tow** [təʊ] *Subst.* Schleppen; Schlepptau
**tower** ['taʊə] *V/i.* (auf)ragen
**trace** [treɪs] *V/t.* (*Spur*) verfolgen, nachgehen
**track**¹ [træk] *Subst.* Spur, Pfad; ***track of time*** Zeitgefühl
**track**² [træk] *V/t.* ***track down*** aufspüren
**traffic lights** ['træfɪk ˌlaɪts] *Subst. Pl.* Ampel
**trail**¹ [treɪl] *Subst.* Pfad
**trail**² [treɪl] *V/t.* nachschleifen, hinter sich her ziehen
**trainers** ['treɪnəz] *Subst. Pl.* Turnschuhe
**train-tracks** ['treɪntræks] *Subst. Pl.* Schienen, Bahngeleise
**traipse** [treɪps] *V/i. auch* ***trapse*** (dahin)latschen, schlendern
**traitor** ['treɪtə] *Subst.* Verräter
**trample** ['træmpl] *V/t.* niedertrampeln

**transfiguration** [trænsˌfɪgə'reɪʃn] *Subst.* Verwandlung, Verklärung, Gestaltwechsel; z.B. Verwandlung einer Larve in eine Puppe und dann zum Schmetterling. Die Vorstellung, dass Götter oder Naturmächte sich in Tiere oder Pflanzen verwandeln können, haben die Naturreligionen gemeinsam; die Mythen der keltischen Bevölkerung Großbritanniens und Irlands sind besonders reich an Beispielen von Gestaltwechsel von Göttern und Geistern – ob nun Fingal (Finn) von zwei Hunden begleitet wird, die in Wahrheit seine Neffen sind, oder die Göttin des Todes (Bawd oder Morrig'ain) als Rabe übers Schlachtfeld streicht … Verwandlungen eines Stoffes in einen anderen (→ ***alchemy***) oder eines Wesens in ein anderes willkürlich herbeizuführen, ist wesentliches Ziel magischer Praktiken. Gestaltwechsel wie die des → ***werewolf*** oder des Froschkönigs im Märchen hingegen sind auf Fluch zurückzuführen, eine negative Anwendung zauberischer Verwandlungskünste – *Transfiguration* gilt als besonders anspruchsvolle magische Disziplin in Hogwarts und wird von Prof. McGonagall unterrichtet.

**transfixed** [træns'fɪkst] *Adj. übertr.* wie versteinert, gelähmt
**translucent** [trænz'luːsənt] *Adj.* durchscheinend, durchsichtig
**transmogrify** [trænz'mɒgrɪfaɪ] *V/t.* ummodeln

**transpire** ['træn'spaɪə] *V/i.* transpirieren, schwitzen; *übertr.* sich herausstellen, sich ereignen

**Transylvania** [ˌtrænsɪl'veɪnjə] Transylvanien; (→ ***vampire***)

**trap** [træp] *V/t.* einsperren; in einer Falle fangen

**trapdoor** ['træpdɔː] *Subst.* Falltür

**trauma** ['trɔːmə] *Subst.* Trauma, tiefe seelische Erschütterung

**travelling** ['trævlɪŋ] *Adj.* unterwegs, auf Reisen; Reise…

**travel-worn** ['trævlwɔːn] *Adj.* von der Reise zerknittert, vom Reisen abgenutzt

**Travers** ['trævəz] *Name vgl.* ***traverse*** durchqueren, durchwandern (*Anhänger Lord Voldemorts*)

**treachery** ['tretʃərɪ] *Subst.* Verrat, Betrug

**treacle** ['triːkl] *Subst.* KUL Sirup

**treacle fudge** [ˌtriːkl 'fʌdʒ] *Subst.* KUL *Geleebonbon aus Zuckersirup*

**treacle pudding** [ˌtriːkl 'pʊdɪŋ] *Subst.* KUL *kuchenartige, sirupgetränkte Mehlspeise*

**treacle tart** [ˌtriːkl 'tɑːt] *Subst. brit.* KUL *Kuchen mit Sirupüberzug*

**tread** [tred] *Vt/i.* beschreiten; treten auf

**treasure** ['treʒə] *Subst.* Schatz

**treasured** ['treʒəd] *Adj.* geschätzt, gehütet

**treasure detector** ['treʒə dɪˌtektə] *Subst.* Schatzsucher

**treasurer** ['treʒərə] *Subst.* Schatzmeister

**treat** [triːt] *Subst.* Genuss, Vergügen

**treble** ['trebl] *Subst.* MUS Diskantstimme

**tree** [triː] *Subst.* Baum; ***be up a tree*** *umgangsspr.* in der Klemme *oder* Patsche sitzen; ***be out of one's tree*** bescheuert sein, einen Knall haben

**tree frog** ['triː frɒg] *Subst.* ZOOL Baumfrosch, Laubfrosch; ***widemouthed tree frog*** Breitmaulfrosch

**Trelawney, Sybill** [trɪ'lɔːnɪ, ˌsɪbɪl] *alter Familienname nach einem Ortsnamen in Cornwall;* ***Sybill*** *lat. Sybille, in der röm. Antike Bezeichnung für Wahrsagerinnen (Lehrerin für Weissagung in Hogwarts)*

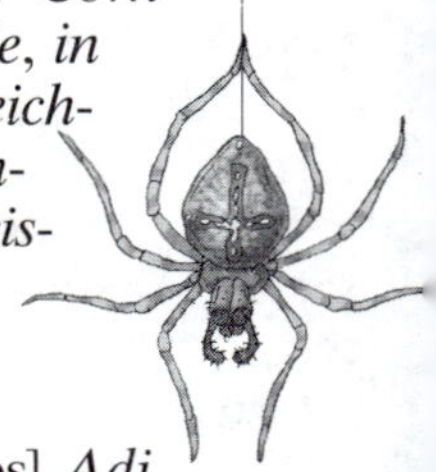

**tremble** ['trembl] *V/i.* zittern, beben

**tremendous** [trɪ'mendəs] *Adj.* gewaltig, enorm, kolossal

**trench** [trentʃ] *Subst.* Graben, Rinne

**trepidation** [ˌtrepɪ'deɪʃn] *Subst.* Angst, Bestürzung

**trespass** ['trespəs] *V/i.* eine unerlaubte Handlung begehen, ein Haus *oder* Grundstück unbefugt betreten

**trestle bench** ['tresl ˌbentʃ] *Subst.* Tisch auf Böcken, Tapeziertisch

**trestle table** ['tresl ˌteɪbl] *Subst.* Tisch(platte) auf Böcken

**Trevor** ['trevə] *männl. Vorname, abgeleitet von einem walisischen Ortsnamen (die Kröte von Neville Longbottom)*

**trial** ['traɪəl] *Subst.* Versuch, Probe, Prüfung; *juristisch*: Prozess, Gerichtsverhandlung; SPORT Qualifikationsspiel

**triangular** [traɪ'æŋgjʊlə] *Adj.* dreieckig

**tricky** ['trɪkɪ] *Adj.* heikel, schwierig; *übertr.* aufsässig, durchtrieben, raffiniert

**trifle** ['traɪfl] *Subst.* Kleinigkeit, Bagatelle; KUL Sahnespeise (*getränkter Biskuit mit Pudding und Sahne*)
**trigger** ['trɪgə] *V/t.* auslösen
**Trimble, Quentin** ['trɪmbl, ˌkwentɪn] *Name vgl.* ***tremble*** zittern; ***Quentin*** *männl. Vorname (Autor einer Einführung in Selbstverteidigung gegen Schwarze Magie)*
**trip** [trɪp] *V/i.* stolpern, straucheln, fehltreten
**tripe** [traɪp] *Subst.* KUL Kutteln, Kaldaunen
**Triwizard Tournament** [ˌtraɪwɪzəd 'tʊənəmənt] *Neubildung vgl. griech. lat.* ***tri...*** drei; ***wizard*** Zauberer; ***tournament*** Turnier, Wettstreit
**trod** [trɒd] *Prät.* → ***tread***

**troll** [trəʊl] *Subst.* Troll. In der german. Mythologie Sammelbezeichnung gleichermaßen für Zwerge und Riesen beiderlei Geschlechts; manche haben den Charakter niedriger Dämonen. Trolle stammen aus gebirgigen Regionen, wo sie gerne über verirrte Wanderer herfallen. Ihre mangelnde Intelligenz kompensieren sie durch beachtliche Körperkräfte; sie neigen zu Gewalttätigkeit. Trifft sie ein Sonnenstrahl, müssen sie zu Stein erstarren. In Island gibt es eine Felsenlandschaft, wo Konturen versteinerter Trolle gut erkennbar sind.

**Troll** [trəʊl] *Subst. Sprache der Trolle*
**trolley** ['trɒlɪ] *Subst.* Karren, (Gepäck)Wagen
**trollish** ['trɒlɪʃ] *Adj.* koboldartig, garstig
**troop** [tru:p] *V/i.* sich scharen, sich sammeln; ***troop out*** davonmarschieren, abziehen
**trophy** ['trəʊfɪ] *Subst.* Trophäe, Auszeichnung
**trot** [trɒt] *V/i.* trotten, traben
**trouble** ['trʌbl] *Subst.* Unannehmlichkeit, Last, Plage; ***get in trouble*** in Schwierigkeiten geraten *oder* bringen
**troupe** [tru:p] *Subst.* Truppe
**trowel** ['traʊəl] *Subst.* Kelle; Pflanzenheber
**Troy** [trɔɪ] *Nachname (Spieler der irischen Quidditch-Nationalmannschaft beim World Cup)*
**trudge** [trʌdʒ] *V/i.* trotten
**true** [tru:] *Adj.* wahr
**trundle** ['trʌndl] *Vt/i.* rollen, kugeln
**trunk** [trʌŋk] *Subst.* Baumstamm; Schrankkoffer
**tub** [tʌb] *Subst.* Wanne
**tubeworm** ['tju:bwɜ:m] *Subst.* ZOOL Erdwurm, Röhrenwurm
**tuck** [tʌk] *V/t.* verstauen; ***tuck in*** *umgangsspr. (beim Essen)* reinhauen, zulangen; verdrücken
**tuffet** ['tʌfɪt] *Subst. altertüml.* ***tuft*** Büschel
**tuft** [tʌft] *Subst.* Büschel
**tufty** ['tʌftɪ] *Adj.* buschig, büschelig
**Tufty** ['tʌftɪ] *Name vgl.* ***tufty*** buschig (*eine der Katzen von Mrs. Figg*)
**tug** [tʌg] *V/t.* zerren, ziehen
**tumble** ['tʌmbl] *V/i.* purzeln, taumeln, sich überschlagen
**tumbledown** ['tʌmbldaʊn] *Adj.* baufällig, verfallen
**tumbler** ['tʌmblə] *Subst.* Trinkbecher
**tune** [tju:n] *V/t.* (*Instrument*) stimmen; (*Radio*) (den Sender) einstellen
**turban** ['tɜ:bən] *Subst.* Turban
**tureen** [tjʊ'ri:n] *Subst.* Suppen- *oder* Saucen-Terrine

**turkey** ['tɜːkɪ] *Subst.* Truthahn, Puter; ***roast turkey*** Truthahnbraten
**turn** [tɜːn] *Subst.* Drehung, Neigung, Wendung, Umdrehung
**turncoat** ['tɜːnkəʊt] *Subst. wörtlich* Wendemantel; *übertr.* Bäumchenwechsle-dich; Wendehals
**turnip** ['tɜːnɪp] *Subst.* BOT (Steck)Rübe; Zwiebel
**turquoise** ['tɜːkwɔɪz] *Adj.* türkis
**turret** ['tʌrɪt] *Subst.* Mauer- *oder* Eckturm
**turtle** ['tɜːtl] *Subst.* ZOOL (Wasser-) Schildkröte
**tussle** ['tʌsl] *Subst.* Balgerei, Handgemenge
**tut** [tʌt] *V/i.* missbilligende Geräusche machen, Missbilligung ausdrücken
**twang** [twæŋ] *V/i.* klirren, schwirren; (*Sprache*, *Stimme*) näseln
**tweak** [twiːk] *Subst.* Zwicken, Zupfen
**tweezers** ['twiːzəz] *Subst. Pl.* Pinzette
**twiddle** ['twɪdl] *Vt/i.* müßig drehen, spielen mit; ***twiddle one's thumbs*** die Daumen drehen
**twig** [twɪg] *Subst.* Zweig
**twin** [twɪn] *Subst.* Zwilling
**twinge** [twɪndʒ] *V/i.* zwicken, kneifen
**twirl** [twɜːl] *Subst.* Wirbel, Umdrehung
**twist**[1] [twɪst] *Subst.* Wendung, Drehung
**twist**[2] [twɪst] *V/t.* wenden, herumdrehen, verreißen, verzerren
**twisted** ['twɪstɪd] *Adj.* verdreht
**twitch** [twɪtʃ] *Vt/i.* zucken, rucken; zupfen
**twitchy** ['twɪtʃɪ] *Adj.* zuckend
**twitter** ['twɪtə] *V/i.* zwitschern, tschilpen
**tyke** [taɪk] *Subst. umgangsspr.* Lümmel, Bengel; Lausejunge, Racker
**tyre** ['taɪə] *Subst. brit.* ***tire*** Reifen

# U

**ugly** ['ʌglɪ] *Adj.* hässlich
**umbrella** [ʌm'brelə] *Subst.* (Regen-) Schirm
**unable** [ʌn'eɪbl] *Adj.* unfähig, außerstande
**unanswerable** [ʌn'ɑːnsərəbl] *Adj.* unbeantwortbar
**unbearable** [ʌn'beərəbl] *Adj.* unerträglich
**unbecoming** [ˌʌnbɪ'kʌmɪŋ] *Adj.* ungeziemend, unschicklich
**unbiased** [ʌn'baɪəst] *Adj.* unvoreingenommen, unparteiisch
**unbidden** [ˌʌn'bɪdn] *Adj.* unaufgefordert, ungebeten; (*Gast*) ungeladen
**unblemished** [ˌʌn'blemɪʃt] *Adj.* unversehrt, ohne (sichtbare) Verletzungen; *übertr.* makellos
**unbreakable** [ʌn'breɪkəbl] *Adj.* unzerbrechlich, unzerstörbar
**uncanny** [ʌn'kænɪ] *Adj.* unheimlich
**uncertain** [ʌn'sɜːtn] *Adj.* unsicher
**uncoil** [ˌʌn'kɔɪl] *V/t.* abwickeln, aufwickeln
**uncomfortable** [ʌn'kʌmftəbl] *Adj.* unbequem; unbehaglich
**unconcern** [ˌʌnkən'sɜːn] *Subst.* Sorglosigkeit
**unconcerned** [ˌʌnkən'sɜːnd] *Adj.* unbeteiligt, nicht betroffen; unbesorgt, unbekümmert
**unconscious** [ʌn'kɒnʃəs] *Adj.* bewusstlos, ohnmächtig
**uncontrollable** [ˌʌnkən'trəʊləbl] *Adj.* unkontrollierbar
**unconvincing** [ˌʌnkən'vɪnsɪŋ] *Adj.* nicht überzeugend, unglaubwürdig
**uncork** [ʌn'kɔːk] *V/t.* entkorken
**unctuous** ['ʌŋktʃʊəs] *Adj.* fettig, ölig; *übertr.* salbungsvoll
**undaunted** [ʌn'dɔːntɪd] *Adj.* unerschrocken
**underage** [ˌʌndər'eɪdʒ] *Adj.* minderjährig
**underdog** ['ʌndədɒg] *Subst.* Benachteiligter, Unterlegener
**underfed** [ˌʌndə'fed] *Adj.* unterernährt
**undergrowth** ['ʌndəgrəʊθ] *Subst.* Unterholz
**undertone** ['ʌndətəʊn] *Subst.* ***in an undertone*** mit gedämpfter Stimme, halblaut
**undetectable** [ˌʌndɪ'tektəbl] *Adj.* unentdeckbar, nicht nachweisbar
**undignified** [ʌn'dɪgnɪfaɪd] *Adj.* würdelos, unwürdig

**undiluted** [ˌʌndaɪ'luːtɪd] *Adj.* unverdünnt, unvermischt

**undoable** [ʌn'duːəbl] *Adj.* unlösbar, nicht machbar, unmöglich

**undoubtedly** [ʌn'daʊtɪdlɪ] *Adv.* zweifellos

**undulate** ['ʌndjʊleɪt] *V/i.* sich wellenförmig bewegen, schlängeln

**unease** [ʌn'iːz] *Subst.* Unbehagen, Unwohlsein

**uneasy** [ʌn'iːzɪ] *Adj.* unruhig, unbehaglich, ruhelos

**uneducated** [ʌn'edjʊkeɪtɪd] *Adj.* ungebildet

**unexpected** [ˌʌnɪk'spektɪd] *Adj.* unerwartet

**unflattering** [ˌʌn'flætərɪŋ] *Adj.* wenig schmeichelhaft

**unfocused** [ʌn'fəʊkəst] *Adj.* ungerichtet, unscharf

**unforgivable** [ˌʌnfə'gɪvəbl] *Adj.* unverzeihlich, nicht zu entschuldigen

**unfortunate** [ʌn'fɔːtʃənɪt] *Adj.* (*Geschehen*) unglückselig, verhängnisvoll; (*Umstand*) bedauerlich

**unfounded** [ʌn'faʊndɪd] *Adj.* unbegründet, grundlos

**unfurl** [ʌn'fɜːl] *V/t.* entrollen, entfalten

**ungainly** [ʌn'geɪnlɪ] *Adj.* unbeholfen, plump

**unhinge** [ʌn'hɪndʒ] *V/t.* (*Tür*) aus den Angeln heben; *übertr.* (*Geist*) zerrütten

**unicorn** ['juːnɪkɔːn] *Subst.* Einhorn. Sagenhaftes Tier, das in Zauberwäldern wohnt und nicht nur im abendländischen und orientalischen Kulturbereich, sondern auch in Japan und China bekannt ist. Dieses mythische Tier ähnelt einem zierlichen (manchmal auch übergroßen) Pferd oder einem weißen Reh mit einem einzelnen, spiralförmig gedrehten Horn auf der Stirn; orientalische Einhörner gleichen mehr einer Ziege. Unter dem Horn ist ein Edelstein, häufig ein Rubin, verborgen. Das Einhorn ist sehr scheu – zwar friedlich, doch nicht zu zähmen – und schenkt nur einer Jungfrau sein Vertrauen. Es verkörpert Reinheit und Unschuld, in der christlichen Ikonographie wird es als Symbol Christi gedeutet. In China ist das Einhorn Bild herrscherlicher Tugenden, als Rahmenfigur des britischen Wappens repräsentiert es Schottland in Gegenüberstellung zum englischen Löwen.

**unicorn**

**unimpressed** [ˌʌnɪm'prest] *Adj.* unbeeindruckt

**unison** ['juːnɪsn] *Subst.* MUS Gleichklang, Unisono; ***in unison*** unisono, einstimmig, gleichzeitig

**unite** [juː'naɪt] *Vt/i.* vereinigen, sich verbünden

**universal** [ˌjuːnɪ'vɜːsl] *Adj.* universell, allumfassend

**universe** ['juːnɪvɜːs] *Subst.* Universum, Weltall, *übertr.* Welt

**unkempt** [ˌʌn'kempt] *Adj.* zerzaust, verwahrlost

**unleash** [ʌn'liːʃ] *V/t.* loslassen, freisetzen, entbinden

**unless** [ʌn'les] *Konj.* wenn nicht …, sofern nicht …

**unlikely** [ʌn'laɪklɪ] *Adj.* unwahrscheinlich

**unnatural** [ʌn'nætʃərəl] *Adj.* unnatürlich

**unnerve** [ˌʌn'nɜːv] *V/t.* nerven, entnerven

**unobtrusive** [ˌʌnəb'truːsɪv] *Adj.* unauffällig, unscheinbar, unaufdringlich

**unperturbed** [ˌʌnpə'tɜːbd] *Adj.* gleichmütig, gelassen, unbesorgt

**unpleasant** [ʌn'plezənt] *Adj.* unerfreulich

**unpleasantness** [ʌn'plezəntnɪs] *Subst.* Unannehmlichkeit

**unplottable** [ʌn'plɒtəbl] *Adj.* nicht kartographisch erfassbar

**unpopular** [ʌn'pɒpjʊlə] *Adj.* unbeliebt

**unpredictable** [ˌʌnprɪ'dɪktəbl] *Adj.* nicht vorhersagbar, unvorhersehbar

**unravel** [ʌn'rævl] *Vt/i.* sich lösen; entwirren, entrollen

**unrecognisable** [ʌn'rekəgnaɪzəbl] *Adj.* nicht wiederzuerkennen

**unremarkable** [ˌʌnrɪ'mɑːkəbl] *Adj.* unauffällig, unscheinbar

**unrestrained** [ˌʌnrɪ'streɪnd] *Adj.* uneingeschränkt, ungehindert; (*Gelächter, Weinen*) hemmungslos

**unrivalled** [ʌn'raɪvəld] *Adj.* konkurrenzlos

**unruffled** [ʌn'rʌfəld] *Adj.* gelassen, unerschütterlich

**unsatisfactory** ['ʌnˌsætɪs'fæktərɪ] *Adj.* unbefriedigend, nicht zufriedenstellend, unerfreulich

**unscathed** [ʌn'skeɪðd] *Adj.* unversehrt

**unscrew** [ʌn'skruː] *V/t.* aufschrauben, abschrauben

**unseal** [ˌʌn'siːl] *V/t.* (*Brief*) öffnen, entsiegeln; *übertr.* (*Geheimnis*) enthüllen

**unseat** [ʌn'siːt] *V/t.* abwerfen

**unshaven** [ʌn'ʃeɪvən] *Adj.* unrasiert

**unspeakable** [ʌn'spiːkəbl] *Adj.* unsagbar, unbeschreiblich; unsäglich

**unstable** [ʌn'steɪbl] *Adj.* labil, instabil

**unstick** [ˌʌn'stɪk] *V/t.* lösen; ***unstick one's throat*** sich räuspern

**unstuck** [ˌʌn'stʌk] *Prät., Part. Perf.* → ***unstick***

**unsure** [ˌʌn'ʃʊə] *Adj.* unsicher

**unsurpassable** [ˌʌnsə'pɑːsəbl] *Adj.* unübertrefflich

**unsurprising** [ˌʌnsə'praɪzɪŋ] *Adj.* nicht überraschend

**unswerving** [ʌn'swɜːvɪŋ] *Adj.* unerschütterlich, unentwegt

**untidy** [ʌn'taɪdɪ] *Adj.* unordentlich; (*Haare*) strubbelig

**untouched** [ˌʌn'tʌtʃt] *Adj.* unberührt

**untraceable** [ˌʌn'treɪsəbl] *Adj.* unauffindbar; unergründlich

**untrustworthy** [ˌʌn'trʌstˌwɜːðɪ] *Adj.* nicht vertrauenswürdig, verdächtig

**unusual** [ʌn'juːʒʊəl] *Adj.* ungewöhnlich
**unwitting** [ʌn'wɪtɪŋ] *Adj.* unwissend; unabsichtlich
**unworthy** [ˌʌn'wɜːðɪ] *Adj.* unwürdig, nichtswürdig
**unwrap** [ˌʌn'ræp] *V/t.* auswickeln
**unzip** [ˌʌn'zɪp] *V/t.* den Reißverschluss öffnen von
**upend** [ʌp'end] *V/t.* auf den Kopf stellen, umdrehen
**uphold** [ˌʌp'həʊld] *V/t.* hoch halten, aufrecht halten; *übertr.* aufrechterhalten
**uplift** [ʌp'lɪft] *V/t.* emporheben; (*Stimmung*) heben
**uproar** ['ʌprɔː] *Subst.* Aufschrei, Aufruhr
**upswing** ['ʌpˌswɪŋ] *Subst.* Aufschwung
**uptight** ['ʌptaɪt] *Adj.* angespannt, nervös

**Uranus** ['jʊərənəs] *Subst.* Uranus; siebter Planet unseres Sonnensystems mit einem Ringsystem aus fünf Monden. Er ist nach Uranos, („Himmel“), dem ältesten Gott der griech. Mythologie benannt, der zusammen mit Gaia („Erde“) die Welt erzeugte; er ist Vater der Titanen und Zyklopen und wurde von seinem Sohn Zeus entmachtet. In der Astrologie gibt die Stellung des Uranus Aufschluss über Individualität und Freiheit.

**urge** [ɜːdʒ] *V/t.* dringen auf, drängen
**urgency** ['ɜːdʒənsɪ] *Subst.* Dringlichkeit
**Urg the Unclean** [ˌɜːg ðɪ ʌn'kliːn] *Name vgl.* **urgh** *Laut des Abscheus oder Ekels*; **unclean** unrein, schmutzig, ungewaschen (*Goblin-Rebell*)
**Uric the Oddball** [ˌjʊərɪk ðɪ 'ɒdbɔːl] *Name vgl.* **oddball** *umgangsspr.* Exzentriker, Spinner, schräger Vogel (*Zauberer, findet Erwähnung im History of Magic-Unterricht bei Prof. Binns*)
**usher** ['ʌʃə] *V/t.* geleiten, begleiten, führen
**utmost** ['ʌtməʊst] *Adj.* äußerste(r, -s), größte(r, -s)
**utter**[1] ['ʌtə] *Adj.* ausgesprochen, äußerste(r, -s), völlig, komplett
**utter**[2] ['ʌtə] *V/t.* äußern, ausdrücken; (*Schrei*) von sich geben

# V

**Vablatsky, Cassandra** [vəˈblætskɪ, kəˌsændrə] *Name*; *vgl.* ***fable*** Märchen, Lüge; **Cassandra**: trojanische Seherin, die nach der Überlieferung der griech. Antike dazu verdammt war, stets die Wahrheit zu weissagen und niemals Glauben zu finden – Autorin eines Lehrbuchs zur Zukunftsdeutung.

**vacant** [ˈveɪkənt] *Adj.* frei, unbesetzt

**vacuum cleaner** [ˈvækjʊəm ˌkliːnə] *Subst.* Staubsauger

**vagrant** [ˈveɪgrənt] *Subst.* Landstreicher

**vague** [veɪg] *Adj.* verschwommen, nebelhaft, unklar

**vain** [ˈveɪn] *Adj.* eitel, eingebildet; (*Drohung*) leer; (*Mühe*) vergeblich, ***in vain*** vergebens, vergeblich

**Valentine** [ˈvæləntaɪn] Valentinstag (*14. Februar*; *Tag der Liebenden, an dem Blumen oder Liebesgrüße verschenkt werden*)

**valiant** [ˈvælɪənt] *Adj.* kühn, tapfer, heldenhaft

**valuable** [ˈvæljʊəbl] *Adj.* wertvoll, kostbar

**value**[1] [ˈvæljuː] *Subst.* Wert

**value**[2] [ˈvæljuː] *V/t.* (hoch)schätzen, bewerten

**vampire** [ˈvæmpaɪə] *Subst.* Vampir. Blut saugender Untoter mit Reißzähnen, der tagsüber in seinem Sarg ruht, bei Nacht jedoch aufsteht und sich vom Blut lebender Menschen ernährt, die durch seinen Biss gleichfalls zu Vampiren werden. Deshalb umgibt den Vampir auch häufig ein Hauch von Tragik, da er keine Schuld an seinem „Laster" trägt. Manche Vampire müssen vor dem ersten Sonnenstrahl ihr schützendes Versteck erreichen, sonst zerfallen sie. Besonders verbreitet sind Vampire der Sage nach in Transylvanien, einer Hochlandregion Rumäniens, in der viele alte Burgen stehen. Das traditionelle Abwehrmittel gegen Vampire sind – neben Weihwasser und dem christlichen Kreuz – Knoblauchknollen; nur durch Pfählen kann ein Vampir getötet werden. Als „Echte Vampire" wird in der Zoologie eine

Fledermausart bezeichnet, die in Mittel- und Südamerika beheimatet ist und sich von Säugetierblut ernährt.

**vanish** ['vænɪʃ] *V/i.* verschwinden, sich in Luft auflösen
**vanquish** ['væŋkwɪʃ] *V/t.* überwältigen, bezwingen
**vapour** ['veɪpə] *Subst.* Dunst, Dampf
**vast** [vɑːst] *Adj.* gewaltig, riesig, ausgedehnt
**vault**[1] [vɔːlt] *Subst.* Gewölbe, Kellergewölbe; Stahlkammer, Tresorraum
**vault**[2] [vɔːlt] *V/i.* ***vault*** (***over***) springen (über), setzen (über)
**vaulted** ['vɔːltɪd] *Adj.* gewölbt
**Vector, Prof.** ['vektə, prəˌfesə] *Name vgl.* **vector** Vektor; *mathematische Größe, die durch drei Zahlen festgelegt ist* (*Prof. Vector unterrichtet das Fach Arithmancy in Hogwarts*)

**Veela** ['viːlə] *Neubildung*; *vgl. slaw.* ***vila***: Vampir, auch Sturm- und Wettergeister der slawischen Kulturen, die Hagel, Wirbelsturm und Regen bringen; davon abgeleitet die *Wilis*, gespenstische Tänzerinnen; in der Kunst des 19. Jh.s oft von ihren Geliebten verlassene Bräute, die aus Gram starben und als Untote in (Vollmond-) Nächten an ihren Liebhabern, aber auch glücklichen Liebenden furchtbare Rache nehmen. *Vgl. auch* **weal** *altertüml.* Wohlergehen; ***vilify*** schmähen, verächtlich machen – die *Veela*, die Cheerleaders der bulgarischen Quidditch-Nationalmannschaft. – Sie ähneln den *Sirenen* der Odyssee: Angesichts ihres Singens und Tanzens vergessen die Männer all ihre Ziele und Verpflichtungen, so wie die griechischen Seeleute mit ihren Schiffen gegen die Sirenenfelsen fuhren, wo sie zerschellten.

**veer** [vɪə] *V/i.* abdrehen, umschwenken; ***veer off course*** vom Kurs abkommen
**vegetable garden** ['vedʒtəbl ˌgɑːdn] *Subst.* Gemüsegarten
**vehicle** ['viːɪkl] *Subst.* Fahrzeug
**veiled** [veɪld] *Adj.* verschleiert, verhüllt; (*Kritik*) versteckt
**vein** [veɪn] *Subst.* Vene, Ader
**velvet** ['velvɪt] *Subst.* Samt
**vendetta** [ven'detə] *Subst. ital.* Rache(feldzug), Blutrache
**venerable** ['venrəbl] *Adj.* ehrwürdig
**vengeance** ['vendʒəns] *Subst.* Rache
**venom** ['venəm] *Subst.* (Schlangen-) Gift; *übertr.* Bosheit, Hass
**venomous** ['venəməs] *Adj.* (*Schlange etc.*) giftig; *übertr.* giftig, gehässig
**vent** [vent] *V/t.* (*Emotionen*) Luft machen, rauslassen
**ventriloquist** [ven'trɪləkwɪst] *Subst.* Bauchredner
**venture** ['ventʃə] *Vt/i.* riskieren; sich wagen
**verbal** ['vɜːbl] *Adj.* verbal, mündlich
**verdict** ['vɜːdɪkt] *Subst.* Urteil, Urteilsspruch
**verge** [vɜːdʒ] *Subst.* Rand, Grenze
**veritable** ['verɪtəbl] *Adj.* echt, wahrhaftig
**veritaserum** [ˌverɪtə'serəm] *Subst.* Wahrheitsdroge; *vgl. lat.* ***veritas*** Wahrheit; *lat.* ***serum*** Molke; → ***potion***

**vermin** ['vɜːmɪn] *Subst.* Ungeziefer, Schädling
**Vernon Dursley** [ˌvɜːnən 'dɜːslɪ] *Name* → ***Dursley***
**versus** ['vɜːsəs] *Präp.* gegen
**vestige** ['vestɪdʒ] *Subst.* Spur, Überbleibsel
**vexed** [vekst] *Adj.* verärgert; gequält, beunruhigt

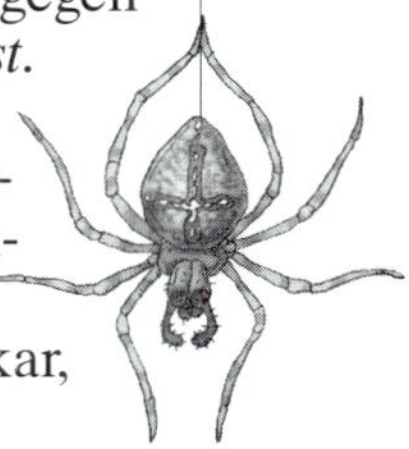

**vicar** ['vɪkə] *Subst.* Vikar, Pfarrer
**vicious** ['vɪʃəs] *Adj.* gemein, bösartig, gehässig
**victim** ['vɪktɪm] *Subst.* Opfer
**view** [vjuː] *V/t.* (*Liste, Dokument*) einsehen, betrachten; (*Wohnung*) besichtigen
**vigilance** ['vɪdʒɪləns] *Subst.* Wachsamkeit
**vigorous** ['vɪgərəs] *Adj.* energisch, kräftig, leidenschaftlich
**village** ['vɪlɪdʒ] *Subst.* Dorf; ***village square*** Dorfplatz
**villain** ['vɪlən] *Subst.* Schurke
**vindictive** [vɪn'dɪktɪv] *Adj.* rachsüchtig, nachtragend
**vindictiveness** [vɪn'dɪktɪvnɪs] *Subst.* Rachsucht
**violent** ['vaɪələnt] *Adj.* gewalttätig, gewaltsam; krass
**violet** ['vaɪəlɪt] *Subst.* BOT Veilchen; ***sugared violet*** kandiertes Veilchen
**Viridian, Vindictus** [vɪ'rɪdɪən, vɪnˌdɪktəs] *Name vgl.* ***viridity*** grünliches Aussehen (*grün gilt als Farbe des Neides*); ***vindictive*** rachsüchtig, nachtragend (*Autor eines Handbuchs mit dem Titel „Curses and Counter-Curses"*)
**virtue** ['vɜːtʃuː] *Subst.* Tugend, positive Eigenschaft
**visor** ['vaɪzə] *Subst.* Visier, Augenschutz
**vivacious** [vɪ'veɪʃəs] *Adj.* lebhaft, munter
**vivid** ['vɪvɪd] *Adj.* lebhaft, kräftig; (*Farben*) leuchtend
**vociferous** [və'sɪfərəs] *Adj.* lärmend, laut(stark)

**Voldemort, Lord** ['vɒldəmɔːt, ˌlɔːd] *Name; vgl. frz.* ***vol*** Flug, Fliegen; *frz.* ***mort*** Tod – *Lord Voldemort* oder *The Dark Lord*: mächtigster Schwarzmagier (→ ***Dark Arts***) seit Jahrhunderten, gefürchtet von allen, von einigen auch bewundert, Harrys Todfeind.

**vole** [vəʊl] *Subst.* ZOOL Wühlmaus
**Volkov** ['vɒlvɒf] *Name vgl. russ.* ***volk*** Wolf; ***...ov*** *russ.* Sohn von ... (*Spieler der bulgarischen Quidditch-Nationalmannschaft beim World Cup*)
**volley** ['vɒlɪ] *Subst.* Salve
**volume** ['vɒljuːm] *Subst.* Volumen; Lautstärke; (*Buch*) Band
**volunteer** [ˌvɒlən'tɪə] *V/i.* sich freiwillig melden
**vomit** ['vɒmɪt] *Subst.* Erbrochenes, Kotze
**Vulchanov** ['vʌlkənɒf] *Name vgl.* ***Vulcan*** Vulkan (*nach dem röm. Gott*); ***...ov*** *russ.* Sohn von ... (*Spieler der bulgarischen Quidditch-Nationalmannschaft beim World Cup*)
**vulnerable** ['vʌlnərɪbl] *Adj.* verwundbar, verletzlich
**vulture** ['vʌltʃə] *Subst.* ZOOL Geier

# W

**wacky** ['wækɪ] *Adj. umgangsspr.* verrückt

**wad** [wɒd] *Subst.* Packen, Knäuel; Pfropfen, Knebel

> **Waddiwasi!** ['wɒdɪˌwɒzɪ] *Zauber vgl.* ***wad*** Pfropfen, Klumpen; ***was*** *Prät. von* ***to be***

**waddle** ['wɒdl] *V/i.* watscheln

**wade** [weɪd] *V/i.* waten

**Waffling, Adalbert** ['wɒflɪŋ, ˌædəlbɜːt] *Name vgl. umgangsspr.* ***waffle*** quasseln, schwätzen (*Autor eines Lehrbuches über magische Theorie*)

**waft**[1] [wɑːft] *Subst.* Lufthauch, Brise

**waft**[2] [wɑːft] *V/i.* wehen, schweben; (*Duft*) strömen

**wag** [wæg] *Vt/i.* wackeln, wedeln

**wage**[1] [weɪdʒ] *Subst. meist* ***wages*** Lohn, Bezahlung

**wage**[2] [weɪdʒ] *V/t.* ***wage a war against*** Krieg führen gegen

**Wagga Wagga** [ˌwægə 'wægə] *Name vgl.* ***wag*** wedeln, wackeln; ***waggery*** Schelmerei (*von einem Wagga Wagga Werewolf berichtet Gilderoy Lockhart in einem seiner Bücher*)

**waggle** ['wægl] *Vt/i.* wedeln, wackeln, wippen

**wail**[1] [weɪl] *Subst.* Heulen, Geheule

**wail**[2] [weɪl] *V/i.* klagen, jammern, heulen

**waistcoat** ['weɪskəʊt] *Subst.* Weste, Wams

**wake** [weɪk] *Subst.* Kielwasser

**walkie-talkie** [ˌwɔːkɪ'tɔːkɪ] *Subst.* Funkgerät

**wallop** ['wɒləp] *V/t.* reinhauen, einen Hieb versetzen, verdreschen, verprügeln

**walnut** ['wɔːlnʌt] *Subst.* BOT Walnuss

**walrus** ['wɔːlrəs] *Subst.* ZOOL Walross

**waltz** [wɔːls] *V/i.* Walzer tanzen

**wan** [wɒn] *Adj.* bleich, fahl

> **wand** [wɒnd] *Subst.* Zauberstab; verwandt mit der (Wünschel-) Rute, dem Stab eines Führers und dem Szepter eines Fürsten, die sich wohl vom Blitzsymbol der alten Wettergottheiten (Zeus, Jupiter, Odin) herleiten. Er ist ein phallisches Symbol und das Komplement zum „weiblichen“ Kessel (→ ***cauldron***). Der Zauberstab dient dazu, die kosmische Energie

auf die Erde zu lenken bzw. die magische Energie einer Beschwörung zu bündeln und auf ein Ziel zu konzentrieren. Schamanen, Magier und Medizinmänner aller Kulturen kennen den Zauberstab in der einen oder anderen Form; auch der Stab, an dem sich die heilende Schlange des griech. Medizingotts Äskulap emporwindet, ist eine Art von Zauberstab, ebenso der Stab, mit dem Moses eine Quelle aus dem Felsen schlägt.

**wand**

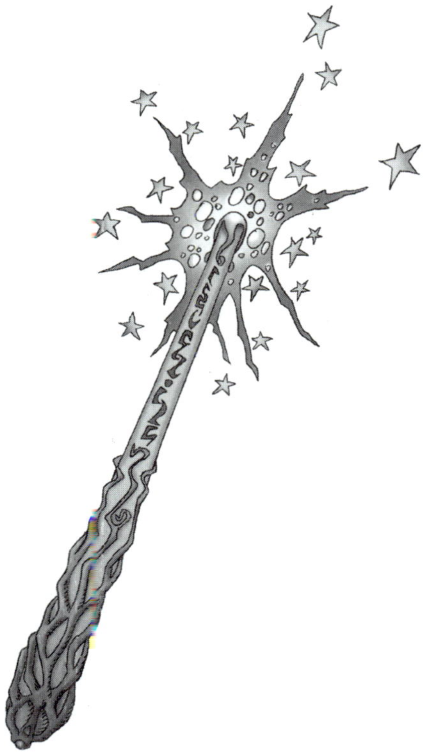

**wander** ['wɒndə] *V/i.* herumwandern, umherstreifen

**wane** [weɪn] *V/i.* (*Mond*) abnehmen

**wangle** ['wæŋgl] *V/t. übertr.* drehen, organisieren

**war** [wɔː] *Subst.* Krieg

**Warbeck, Celestina** ['wɔːbek, ˌseləs'tiːnə] *Name vgl.* ***warlock*** Zauberer (*singende Zauberin im Radio*)

**ward**[1] [wɔːd] *Subst. in Krankenhaus*: Station

**ward**[2] [wɔːd] *V/t.* abwenden; (*Schlag*) parieren

**warlock** ['wɔːlɒk] *Subst.* Hexer, Hexenmeister

**warming pan** ['wɔːmɪŋ pæn] *Subst.* Wärmepfanne

**warmth** [wɔːmθ] *Subst.* Wärme

**warpath** ['wɔːpɑːθ] *Subst.* Kriegspfad

**warring** ['wɔːrɪŋ] *Adj.* sich bekriegend, widerstreitend

**Warrington** ['wɒrɪŋtən] *Nachname* (*Mitschüler Harrys, Spieler im Slytherin-Quidditch-Team*)

**warty** ['wɔːtɪ] *Adj.* warzig

**wary** ['weərɪ] *Adj.* wachsam

**wasp** [wɒsp] *Subst.* ZOOL Wespe

**waspish** ['wɒspɪʃ] *Adj. übertr.* giftig, reizbar

**wastrel** ['weɪstrəl] *Subst.* Taugenichts, Lump, Herumtreiber

**water-logged** ['wɔːtəlɒgd] *Adj.* vollgesogen, voller Wasser

**watersnake** ['wɔːtəsneɪk] *Subst.* ZOOL Wasserschlange

**water tray** ['wɔːtə treɪ] *Subst.* Wasserbehälter

**watery** ['wɔːtərɪ] *Adj.* wässrig, feucht

**wattlebird** ['wɒtlbɜːd] *Subst.* ZOOL Klunkervogel

**wave** [weɪv] *Vt/i.* winken; hin und her bewegen

**waxy** ['wæksɪ] *Adj.* wächsern

**way** [weɪ] *Subst.* Weg; ***give way*** Platz machen; *übertr.* nachgeben
**waylay** [weɪ'leɪ] *V/t. j-m* auflauern
**wayside inn** [ˌweɪsaɪd 'ɪn] *Subst.* Herberge *oder* Gastwirtschaft an einer Landstraße
**weak** [wiːk] *Adj.* schwach
**wealthy** ['welθɪ] *Adj.* wohlhabend, vermögend
**weapon** ['wepən] *Subst.* Waffe
**wear off** [ˌweər 'ɒf] *V/i.* sich abnutzen
**weary** ['wɪərɪ] *Adj.* müde, matt, überdrüssig
**weasel** ['wiːzl] *Subst.* ZOOL Wiesel; *übertr.* Schleicher, Ratte

**Weasley** ['wiːzlɪ] *Name*; *vgl.* ZOOL ***weasel*** Wiesel; fortpflanzungsfreudiges, flinkes, bewegliches Nagetier; **Weasley, Arthur**: traditioneller brit. Männername – Vater von Harrys bestem Freund Ron, arbeitet beim *Ministery of Magic* in dem Büro, das *Misuse of Muggle Artefacts* verhindern soll, und hat selbst eine Schwäche für Experimente mit Autos, Elektrosteckern und ähnlichem. **Weasley, Molly**: eine der vielen Sonderformen von *Mary* – Rons Mutter, eine Mutter wie aus dem Bilderbuch. **Weasley, Ron**: Kurzform von *Ronald* – Harrys bester Freund, Gryffindor-Schüler aus demselben Jahrgang; **Weasley, Fred**: Kurzform von *Frederic* – älterer Bruder von Ron, *Beater* im Gryffindor-Quidditch-Team, stets zu Streichen aufgelegt, am liebsten mit seinem Zwillingsbruder George; **Weasley, George**: aus griech. *georgos*: Bauer, alter Männername – älterer Bruder von Ron, *Beater* im Gryffindor-Quidditch-Team, stets zu Streichen aufgelegt, am liebsten mit seinem Zwillingsbruder; **Weasley, Percy**: urspr. *Persi*, Nachname normannischer Barone – Rons älterer Bruder, Gryffindor-*Prefect*, dann *Head Boy*, und sehr von seiner Wichtigkeit überzeugt; **Weasley, Ginny**: Koseform von *Virginia* – Rons ein Jahr jüngere Schwester, Gryffindor-Schülerin und sehr eingenommen von Harry; **Weasley, Bill**: Kurzform von William – erwachsener Bruder, ehemals Hogwarts-Schüler und *Head Boy*, arbeitet nun als *Cursebreaker* in Ägypten; **Weasley, Charlie**: Koseform von *Charles* – erwachsener Weasley-Bruder, ehemals Hogwarts-Schüler und *Captain* des Gryffindor-Quidditch-Team, jetzt Drachenforscher in Rumänien.

**weather-beaten** ['weðəˌbiːtn] *Adj.* vom Wetter gegerbt
**weather-vane** ['weðəveɪn] *Subst.* Wetterfahne
**weave** [wiːv] *Vt/i.* weben, spinnen; flechten; ***weave one's way through*** sich schlängeln *oder* winden durch
**webbed** [webd] *Adj.* mit Schwimmhäuten versehen
**wedding** ['wedɪŋ] *Subst.* Hochzeit
**wedge** [wedʒ] *V/t.* verkeilen, einklemmen
**weed** [wiːd] *Subst.* BOT Unkraut, Kraut
**weedy** ['wiːdɪ] *Adj.* voller Unkraut; *übertr.* schwächlich, schmächtig, klapprig
**weeny** ['wiːnɪ] *Adj.* klein, winzig
**weigh** [weɪ] *Vt/i.* wiegen

**weight** [weɪt] *Subst.* Gewicht, Last

**weird** [wɪəd] *Adj.* seltsam, merkwürdig; unheimlich

**weirdo** ['wɪədəʊ] *Subst. umgangsspr.* Verrückter, Knaller, Spinner

**welfare** ['welfeə] *Subst.* Wohlergehen

**well** [wel] *Subst.* Brunnen, Quelle

**wellington boots** [ˌwelɪŋtən 'buːts] *Subst. Pl. brit.* Gummistiefel

**wend** [wend] *V/t.* **wend one's way to** sich auf den Weg machen nach

**Wendelin the Weird** [ˌwendəlɪn ðə 'wɪəd] *Name weibl. Form des mittelalterlichen Namens*; **weird** seltsam, merkwürdig; unheimlich (*Hexe, die sich dem Lehrbuch „A History of Magic" zufolge 47 Mal verbrennen ließ*)

**werewolf** ['weəwʊlf] *Subst.* Werwolf; von **wer** (*altengl.* Mann) und **wolf**: Mann in Wolfsgestalt. Die Vorstellung von der Verwandlung eines Menschen in ein (Jagd)Tier dürfte auf schamanist. Praktiken zurückgehen (es gibt regionale Varianten wie *Wertiger, -bären* oder *-krokodile*); der Werwolfglaube war in ganz Europa verbreitet. Zum Werwolf wird man demnach durch Biss, Vererbung oder Fluch; die Zeiten der Verwandlung unterliegen den Phasen des Mondes und sind sehr schmerzhaft. In seiner menschlichen Existenz erlebt der Werwolf seine Natur als Fluch, bereut Raub und Blutdurst seiner wölfischen Existenz und kann sich doch dem Zwang zur Verwandlung nicht widersetzen; deshalb ist der Werwolf in jüngeren Interpretationen oft eine tragische Gestalt.

**werewolf**

**whack** [wæk] *V/t.* heftig schlagen, stoßen

**whale** [weɪl] *Subst.* ZOOL Wal

**whatsoever** [ˌwɒtsəʊ'evə] *Adv.* was auch immer

**wheedle** ['wiːdl] *Vt/i.* schmeicheln; überreden

**wheeze**[1] [wiːz] *Subst.* Atemstoß, Keuchen; *umgangsspr.* Scherz, Gag, Jux

**wheeze**[2] [wiːz] *V/i.* keuchen, pfeifend atmen

**wheezing waffle** [ˌwiːzɪŋ 'wɒfl] *Subst.* albernes Geschwätz

**wheezy** ['wiːzɪ] *Adj.* pfeifend, asthmatisch

**whelk** [welk] *Subst.* ZOOL Wellhornschnecke

**whiff** [wɪf] *Subst.* Hauch, Wölkchen

**while**[1] [waɪl] *Subst.* Weile, Zeitspanne

**while**[2] [waɪl] *Konj.* während
**while**[3] [waɪl] *V/t.* ***while away*** (*Zeit*) vertreiben
**whilst** [waɪlst] *Konj. poet.* ***while***[2] während
**whimper**[1] ['wɪmpə] *Subst.* Winseln, Wimmern
**whimper**[2] ['wɪmpə] *Vt/i.* winseln, wimmern
**whine** [waɪn] *Vt/i.* quengeln, jaulen, heulen
**whip**[1] [wɪp] *Subst.* Peitsche
**whip**[2] [wɪp] *V/t.* peitschen; reißen, raffen; ***whip round*** sich ruckartig umdrehen
**whip-crack** ['wɪpkræk] *Subst. auch* ***whipcrack*** Peitschenschnalzen
**whipped cream** [ˌwɪpt 'kriːm] *Subst.* KUL Schlagsahne
**whippy** ['wɪpɪ] *Adj.* biegsam, elastisch
**whirl** [wɜːl] *Vt/i.* wirbeln
**whirlpool** ['wɜːlpuːl] *Subst.* Sprudelbecken, Whirlpool
**whirr** [wɜː] *V/i.* schwirren, surren
**whisk** [wɪsk] *Vt/i.* ***whisk around*** sich herumwerfen; ***whisk away*** (*Decke etc.*) wegreißen; (*Insekt*) verscheuchen
**whiskers** ['wɪskəz] *Subst. Pl.* Schnurrbarthaare
**whiskery** ['wɪskərɪ] *Adj.* haarig, stachelig, bartstoppelig
**whisper** ['wɪspə] *Vt/i.* flüstern, tuscheln
**whistle** ['wɪsl] *Subst.* (Triller)Pfeife
**white-hot** [ˌwaɪt'hɒt] *Adj.* weiß glühend
**whittle** ['wɪtl] *V/t.* schnitzen
**whiz** [wɪz] *V/i. auch* ***whizz*** zischen, schwirren
**whizzbee** ['wɪzbiː] *Neubildung vgl.* ***whizz*** sausen, schwirren, zischen; ***bee*** Biene (*Süßigkeit im berühmten Süßwarenladen von Hogsmeade*)
**whomp** [wɒmp] *Vt/i.* rumsen, bumsen; verdreschen, verprügeln
**whoop**[1] [wuːp] *Subst.* Freudenschrei
**whoop**[2] [wuːp] *Vt/i.* brüllen, schreien, jauchzen
**whoosh** [wʊʃ] *V/i.* zischen, rauschen
**wicked** ['wɪkɪd] *Adj.* bösartig, lasterhaft
**wickerwork basket** [ˌwɪkəwɜːk 'bɑːskɪt] *Subst.* Weidenkorb
**widemouthed** ['waɪdmaʊðd] *Adj.* breitmäulig; ***widemouthed tree frog*** Breitmaulfrosch
**wig** [wɪg] *Subst.* Perücke
**wiggle** ['wɪgl] *V/i. auch* ***wriggle*** schwänzeln, sich schlängeln
**wildfire** ['waɪldfaɪə] *Subst.* Lauffeuer, Feuersbrunst
**Wilkes** ['wɪlks] *engl. Familienname* (*Anhänger Lord Voldemorts, getötet von einem Auror*)

**willow** ['wɪləʊ] *Subst.* BOT Weide(nbaum). Der Weide, die nah am Wasser wächst, wurden schon im griech. Altertum magische Kräfte zugeschrieben, sie war Mondgöttinnen wie Hekate heilig. Im druidischen Baumorakel entspricht die Weide dem 5. Monat und dem 5. Buchstaben des Alphabets, und die Menschenopfer sollen in Weidenkörben dargebracht worden sein (*wickermen*).
Das Wort *willow* entstammt derselben Wurzel wie *wicca* (→ ***witchcraft***). Die Weide ist auch der Nistbaum des Phönix, der Baum der Verzauberung und Weissagung, der Baum der Dichter und der zurückgewiesenen Liebenden.

**willow-pattern** ['wɪləʊˌpætən] *Subst.* Weidenmuster (*traditionelles blauweißes Dekor chinesischen Teegeschirrs*)

**Wimbourne Wasps** [ˌwɪmbɔːn 'wɒsps] *Name klingt wie* ***win-born*** zum Siegen geboren; ***wasp*** Wespe (*bekanntes Profi-Quidditch-Team, für das Ludo Bagman Beater spielte*)

**Wimple, Gilbert** ['wɪmpl, ˌgɪlbət] *Name vgl.* ***wimple*** Nonnenschleier; ***Gilbert*** *männl. Vorname aus dem Altfrz.* (*Zauberer im Committee of Experimental Charms, der seine magischen Neuentwicklungen im Selbsttest prüft*)

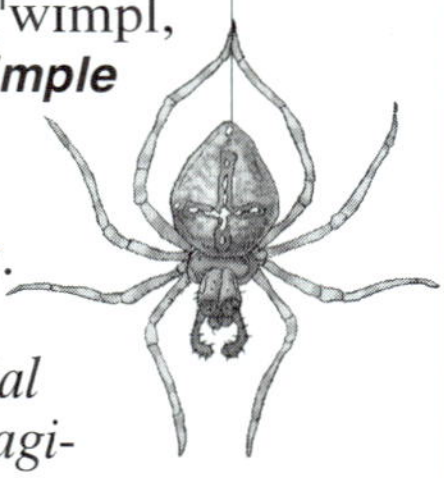

**wince** [wɪns] *V/i.* zusammenzucken, schaudern

**windfall** ['wɪndfɔːl] *Subst.* unverhofftes Geschenk, unerwarteter Gewinn

**window-latch** ['wɪndəʊlætʃ] *Subst.* Schnappriegel, Fensterverschluss

**window-ledge** ['wɪndəʊledʒ] *Subst.* Fenstersims, Fensterbrüstung

**window-sill** ['wɪndəʊˌsɪl] *Subst.* Fensterbrett

**windscreen** ['wɪndskriːn] *Subst.* Windschutzscheibe

**windswept** ['wɪndswept] *Adj.* windzerzaust, windgepeitscht

**Wingardium Leviosa!** [wɪnˌgɑːdɪəm ˌliːvɪ'əʊzə] *Zauber vgl.* ***wing*** Flügel; ***guard*** hüten, wachen, bewachen *lat.* ***levis*** leicht

**winged** [wɪŋd] *Adj.* geflügelt. Geflügelte Pferde wie der Pegasus oder Hippogriff, geflügelte Löwen wie der Sphinx oder Greif, geflügelte Eber, Cherubim und allerhand mehr geflügelte Fabelwesen, magische Vögel wie der Phönix, nachtsichtige Flügelwesen wie Eule und Fledermaus, geflügelte Feen und kleine Kinder bevölkern die Mythologien verschiedener Kulturen. Diese Bilder verleihen der menschlichen Sehnsucht nach Aufhebung der Schwerkraft Ausdruck, sie stehen für Begeisterung, für den Eintritt in einen geistigen, überirdischen oder göttlichen Bereich.

**wing mirror** ['wɪŋ ˌmɪrə] *Subst.* Seitenspiegel, Außenspiegel

**wink** [wɪŋk] *V/i.* blinzeln, zwinkern; *übertr.* ein Auge zudrücken

**Winky** ['wɪŋkɪ] *Name vgl.* ***wink*** blinzeln, zwinkern, ein Auge zudrücken (*Hauself bei Barty Crouch*)

**wintry** ['wɪntrɪ] *Adj.* winterlich

**wire** [waɪə] *Subst.* Draht(geflecht), Kabel

**wireless** ['waɪələs] *Subst. altertüml.* Rundfunk

**wiry** ['waɪərɪ] *Adj.* drahtig

**wise** [waɪz] *Adj.* weise, erfahren, gut unterrichtet

**wishy-washy** ['wɪʃɪˌwɒʃɪ] *Adj.* saft- und kraftlos, lasch; (*Gespräch*) seicht

**wisp** [wɪsp] *Subst.* Fetzen, Wölkchen

**wispy** ['wɪspɪ] *Adj.* schmächtig, dünn

**wistful** ['wɪstfəl] *Adj.* wehmütig, sehnsüchtig

**wit** [wɪt] *Subst. auch* ***wits*** Intelligenz, Verstand; Köpfchen; ***out of one's wits*** von Sinnen, verrückt

**witch** [wɪtʃ] *Subst.* Hexe, Zauberin

**witchcraft** ['wɪtʃkrɑːft] *Subst.* Hexerei, Hexenkunst. Bezeichnung für übernatürliche Kräfte, urspr. positiv oder wertneutral für heil- und kräuterkundige Menschen mit besonderen spirituellen Gaben, später verknüpft mit der Vorstellung eines Teufelspakts.
Das Wort ***witch*** Hexe, Zauberin, ist verwandt mit dem german. Wortstamm von „weihen", wahrscheinlich auch mit *victim*: (religiöses) Opfer; *vgl.* altengl. ***wicca*** Zauberer, ***wicce*** Hexe, Zauberin; später ***wicked*** verflucht, verdammt.
Folgende Gaben zählte man zur Hexenkunst: die Fähigkeit, sich unsichtbar zu machen oder andere Gestalten anzunehmen (→ ***transfiguration***), Weissagung (→ ***divination***), Unverwundbarkeit, Kenntnis von Drogen und Heilmitteln, von Zaubersprüchen und Flüchen, die Macht über Liebe, Fruchtbarkeit und Tod und die Gabe, das Wetter zu beeinflussen.

**wither** ['wɪðə] *V/i.* welken, verdorren, vertrocknen, austrocknen

**witness** ['wɪtnɪs] *Subst.* Zeuge

**Wit-Sharpening-Potion** ['wɪtˌʃɑːpənɪŋ'pəʊʃn] *Zauber vgl.* ***wit*** Intelligenz, Verstand; Köpfchen; ***sharpen*** schärfen; ***potion*** Trank, Gebräu

**witty** ['wɪtɪ] *Adj.* witzig, geistreich

**wiv** [wɪv] *umgangsspr. für* ***with*** mit

**wizard** ['wɪzəd] *Subst.* Zauberer, Hexenmeister

**wizard**

**wizardry** ['wɪzədrɪ] *Subst.* Zauberei, Magie; urspr. im Sinne von Wissen, Weisheit – im Gegensatz zu *sorcery*, was einen negativen Beiklang hat(te); eindeutig negativ war ***warlock*** Hexer, Hexenmeister; urspr.: Meineidiger, Verräter, Betrüger; auch Bezeichnung für den Teufel; dann: böser Zauberer, Schwarzmagier; **wizard:** Zauberer, Hexenmeister; abgeleitet von *wise* weise; urspr. Bezeichnung für ei-

nen weisen Mann oder Philosophen. Bedingt durch das Bild der Hexe im Märchen, wo sie häufig als unansehnliches altes Weib überliefert wird (im Englischen steht dafür der Begriff → ***hag***), verbindet man mit Hexenkunst eine archaische Form des Zaubers, vor allem Kräutertränke, Viehzauber und weitere Formen von Naturmagie.
*Wizardry* hat im Gegensatz dazu einen kultivierteren, „wissenschaftlicheren" Anstrich und steht assoziativ in Verbindung mit Künsten wie der Astrologie (→ ***astronomy***) und der Alchemie (→ ***alchemy***), die aus den Anfängen der Naturwissenschaft stammen.

**wizened** ['wɪzənd] *Adj.* verhutzelt, verschrumpelt

**wobble**[1] ['wɒbl] *Subst.* Wackeln, Schlingern

**wobble**[2] ['wɒbl] *V/i.* wabbeln, wackeln; schwanken, taumeln, schlottern

**woe**[1] [wəʊ] *Subst.* ***woe betide you if …*** *poet.* wehe dir, wenn …

**woe**[2] [wəʊ] *Ausruf* wehe, ach

**woebegone** ['wəʊbɪgɒn] *Adj.* jammervoll, vergrämt, verwahrlost

**woeful** ['wəʊfəl] *Adj.* erbärmlich, jämmerlich

**wolf** [wʊlf] *V/t.* verschlingen, runterschlingen

**wolfsbane** ['wʊlfsbeɪn] *Subst.* BOT Eisenhut, Aconitum; Hahnenfußgewächs, zahlreiche Arten, blau, weiß oder gelb blühende Staude; die Wurzeln (Akonit-Knollen oder Teufelswurzeln) enthalten halluzinationsfördernde Alkaloide und sind hochgiftig (→ ***monkshood***). **Wolfsbane Potion**: *vgl.* ***wolf*** Wolf; ***bane*** Verderben, Ruin, Gift – spezieller, erst kürzlich entwikkelter Zaubertrank, zubereitet von Prof. Snape.

**wolverine** ['wʊlvəriːn] *Subst. US* ZOOL Vielfraß

**wonky** ['wɒŋkɪ] *Adj. umgangsspr.* wacklig

**wood** [wʊd] *Subst.* Wäldchen, Unterholz

**wood-nymph** ['wʊdnɪmf] *Subst.* Wald-Nymphe; → ***nymph***

**wood-panelled** ['wʊdˌpænld] *Adj.* holzgetäfelt

**woolly** ['wʊlɪ] *Adj.* wollig, flaumig; *übertr.* unklar, wirr, verschwommen, nebulös

**Wormtail** ['wɜːmteɪl] *Name vgl.* ***worm*** Wurm; ***tail*** Schwanz (*Deckname eines der Autoren der Marauder's Map, des magischen Lageplans von Hogwarts; Vertrauter von Lord Voldemort*)

**wormwood** ['wɜːmwʊd] *Subst.* BOT Wermut, auch Absinthpflanze. Duftender, gelb blühender Strauch, wächst in Trockenregionen, enthält ein ätherisches Öl mit einem giftigen Wirkstoff, das als Bitterstoff, gegen Wurmbefall und zur Herstellung des alkoholischen Getränks Absinth benutzt wurde, das zahlreiche Todesopfer forderte und mittlerweile verboten ist.

**worry**[1] ['wʌrɪ] *Subst.* Sorge, Kummer, Kümmernis
**worry**[2] ['wʌrɪ] *Vt/i.* sich sorgen, Sorgen machen
**worthless** ['wɜːθləs] *Adj.* wertlos
**worthy** ['wɜːðɪ] *Adj.* *umgangsspr.* würdig, wert
**woss** [wɒs] *umgangsspr. für* ***what is***
**woven** ['wəʊvn] *Parf. Perf* → ***weave***
**wrap** [ræp] *V/t.* einwickeln, einhüllen; ***wrap up*** zu Ende bringen
**wrapping** ['ræpɪŋ] *Subst.* Umhüllung, Hülle
**wrath** [rɒθ] *Subst.* Grimm, Wut
**wrathful** ['rɒθfəl] *Adj.* zornentbrannt, wutentbrannt
**wreak** [riːk] *V/t.* ***wreak havoc*** verheerenden Schaden anrichten
**wreath** [riːθ] *Subst.* Kranz, Girlande
**wrench**[1] [rentʃ] *Subst.* Ruck, Drehung; MED Verrenkung, Verstauchung
**wrench**[2] [rentʃ] *V/t.* (los)reißen, aus der Hand winden; ***wrench one's way*** sich den Weg erkämpfen
**wrestle** ['resl] *Vt/i.* ringen, einen Ringkampf liefern
**wrestling match** ['reslɪŋ mætʃ] *Subst.* Ringkampf
**wretched** ['retʃɪd] *Adj.* elend, miserabel
**wriggle** ['rɪgl] *V/i.* zappeln, schlängeln, sich (heraus)winden
**wriggly** ['rɪglɪ] *Adj.* sich ringelnd, schlängelnd
**wrist** [rɪst] *Subst.* Handgelenk
**wristwatch** ['rɪstwɒtʃ] *Subst.* Armbanduhr
**writhe** [raɪð] *V/i.* sich krümmen, sich winden
**wrong** [rɒŋ] *Adj.* falsch; ***go wrong*** schief gehen

**Wronski Feint** [ˌrɒnskɪ 'feɪnt] *Subst.* *vgl.* ***feint*** Finte, Täuschungsmanöver, Scheinangriff.
Kriegerische Taktiken und Strategien wurden in der Geschichte häufig nach Feldherren benannt und tragen auch im Sport oft den Namen desjenigen, der sie zuerst mit Erfolg eingesetzt hat – Taktik im Quidditch, von Hermione irrtümlich als *Wonky Faint* bezeichnet, *vgl.* ***wonky*** wackelig, ***faint*** Ohnmacht.

**wrought iron** [ˌrɔːt'aɪən] *Subst.* Schmiedeeisen
**wrought-iron** [ˌrɔːt 'aɪən] *Adj.* schmiedeeisern
**wry** [raɪ] *Adj.* verzerrt, schief

# Y

**yak** [jæk] *Subst.* ZOOL Yak (*asiatisches Wildrind mit zottigem Pelz und gewaltigen Hörnern*)
**yank** [jæŋk] *V/t.* ziehen, zerren
**yard** [jɑːd] *Subst.* Hof, Hinterhof
**yawn** [jɔːn] *V/i.* gähnen
**yearn** [jɜːn] *V/i.* ***yearn for*** sich sehnen nach, Verlangen empfinden nach, herbeisehnen
**yell**[1] [jel] *Subst.* Schrei
**yell**[2] [jel] *V/i.* schreien, brüllen
**yellow-bellied** ['jeləʊˌbelɪd] *Adj.* gelbbäuchig
**yelp**[1] [jelp] *Subst.* Jaulen, Aufschrei
**yelp**[2] [jelp] *V/i.* kläffen, jaulen
**yeoman** ['jəʊmən] *Subst. brit.* Freisasse, kleiner Gutsbesitzer

**yeti** ['jetɪ] *Subst.* Yeti. Sagenhafter Schneemensch aus dem Himalaya; geheimnisvolles Wesen zwischen Mensch und Affe, in dem ein überlebender Urmensch vermutet wird.
Verschiedene wissenschaftliche Expeditionen wurden unternommen, konnten den Yeti aber bislang nicht aufspüren.

**yew tree** ['juː triː] *Subst.* BOT Eibe (*Taxus*). Dunkelgrün glänzender Nadelbaum mit rötlichen Beeren, der gerne auf Friedhöfen gepflanzt wird; Nadeln und Samen enthalten hochgiftige Alkaloide. Eibenbäume können bis zu 1000 Jahren alt werden.

**yield** [jiːld] *Vt/i.* liefern, gewähren; bereithalten, enthalten; nachgeben, sich fügen, sich unterwerfen
**Yorkshire pudding** [ˌjɔːkʃə 'pʊdɪŋ] *Subst.* KUL *traditionsreiches Gericht aus dem engl. Nordosten: gebackener Eierteig, der zum Rinderbraten gegessen wird*
**You Know Who** → ***name***; → ***Voldemort, Lord***
**yowl** [jaʊl] *V/i.* jaulen, heulen
**Yule** [juːl] *Subst.* Julfest (*der 24. Dezember, der in England noch kein richtiger Weihnachtstag ist. Ein Brauch für diesen Tag ist das rituelle Einbringen von Brennholz für die Feiertage,* ***Yule Log****, bes. im Nordwesten Englands und in Schottland*)

# Z

**zero** ['zɪərəʊ] *Subst.* Null

**Zograf** ['zəʊgrɑːf] *Name* (*Spieler der bulgarischen Quidditch-Nationalmannschaft beim World Cup*)

**zombie** ['zɒmbɪ] *Subst.* Zombie, Untoter; abgeleitet von dem Kongo-Wort *zumbi*: Fetisch, geknechteter Geist. Ein Zombie ist eine zu künstlichem Leben erweckte Leiche, die zwar körperlich aktionsfähig ist, deren Persönlichkeit und Gefühle jedoch tot sind. Afrikanische oder haitianische Voodoo-Zauberer erwecken Zombies, die dann als willenlose Werkzeuge ihren Wünschen dienen.

**Zonko's Joke Shop** [ˌzɒŋkəʊz 'dʒəʊk ʃɒp] *Name vgl. umgangsspr.* **zonked** zugedröhnt (*mit Alkohol oder Drogen*) (*Scherzartikelladen in Hogsmeade*)

**zoom** [zuːm] *Vt/i.* sausen; (*Fotomotiv*) heranholen

# Anhang

# Zahlwörter

## Grundzahlen

**0** zero, nought [nɔːt]
**1** one *eins*
**2** two *zwei*
**3** three *drei*
**4** four *vier*
**5** five *fünf*
**6** six *sechs*
**7** seven *sieben*
**8** eight *acht*
**9** nine *neun*
**10** ten *zehn*
**11** eleven *elf*
**12** twelve *zwölf*
**13** thirteen *dreizehn*
**14** fourteen *vierzehn*
**15** fifteen *fünfzehn*
**16** sixteen *sechzehn*
**17** seventeen *siebzehn*
**18** eighteen *achtzehn*
**19** nineteen *neunzehn*
**20** twenty *zwanzig*
**21** twenty-one *einundzwanzig*
**22** twenty-two *zweiundzwanzig etc.*
**100** a *od.* one hundred *(ein)hundert*
**200** two hundred *zweihundert*
**572** five hundred and seventy-two *fünfhundert(und)zweiundsiebzig*
**1000** a *od.* one thousand *(ein)tausend*
**1998** nineteen (hundred and) ninety-eight *neunzehnhundertachtund-neunzig*
**2000** two thousand *zweitausend*
**1,000,000** one million *eine Million*
**2,000,000** two million *zwei Millionen*

## Ordnungszahlen

**1st** first *erste*
**2nd** second *zweite*
**3rd** third *dritte*
**4th** fourth *vierte*
**5th** fifth *fünfte*
**6th** sixth *sechste*
**7th** seventh *siebente*
**8th** eighth *achte*
**9th** ninth *neunte*
**10th** tenth *zehnte*
**11th** eleventh *elfte*
**12th** twelfth *zwölfte*
**13th** thirteenth *dreizehnte*
**14th** fourteenth *vierzehnte*
**15th** fifteenth *fünfzehnte*
**16th** sixteenth *sechzehnte*
**17th** seventeenth *siebzehnte*
**18th** eighteenth *achtzehnte*
**19th** nineteenth *neunzehnte*
**20th** twentieth *zwanzigste*
**21st** twenty-first *einundzwanzigste*
**22nd** twenty-second *zweiundzwanzigste*
**23rd** twenty-third *dreiundzwanzigste*
**100th** (one) hundredth *hundertste etc.*

## Bruchzahlen und andere Zahlenwerte

$^1/_2$ one *od.* a half *ein halb*
1 $^1/_2$ one and a half *anderthalb*
$^1/_3$ one *od.* a third *ein Drittel*
$^2/_3$ two thirds *zwei Drittel*
$^1/_4$ one *od.* a quarter, one *od.* a fourth *ein Viertel*
$^3/_4$ three quarters, three fourths *drei Viertel*
$^5/_8$ five eighths *fünf Achtel*
0.45 (nought [nɔːt] point four five *null Komma vier fünf*
2.5 two point five *zwei Komma fünf*
2 × 3 = 6 twice three is six *zweimal drei ist sechs*

## Application for Membership of the Magic Circle

Dear President of the Magic Circle,

Having heard so much about the wondrous feats performed by your illustrious members, I would like to apply to join the Circle. You see, I possess powers and qualities that make me an ideal candidate for this position.

I first realized that I was special at the tender age of three, when I managed to make my peas (which I detest, even to this day!) hop across the table onto my brother's plate without anyone noticing. At school, my French teacher's tongue tied itself in a knot while I was thinking about how hard it was to get your tongue around some of those French words – she was hospitalized for four weeks ...

But perhaps the most unusual power I have is my ability to understand what cats are thinking and saying. I don't mind telling you it's no coincidence that we call people "catty" when they make nasty comments about others – you really should hear what cats have to say about each other!

It would be absolutely wizard (pun intended!) if you would consider me for membership.

Yours sincerely,

Felix Lyons

# Bewerbung um Aufnahme in den Magischen Kreis

Sehr geehrter Herr Präsident des Magischen Kreises,

da ich schon so viel von den wunderbaren Kunststücken Ihrer erlauchten Mitglieder gehört habe, möchte ich um Aufnahme in diesen Kreis bitten. Ich besitze nämlich Fähigkeiten und Qualitäten, die mich zu einem idealen Kandidaten für diese Mitgliedschaft machen.

Im zarten Alter von drei Jahren bemerkte ich zum ersten Mal, dass ich etwas Besonderes bin, als es mir gelang, von meinem Teller Erbsen (ich hasse Erbsen noch heute) quer über den Tisch auf den Teller meines Bruders hüpfen zu lassen, ohne dass irgendjemand etwas davon bemerkte. In der Schule schließlich verknotete sich die Zunge meiner Französischlehrerin, als ich darüber nachdachte, wie schwer es ist, manche dieser französischen Wörter auszusprechen – sie lag daraufhin vier Wochen lang im Krankenhaus …

Aber meine vielleicht ungewöhnlichste Begabung ist meine Fähigkeit zu verstehen, was Katzen sagen und denken. Ich sage Ihnen, es ist kein Zufall, dass wir Leute, die gehässige Kommentare über andere machen, als „falsch wie eine Katze“ bezeichnen – Sie sollten wirklich einmal hören, wie Katzen übereinander herziehen!

Es wäre geradezu zauberhaft (ein kleiner Scherz!), wenn Sie meine Mitgliedschaft befürworten würden.

Mit freundlichen Grüßen

Felix Lyons

*Hinweise auf Wortspiele im Englischen*:

| | |
|---|---|
| get one's tongue around | *umgangsspr. ein schwieriges Wort* richtig aussprechen |
| catty | 1. katzenartig; 2. boshaft, gehässig |
| wizard | 1. Zauberer; 2. fantastisch |

# Maße und Gewichte

## 1. Längenmaße

**1 inch (in)**
= 2,54 cm
**1 foot (ft)**
= 12 inches = 30,48 cm
**1 yard (yd)**
= 3 feet = 91,44 cm

## 2. Flächenmaße

**1 square inch (sq in)**
= 6,45 $cm^2$
**1 square foot (sq ft)**
= 144 square inches = 929,03 $cm^2$
**1 square yard (sq yd)**
= 9 square feet = 0,836 $m^2$
**1 square rod (sq rd)**
= 30.25 square yards = 25,29 $m^2$
**1 rood (ro)**
= 40 square rods = 10,12 a
**1 acre (a)**
= 4 roods = 40,47 a
**1 square mile (sq ml,** *Am.* **sq mi)**
= 640 acres = 2,59 $km^2$

## 3. Raummaße

**1 cubic inch (cu in)**
= 16,387 $cm^3$
**1 cubic foot (cu ft)**
= 1728 cubic inches = 0,028 $m^3$
**1 cubic yard (cu yd)**
= 27 cubic feet = 0,765 $m^3$
**1 register ton (reg tn)**
= 100 cubic feet = 2, 832 $m^3$

## 4. Britische Hohlmaße

### Trocken- und Flüssigkeitsmaße

**1 imperial pint (pt)**
= 0,568 l
**1 imperial quart (qt)**
= 2 imperial pints = 1,136 l
**1 imperial gallon (imp gal)**
= 4 imperial quarts = 4,546 l

## 5. Hohlmaße der USA

### Flüssigkeitsmaße

**1 US liquid pint**
= 0,473 l
**1 US liquid quart**
= 2 liquid pints = 0,946 l
**1 US gallon**
= 4 liquid quarts = 3,785 l
**1 US barrel**
= 31.5 gallons = 119,2 l
**1 US barrel petroleum**
= 42 gallons = 158,97 l
(*internationales Standardmaß für Erdöl*)

## 6. Handelsgewichte

**1 ounce**
= 28,35 g
**1 pound**
= 16 ounces = 0,453 kg
**1 stone (st)**
= 14 pounds = 6,35 kg
**1 quarter (qr)**
*Brt.* = 28 pounds = 12,7 kg
*Am.* = 25 pounds = 11,34 kg
**1 hundredweight (cwt)**
*Brt.* = 112 pounds = 50,8 kg
(*a.* long hundredweight: cwt l)
*Am.* = 100 pounds = 45,36 kg
(*a.* short hundredweight: cwt sh)
**1 ton (t, tn)**
*Brt.* = 2240 pounds (= 20 cwt l)
= 1016 kg (*a.* long ton: tn l)
*Am.* = 2000 pounds (= 20 cwt sh)
= 907,18 kg (*a.* short ton: tn sh)

## Temperaturumrechnung

°Fahrenheit = ($\frac{9}{5}$ °C) + 32

°Celsius = (°F −32) · $\frac{5}{9}$

# Unregelmäßige englische Verben

| **Infinitiv (infinitive)** | **Übersetzung** | **Präteritum (past)** | **Partizip Perfekt (past participle)** |
|---|---|---|---|
| **abide** | *festhalten (an)* | abode, abided | abode, abided |
| **arise** | *entstehen* | arose | arisen |
| **awake** | *aufwecken; aufwachen* | awoke, awaked | awoken, awaked |
| **be** | *sein* | was, were | been |
| **bear** | *tragen; gebären* | bore | borne |
| **beat** | *schlagen* | beat | beaten, beat |
| **become** | *werden* | became | become |
| **begin** | *anfangen* | began | begun |
| **bend** | *biegen* | bent | bent |
| **bet** | *wetten* | bet, betted | bet, betted |
| **bid** | *bieten* | bid | bid |
| **bid** | *sagen (Lebewohl)* | bade, bid | bidden |
| **bide** | *abwarten (den rechten Augenblick)* | bode, bided | bided |
| **bind** | *binden* | bound | bound |
| **bite** | *beißen* | bit | bitten, bit |
| **bleed** | *bluten* | bled | bled |
| **blow** | *blasen, wehen* | blew | blown |
| **break** | *brechen* | broke | broken |
| **breed** | *züchten* | bred | bred |
| **bring** | *bringen* | brought | brought |
| **broadcast** | *TV etc.: senden* | broadcast, broad-casted | broadcast, broad-casted |
| **build** | *bauen* | built | built |
| **burn** | *brennen* | burnt, burned | burnt, burned |
| **burst** | *platzen* | burst | burst |
| **buy** | *kaufen* | bought [bɔːt] | bought [bɔːt] |
| **cast** | *werfen* | cast | cast |

| **Infinitiv (infinitive)** | **Übersetzung** | **Präteritum (past)** | **Partizip Perfekt (past participle)** |
|---|---|---|---|
| **catch** | *fangen* | caught [kɔːt] | caught [kɔːt] |
| **choose** | *(aus)wählen* | chose | chosen |
| **cling** | *festhalten* | clung | clung |
| **come** | *kommen* | came | come |
| **cost** | *kosten* | cost | cost |
| **creep** | *schleichen* | crept | crept |
| **cut** | *schneiden* | cut | cut |
| **deal** | *handeln* | dealt [delt] | dealt [delt] |
| **dig** | *graben* | dug | dug |
| **dive** | *tauchen* | *dived, US auch* dove | dived |
| **do** | *tun* | did | done |
| **draw** | *ziehen; zeichnen* | drew | drawn |
| **dream** | *träumen* | dreamt [dremt], dreamed | dreamt [dremt], dreamed |
| **drink** | *trinken* | drank | drunk |
| **drive** | *fahren* | drove | driven |
| **dwell** | *wohnen* | dwelt, dwelled | dwelt, dwelled |
| **eat** | *essen* | ate [et, eɪt] | eaten |
| **fall** | *fallen* | fell | fallen |
| **feed** | *füttern* | fed | fed |
| **feel** | *fühlen* | felt | felt |
| **fight** | *kämpfen* | fought | fought |
| **find** | *finden* | found | found |
| **flee** | *fliehen* | fled | fled |
| **fling** | *werfen* | flung | flung |
| **fly** | *fliegen* | flew | flown |
| **forbid** | *verbieten* | forbade, forbad | forbidden |
| **forget** | *vergessen* | forgot | forgotten, forgot |
| **forgive** | *vergeben* | forgave | forgiven |
| **forsake** | *verlassen, aufgeben* | forsook | forsaken |
| **freeze** | *gefrieren* | froze | frozen |

| **Infinitiv (infinitive)** | **Übersetzung** | **Präteritum (past)** | **Partizip Perfekt (past participle)** |
|---|---|---|---|
| **get** | *bekommen* | got | got, *US* gotten |
| **give** | *geben* | gave | given |
| **go** | *gehen* | went | gone |
| **grind** | *schleifen; mahlen* | ground | ground |
| **grow** | *wachsen* | grew | grown |
| **hang** | *(auf)hängen (Bild usw.)* | hung | hung |
| **hang** | *(auf)hängen (töten)* | hanged | hanged |
| **have** | *haben* | had | had |
| **hear** | *hören* | heard [hɜːd] | heard [hɜːd] |
| **heave** | *heben* | heaved, hove | heaved, hove |
| **hew** | *(be)hauen* | hewed | hewn, hewed |
| **hide** | *verstecken* | hid | hidden, hid |
| **hit** | *schlagen* | hit | hit |
| **hold** | *halten* | held | held |
| **hurt** | *verletzen* | hurt | hurt |
| **keep** | *behalten* | kept | kept |
| **kneel** | *knien* | knelt, kneeled | knelt, kneeled |
| **knit** | *stricken* | knitted, knit | knitted, knit |
| **know** | *wissen* | knew | known |
| **lay** | *legen* | laid | laid |
| **lead** | *führen* | led | led |
| **lean** | *sich neigen; lehnen* | leant [lent], leaned | leant [lent], leaned |
| **leap** | *springen* | leapt [lept], leaped | leapt [lept], leaped |
| **learn** | *lernen* | learnt, learned | learnt, learned |
| **leave** | *verlassen* | left | left |
| **lend** | *verleihen* | lent | lent |
| **let** | *lassen* | let | let |
| **lie** | *liegen* | lay | lain |
| **light** | *anzünden* | lit, lighted | lit, lighted |
| **lose** | *verlieren* | lost | lost |

| **Infinitiv (infinitive)** | **Übersetzung** | **Präteritum (past)** | **Partizip Perfekt (past participle)** |
|---|---|---|---|
| **make** | *machen* | made | made |
| **mean** | *bedeuten; meinen* | meant [ment] | meant [ment] |
| **meet** | *treffen* | met | met |
| **mow** | *mähen* | mowed | mown, mowed |
| **pay** | *(be)zahlen* | paid | paid |
| **put** | *setzen, stellen, legen* | put | put |
| **read** | *lesen* | read [red] | read [red] |
| **rend** | *(zer)reißen* | rent | rent |
| **ride** | *reiten, fahren* | rode | ridden |
| **ring** | *läuten* | rang | rung |
| **rise** | *aufsteigen; aufstehen* | rose | risen [ˈrɪzn] |
| **run** | *laufen* | ran | run |
| **saw** | *sägen* | sawed | sawn, sawed |
| **say** | *sagen* | said [sed] | said [sed] |
| **see** | *sehen* | saw | seen |
| **seek** | *suchen* | sought | sought |
| **sell** | *verkaufen* | sold | sold |
| **send** | *schicken* | sent | sent |
| **set** | *stellen, setzen, legen* | set | set |
| **sew** [səʊ] | *nähen* | sewed | sewn, sewed |
| **shake** | *wackeln, schütteln* | shook | shaken |
| **shed** | *vergießen* | shed | shed |
| **shine** | *scheinen, glänzen* | shone [ʃɒn] | shone [ʃɒn] |
| **shit** | *scheißen* | shit, shat | shit |
| **shoot** | *schießen* | shot | shot |
| **show** | *zeigen* | showed | shown, showed |
| **shrink** | *schrumpfen* | shrank, shrunk | shrunk |
| **shut** | *schließen* | shut | shut |
| **sing** | *singen* | sang | sung |
| **sink** | *sinken* | sank, sunk | sunk |

| **Infinitiv (infinitive)** | **Übersetzung** | **Präteritum (past)** | **Partizip Perfekt (past participle)** |
|---|---|---|---|
| **sit** | *sitzen; sich setzen* | sat | sat |
| **slay** | *ermorden* | slew | slain |
| **sleep** | *schlafen* | slept | slept |
| **slide** | *gleiten* | slid | slid, slidden |
| **sling** | *aufhängen; schleudern* | slung | slung |
| **slink** | *schleichen* | slunk | slunk |
| **slit** | *aufschlitzen* | slit | slit |
| **smell** | *riechen* | smelt, smelled | smelt, smelled |
| **smite** | *packen* | smote | smitten |
| **sow** | *säen* | sowed | sown, sowed |
| **speak** | *sprechen* | spoke | spoken |
| **speed** | *schnell fahren* | sped, speeded | sped, speeded |
| **spell** | *buchstabieren* | spelt, spelled | spelt, spelled |
| **spend** | *ausgeben; verbringen* | spent | spent |
| **spill** | *ausschütten* | spilt, spilled | spilt, spilled |
| **spin** | *(sich) drehen* | spun, span | spun |
| **spit** | *spucken* | spat, *US auch* spit | spat, *US auch* spit |
| **split** | *(zer)spalten* | split | split |
| **spoil** | *verderben* | spoilt, spoiled | spoilt, spoiled |
| **spread** | *ausbreiten* | spread | spread |
| **spring** | *springen* | sprang, *US auch* sprung | sprung |
| **stand** | *stehen* | stood | stood |
| **stave** | *abwehren (Angriff etc.)* | staved, stove | staved, stove |
| **steal** | *stehlen* | stole | stolen |
| **stick** | *stecken; kleben* | stuck | stuck |
| **sting** | *stechen* | stung | stung |
| **stink** | *stinken* | stank, stunk | stunk |
| **stride** | *schreiten* | strode | stridden |
| **strike** | *schlagen* | struck | struck |
| **string** | *aufreihen; besaiten* | strung | strung |

| **Infinitiv (infinitive)** | **Übersetzung** | **Präteritum (past)** | **Partizip Perfekt (past participle)** |
|---|---|---|---|
| **strive** | *sich bemühen* | strove | striven |
| **swear** | *fluchen; schwören* | swore | sworn |
| **sweat** | *schwitzen* | sweat, sweated | sweat, sweated |
| **sweep** | *kehren* | swept | swept |
| **swell** | *(an)schwellen* | swelled | swollen, swelled |
| **swim** | *schwimmen* | swam | swum |
| **swing** | *schwingen* | swung | swung |
| **take** | *nehmen* | took | taken |
| **teach** | *lehren* | taught | taught |
| **tear** [teə] | *zerreißen* | tore | torn |
| **tell** | *erzählen* | told | told |
| **think** | *denken* | thought | thought |
| **thrive** | *gedeihen* | thrived, throve | thrived, thriven |
| **throw** | *werfen* | threw | thrown |
| **thrust** | *stoßen* | thrust | thrust |
| **tread** [tred] | *treten* | trod | trodden, trod |
| **wake** | *(auf)wecken; aufwachen* | woke, waked | woken, waked |
| **wear** | *tragen, anhaben* | wore | worn |
| **weave** | *weben* | wove | woven |
| **wed** | *heiraten* | wedded, wed | wedded, wed |
| **weep** | *weinen* | wept | wept |
| **wet** | *nass machen* | wetted, wet | wetted, wet |
| **win** | *gewinnen* | won | won |
| **wind** [waɪnd] | *drehen* | wound | wound |
| **wring** | *auswringen* | wrung | wrung |
| **write** | *schreiben* | wrote | written |